CHINA

RADIO

MARKET YEARBOOK

2021年中国广播收听市场年鉴

黄学平　主编

辽宁人民出版社

图书在版编目（CIP）数据

2021年中国广播收听市场年鉴 / 黄学平主编. —沈阳：辽宁人民出版社，2021.9
ISBN 978-7-205-10253-1

Ⅰ. ①2… Ⅱ. ①黄… Ⅲ. ①广播工作—抽样调查统计—中国—2021—年鉴 Ⅳ. ①G229.2-54

中国版本图书馆CIP数据核字（2021）第159926号

出版发行：辽宁人民出版社
地址：沈阳市和平区十一纬路25号　邮编：110003
电话：024-23284321（邮　购）　024-23284324（发行部）
传真：024-23284191（发行部）　024-23284304（办公室）
http：//www.lnpph.com.cn
印　　刷：辽宁新华印务有限公司
幅面尺寸：185mm×260mm
印　　张：25.5
字　　数：450千字
出版时间：2021年9月第1版
印刷时间：2021年9月第1次印刷
责任编辑：王　增
封面设计：李家静
版式设计：鲍　阳
责任校对：郑　佳
书　　号：ISBN 978-7-205-10253-1
定　　价：180.00元

《2021年中国广播收听市场年鉴》编委会

主　编：黄学平

副主编：梁毓琳　张月红

编　委：（以姓氏笔画为序）

甘会霞　伍炽丰　李倩宇　吴素芳

罗剑锋　罗嘉文　林　泓　赵景仁

高　杰　梁　冬　蔡　恒　廖振辉

前　言

2020年注定是历史书卷上浓墨重彩的一年，这一年年初暴发的新冠疫情，给国家、社会、科技的发展都带来了巨大的影响。为重振市场经济，加速疫后复兴，各行各业纷纷发力，以变应变，不断适应疫后市场新生态，这其中，广播媒体多年来在互联网领域的铺垫逐步发挥作用，在变革环境中展现出不可小觑的有生力量。

在2020年初疫情暴发期间，广播媒体反应迅速，各级电台制作出形式多样的防疫、抗疫内容，并充分运用起自身构建的融媒体矩阵，多渠道传播翔实、可靠的疫情信息，鼓舞群众抗疫信心，为特殊时期的信息传递、舆论稳定做出重要贡献；在疫情逐渐平稳后，广播媒体也陆续推出了众多助力复工复产、脱贫攻坚类节目内容，极大地彰显出其深厚的公信力、传播力、影响力底蕴，发挥出作为主流媒体应尽的职能。

受疫情影响，人们的生活、工作、出行习惯均发生变化，互联网“直播热”迎来新的巅峰，广播媒体乘势而上，以MCN、网红经济、直播带货为借力点，形成更具可操作性、更符合广播体系的融媒体盈利模式，继续探索全新可行的广播融媒体发展变现之法。现阶段，全国广播媒体不断涌现出实现广播融媒体变现的优秀案例，其采用的形式各有千秋，如湖北音乐广播利用淘宝平台建立店铺，发挥旗下知名主持人影响力，打造直播品牌“阿喆严选”；湖南音乐之声则与多个国际品牌达成合作，并活用自身私域流量的积累，扩大广播媒体的固有优势；广东珠江经济台联手直播网红，充分利用流量效应，提升融媒体宣传广度、深度，成功打破了广播电台直播带货常见的区域性限制，带动本地农产品“出圈”……总体而言，广播在融媒体变现方法上虽仍未有定式，但广播媒体转型变现的契机已经到来，借鉴电商化运营策略，活用传统媒体长久以来的资源积累，不断完善广播融媒体传播矩阵，从而打造出广播电台实现融媒体发展变现的新道路。

2021年是我国“十四五”开局之年，中共中央办公厅、国务院办公厅印发的《关于加快推进媒体深度融合发展的意见》中指出，推进媒体深度融合将作为“十四五”时期提升公共文化服务水平的重要工作内容，逐步建立以内容建设为根本、先进技术为支撑、创新管理为保障的全媒体传播体系。可以见得，随着媒体融合力度的加深，主流媒体社会影响力和市场竞争力将逐步提升，传统媒体与新媒体之间的壁垒也将进一步减小。广播媒体需顺应发展浪潮，形成以提升内容与技术为重要驱动力，融媒体建设与信息化建设相结合的新型主流媒体形态，在适应互联网传播规律的基础上，做立场鲜明、强调社会责任、弘扬核心价值观的媒体，在市场竞争中重新占据舞台的中心位置。

新时代、新语境下，媒体融合已经从内部融合走向跨界跨业融合的宽广大道。广播人始终牢记内容和技术是推动自身发展的重要驱动，广播媒体正不断融合5G、大数据、云计算、人工智能等新兴技术，打造出全媒体传播新格局，不断发掘自身的潜力，继往开来，迎难而上，在充满竞争的市场环境中屹立，持续彰显着广播媒体的蓬勃生机。

赛立信根据2020年在全国一百多个重点城市开展的广播收听调查数据，以及依托互联网大数据技术的广播融媒体云传播效果数据，整理、编撰出这部《2021年中国广播收听市场年鉴》。本书分为分析篇、数据篇和附录三大部分：数据篇挑选出全国60个重点城市的收听率数据，详细呈现各电台频率在2020年的收听表现，以及其融媒体在新兴的互联网平台上的云传播效果；分析篇由广播行业专家和资深研究人员撰写的中国广播市场研究文章或分析报告组成；附录篇选载有重要文件目录、统计资料等，收集了全国电台和频率名称、频率频点，采用唯一的标准编码进行编号，以供查阅检索。

由于编撰本书的工作量大、时间紧，难免有诸多不足和疏漏之处。请各位同仁不吝赐教，共同交流，让这部编年体在我们不断的总结、学习、提高中越来越完善和发展。

2021年4月30日

目　　录

数据篇

分析篇

附录篇

DATA 数据篇

第一部分　2020年全国重点城市收听率数据

一、北京地区收听率数据

表1.1.1　北京地区主要电台频率的平均收听率和市场份额

排名	电台名称	平均收听率（%）	市场份额（%）
1	北京交通广播	1.70	19.8
2	北京新闻广播	0.92	10.7
3	中央广播电视总台中国之声	0.79	9.2
4	北京音乐广播	0.64	7.5
5	中央人民广播电台中国交通广播	0.56	6.5
6	中央广播电视总台文艺之声	0.53	6.2
7	北京文艺广播	0.50	5.9
8	北京体育广播	0.45	5.3
9	北京外语广播	0.29	3.4
10	中央广播电视总台经济之声	0.28	3.3

表1.1.2　北京地区主要电台频率的到达率和日到达率

排名	电台名称	周到达率（%）	日到达率（%）
1	北京交通广播	42.0	18.1
2	北京音乐广播	32.7	7.8
3	北京新闻广播	31.3	11.8
4	中央广播电视总台中国之声	26.3	8.2
5	北京体育广播	21.5	5.0
6	中央人民广播电台经典音乐广播	20.2	3.7
7	北京文艺广播	19.2	6.0
8	中央广播电视总台经济之声	18.3	3.6
9	中央广播电视总台文艺之声	15.6	3.1
10	中央广播电视总台音乐之声	15.3	3.0

表1.1.3 北京地区主要电台的收听率（%）

时间	北京交通广播	北京新闻广播	中央广播电视总台中国之声	北京音乐广播	中央人民广播电台中国交通广播	中央广播电视总台文艺之声	北京文艺广播	北京体育广播	北京外语广播	中央广播电视总台经济之声
6:00	1.61	1.27	0.74	0.52	0.52	0.43	0.42	0.26	0.26	0.28
6:15	1.70	1.41	0.95	0.56	0.60	0.45	0.52	0.26	0.25	0.33
6:30	2.05	1.57	1.04	0.73	0.61	0.43	0.56	0.26	0.26	0.37
6:45	2.61	1.81	1.30	0.72	0.61	0.45	0.73	0.34	0.26	0.36
7:00	2.92	2.18	1.48	0.81	0.56	0.43	0.74	0.36	0.23	0.42
7:15	3.20	2.05	1.54	0.95	0.62	0.47	0.70	0.40	0.23	0.46
7:30	3.61	2.21	1.55	0.98	0.57	0.43	0.77	0.63	0.25	0.37
7:45	3.69	2.20	1.54	1.20	0.67	0.45	0.73	0.61	0.22	0.32
8:00	3.62	1.93	1.52	1.14	0.62	0.45	0.78	0.71	0.18	0.36
8:15	3.82	1.99	1.41	1.12	0.49	0.56	0.80	0.76	0.20	0.39
8:30	3.84	1.85	1.43	1.02	0.44	0.58	0.89	0.76	0.19	0.41
8:45	3.34	1.68	1.19	0.93	0.48	0.56	0.81	0.78	0.19	0.37
9:00	2.95	1.39	1.28	0.83	0.48	0.60	0.65	0.70	0.21	0.32
9:15	3.00	1.37	1.21	0.80	0.54	0.49	0.66	0.72	0.21	0.27
9:30	2.57	1.05	0.94	0.72	0.54	0.54	0.56	0.78	0.28	0.32
9:45	2.14	0.96	0.90	0.74	0.59	0.52	0.56	0.65	0.29	0.28
10:00	2.07	1.00	0.81	0.68	0.61	0.54	0.56	0.67	0.30	0.28
10:15	1.96	0.90	0.81	0.64	0.62	0.53	0.41	0.66	0.28	0.30
10:30	1.89	0.88	0.82	0.61	0.58	0.56	0.30	0.64	0.30	0.34
10:45	2.02	0.80	0.74	0.44	0.56	0.60	0.39	0.61	0.32	0.33
11:00	1.68	0.78	0.73	0.60	0.62	0.54	0.36	0.54	0.29	0.28
11:15	1.42	0.74	0.74	0.61	0.61	0.50	0.37	0.43	0.30	0.30
11:30	1.46	0.73	0.73	0.61	0.61	0.50	0.41	0.44	0.29	0.33
11:45	1.47	0.76	0.80	0.62	0.53	0.48	0.38	0.46	0.28	0.27
12:00	1.57	0.61	0.74	0.57	0.52	0.53	0.36	0.47	0.29	0.29
12:15	1.42	0.72	0.80	0.54	0.48	0.54	0.38	0.50	0.29	0.28
12:30	1.53	0.73	0.72	0.61	0.43	0.53	0.46	0.49	0.29	0.30
12:45	1.37	0.76	0.68	0.70	0.52	0.53	0.44	0.41	0.25	0.31
13:00	1.56	0.70	0.70	0.57	0.48	0.55	0.48	0.49	0.26	0.28
13:15	1.62	0.60	0.68	0.60	0.45	0.53	0.43	0.50	0.34	0.30
13:30	1.59	0.62	0.76	0.58	0.46	0.51	0.38	0.48	0.34	0.29
13:45	1.43	0.56	0.66	0.63	0.46	0.52	0.37	0.43	0.33	0.30
14:00	1.24	0.46	0.63	0.57	0.64	0.52	0.34	0.50	0.30	0.26
14:15	1.37	0.56	0.59	0.59	0.46	0.58	0.39	0.39	0.33	0.28
14:30	1.12	0.55	0.63	0.52	0.68	0.56	0.35	0.39	0.28	0.25
14:45	1.23	0.58	0.57	0.54	0.52	0.58	0.38	0.34	0.30	0.24

（续表）

时间	北京交通广播	北京新闻广播	中央广播电视总台中国之声	北京音乐广播	中央人民广播电台中国交通广播	中央广播电视总台文艺之声	北京文艺广播	北京体育广播	北京外语广播	中央广播电视总台经济之声
15:00	1.10	0.47	0.65	0.56	0.58	0.55	0.35	0.34	0.30	0.22
15:15	1.00	0.52	0.57	0.54	0.58	0.55	0.36	0.33	0.31	0.24
15:30	1.18	0.39	0.60	0.54	0.45	0.48	0.35	0.41	0.34	0.25
15:45	1.18	0.45	0.56	0.56	0.46	0.51	0.36	0.37	0.31	0.23
16:00	1.29	0.41	0.50	0.44	0.59	0.51	0.32	0.40	0.33	0.24
16:15	1.23	0.58	0.57	0.50	0.56	0.48	0.33	0.41	0.29	0.24
16:30	1.26	0.62	0.58	0.49	0.62	0.51	0.24	0.34	0.33	0.28
16:45	1.22	0.66	0.57	0.53	0.61	0.52	0.34	0.37	0.30	0.33
17:00	1.44	0.82	0.67	0.65	0.63	0.46	0.41	0.31	0.29	0.27
17:15	1.47	0.87	0.74	0.59	0.57	0.46	0.39	0.37	0.32	0.29
17:30	1.39	0.96	0.89	0.63	0.57	0.47	0.43	0.37	0.29	0.29
17:45	1.72	0.99	0.80	0.57	0.56	0.51	0.53	0.33	0.33	0.28
18:00	1.72	1.02	0.92	0.62	0.49	0.56	0.56	0.38	0.31	0.32
18:15	1.75	1.06	0.80	0.59	0.47	0.63	0.53	0.35	0.32	0.33
18:30	1.68	0.96	0.88	0.62	0.52	0.58	0.56	0.40	0.30	0.29
18:45	1.54	1.06	0.80	0.56	0.59	0.60	0.49	0.42	0.33	0.26
19:00	1.37	1.02	0.75	0.58	0.61	0.59	0.44	0.37	0.32	0.23
19:15	1.31	0.97	0.65	0.59	0.68	0.66	0.38	0.44	0.32	0.21
19:30	1.26	0.85	0.75	0.66	0.55	0.71	0.50	0.44	0.32	0.19
19:45	1.15	0.89	0.73	0.69	0.56	0.65	0.53	0.46	0.30	0.27
20:00	1.31	0.87	0.59	0.60	0.51	0.65	0.66	0.47	0.33	0.22
20:15	1.31	0.83	0.58	0.55	0.58	0.60	0.68	0.52	0.35	0.30
20:30	1.31	0.87	0.55	0.56	0.57	0.54	0.64	0.50	0.33	0.27
20:45	1.23	0.70	0.58	0.43	0.61	0.55	0.74	0.50	0.32	0.26
21:00	1.22	0.77	0.61	0.59	0.61	0.59	0.65	0.44	0.36	0.22
21:15	1.38	0.63	0.56	0.53	0.54	0.56	0.61	0.45	0.33	0.26
21:30	1.24	0.63	0.55	0.57	0.64	0.61	0.64	0.46	0.32	0.27
21:45	1.35	0.73	0.53	0.70	0.52	0.57	0.59	0.44	0.31	0.26
22:00	1.23	0.60	0.44	0.64	0.70	0.56	0.53	0.36	0.33	0.25
22:15	1.22	0.64	0.49	0.70	0.57	0.51	0.55	0.36	0.32	0.26
22:30	1.11	0.46	0.50	0.63	0.56	0.50	0.43	0.33	0.33	0.23
22:45	0.92	0.51	0.48	0.58	0.57	0.51	0.53	0.35	0.31	0.21
23:00	0.83	0.35	0.51	0.57	0.56	0.52	0.49	0.28	0.34	0.24
23:15	0.58	0.31	0.50	0.46	0.56	0.51	0.41	0.26	0.34	0.19
23:30	0.52	0.23	0.49	0.35	0.56	0.51	0.41	0.20	0.27	0.20
23:45	0.38	0.32	0.52	0.39	0.58	0.48	0.34	0.18	0.29	0.12

表1.1.4　北京地区主要电台的占有率（%）

时间	北京交通广播	北京新闻广播	中央广播电视总台中国之声	北京音乐广播	中央人民广播电台中国交通广播	中央广播电视总台文艺之声	北京文艺广播	北京体育广播	北京外语广播	中央广播电视总台经济之声
6:00	19.1	15.1	8.8	6.1	6.1	5.1	5.0	3.1	3.1	3.4
6:15	18.6	15.4	10.4	6.1	6.5	4.9	5.7	2.9	2.7	3.6
6:30	20.4	15.6	10.4	7.3	6.1	4.3	5.6	2.6	2.6	3.7
6:45	23.1	16.0	11.5	6.4	5.4	4.0	6.5	3.0	2.3	3.2
7:00	23.8	17.8	12.1	6.6	4.6	3.5	6.0	3.0	1.9	3.4
7:15	25.4	16.2	12.2	7.5	4.9	3.7	5.6	3.2	1.8	3.6
7:30	26.7	16.3	11.5	7.3	4.2	3.2	5.7	4.7	1.8	2.7
7:45	26.3	15.7	11.0	8.5	4.8	3.2	5.2	4.4	1.5	2.3
8:00	26.3	14.0	11.1	8.3	4.5	3.3	5.6	5.2	1.3	2.6
8:15	27.3	14.3	10.1	8.0	3.5	4.0	5.7	5.4	1.4	2.8
8:30	28.1	13.5	10.5	7.5	3.2	4.3	6.5	5.5	1.4	3.0
8:45	26.6	13.4	9.5	7.4	3.8	4.5	6.5	6.2	1.5	3.0
9:00	25.6	12.0	11.1	7.2	4.2	5.2	5.7	6.1	1.8	2.8
9:15	26.6	12.1	10.7	7.1	4.7	4.3	5.8	6.4	1.8	2.4
9:30	25.3	10.3	9.2	7.1	5.3	5.3	5.5	7.7	2.8	3.1
9:45	22.1	9.9	9.3	7.7	6.1	5.4	5.8	6.7	3.0	2.8
10:00	21.9	10.5	8.6	7.1	6.4	5.7	5.9	7.0	3.1	3.0
10:15	21.9	10.1	9.0	7.1	6.9	5.9	4.5	7.4	3.1	3.4
10:30	21.4	9.9	9.3	7.0	6.6	6.3	3.4	7.3	3.4	3.9
10:45	23.6	9.3	8.7	5.2	6.5	7.0	4.6	7.2	3.7	3.8
11:00	20.3	9.4	8.8	7.2	7.4	6.5	4.4	6.4	3.5	3.4
11:15	18.1	9.4	9.4	7.8	7.8	6.4	4.8	5.5	3.8	3.8
11:30	18.5	9.2	9.2	7.8	7.8	6.4	5.2	5.6	3.6	4.1
11:45	18.5	9.6	10.1	7.8	6.6	6.0	4.8	5.8	3.5	3.4
12:00	20.2	7.9	9.5	7.3	6.6	6.8	4.6	6.1	3.7	3.7
12:15	18.2	9.3	10.2	6.9	6.2	6.9	4.8	6.4	3.7	3.6
12:30	19.3	9.2	9.0	7.7	5.4	6.7	5.9	6.1	3.6	3.7
12:45	17.5	9.7	8.7	8.9	6.6	6.8	5.6	5.3	3.2	3.9
13:00	20.0	8.9	8.9	7.3	6.1	7.0	6.1	6.3	3.4	3.6
13:15	20.7	7.6	8.6	7.7	5.8	6.7	5.4	6.4	4.3	3.8
13:30	21.1	8.2	10.0	7.7	6.1	6.7	5.1	6.3	4.5	3.9
13:45	19.3	7.5	8.9	8.5	6.3	7.0	4.9	5.8	4.5	4.0
14:00	17.3	6.4	8.8	8.1	8.9	7.3	4.8	7.0	4.1	3.7
14:15	18.7	7.7	8.1	8.0	6.4	7.9	5.3	5.3	4.5	3.8
14:30	15.9	7.8	9.0	7.3	9.7	7.9	4.9	5.6	3.9	3.5
14:45	17.3	8.1	8.1	7.6	7.3	8.1	5.4	4.8	4.3	3.3

（续表）

时间	北京交通广播	北京新闻广播	中央广播电视总台中国之声	北京音乐广播	中央人民广播电台中国交通广播	中央广播电视总台文艺之声	北京文艺广播	北京体育广播	北京外语广播	中央广播电视总台经济之声
15:00	15.9	6.8	9.4	8.1	8.4	7.9	5.1	4.9	4.3	3.2
15:15	14.5	7.4	8.3	7.8	8.3	7.9	5.2	4.7	4.4	3.5
15:30	17.4	5.8	8.9	8.0	6.6	7.0	5.2	6.1	5.0	3.7
15:45	17.0	6.5	8.1	8.1	6.7	7.3	5.2	5.3	4.4	3.3
16:00	19.4	6.1	7.4	6.6	8.9	7.6	4.8	5.9	5.0	3.5
16:15	17.8	8.5	8.3	7.3	8.1	7.0	4.8	5.9	4.2	3.4
16:30	18.2	9.0	8.4	7.1	9.0	7.3	3.4	4.9	4.8	4.0
16:45	16.8	9.1	7.9	7.3	8.4	7.1	4.7	5.1	4.1	4.6
17:00	18.8	10.7	8.7	8.4	8.2	6.0	5.3	4.1	3.8	3.5
17:15	18.9	11.2	9.5	7.6	7.3	5.9	5.1	4.8	4.1	3.7
17:30	17.3	11.9	11.1	7.9	7.1	5.9	5.3	4.6	3.6	3.6
17:45	21.1	12.1	9.7	7.0	6.8	6.2	6.5	4.1	4.1	3.5
18:00	20.1	11.9	10.8	7.3	5.7	6.6	6.5	4.5	3.6	3.7
18:15	20.4	12.3	9.3	6.8	5.5	7.3	6.2	4.1	3.7	3.8
18:30	19.7	11.2	10.3	7.3	6.1	6.8	6.5	4.7	3.5	3.4
18:45	18.3	12.6	9.5	6.6	7.1	7.2	5.8	5.0	4.0	3.1
19:00	16.8	12.5	9.2	7.1	7.5	7.3	5.4	4.6	3.9	2.8
19:15	16.5	12.2	8.2	7.4	8.5	8.2	4.8	5.5	4.0	2.6
19:30	15.6	10.5	9.3	8.1	6.8	8.8	6.2	5.4	3.9	2.4
19:45	14.3	11.0	9.0	8.6	6.9	8.0	6.6	5.8	3.8	3.3
20:00	16.3	10.8	7.4	7.4	6.4	8.0	8.2	5.8	4.2	2.8
20:15	15.6	9.9	7.0	6.6	7.0	7.2	8.2	6.2	4.2	3.5
20:30	16.1	10.7	6.7	6.8	7.0	6.7	7.8	6.2	4.1	3.3
20:45	15.4	8.9	7.3	5.4	7.7	6.9	9.3	6.3	4.1	3.3
21:00	15.1	9.5	7.5	7.3	7.5	7.3	8.0	5.5	4.4	2.7
21:15	17.4	8.0	7.0	6.7	6.8	7.1	7.8	5.7	4.1	3.3
21:30	15.6	8.0	6.9	7.2	8.0	7.7	8.0	5.8	4.1	3.4
21:45	17.0	9.2	6.7	8.8	6.5	7.1	7.4	5.6	3.9	3.2
22:00	15.9	7.8	5.7	8.3	9.0	7.2	6.8	4.7	4.2	3.2
22:15	16.1	8.4	6.4	9.2	7.5	6.7	7.2	4.7	4.2	3.4
22:30	15.7	6.5	7.1	8.9	7.9	7.1	6.0	4.7	4.7	3.2
22:45	13.5	7.5	7.0	8.4	8.4	7.4	7.7	5.2	4.5	3.1
23:00	12.8	5.4	7.9	8.8	8.7	8.0	7.6	4.3	5.3	3.8
23:15	10.2	5.4	8.8	8.0	9.9	8.9	7.1	4.6	6.0	3.2
23:30	10.2	4.5	9.5	6.8	10.9	9.9	8.0	3.9	5.3	3.8
23:45	8.1	6.8	10.9	8.3	12.3	10.1	7.2	3.8	6.1	2.6

二、上海地区收听率数据

表1.2.1　上海地区主要电台频率的平均收听率和市场份额

排名	电台名称	平均收听率（%）	市场份额（%）
1	上海流行音乐广播 动感 101	1.40	18.1
2	上海交通广播	1.00	13.0
3	上海新闻广播	0.99	12.8
4	上海经典金曲广播 LoveRadio 最爱调频	0.86	11.1
5	第一财经广播 FM90.9	0.67	8.7
6	长三角之声	0.65	8.3
7	第一财经广播 FM97.7	0.47	6.0
8	上海经典音乐广播 经典 947	0.35	4.6
9	中央广播电视总台中国之声	0.30	3.9
10	上海五星体育广播	0.20	2.6

表1.2.2　上海地区主要电台频率的到达率和日到达率

排名	电台名称	到达率（%）	日到达率（%）
1	上海交通广播	45.49	17.98
2	上海流行音乐广播 动感 101	44.37	16.70
3	上海经典金曲广播 LoveRadio 最爱调频	32.17	13.08
4	上海新闻广播	31.63	13.55
5	第一财经广播 FM90.9	29.86	10.00
6	第一财经广播 FM97.7	27.15	10.10
7	长三角之声	26.39	8.61
8	上海戏剧曲艺广播	21.05	4.19
9	上海五星体育广播	17.80	5.30
10	上海经典音乐广播 经典 947	14.21	6.98

表1.2.3　上海地区主要电台的收听率（%）

时间	上海流行音乐广播动感101	上海交通广播	上海新闻广播	上海经典金曲广播LoveRadio最爱调频	第一财经广播FM90.9	长三角之声	第一财经广播FM97.7	上海经典音乐广播经典947	央广中国之声	上海五星体育广播
6:00	0.13	0.11	0.13	0.10	0.13	0.29	0.06	0.04	0.10	0.04
6:15	0.28	0.22	0.37	0.18	0.11	0.43	0.08	0.05	0.15	0.04
6:30	0.50	0.37	0.50	0.60	0.11	0.56	0.33	0.09	0.24	0.08
6:45	1.05	0.28	0.97	1.09	0.23	0.82	0.45	0.21	0.55	0.08
7:00	2.66	1.07	1.38	1.22	0.62	1.14	0.62	0.38	0.53	0.16
7:15	2.81	1.44	2.10	1.27	0.76	1.42	0.67	0.44	0.58	0.26
7:30	3.02	1.56	2.63	1.42	1.14	1.40	0.70	0.48	0.66	0.37
7:45	2.93	1.84	3.14	1.40	1.21	1.45	0.76	0.41	0.64	0.48
8:00	2.94	1.93	3.31	1.34	1.31	1.69	0.88	0.38	0.58	0.34
8:15	2.81	2.04	2.47	1.34	1.25	1.55	0.86	0.46	0.59	0.31
8:30	2.77	2.06	1.99	1.15	1.12	1.44	0.85	0.60	0.51	0.31
8:45	2.55	2.05	1.44	1.00	1.01	1.20	0.65	0.56	0.38	0.21
9:00	2.29	1.74	1.29	0.65	0.89	0.98	0.65	0.53	0.38	0.21
9:15	2.21	1.71	1.30	0.78	0.78	1.00	0.49	0.53	0.34	0.17
9:30	2.24	1.77	0.75	0.72	0.72	0.95	0.40	0.43	0.32	0.22
9:45	2.17	1.68	0.88	0.74	0.83	0.75	0.36	0.39	0.27	0.20
10:00	2.31	1.42	1.10	0.86	0.80	0.81	0.31	0.39	0.36	0.13
10:15	1.58	1.25	0.99	0.75	0.81	0.59	0.37	0.34	0.40	0.20
10:30	1.39	0.84	1.02	0.85	0.74	0.48	0.66	0.33	0.28	0.15
10:45	1.29	0.94	0.84	0.81	0.96	0.41	0.61	0.37	0.14	0.21
11:00	1.07	1.35	0.95	1.05	1.02	0.42	0.54	0.35	0.17	0.21
11:15	1.00	1.27	0.47	1.08	1.10	0.41	0.51	0.45	0.16	0.24
11:30	1.14	1.20	0.51	1.08	1.14	0.37	0.56	0.47	0.29	0.27
11:45	1.16	1.05	0.95	1.06	1.12	0.48	0.52	0.44	0.22	0.29
12:00	1.43	0.91	1.13	1.12	1.23	0.76	0.54	0.45	0.20	0.32
12:15	1.51	1.07	1.38	1.12	1.22	0.79	0.54	0.40	0.27	0.28
12:30	1.57	0.86	1.59	1.12	1.30	0.74	0.62	0.37	0.21	0.28
12:45	1.79	0.82	1.48	1.07	1.03	0.82	0.58	0.35	0.26	0.28
13:00	1.66	0.71	1.17	1.00	0.89	0.77	0.50	0.28	0.42	0.23
13:15	1.67	0.83	0.97	0.97	0.66	0.73	0.50	0.35	0.40	0.24
13:30	1.42	0.86	0.66	0.88	0.47	0.82	0.40	0.35	0.43	0.20
13:45	1.20	1.02	0.80	0.89	0.38	0.69	0.38	0.28	0.51	0.19
14:00	0.90	0.87	0.43	0.93	0.26	0.78	0.28	0.38	0.47	0.15
14:15	1.11	0.92	0.60	0.76	0.26	0.79	0.25	0.30	0.59	0.18
14:30	0.96	0.84	0.40	0.65	0.33	0.52	0.27	0.37	0.51	0.13
14:45	0.88	1.01	0.34	0.73	0.44	0.37	0.24	0.36	0.36	0.16

（续表）

时间	上海流行音乐广播动感101	上海交通广播	上海新闻广播	上海经典金曲广播LoveRadio最爱调频	第一财经广播FM90.9	长三角之声	第一财经广播FM97.7	上海经典音乐广播 经典947	央广中国之声	上海五星体育广播
15:00	1.23	1.00	0.46	0.75	0.39	0.29	0.27	0.35	0.27	0.13
15:15	1.27	0.92	0.43	0.71	0.40	0.39	0.16	0.28	0.29	0.14
15:30	1.25	0.64	0.49	0.78	0.40	0.24	0.16	0.26	0.18	0.13
15:45	1.32	0.71	0.57	0.94	0.33	0.36	0.23	0.30	0.13	0.16
16:00	1.19	0.64	0.74	1.09	0.39	0.56	0.24	0.34	0.34	0.09
16:15	1.23	0.74	0.71	1.11	0.50	0.45	0.30	0.39	0.46	0.08
16:30	0.95	0.91	0.87	1.15	0.72	0.70	0.38	0.44	0.55	0.06
16:45	1.28	1.09	0.76	1.24	0.75	0.71	0.45	0.47	0.54	0.11
17:00	1.80	1.15	1.24	1.26	0.95	0.91	0.46	0.50	0.30	0.12
17:15	2.04	1.41	1.40	1.50	0.97	0.98	0.47	0.42	0.22	0.20
17:30	2.08	1.46	1.44	1.44	1.06	0.78	0.50	0.46	0.26	0.17
17:45	1.84	1.53	1.45	1.27	1.11	0.70	0.68	0.38	0.22	0.16
18:00	1.68	1.41	1.06	1.16	0.98	0.61	0.71	0.40	0.28	0.16
18:15	1.54	1.31	0.87	1.14	0.83	0.54	0.62	0.35	0.26	0.14
18:30	1.48	1.01	0.88	0.94	0.78	0.57	0.65	0.38	0.20	0.19
18:45	1.51	1.16	1.12	0.89	0.70	0.64	0.67	0.42	0.17	0.19
19:00	1.36	1.07	1.15	0.60	0.69	0.44	0.71	0.49	0.25	0.26
19:15	1.41	1.15	0.99	0.62	0.64	0.48	0.58	0.47	0.17	0.22
19:30	1.26	1.21	1.04	0.69	0.64	0.46	0.49	0.46	0.17	0.25
19:45	1.43	1.25	1.19	0.57	0.84	0.38	0.52	0.40	0.35	0.25
20:00	1.38	1.13	1.18	0.73	0.91	0.44	0.53	0.35	0.16	0.31
20:15	1.51	0.91	1.03	0.84	0.83	0.46	0.57	0.36	0.18	0.32
20:30	1.24	0.63	0.81	0.80	0.75	0.41	0.45	0.36	0.13	0.27
20:45	1.05	0.72	1.01	0.87	0.38	0.40	0.53	0.38	0.21	0.33
21:00	0.92	0.57	0.71	0.79	0.40	0.43	0.57	0.44	0.18	0.34
21:15	0.71	0.65	0.71	0.72	0.43	0.47	0.57	0.40	0.17	0.32
21:30	0.83	0.60	0.86	0.67	0.45	0.40	0.55	0.33	0.20	0.30
21:45	0.49	0.50	0.63	0.41	0.38	0.32	0.51	0.24	0.25	0.26
22:00	0.37	0.72	0.69	0.38	0.16	0.46	0.46	0.23	0.12	0.20
22:15	0.64	0.64	0.60	0.41	0.17	0.45	0.38	0.19	0.16	0.17
22:30	0.43	0.47	0.55	0.33	0.26	0.35	0.40	0.15	0.24	0.12
22:45	0.38	0.45	0.29	0.35	0.18	0.42	0.19	0.14	0.15	0.18
23:00	0.39	0.21	0.33	0.24	0.08	0.18	0.14	0.07	0.07	0.12
23:15	0.21	0.15	0.12	0.11	0.17	0.24	0.15	0.16	0.18	0.08
23:30	0.35	0.12	0.10	0.20	0.09	0.14	0.15	0.14	0.06	0.10
23:45	0.18	0.09	0.12	0.16	0.13	0.12	0.16	0.11	0.10	0.10

表1.2.4　上海地区主要电台的占有率（%）

时间	上海流行音乐广播动感101	上海交通广播	上海新闻广播	上海经典金曲广播LoveRadio最爱调频	第一财经广播FM90.9	长三角之声	第一财经广播FM97.7	上海经典音乐广播经典947	央广中国之声	上海五星体育广播
6:00	8.9	7.3	8.8	6.8	8.8	19.7	4.1	3.0	6.8	2.8
6:15	12.1	9.8	16.1	8.0	4.6	18.7	3.4	2.0	6.8	1.7
6:30	13.1	9.7	13.0	15.7	2.8	14.6	8.5	2.3	6.2	2.0
6:45	16.6	4.4	15.3	17.2	3.6	12.9	7.1	3.4	8.6	1.3
7:00	25.3	10.1	13.1	11.6	5.9	10.8	5.9	3.6	5.0	1.5
7:15	22.2	11.4	16.5	10.0	6.0	11.2	5.3	3.5	4.6	2.0
7:30	21.0	10.8	18.2	9.8	7.9	9.7	4.9	3.3	4.6	2.5
7:45	18.9	11.9	20.3	9.1	7.8	9.4	4.9	2.6	4.1	3.1
8:00	18.3	12.0	20.6	8.4	8.1	10.5	5.5	2.4	3.6	2.1
8:15	18.5	13.4	16.3	8.8	8.2	10.2	5.6	3.0	3.9	2.0
8:30	19.3	14.4	13.9	8.0	7.8	10.0	5.9	4.1	3.6	2.1
8:45	20.6	16.6	11.6	8.0	8.1	9.7	5.2	4.5	3.1	1.7
9:00	21.3	16.2	12.0	6.0	8.3	9.2	6.0	4.9	3.5	1.9
9:15	21.2	16.3	12.5	7.5	7.5	9.6	4.7	5.0	3.3	1.6
9:30	23.0	18.2	7.7	7.4	7.4	9.7	4.1	4.4	3.3	2.2
9:45	23.2	18.0	9.5	8.0	8.9	8.0	3.9	4.2	2.9	2.1
10:00	24.3	14.9	11.6	9.0	8.4	8.5	3.2	4.1	3.8	1.4
10:15	19.3	15.3	12.1	9.2	9.9	7.2	4.6	4.1	4.9	2.5
10:30	18.3	11.1	13.5	11.3	9.8	6.3	8.7	4.3	3.7	2.0
10:45	17.2	12.5	11.1	10.8	12.7	5.4	8.1	4.9	1.9	2.9
11:00	13.5	17.0	12.0	13.2	12.9	5.2	6.9	4.4	2.2	2.7
11:15	13.1	16.7	6.2	14.2	14.4	5.4	6.7	6.0	2.1	3.1
11:30	14.5	15.3	6.5	13.6	14.4	4.6	7.0	5.9	3.6	3.4
11:45	14.0	12.8	11.5	12.8	13.6	5.8	6.4	5.3	2.7	3.5
12:00	16.0	10.2	12.6	12.5	13.8	8.5	6.1	5.0	2.3	3.6
12:15	16.1	11.4	14.7	11.9	13.0	8.4	5.8	4.2	2.9	3.0
12:30	16.6	9.1	16.8	11.9	13.8	7.8	6.6	3.9	2.3	2.9
12:45	19.1	8.7	15.8	11.4	11.0	8.7	6.2	3.7	2.8	2.9
13:00	19.3	8.3	13.6	11.7	10.4	8.9	5.9	3.2	4.9	2.7
13:15	20.6	10.2	11.9	12.0	8.2	9.0	6.1	4.3	4.9	2.9
13:30	19.7	11.9	9.1	12.1	6.4	11.4	5.5	4.8	5.9	2.7
13:45	16.7	14.2	11.1	12.4	5.3	9.6	5.3	4.0	7.0	2.7
14:00	14.6	14.2	6.9	15.1	4.3	12.6	4.6	6.1	7.6	2.4
14:15	16.8	14.0	9.2	11.5	3.9	12.0	3.7	4.6	8.9	2.7
14:30	16.6	14.5	6.9	11.2	5.6	9.1	4.7	6.3	8.8	2.3
14:45	15.6	17.9	6.1	13.0	7.8	6.6	4.2	6.4	6.3	2.8

（续表）

时间	上海流行音乐广播动感 101	上海交通广播	上海新闻广播	上海经典金曲广播 LoveRadio 最爱调频	第一财经广播 FM90.9	长三角之声	第一财经广播 FM97.7	上海经典音乐广播经典 947	央广中国之声	上海五星体育广播
15:00	20.4	16.6	7.6	12.3	6.5	4.7	4.5	5.7	4.4	2.2
15:15	22.1	16.1	7.6	12.4	7.0	6.8	2.8	4.9	5.0	2.5
15:30	23.5	12.1	9.3	14.7	7.6	4.5	3.1	4.9	3.4	2.4
15:45	22.4	12.0	9.7	16.0	5.6	6.0	3.9	5.1	2.2	2.7
16:00	18.3	9.8	11.3	16.7	6.0	8.5	3.7	5.3	5.2	1.4
16:15	17.5	10.6	10.1	15.9	7.2	6.4	4.3	5.6	6.6	1.1
16:30	12.6	12.1	11.5	15.3	9.7	9.3	5.1	5.9	7.4	0.8
16:45	15.3	13.1	9.0	14.8	9.0	8.5	5.4	5.6	6.5	1.3
17:00	18.9	12.1	13.0	13.3	9.9	9.5	4.8	5.2	3.2	1.3
17:15	19.3	13.4	13.3	14.2	9.2	9.3	4.4	3.9	2.0	1.9
17:30	19.8	13.9	13.7	13.7	10.1	7.4	4.7	4.4	2.4	1.7
17:45	18.0	15.0	14.2	12.4	10.9	6.8	6.6	3.7	2.2	1.6
18:00	18.4	15.5	11.6	12.7	10.8	6.6	7.8	4.4	3.0	1.7
18:15	18.6	15.8	10.6	13.8	10.0	6.5	7.5	4.3	3.1	1.7
18:30	18.8	12.8	11.2	12.0	9.9	7.2	8.3	4.8	2.6	2.4
18:45	17.9	13.8	13.3	10.6	8.3	7.6	7.9	5.0	2.0	2.3
19:00	17.3	13.6	14.6	7.6	8.8	5.6	9.1	6.3	3.1	3.3
19:15	18.3	14.9	12.9	8.0	8.3	6.2	7.6	6.1	2.2	2.9
19:30	16.8	16.1	13.8	9.2	8.5	6.1	6.6	6.1	2.2	3.4
19:45	17.9	15.7	15.0	7.1	10.5	4.7	6.5	5.0	4.4	3.2
20:00	17.5	14.3	14.9	9.3	11.5	5.5	6.7	4.4	2.0	4.0
20:15	19.3	11.6	13.2	10.8	10.6	5.9	7.2	4.6	2.2	4.1
20:30	18.9	9.6	12.4	12.1	11.4	6.2	6.8	5.4	1.9	4.2
20:45	15.7	10.8	15.1	13.1	5.6	5.9	8.0	5.8	3.2	5.0
21:00	14.5	8.9	11.3	12.5	6.4	6.7	9.0	7.0	2.9	5.4
21:15	11.6	10.6	11.7	11.9	7.1	7.7	9.4	6.6	2.8	5.3
21:30	13.9	9.9	14.3	11.1	7.4	6.7	9.1	5.5	3.3	5.0
21:45	10.2	10.4	13.1	8.4	7.9	6.7	10.6	5.0	5.1	5.3
22:00	8.3	16.1	15.4	8.5	3.5	10.3	10.2	5.0	2.7	4.4
22:15	14.2	14.2	13.4	9.1	3.8	10.1	8.3	4.2	3.6	3.7
22:30	10.9	11.8	13.9	8.4	6.6	8.8	10.1	3.9	6.2	3.1
22:45	11.5	13.6	8.8	10.3	5.5	12.6	5.7	4.3	4.4	5.3
23:00	17.3	9.4	14.6	10.6	3.7	8.0	6.4	3.0	3.0	5.4
23:15	11.1	7.9	6.4	6.0	8.8	12.5	8.1	8.3	9.5	4.3
23:30	20.0	6.7	5.6	11.2	5.1	7.7	8.6	8.0	3.5	5.6
23:45	10.7	5.2	7.0	9.6	7.6	7.0	9.2	6.7	6.0	5.9

三、广州地区收听率数据

表1.3.1　广州地区主要电台频率的平均收听率和市场份额

排名	电台名称	平均收听率（%）	市场份额（%）
1	广东广播电视台交通之声	1.21	15.6
2	广东广播电视台珠江经济台	1.04	13.4
2	广东广播电视台音乐之声	1.04	13.4
4	广州交通广播	0.79	10.2
5	广州新闻电台	0.78	10.0
6	广州汽车音乐电台	0.52	6.7
6	广东广播电视台新闻广播	0.52	6.7
8	广东广播电视台文体广播	0.28	3.6
8	广州青少年广播	0.28	3.6
10	中央广播电视总台中国之声	0.23	3.0

表1.3.2　广州地区主要电台频率的到达率和日到达率

排名	电台名称	到达率（%）	日到达率（%）
1	广东广播电视台交通之声	37.0	16.4
2	广州交通广播	35.0	10.4
3	广州新闻电台	34.7	11.8
4	广州汽车音乐电台	33.7	9.9
5	广东广播电视台珠江经济台	32.2	13.1
6	广东广播电视台音乐之声	32.0	13.7
7	广东广播电视台新闻广播	16.5	7.4
8	广东广播电视台文体广播	12.4	4.7
9	广州青少年广播	10.3	3.8
10	中央广播电视总台中国之声	9.7	5.2

表1.3.3 广州地区主要电台的收听率（%）

时间	广东交通之声	广东珠江经济台	广东音乐之声	广州交通广播	广州新闻电台	广州汽车音乐电台	广东新闻广播	广东文体广播	广州青少年广播	央广中国之声
6:00	0.60	0.49	0.36	0.38	0.43	0.33	0.39	0.26	0.17	0.14
6:15	0.67	0.57	0.42	0.42	0.47	0.38	0.42	0.28	0.22	0.17
6:30	0.72	0.66	0.49	0.45	0.51	0.40	0.44	0.30	0.24	0.18
6:45	1.04	0.75	0.65	0.52	0.61	0.45	0.44	0.31	0.27	0.21
7:00	1.21	0.93	0.87	0.89	0.86	0.59	0.56	0.31	0.27	0.23
7:15	1.36	1.01	1.06	1.01	0.96	0.65	0.62	0.34	0.28	0.24
7:30	1.39	1.05	1.30	1.07	1.06	0.71	0.65	0.35	0.30	0.26
7:45	1.38	1.07	1.41	1.07	1.12	0.71	0.66	0.35	0.32	0.26
8:00	1.58	1.27	1.42	1.07	1.12	0.71	0.67	0.36	0.34	0.28
8:15	1.63	1.36	1.44	1.03	1.10	0.70	0.66	0.35	0.36	0.28
8:30	1.66	1.37	1.39	0.98	1.08	0.66	0.64	0.33	0.34	0.30
8:45	1.65	1.36	1.30	0.95	0.97	0.61	0.58	0.31	0.34	0.29
9:00	1.62	1.30	1.27	0.89	0.94	0.59	0.57	0.30	0.33	0.27
9:15	1.55	1.25	1.23	0.94	0.96	0.63	0.56	0.30	0.30	0.26
9:30	1.47	1.20	1.21	0.91	0.92	0.63	0.59	0.29	0.29	0.24
9:45	1.40	1.23	1.20	0.96	0.96	0.61	0.59	0.31	0.28	0.24
10:00	1.46	1.19	1.15	0.93	0.95	0.59	0.58	0.30	0.28	0.24
10:15	1.50	1.25	1.17	0.94	0.94	0.60	0.57	0.29	0.30	0.25
10:30	1.50	1.23	1.20	0.92	0.99	0.61	0.55	0.30	0.30	0.26
10:45	1.48	1.22	1.23	0.87	0.98	0.59	0.52	0.30	0.31	0.28
11:00	1.42	1.23	1.23	0.87	0.98	0.61	0.55	0.31	0.29	0.27
11:15	1.32	1.17	1.21	0.85	0.97	0.58	0.57	0.31	0.28	0.27
11:30	1.28	1.14	1.15	0.84	0.90	0.56	0.59	0.31	0.29	0.27
11:45	1.38	1.19	1.14	0.82	0.92	0.53	0.59	0.31	0.29	0.25
12:00	1.39	1.20	1.21	0.87	0.90	0.50	0.57	0.31	0.29	0.25
12:15	1.38	1.20	1.20	0.86	0.89	0.55	0.54	0.31	0.28	0.26
12:30	1.35	1.17	1.23	0.84	0.91	0.55	0.56	0.30	0.28	0.25
12:45	1.23	1.07	1.17	0.83	0.86	0.57	0.53	0.30	0.27	0.24
13:00	1.16	1.11	1.08	0.80	0.84	0.57	0.56	0.31	0.30	0.24
13:15	1.15	1.09	1.12	0.85	0.77	0.54	0.54	0.29	0.30	0.23
13:30	1.19	1.13	1.11	0.86	0.77	0.53	0.50	0.27	0.31	0.25
13:45	1.26	1.12	1.07	0.88	0.80	0.54	0.52	0.28	0.31	0.25
14:00	1.26	1.03	1.13	0.85	0.82	0.55	0.51	0.29	0.29	0.24
14:15	1.22	1.04	1.09	0.79	0.80	0.56	0.51	0.31	0.29	0.24
14:30	1.20	1.05	1.07	0.75	0.75	0.54	0.52	0.29	0.29	0.23
14:45	1.16	1.02	1.08	0.80	0.72	0.52	0.51	0.28	0.29	0.22

（续表）

时间	广东交通之声	广东珠江经济台	广东音乐之声	广州交通广播	广州新闻电台	广州汽车音乐电台	广东新闻广播	广东文体广播	广州青少年广播	央广中国之声
15:00	1.22	1.02	1.05	0.81	0.72	0.50	0.53	0.28	0.28	0.21
15:15	1.26	1.05	1.04	0.80	0.69	0.50	0.53	0.27	0.29	0.22
15:30	1.30	1.02	1.03	0.78	0.72	0.51	0.54	0.27	0.28	0.23
15:45	1.26	1.06	1.01	0.73	0.72	0.50	0.53	0.28	0.28	0.23
16:00	1.23	0.99	0.98	0.75	0.71	0.53	0.52	0.28	0.30	0.23
16:15	1.19	0.96	1.06	0.77	0.71	0.50	0.49	0.27	0.29	0.23
16:30	1.19	1.00	1.07	0.80	0.67	0.49	0.51	0.27	0.28	0.21
16:45	1.20	0.95	1.09	0.84	0.66	0.48	0.50	0.27	0.28	0.21
17:00	1.28	0.99	1.10	0.85	0.65	0.47	0.53	0.27	0.27	0.22
17:15	1.32	0.96	1.11	0.82	0.70	0.49	0.53	0.26	0.27	0.23
17:30	1.36	0.96	1.10	0.78	0.73	0.54	0.52	0.27	0.29	0.24
17:45	1.38	1.01	1.09	0.76	0.75	0.55	0.51	0.26	0.30	0.25
18:00	1.35	1.01	1.10	0.82	0.75	0.54	0.55	0.25	0.30	0.25
18:15	1.31	1.07	1.09	0.84	0.77	0.54	0.57	0.27	0.31	0.26
18:30	1.17	1.13	1.08	0.85	0.81	0.53	0.57	0.26	0.30	0.27
18:45	1.15	1.23	1.08	0.84	0.86	0.56	0.57	0.26	0.30	0.24
19:00	1.16	1.24	1.13	0.82	0.87	0.55	0.54	0.25	0.30	0.24
19:15	1.15	1.24	1.13	0.84	0.87	0.55	0.52	0.29	0.31	0.24
19:30	1.12	1.20	1.11	0.81	0.81	0.56	0.54	0.29	0.31	0.23
19:45	1.18	1.07	0.98	0.78	0.74	0.52	0.51	0.29	0.30	0.23
20:00	1.13	1.06	1.09	0.77	0.74	0.48	0.50	0.29	0.30	0.23
20:15	1.15	1.04	1.09	0.72	0.77	0.50	0.51	0.30	0.28	0.23
20:30	1.11	1.02	1.09	0.76	0.73	0.52	0.50	0.29	0.26	0.25
20:45	1.04	1.02	1.06	0.76	0.71	0.51	0.51	0.27	0.24	0.25
21:00	1.06	0.93	0.88	0.73	0.66	0.50	0.50	0.25	0.23	0.23
21:15	1.04	0.98	0.87	0.69	0.63	0.42	0.48	0.24	0.23	0.23
21:30	0.99	0.99	0.84	0.62	0.67	0.40	0.42	0.23	0.25	0.22
21:45	0.93	0.93	0.87	0.70	0.65	0.42	0.40	0.22	0.23	0.20
22:00	0.93	0.92	0.79	0.70	0.58	0.42	0.43	0.22	0.23	0.19
22:15	0.89	0.79	0.76	0.68	0.55	0.41	0.43	0.22	0.21	0.18
22:30	0.87	0.75	0.68	0.67	0.52	0.39	0.42	0.21	0.19	0.19
22:45	0.86	0.77	0.67	0.57	0.52	0.38	0.38	0.19	0.19	0.18
23:00	0.80	0.77	0.65	0.51	0.49	0.36	0.34	0.18	0.19	0.16
23:15	0.72	0.71	0.65	0.48	0.44	0.33	0.31	0.17	0.18	0.15
23:30	0.69	0.67	0.60	0.47	0.42	0.32	0.28	0.16	0.18	0.14
23:45	0.68	0.65	0.61	0.47	0.41	0.31	0.28	0.16	0.16	0.14

表1.3.4　广州地区主要电台的占有率（%）

时间	广东交通之声	广东珠江经济台	广东音乐之声	广州交通广播	广州新闻电台	广州汽车音乐电台	广东新闻广播	广东文体广播	广州青少年广播	央广中国之声
6:00	14.1	11.5	8.3	8.9	10.0	7.6	9.0	6.1	4.0	3.3
6:15	13.6	11.5	8.6	8.5	9.7	7.7	8.5	5.8	4.5	3.4
6:30	13.3	12.1	8.9	8.3	9.3	7.4	8.1	5.6	4.4	3.3
6:45	16.4	11.8	10.2	8.3	9.6	7.1	6.9	4.8	4.2	3.3
7:00	15.3	11.7	11.0	11.3	10.9	7.4	7.0	3.9	3.4	2.9
7:15	15.3	11.4	12.0	11.4	10.9	7.4	7.0	3.8	3.2	2.7
7:30	14.6	11.0	13.6	11.2	11.1	7.4	6.8	3.6	3.2	2.7
7:45	14.1	10.9	14.4	10.9	11.5	7.2	6.7	3.6	3.3	2.7
8:00	15.4	12.4	13.9	10.5	10.9	6.9	6.6	3.5	3.3	2.7
8:15	15.8	13.2	13.9	10.0	10.6	6.8	6.4	3.4	3.5	2.7
8:30	16.5	13.6	13.8	9.7	10.7	6.5	6.4	3.2	3.4	2.9
8:45	17.1	14.2	13.5	9.8	10.1	6.3	6.1	3.2	3.5	3.0
9:00	17.5	14.0	13.7	9.6	10.1	6.4	6.1	3.2	3.5	2.9
9:15	17.0	13.6	13.5	10.2	10.5	6.9	6.1	3.3	3.3	2.9
9:30	16.5	13.5	13.6	10.3	10.3	7.0	6.6	3.3	3.3	2.7
9:45	15.7	13.8	13.4	10.7	10.7	6.8	6.6	3.5	3.1	2.6
10:00	16.5	13.5	13.1	10.6	10.8	6.7	6.6	3.4	3.2	2.7
10:15	16.8	13.9	13.0	10.5	10.5	6.7	6.4	3.2	3.3	2.8
10:30	16.7	13.6	13.3	10.2	11.0	6.8	6.1	3.3	3.4	2.9
10:45	16.5	13.7	13.8	9.8	10.9	6.6	5.8	3.4	3.4	3.1
11:00	15.9	13.8	13.8	9.8	11.0	6.8	6.1	3.5	3.3	3.0
11:15	15.2	13.5	14.0	9.8	11.3	6.7	6.6	3.6	3.2	3.1
11:30	15.1	13.5	13.6	10.0	10.6	6.6	7.0	3.6	3.4	3.2
11:45	16.1	13.9	13.4	9.6	10.7	6.2	6.9	3.6	3.4	3.0
12:00	16.1	13.9	14.1	10.1	10.4	5.8	6.6	3.6	3.3	2.9
12:15	16.0	13.9	14.0	10.0	10.4	6.4	6.3	3.6	3.2	3.0
12:30	15.8	13.6	14.3	9.8	10.6	6.4	6.6	3.5	3.3	2.9
12:45	15.1	13.1	14.3	10.1	10.5	7.0	6.5	3.7	3.3	2.9
13:00	14.4	13.7	13.4	9.9	10.4	7.0	6.9	3.8	3.7	3.0
13:15	14.4	13.7	14.1	10.6	9.6	6.7	6.8	3.6	3.8	2.9
13:30	14.8	14.1	13.8	10.7	9.7	6.7	6.3	3.4	3.8	3.1
13:45	15.5	13.8	13.1	10.8	9.8	6.6	6.3	3.4	3.8	3.0
14:00	15.6	12.9	14.1	10.6	10.2	6.8	6.4	3.6	3.5	2.9
14:15	15.4	13.3	13.8	10.0	10.2	7.1	6.5	3.9	3.7	3.0
14:30	15.6	13.6	13.9	9.7	9.7	7.0	6.7	3.8	3.8	3.0
14:45	15.2	13.3	14.2	10.5	9.5	6.8	6.7	3.7	3.8	2.9

（续表）

时间	广东交通之声	广东珠江经济台	广东音乐之声	广州交通广播	广州新闻电台	广州汽车音乐电台	广东新闻广播	广东文体广播	广州青少年广播	央广中国之声
15:00	15.9	13.4	13.8	10.6	9.5	6.5	6.9	3.7	3.7	2.7
15:15	16.4	13.6	13.5	10.4	9.0	6.5	6.9	3.5	3.7	2.9
15:30	16.8	13.2	13.3	10.1	9.3	6.6	7.0	3.5	3.6	3.0
15:45	16.5	13.9	13.2	9.5	9.4	6.6	6.9	3.6	3.7	3.0
16:00	16.3	13.1	13.0	9.9	9.4	7.0	6.9	3.7	3.9	3.0
16:15	15.9	12.8	14.1	10.2	9.5	6.7	6.5	3.6	3.8	3.0
16:30	15.9	13.3	14.3	10.7	8.9	6.6	6.8	3.6	3.8	2.9
16:45	16.0	12.7	14.6	11.3	8.9	6.4	6.7	3.6	3.8	2.8
17:00	16.7	12.9	14.4	11.2	8.5	6.2	6.9	3.5	3.5	2.8
17:15	17.2	12.4	14.5	10.7	9.1	6.3	6.8	3.4	3.5	3.0
17:30	17.4	12.3	14.0	10.0	9.3	6.9	6.7	3.4	3.7	3.1
17:45	17.4	12.8	13.8	9.5	9.4	7.0	6.4	3.3	3.8	3.2
18:00	16.9	12.6	13.7	10.2	9.4	6.8	6.9	3.2	3.7	3.1
18:15	16.2	13.2	13.5	10.4	9.5	6.7	7.1	3.3	3.9	3.2
18:30	14.6	14.1	13.5	10.5	10.1	6.6	7.1	3.2	3.7	3.3
18:45	14.1	15.1	13.3	10.4	10.6	6.9	7.0	3.2	3.6	3.0
19:00	14.2	15.1	13.8	10.0	10.7	6.7	6.6	3.1	3.6	3.0
19:15	14.0	15.1	13.7	10.2	10.6	6.7	6.3	3.5	3.8	3.0
19:30	13.9	14.9	13.7	10.1	10.0	6.9	6.7	3.6	3.8	2.9
19:45	15.4	13.9	12.8	10.1	9.7	6.8	6.6	3.8	3.9	3.0
20:00	14.8	13.8	14.2	10.1	9.6	6.3	6.5	3.7	3.9	3.1
20:15	14.9	13.6	14.2	9.4	10.0	6.6	6.7	3.9	3.6	3.0
20:30	14.6	13.5	14.4	10.0	9.7	6.8	6.6	3.9	3.4	3.3
20:45	14.1	13.8	14.3	10.3	9.7	6.9	6.8	3.6	3.2	3.4
21:00	15.2	13.3	12.6	10.4	9.5	7.2	7.1	3.5	3.3	3.2
21:15	15.3	14.5	12.8	10.2	9.4	6.2	7.1	3.5	3.5	3.4
21:30	15.0	15.0	12.7	9.4	10.1	6.0	6.4	3.5	3.7	3.3
21:45	14.2	14.3	13.3	10.7	9.9	6.4	6.2	3.3	3.5	3.1
22:00	14.7	14.5	12.5	11.1	9.2	6.6	6.8	3.4	3.7	3.1
22:15	14.9	13.1	12.6	11.3	9.2	6.8	7.1	3.6	3.5	3.1
22:30	15.1	13.1	11.9	11.6	9.1	6.8	7.3	3.7	3.3	3.3
22:45	15.4	13.9	12.1	10.2	9.4	6.9	6.9	3.4	3.5	3.2
23:00	15.2	14.6	12.4	9.8	9.3	6.8	6.4	3.4	3.6	3.1
23:15	14.8	14.6	13.3	9.9	8.9	6.8	6.4	3.4	3.8	3.0
23:30	14.9	14.4	12.9	10.1	9.0	6.9	6.1	3.5	3.8	3.0
23:45	14.9	14.4	13.4	10.4	9.1	6.7	6.2	3.6	3.5	3.0

四、天津地区收听率数据

表1.4.1　天津地区主要电台频率的平均收听率和市场份额

排名	电台名称	平均收听率（%）	市场份额（%）
1	天津交通广播	1.99	25.3
2	天津音乐广播	1.77	22.5
3	天津相声广播	1.23	15.6
4	天津新闻广播	0.54	6.9
5	天津经济广播	0.53	6.7
6	天津文艺广播	0.43	5.4
7	天津生活广播	0.39	4.9
8	天津滨海广播	0.36	4.6
9	天津经典音乐广播	0.18	2.3
10	中央广播电视总台中国之声	0.16	2.1

表1.4.2　天津地区主要电台频率的到达率和日到达率

排名	电台名称	到达率（%）	日到达率（%）
1	天津交通广播	45.0	28.2
2	天津相声广播	42.2	17.6
3	天津音乐广播	39.5	15.0
4	天津新闻广播	18.5	11.4
5	天津经济广播	16.8	10.8
6	天津滨海广播	15.0	8.5
7	天津生活广播	14.6	8.8
8	天津文艺广播	11.7	9.0
9	天津经典音乐广播	6.7	4.3
10	中央广播电视总台中国之声	5.6	2.4

表1.4.3 天津地区主要电台的收听率（%）

时间	天津交通广播	天津音乐广播	天津相声广播	天津新闻广播	天津经济广播	天津文艺广播	天津生活广播	天津滨海广播	天津经典音乐广播	央广中国之声
6:00	1.14	0.92	0.32	0.37	0.36	0.13	0.10	0.28	0.09	0.07
6:15	1.66	1.05	0.34	0.51	0.45	0.13	0.11	0.35	0.11	0.08
6:30	1.87	1.34	0.35	0.64	0.52	0.14	0.13	0.36	0.13	0.12
6:45	1.94	1.78	0.34	0.73	0.55	0.17	0.14	0.41	0.14	0.17
7:00	2.39	1.98	0.37	0.77	0.62	0.53	0.48	0.45	0.17	0.19
7:15	2.58	2.07	0.40	0.78	0.70	0.63	0.57	0.49	0.19	0.19
7:30	2.72	2.08	0.66	0.79	0.71	0.66	0.64	0.52	0.19	0.20
7:45	2.74	2.04	1.28	0.79	0.71	0.66	0.65	0.52	0.19	0.20
8:00	2.69	2.02	1.61	0.75	0.74	0.67	0.66	0.51	0.19	0.21
8:15	2.60	2.03	1.84	0.72	0.78	0.67	0.66	0.48	0.20	0.20
8:30	2.41	2.15	1.88	0.66	0.74	0.61	0.64	0.45	0.21	0.20
8:45	2.22	2.17	1.90	0.69	0.73	0.54	0.56	0.40	0.20	0.20
9:00	2.12	2.23	1.92	0.66	0.69	0.24	0.41	0.41	0.20	0.20
9:15	2.14	2.19	1.86	0.64	0.61	0.23	0.36	0.44	0.20	0.18
9:30	2.11	2.10	1.69	0.64	0.57	0.22	0.19	0.44	0.20	0.17
9:45	2.23	2.01	1.47	0.61	0.47	0.22	0.17	0.42	0.19	0.17
10:00	2.37	1.98	0.78	0.64	0.33	0.23	0.16	0.39	0.20	0.18
10:15	2.39	2.10	0.70	0.69	0.31	0.23	0.17	0.37	0.21	0.18
10:30	2.40	2.09	0.67	0.71	0.32	0.23	0.25	0.35	0.21	0.18
10:45	2.27	2.06	0.68	0.69	0.32	0.24	0.25	0.34	0.22	0.18
11:00	2.30	2.08	0.68	0.69	0.56	0.46	0.18	0.35	0.23	0.17
11:15	2.32	2.06	0.71	0.66	0.61	0.51	0.17	0.39	0.22	0.17
11:30	2.33	2.12	0.71	0.61	0.61	0.55	0.19	0.41	0.22	0.18
11:45	2.26	2.14	0.80	0.56	0.61	0.57	0.22	0.41	0.21	0.18
12:00	2.17	2.11	1.54	0.53	0.64	0.58	0.47	0.40	0.20	0.18
12:15	2.10	2.04	1.69	0.54	0.62	0.59	0.52	0.39	0.18	0.18
12:30	2.00	2.03	1.77	0.52	0.57	0.59	0.56	0.38	0.18	0.17
12:45	2.04	2.02	1.78	0.45	0.52	0.54	0.56	0.36	0.19	0.16
13:00	2.04	2.09	1.79	0.28	0.35	0.54	0.53	0.39	0.19	0.18
13:15	2.10	2.07	1.72	0.27	0.30	0.58	0.53	0.42	0.20	0.18
13:30	2.11	2.12	1.56	0.27	0.33	0.57	0.51	0.44	0.20	0.19
13:45	2.07	2.06	1.25	0.27	0.32	0.58	0.53	0.43	0.18	0.19
14:00	2.03	2.05	0.79	0.45	0.49	0.57	0.55	0.42	0.18	0.19
14:15	2.01	1.95	0.71	0.46	0.53	0.53	0.56	0.39	0.17	0.18
14:30	2.04	1.91	0.70	0.48	0.52	0.53	0.55	0.36	0.18	0.15
14:45	2.05	1.97	0.72	0.45	0.51	0.53	0.56	0.34	0.18	0.16

（续表）

时间	天津交通广播	天津音乐广播	天津相声广播	天津新闻广播	天津经济广播	天津文艺广播	天津生活广播	天津滨海广播	天津经典音乐广播	央广中国之声
15:00	2.08	1.93	0.70	0.26	0.33	0.51	0.55	0.23	0.19	0.16
15:15	2.06	1.96	0.71	0.25	0.32	0.52	0.51	0.21	0.19	0.15
15:30	2.14	1.93	0.71	0.25	0.31	0.49	0.49	0.22	0.20	0.16
15:45	2.20	2.01	0.74	0.26	0.34	0.45	0.47	0.24	0.20	0.17
16:00	2.23	2.02	1.31	0.43	0.58	0.26	0.46	0.35	0.20	0.17
16:15	2.25	2.02	1.44	0.51	0.64	0.26	0.46	0.39	0.19	0.18
16:30	2.17	1.97	1.47	0.55	0.69	0.26	0.46	0.42	0.20	0.18
16:45	2.10	1.84	1.51	0.64	0.69	0.27	0.45	0.43	0.20	0.17
17:00	1.99	1.85	1.45	0.65	0.70	0.43	0.50	0.44	0.22	0.18
17:15	1.88	1.89	1.61	0.66	0.68	0.50	0.51	0.45	0.22	0.17
17:30	1.97	1.96	1.74	0.71	0.66	0.57	0.55	0.46	0.22	0.17
17:45	2.07	1.98	1.77	0.66	0.63	0.60	0.56	0.45	0.22	0.18
18:00	2.11	1.93	1.78	0.66	0.67	0.62	0.56	0.43	0.22	0.18
18:15	2.15	1.90	1.78	0.67	0.69	0.60	0.57	0.44	0.22	0.19
18:30	2.11	1.82	1.68	0.66	0.68	0.59	0.53	0.41	0.20	0.19
18:45	1.99	1.68	1.61	0.66	0.65	0.55	0.50	0.37	0.19	0.18
19:00	1.84	1.73	1.58	0.59	0.58	0.50	0.47	0.22	0.18	0.17
19:15	1.95	1.71	1.62	0.55	0.56	0.48	0.45	0.20	0.17	0.16
19:30	1.92	1.66	1.64	0.57	0.56	0.43	0.42	0.19	0.17	0.17
19:45	1.85	1.61	1.59	0.57	0.56	0.37	0.38	0.19	0.16	0.16
20:00	1.85	1.54	1.53	0.56	0.59	0.28	0.19	0.30	0.16	0.16
20:15	1.76	1.54	1.45	0.52	0.55	0.26	0.18	0.31	0.16	0.15
20:30	1.73	1.46	1.44	0.52	0.56	0.24	0.16	0.33	0.16	0.14
20:45	1.75	1.40	1.45	0.51	0.55	0.26	0.18	0.33	0.14	0.13
21:00	1.62	1.31	1.45	0.51	0.52	0.37	0.16	0.32	0.14	0.13
21:15	1.64	1.26	1.44	0.48	0.51	0.40	0.17	0.28	0.15	0.14
21:30	1.58	1.28	1.38	0.47	0.52	0.41	0.17	0.25	0.15	0.15
21:45	1.52	1.30	1.28	0.49	0.48	0.41	0.18	0.28	0.15	0.14
22:00	1.51	1.21	1.24	0.48	0.48	0.43	0.26	0.28	0.14	0.13
22:15	1.38	1.07	1.18	0.48	0.46	0.39	0.30	0.28	0.14	0.12
22:30	1.34	0.99	1.16	0.45	0.44	0.35	0.31	0.27	0.14	0.11
22:45	1.29	0.97	1.14	0.42	0.41	0.33	0.29	0.24	0.12	0.11
23:00	1.19	0.98	1.02	0.38	0.39	0.32	0.25	0.24	0.12	0.10
23:15	1.11	0.90	0.95	0.37	0.36	0.29	0.24	0.23	0.11	0.11
23:30	1.06	0.88	0.91	0.35	0.34	0.28	0.24	0.24	0.10	0.10
23:45	1.06	0.86	0.89	0.33	0.32	0.28	0.25	0.25	0.09	0.10

表1.4.4　天津地区主要电台的占有率（%）

时间	天津交通广播	天津音乐广播	天津相声广播	天津新闻广播	天津经济广播	天津文艺广播	天津生活广播	天津滨海广播	天津经典音乐广播	央广中国之声
6:00	28.5	23.0	7.9	9.1	9.0	3.2	2.6	7.0	2.1	1.8
6:15	32.7	20.6	6.6	10.0	8.8	2.6	2.2	6.9	2.2	1.7
6:30	31.6	22.6	6.0	10.9	8.8	2.4	2.1	6.1	2.1	2.0
6:45	28.9	26.5	5.0	10.9	8.2	2.5	2.1	6.1	2.1	2.5
7:00	28.7	23.8	4.5	9.3	7.4	6.3	5.7	5.4	2.0	2.3
7:15	28.6	23.0	4.4	8.7	7.8	7.0	6.3	5.4	2.1	2.1
7:30	28.4	21.7	6.9	8.2	7.4	6.9	6.7	5.4	2.0	2.0
7:45	26.9	20.0	12.6	7.7	6.9	6.5	6.4	5.1	1.9	2.0
8:00	25.7	19.3	15.4	7.2	7.1	6.4	6.3	4.9	1.8	2.0
8:15	24.5	19.2	17.3	6.8	7.3	6.3	6.2	4.5	1.8	1.9
8:30	23.3	20.7	18.1	6.3	7.2	5.9	6.2	4.4	2.1	2.0
8:45	22.3	21.8	19.0	6.9	7.3	5.4	5.7	4.0	2.0	2.0
9:00	22.6	23.7	20.4	7.0	7.3	2.5	4.4	4.4	2.1	2.1
9:15	23.4	24.0	20.4	7.0	6.7	2.5	3.9	4.8	2.2	1.9
9:30	24.6	24.4	19.7	7.5	6.6	2.6	2.2	5.1	2.3	2.0
9:45	27.2	24.5	18.0	7.4	5.8	2.7	2.1	5.1	2.3	2.1
10:00	31.7	26.4	10.5	8.5	4.4	3.0	2.2	5.2	2.6	2.4
10:15	31.6	27.6	9.2	9.2	4.1	3.0	2.2	4.8	2.8	2.4
10:30	31.3	27.3	8.7	9.3	4.2	3.1	3.3	4.5	2.8	2.3
10:45	30.2	27.4	9.1	9.1	4.3	3.3	3.3	4.5	2.9	2.3
11:00	28.6	25.9	8.5	8.7	7.0	5.7	2.2	4.4	2.8	2.1
11:15	28.4	25.2	8.7	8.1	7.5	6.3	2.1	4.8	2.7	2.1
11:30	28.1	25.6	8.6	7.4	7.3	6.6	2.2	5.0	2.6	2.1
11:45	27.2	25.7	9.6	6.7	7.3	6.8	2.7	4.9	2.5	2.2
12:00	23.6	23.0	16.8	5.8	7.0	6.3	5.1	4.4	2.1	1.9
12:15	22.8	22.1	18.3	5.9	6.8	6.4	5.7	4.3	2.0	2.0
12:30	22.0	22.3	19.5	5.7	6.2	6.5	6.1	4.1	2.0	1.9
12:45	22.8	22.6	19.9	5.0	5.8	6.1	6.3	4.0	2.1	1.8
13:00	23.6	24.1	20.6	3.3	4.0	6.2	6.1	4.5	2.2	2.0
13:15	24.3	24.0	19.9	3.1	3.5	6.7	6.1	4.8	2.3	2.1
13:30	24.6	24.6	18.2	3.1	3.8	6.7	6.0	5.1	2.3	2.2
13:45	25.3	25.3	15.4	3.3	4.0	7.1	6.4	5.3	2.2	2.3
14:00	25.4	25.6	9.9	5.6	6.1	7.2	6.9	5.2	2.2	2.3
14:15	25.7	25.0	9.1	5.9	6.8	6.8	7.2	5.0	2.2	2.3
14:30	26.3	24.7	9.1	6.1	6.7	6.9	7.1	4.7	2.3	2.0
14:45	26.3	25.2	9.3	5.8	6.6	6.8	7.1	4.4	2.3	2.1

（续表）

时间	天津交通广播	天津音乐广播	天津相声广播	天津新闻广播	天津经济广播	天津文艺广播	天津生活广播	天津滨海广播	天津经典音乐广播	央广中国之声
15:00	28.6	26.6	9.6	3.6	4.6	7.0	7.5	3.1	2.6	2.2
15:15	28.6	27.2	9.9	3.5	4.4	7.2	7.1	2.9	2.7	2.1
15:30	29.6	26.8	9.8	3.4	4.3	6.8	6.8	3.1	2.8	2.2
15:45	29.8	27.3	10.0	3.5	4.6	6.1	6.4	3.2	2.7	2.3
16:00	26.9	24.4	15.8	5.2	7.0	3.1	5.5	4.3	2.4	2.1
16:15	26.1	23.4	16.6	5.9	7.4	3.1	5.4	4.6	2.2	2.0
16:30	25.1	22.8	17.1	6.4	8.0	3.0	5.3	4.8	2.3	2.1
16:45	24.5	21.5	17.6	7.5	8.1	3.1	5.2	5.0	2.3	2.0
17:00	22.8	21.2	16.7	7.5	8.0	4.9	5.7	5.0	2.5	2.0
17:15	21.1	21.3	18.1	7.4	7.6	5.7	5.8	5.0	2.4	1.9
17:30	21.0	21.0	18.6	7.5	7.1	6.0	5.9	4.9	2.4	1.8
17:45	21.8	20.9	18.7	6.9	6.7	6.3	5.9	4.7	2.4	1.9
18:00	22.1	20.3	18.6	6.9	7.0	6.5	5.9	4.5	2.3	1.9
18:15	22.4	19.9	18.6	7.0	7.2	6.2	5.9	4.6	2.3	2.0
18:30	22.9	19.7	18.2	7.2	7.4	6.4	5.8	4.5	2.1	2.0
18:45	22.8	19.3	18.5	7.6	7.4	6.3	5.7	4.3	2.2	2.1
19:00	22.6	21.2	19.3	7.2	7.1	6.2	5.8	2.7	2.2	2.1
19:15	23.9	21.0	19.9	6.8	6.9	5.9	5.5	2.5	2.1	2.0
19:30	24.0	20.7	20.5	7.1	6.9	5.4	5.2	2.4	2.1	2.2
19:45	24.1	20.9	20.6	7.4	7.3	4.8	5.0	2.5	2.0	2.1
20:00	25.1	20.8	20.7	7.6	7.9	3.7	2.6	4.0	2.2	2.2
20:15	24.7	21.7	20.4	7.3	7.8	3.6	2.5	4.4	2.2	2.1
20:30	24.9	21.0	20.7	7.5	8.0	3.4	2.3	4.7	2.2	2.0
20:45	25.3	20.3	21.0	7.4	8.0	3.7	2.6	4.7	2.1	1.9
21:00	23.9	19.3	21.4	7.6	7.7	5.5	2.3	4.7	2.1	1.9
21:15	24.4	18.7	21.4	7.1	7.6	5.9	2.5	4.2	2.2	2.1
21:30	23.8	19.3	20.7	7.1	7.8	6.2	2.6	3.8	2.2	2.2
21:45	23.3	20.0	19.6	7.5	7.4	6.4	2.8	4.3	2.3	2.2
22:00	23.5	18.8	19.2	7.5	7.5	6.6	4.1	4.4	2.1	2.0
22:15	22.7	17.6	19.5	7.9	7.6	6.5	5.0	4.6	2.3	2.0
22:30	23.0	17.0	19.8	7.8	7.6	6.1	5.3	4.6	2.3	1.9
22:45	23.2	17.3	20.4	7.6	7.4	6.0	5.2	4.3	2.2	2.0
23:00	22.8	18.8	19.5	7.3	7.5	6.2	4.8	4.5	2.2	2.0
23:15	22.8	18.4	19.4	7.6	7.3	6.0	5.0	4.7	2.2	2.2
23:30	22.4	18.7	19.2	7.5	7.3	6.0	5.1	5.0	2.0	2.2
23:45	23.0	18.6	19.3	7.1	7.0	6.1	5.3	5.3	1.9	2.2

五、沈阳地区收听率数据

表1.5.1　沈阳地区主要电台频率的平均收听率和市场份额

排名	电台名称	平均收听率（%）	市场份额（%）
1	沈阳交通广播	1.36	18.4
2	辽宁广播电视台交通广播	1.31	17.7
3	沈阳都市广播	1.08	14.6
4	沈阳新闻广播	0.63	8.5
5	辽宁广播电视台综合广播	0.62	8.4
6	中央广播电视总台中国之声	0.48	6.5
7	辽宁广播电视台文艺广播	0.34	4.6
8	辽宁广播电视台经济广播	0.34	4.6
9	中央广播电视总台经济之声	0.32	4.3
10	中央广播电视总台音乐之声	0.31	4.1

表1.5.2　沈阳地区主要电台频率的到达率和日到达率

排名	电台名称	到达率（%）	日到达率（%）
1	沈阳交通广播	40.8	12.2
2	沈阳都市广播	36.0	13.2
3	辽宁广播电视台交通广播	35.4	12.2
4	沈阳新闻广播	34.5	8.5
5	中央广播电视总台中国之声	28.8	7.9
6	中央广播电视总台经济之声	26.2	5.5
7	辽宁广播电视台经济广播	23.4	4.9
8	中央广播电视总台音乐之声	22.4	4.6
9	辽宁广播电视台综合广播	20.9	7.3
10	沈阳生活广播	15.9	2.8

表1.5.3　沈阳地区主要电台的收听率（%）

时间	沈阳交通广播	辽宁广播电视台交通广播	沈阳都市广播	沈阳新闻广播	辽宁广播电视台综合广播	央广中国之声	辽宁广播电视台文艺广播	辽宁广播电视台经济广播	央广经济之声	央广音乐之声
6:00	1.28	1.04	0.50	0.50	0.47	0.46	0.27	0.29	0.16	0.27
6:15	1.23	1.27	0.77	0.49	0.52	0.55	0.26	0.31	0.15	0.27
6:30	1.40	1.27	0.74	0.43	0.64	0.54	0.30	0.32	0.23	0.22
6:45	1.29	1.31	1.17	0.34	0.61	0.52	0.31	0.31	0.19	0.25
7:00	1.29	1.55	1.62	0.36	0.61	0.71	0.33	0.28	0.29	0.23
7:15	1.29	1.69	1.92	0.34	0.68	0.70	0.34	0.33	0.26	0.22
7:30	1.43	1.75	2.06	0.40	0.62	0.73	0.32	0.37	0.24	0.21
7:45	1.43	1.53	2.19	0.44	0.60	0.56	0.34	0.42	0.18	0.28
8:00	1.62	1.46	1.86	0.47	0.63	0.45	0.34	0.42	0.22	0.32
8:15	1.65	1.40	2.07	0.56	0.78	0.44	0.30	0.40	0.26	0.28
8:30	1.71	1.56	2.00	0.55	0.81	0.57	0.35	0.40	0.25	0.28
8:45	1.47	1.53	1.96	0.58	0.69	0.65	0.32	0.40	0.26	0.29
9:00	1.40	1.63	1.12	0.55	0.66	0.52	0.35	0.45	0.26	0.33
9:15	1.39	1.57	0.92	0.55	0.72	0.50	0.39	0.37	0.31	0.30
9:30	1.44	1.67	0.81	0.59	0.92	0.55	0.44	0.37	0.35	0.24
9:45	1.40	1.65	0.82	0.64	0.89	0.55	0.35	0.40	0.45	0.23
10:00	1.36	1.66	0.61	0.66	1.02	0.56	0.33	0.41	0.57	0.25
10:15	1.42	1.75	0.71	0.69	0.95	0.62	0.35	0.34	0.62	0.26
10:30	1.59	1.49	0.78	0.71	0.86	0.65	0.32	0.34	0.60	0.32
10:45	1.58	1.42	0.88	0.65	0.79	0.52	0.30	0.30	0.46	0.37
11:00	1.56	1.39	0.73	0.64	0.77	0.40	0.28	0.30	0.55	0.37
11:15	1.57	1.21	0.80	0.60	0.71	0.35	0.27	0.29	0.56	0.29
11:30	1.41	1.11	0.94	0.69	0.64	0.38	0.33	0.26	0.52	0.26
11:45	1.27	1.18	1.23	0.62	0.65	0.45	0.24	0.26	0.55	0.24
12:00	1.45	1.09	1.27	0.66	0.72	0.57	0.30	0.25	0.54	0.23
12:15	1.48	1.23	1.30	0.89	0.77	0.62	0.31	0.27	0.56	0.19
12:30	1.47	1.22	1.29	0.98	0.72	0.47	0.38	0.30	0.53	0.21
12:45	1.30	1.15	1.65	0.97	0.71	0.49	0.37	0.26	0.53	0.20
13:00	1.22	1.26	1.44	0.84	0.74	0.47	0.30	0.30	0.41	0.24
13:15	1.29	1.15	1.21	0.72	0.75	0.46	0.35	0.27	0.31	0.21
13:30	1.13	1.09	1.14	0.55	0.60	0.45	0.36	0.27	0.21	0.26
13:45	1.27	1.13	1.08	0.47	0.55	0.49	0.32	0.30	0.15	0.21
14:00	1.32	0.97	1.14	0.45	0.57	0.62	0.29	0.26	0.19	0.19
14:15	1.09	1.01	1.16	0.49	0.62	0.61	0.39	0.28	0.21	0.13
14:30	1.07	1.05	1.14	0.39	0.50	0.60	0.40	0.28	0.20	0.13
14:45	1.27	1.07	0.88	0.48	0.40	0.58	0.36	0.29	0.22	0.12
15:00	1.14	1.08	0.96	0.49	0.51	0.45	0.31	0.29	0.22	0.12

（续表）

时间	沈阳交通广播	辽宁广播电视台交通广播	沈阳都市广播	沈阳新闻广播	辽宁广播电视台综合广播	央广中国之声	辽宁广播电视台文艺广播	辽宁广播电视台经济广播	央广经济之声	央广音乐之声
15:15	1.38	0.95	0.86	0.46	0.53	0.51	0.35	0.23	0.21	0.19
15:30	1.41	0.97	0.68	0.50	0.61	0.37	0.39	0.24	0.15	0.18
15:45	1.32	1.02	0.61	0.50	0.57	0.47	0.33	0.25	0.16	0.33
16:00	1.28	0.98	0.64	0.56	0.55	0.33	0.35	0.26	0.17	0.29
16:15	1.27	0.93	0.51	0.70	0.40	0.43	0.40	0.24	0.28	0.30
16:30	1.31	1.04	0.54	0.72	0.40	0.43	0.46	0.31	0.23	0.23
16:45	1.23	1.23	0.64	0.80	0.41	0.54	0.45	0.29	0.37	0.18
17:00	1.44	1.48	0.84	0.84	0.52	0.36	0.34	0.33	0.37	0.26
17:15	1.68	1.64	0.97	0.80	0.53	0.37	0.37	0.33	0.36	0.25
17:30	1.73	1.59	1.12	0.84	0.69	0.51	0.35	0.27	0.23	0.28
17:45	1.74	1.53	1.23	0.94	0.62	0.48	0.34	0.28	0.25	0.40
18:00	1.67	1.36	1.39	0.83	0.63	0.48	0.33	0.30	0.28	0.49
18:15	1.92	1.34	1.51	0.88	0.56	0.50	0.33	0.35	0.32	0.54
18:30	1.95	1.62	1.41	0.79	0.69	0.62	0.38	0.35	0.44	0.68
18:45	1.79	1.60	1.26	0.79	0.60	0.66	0.36	0.42	0.55	0.63
19:00	1.69	1.61	1.17	0.87	0.69	0.58	0.38	0.44	0.55	0.54
19:15	1.68	1.47	1.21	0.92	0.69	0.71	0.38	0.42	0.58	0.52
19:30	1.62	1.71	1.30	0.97	0.75	0.59	0.36	0.33	0.51	0.43
19:45	1.52	1.60	1.36	0.92	0.64	0.53	0.36	0.39	0.39	0.46
20:00	1.44	1.90	1.43	0.87	0.66	0.62	0.34	0.41	0.36	0.47
20:15	1.43	1.83	1.24	0.86	0.53	0.65	0.36	0.34	0.28	0.38
20:30	1.60	1.75	1.17	0.78	0.56	0.74	0.38	0.52	0.27	0.49
20:45	1.63	1.89	1.07	0.75	0.57	0.48	0.41	0.40	0.20	0.51
21:00	1.31	1.69	1.14	0.77	0.59	0.40	0.33	0.40	0.19	0.60
21:15	1.40	1.42	1.27	0.69	0.53	0.31	0.26	0.42	0.22	0.61
21:30	1.12	1.46	1.24	0.58	0.54	0.39	0.29	0.44	0.26	0.54
21:45	0.99	1.32	1.16	0.54	0.55	0.37	0.31	0.44	0.21	0.45
22:00	0.88	1.06	0.95	0.52	0.56	0.31	0.30	0.44	0.28	0.33
22:15	0.92	0.94	0.59	0.46	0.54	0.29	0.32	0.41	0.22	0.34
22:30	0.73	0.72	0.37	0.42	0.44	0.21	0.34	0.45	0.25	0.31
22:45	0.93	0.67	0.37	0.39	0.36	0.16	0.43	0.42	0.16	0.22
23:00	0.84	0.57	0.56	0.38	0.44	0.17	0.34	0.39	0.15	0.19
23:15	0.89	0.67	0.35	0.38	0.45	0.13	0.36	0.34	0.17	0.13
23:30	0.65	0.57	0.25	0.36	0.48	0.11	0.32	0.31	0.16	0.12
23:45	0.61	0.50	0.30	0.23	0.37	0.20	0.28	0.22	0.19	0.13

表1.5.4　沈阳地区主要电台的占有率（%）

时间	沈阳交通广播	辽宁广播电视台交通广播	沈阳都市广播	沈阳新闻广播	辽宁广播电视台综合广播	央广中国之声	辽宁广播电视台文艺广播	辽宁广播电视台经济广播	央广经济之声	央广音乐之声
6:00	21.5	17.5	8.4	8.4	8.0	7.7	4.5	4.9	2.6	4.5
6:15	19.1	19.8	12.0	7.6	8.0	8.5	4.1	4.8	2.4	4.2
6:30	21.0	19.0	11.1	6.4	9.6	8.1	4.5	4.8	3.4	3.2
6:45	18.8	19.0	17.0	5.0	8.9	7.6	4.5	4.5	2.8	3.7
7:00	16.2	19.4	20.3	4.5	7.7	8.9	4.2	3.6	3.6	2.9
7:15	15.3	20.0	22.8	4.1	8.1	8.3	4.0	4.0	3.0	2.6
7:30	16.3	19.9	23.5	4.6	7.1	8.3	3.7	4.2	2.8	2.4
7:45	16.7	17.9	25.7	5.1	7.0	6.6	4.0	4.9	2.2	3.2
8:00	19.3	17.5	22.2	5.6	7.6	5.3	4.0	5.0	2.7	3.8
8:15	18.6	15.8	23.4	6.3	8.8	4.9	3.3	4.5	2.9	3.1
8:30	18.5	16.8	21.7	6.0	8.8	6.1	3.8	4.3	2.7	3.1
8:45	16.6	17.3	22.1	6.5	7.8	7.3	3.6	4.5	3.0	3.3
9:00	17.4	20.3	13.9	6.9	8.2	6.5	4.4	5.6	3.2	4.1
9:15	18.5	20.9	12.2	7.3	9.5	6.7	5.1	4.9	4.1	3.9
9:30	17.9	20.7	10.1	7.4	11.4	6.8	5.5	4.6	4.3	3.0
9:45	17.3	20.4	10.1	7.9	11.0	6.8	4.3	4.9	5.6	2.8
10:00	16.7	20.4	7.4	8.1	12.5	6.9	4.0	5.0	7.0	3.0
10:15	16.7	20.7	8.4	8.1	11.2	7.3	4.1	4.0	7.4	3.1
10:30	18.8	17.7	9.2	8.4	10.2	7.7	3.7	4.1	7.1	3.8
10:45	19.8	17.7	10.9	8.1	9.8	6.5	3.7	3.8	5.7	4.6
11:00	20.2	17.9	9.4	8.3	9.9	5.1	3.7	3.8	7.0	4.7
11:15	20.8	16.1	10.6	8.0	9.4	4.6	3.6	3.9	7.4	3.8
11:30	19.2	15.1	12.9	9.4	8.7	5.1	4.6	3.6	7.2	3.6
11:45	17.3	16.0	16.7	8.4	8.9	6.2	3.3	3.5	7.6	3.3
12:00	18.8	14.1	16.5	8.5	9.3	7.3	3.9	3.2	7.0	2.9
12:15	18.0	14.9	15.8	10.8	9.3	7.5	3.8	3.2	6.8	2.4
12:30	18.3	15.2	16.0	12.1	9.0	5.8	4.8	3.8	6.5	2.7
12:45	16.0	14.1	20.2	11.9	8.7	5.9	4.5	3.2	6.5	2.4
13:00	15.8	16.3	18.6	10.9	9.6	6.1	3.9	3.9	5.3	3.1
13:15	17.7	15.8	16.7	9.9	10.3	6.3	4.8	3.7	4.2	2.9
13:30	17.1	16.6	17.3	8.4	9.2	6.8	5.4	4.2	3.1	3.9
13:45	19.3	17.1	16.5	7.2	8.3	7.5	4.9	4.5	2.3	3.2
14:00	20.0	14.7	17.3	6.8	8.7	9.4	4.4	3.9	2.9	2.9
14:15	16.8	15.6	17.9	7.6	9.5	9.4	6.0	4.3	3.2	2.0
14:30	17.1	16.7	18.1	6.1	7.9	9.6	6.3	4.4	3.2	2.1
14:45	20.5	17.3	14.2	7.8	6.4	9.4	5.8	4.7	3.5	1.9

（续表）

时间	沈阳交通广播	辽宁广播电视台交通广播	沈阳都市广播	沈阳新闻广播	辽宁广播电视台综合广播	央广中国之声	辽宁广播电视台文艺广播	辽宁广播电视台经济广播	央广经济之声	央广音乐之声
15:00	18.5	17.5	15.6	7.9	8.2	7.3	5.0	4.7	3.5	1.9
15:15	22.5	15.4	14.0	7.5	8.7	8.3	5.7	3.8	3.3	3.1
15:30	23.1	15.9	11.2	8.1	10.0	6.1	6.4	3.8	2.5	3.0
15:45	21.4	16.5	9.9	8.2	9.3	7.7	5.4	4.1	2.6	5.3
16:00	20.8	16.0	10.5	9.2	9.0	5.4	5.7	4.2	2.8	4.7
16:15	20.8	15.2	8.4	11.5	6.6	7.0	6.6	4.0	4.6	4.9
16:30	20.7	16.4	8.6	11.4	6.3	6.8	7.3	4.8	3.6	3.6
16:45	18.4	18.3	9.5	12.0	6.1	8.1	6.7	4.3	5.5	2.7
17:00	19.5	20.0	11.4	11.4	7.0	4.9	4.6	4.4	5.0	3.5
17:15	21.3	20.8	12.3	10.1	6.8	4.6	4.7	4.2	4.6	3.2
17:30	21.1	19.3	13.6	10.3	8.4	6.2	4.3	3.3	2.8	3.4
17:45	20.5	18.0	14.5	11.0	7.3	5.6	4.0	3.3	2.9	4.7
18:00	20.0	16.3	16.6	10.0	7.6	5.7	4.0	3.6	3.4	5.9
18:15	21.4	14.9	16.9	9.8	6.3	5.6	3.7	3.8	3.6	6.0
18:30	20.5	17.0	14.8	8.2	7.3	6.4	4.0	3.7	4.6	7.2
18:45	19.3	17.3	13.6	8.5	6.4	7.1	3.9	4.5	5.9	6.8
19:00	18.6	17.7	12.8	9.5	7.6	6.4	4.2	4.9	6.1	6.0
19:15	18.3	16.0	13.2	10.0	7.5	7.8	4.1	4.5	6.3	5.6
19:30	17.4	18.4	13.9	10.4	8.0	6.4	3.8	3.5	5.4	4.6
19:45	17.3	18.2	15.5	10.4	7.2	6.1	4.1	4.5	4.5	5.2
20:00	15.8	20.8	15.6	9.5	7.3	6.8	3.7	4.5	3.9	5.1
20:15	16.9	21.6	14.6	10.2	6.2	7.6	4.2	4.0	3.2	4.5
20:30	18.2	19.8	13.3	8.8	6.3	8.4	4.3	5.9	3.0	5.6
20:45	19.1	22.1	12.5	8.8	6.7	5.7	4.8	4.7	2.3	6.0
21:00	16.1	20.8	14.0	9.4	7.3	4.9	4.1	4.9	2.3	7.4
21:15	17.9	18.1	16.2	8.9	6.8	4.0	3.4	5.4	2.8	7.8
21:30	15.1	19.7	16.7	7.8	7.3	5.3	3.9	6.0	3.6	7.3
21:45	14.6	19.4	17.0	8.0	8.1	5.4	4.6	6.5	3.1	6.6
22:00	14.4	17.4	15.6	8.5	9.3	5.2	4.9	7.3	4.7	5.4
22:15	16.6	16.9	10.7	8.4	9.7	5.1	5.7	7.4	4.0	6.1
22:30	15.5	15.3	7.9	8.8	9.4	4.5	7.1	9.4	5.3	6.5
22:45	19.9	14.4	8.0	8.4	7.8	3.4	9.3	9.1	3.3	4.8
23:00	18.6	12.5	12.3	8.4	9.7	3.8	7.4	8.5	3.3	4.1
23:15	19.9	15.0	7.7	8.5	10.0	2.9	7.9	7.5	3.8	3.0
23:30	16.9	14.8	6.6	9.3	12.6	2.9	8.5	8.1	4.1	3.2
23:45	17.8	14.5	8.6	6.8	10.7	5.7	8.2	6.3	5.5	3.7

六、西安地区收听率数据

表1.6.1　西安地区主要电台频率的平均收听率和市场份额

排名	电台名称	平均收听率（%）	市场份额（%）
1	陕西交通广播	0.77	12.2
2	西安交通旅游广播	0.74	11.8
3	西安音乐广播	0.61	9.7
4	西安新闻广播	0.59	9.3
5	陕西音乐广播	0.47	7.4
6	西安资讯广播	0.45	7.2
7	西安综艺广播	0.40	6.3
8	陕广新闻广播	0.38	6.1
9	陕西秦腔广播	0.32	5.1
10	陕西 896 汽车调频广播	0.28	4.4

表1.6.2　西安地区主要电台频率的到达率和日到达率

排名	电台名称	到达率（%）	日到达率（%）
1	西安交通旅游广播	34.5	10.0
2	西安音乐广播	27.4	8.7
3	西安资讯广播	25.4	7.2
4	陕西交通广播	24.4	7.9
5	陕西音乐广播	21.4	4.0
6	中央广播电视总台经济之声	20.9	3.1
7	陕西 896 汽车调频广播	20.6	3.0
8	中央广播电视总台中国之声	19.1	4.1
9	陕广新闻广播	18.2	5.9
10	陕西新闻广播	18.1	3.3

表1.6.3 西安地区主要电台的收听率（%）

时间	陕西交通广播	西安交通旅游广播	西安音乐广播	西安新闻广播	陕西音乐广播	西安资讯广播	西安综艺广播	陕广新闻广播	陕西秦腔广播	陕西896汽车调频广播
6:00	0.56	0.63	0.24	0.69	0.29	0.28	0.30	0.31	0.18	0.25
6:15	0.62	0.67	0.32	0.72	0.34	0.33	0.33	0.38	0.18	0.27
6:30	0.68	0.77	0.39	0.76	0.36	0.41	0.41	0.39	0.22	0.28
6:45	0.84	0.81	0.39	0.91	0.36	0.40	0.44	0.46	0.24	0.26
7:00	0.93	0.94	0.44	1.09	0.40	0.42	0.47	0.53	0.29	0.28
7:15	1.12	1.04	0.55	1.19	0.43	0.42	0.54	0.60	0.36	0.33
7:30	1.15	1.18	0.60	1.32	0.42	0.45	0.55	0.58	0.41	0.36
7:45	1.29	1.18	0.57	1.45	0.45	0.57	0.53	0.62	0.46	0.33
8:00	1.53	1.28	0.66	1.55	0.43	0.60	0.66	0.64	0.50	0.31
8:15	1.71	1.31	0.77	1.44	0.45	0.65	0.64	0.59	0.52	0.37
8:30	1.75	1.36	0.85	1.38	0.45	0.59	0.62	0.58	0.55	0.30
8:45	1.78	1.26	0.84	1.32	0.45	0.62	0.63	0.59	0.56	0.31
9:00	1.85	1.28	0.84	1.25	0.47	0.64	0.63	0.57	0.57	0.31
9:15	1.71	1.16	0.85	1.16	0.45	0.69	0.60	0.55	0.52	0.37
9:30	1.68	1.04	0.82	1.14	0.46	0.56	0.48	0.54	0.52	0.33
9:45	1.49	0.90	0.77	0.98	0.45	0.52	0.44	0.55	0.51	0.29
10:00	1.44	0.90	0.77	0.92	0.49	0.59	0.43	0.46	0.53	0.28
10:15	1.24	0.84	0.73	0.81	0.51	0.59	0.43	0.41	0.46	0.31
10:30	1.05	0.88	0.69	0.66	0.45	0.57	0.41	0.39	0.45	0.34
10:45	0.93	0.82	0.63	0.55	0.49	0.47	0.43	0.32	0.39	0.31
11:00	0.76	0.85	0.52	0.52	0.49	0.41	0.40	0.33	0.34	0.26
11:15	0.68	0.80	0.57	0.49	0.46	0.41	0.48	0.36	0.35	0.23
11:30	0.65	0.75	0.44	0.50	0.47	0.41	0.39	0.32	0.33	0.26
11:45	0.61	0.81	0.46	0.55	0.46	0.51	0.39	0.36	0.28	0.29
12:00	0.62	0.76	0.48	0.57	0.48	0.58	0.39	0.38	0.33	0.23
12:15	0.63	0.77	0.39	0.58	0.45	0.61	0.34	0.37	0.30	0.26
12:30	0.62	0.69	0.48	0.45	0.48	0.55	0.31	0.35	0.28	0.37
12:45	0.60	0.60	0.52	0.48	0.46	0.57	0.33	0.37	0.28	0.31
13:00	0.57	0.64	0.52	0.34	0.47	0.67	0.32	0.37	0.23	0.31
13:15	0.52	0.68	0.60	0.33	0.51	0.51	0.37	0.36	0.24	0.33
13:30	0.50	0.60	0.51	0.35	0.45	0.52	0.36	0.32	0.25	0.35
13:45	0.48	0.64	0.57	0.37	0.44	0.55	0.36	0.31	0.24	0.28
14:00	0.46	0.54	0.59	0.36	0.41	0.59	0.37	0.35	0.22	0.32
14:15	0.50	0.55	0.52	0.33	0.42	0.54	0.38	0.36	0.25	0.30
14:30	0.47	0.50	0.55	0.28	0.39	0.51	0.37	0.35	0.24	0.31
14:45	0.47	0.43	0.52	0.33	0.37	0.48	0.32	0.36	0.24	0.23

（续表）

时间	陕西交通广播	西安交通旅游广播	西安音乐广播	西安新闻广播	陕西音乐广播	西安资讯广播	西安综艺广播	陕广新闻广播	陕西秦腔广播	陕西896汽车调频广播
15:00	0.55	0.43	0.51	0.34	0.38	0.47	0.36	0.33	0.23	0.21
15:15	0.58	0.51	0.43	0.36	0.41	0.44	0.33	0.31	0.21	0.25
15:30	0.56	0.55	0.47	0.35	0.40	0.43	0.30	0.35	0.21	0.23
15:45	0.49	0.59	0.46	0.30	0.40	0.34	0.31	0.29	0.24	0.23
16:00	0.48	0.60	0.45	0.28	0.43	0.38	0.30	0.28	0.20	0.23
16:15	0.44	0.57	0.43	0.28	0.42	0.41	0.29	0.34	0.20	0.21
16:30	0.50	0.56	0.49	0.32	0.45	0.42	0.30	0.34	0.24	0.21
16:45	0.48	0.54	0.54	0.38	0.44	0.48	0.31	0.36	0.23	0.25
17:00	0.60	0.58	0.63	0.34	0.48	0.44	0.31	0.33	0.23	0.29
17:15	0.56	0.61	0.71	0.42	0.49	0.48	0.35	0.37	0.21	0.27
17:30	0.65	0.67	0.70	0.46	0.53	0.45	0.36	0.35	0.20	0.27
17:45	0.61	0.76	0.67	0.51	0.56	0.39	0.35	0.41	0.29	0.28
18:00	0.66	0.87	0.72	0.54	0.60	0.41	0.40	0.35	0.28	0.27
18:15	0.70	0.90	0.78	0.64	0.60	0.42	0.42	0.37	0.30	0.26
18:30	0.84	0.93	0.88	0.58	0.62	0.49	0.44	0.38	0.32	0.28
18:45	0.89	1.00	1.01	0.50	0.66	0.46	0.49	0.34	0.35	0.34
19:00	0.82	1.01	1.05	0.62	0.68	0.45	0.49	0.32	0.38	0.29
19:15	0.81	1.04	0.99	0.64	0.65	0.44	0.49	0.30	0.40	0.31
19:30	0.77	0.99	1.09	0.52	0.62	0.44	0.49	0.34	0.44	0.31
19:45	0.74	0.89	0.99	0.54	0.64	0.49	0.47	0.37	0.48	0.33
20:00	0.67	0.87	0.97	0.50	0.58	0.43	0.47	0.39	0.47	0.36
20:15	0.63	0.83	0.97	0.55	0.58	0.45	0.46	0.37	0.42	0.31
20:30	0.68	0.76	0.75	0.47	0.61	0.52	0.37	0.37	0.43	0.25
20:45	0.59	0.65	0.75	0.49	0.51	0.41	0.37	0.38	0.38	0.24
21:00	0.60	0.65	0.73	0.41	0.57	0.44	0.37	0.35	0.35	0.24
21:15	0.56	0.58	0.66	0.38	0.49	0.39	0.33	0.34	0.29	0.20
21:30	0.57	0.49	0.60	0.34	0.50	0.34	0.37	0.32	0.29	0.21
21:45	0.52	0.53	0.58	0.25	0.48	0.30	0.30	0.30	0.32	0.22
22:00	0.47	0.45	0.52	0.24	0.50	0.32	0.28	0.31	0.28	0.17
22:15	0.41	0.41	0.52	0.23	0.44	0.30	0.31	0.29	0.24	0.23
22:30	0.41	0.42	0.35	0.24	0.46	0.26	0.29	0.30	0.23	0.24
22:45	0.38	0.33	0.37	0.26	0.41	0.21	0.29	0.26	0.20	0.22
23:00	0.39	0.33	0.34	0.22	0.38	0.23	0.31	0.29	0.21	0.21
23:15	0.45	0.29	0.37	0.22	0.33	0.23	0.24	0.30	0.17	0.19
23:30	0.33	0.23	0.27	0.23	0.34	0.19	0.28	0.29	0.16	0.21
23:45	0.31	0.27	0.27	0.20	0.26	0.15	0.27	0.26	0.13	0.16

表1.6.4 西安地区主要电台的占有率（%）

时间	陕西交通广播	西安交通旅游广播	西安音乐广播	西安新闻广播	陕西音乐广播	西安资讯广播	西安综艺广播	陕广新闻广播	陕西秦腔广播	陕西896汽车调频广播
6:00	10.3	11.5	4.4	12.7	5.3	5.0	5.5	5.6	3.2	4.5
6:15	10.7	11.7	5.6	12.4	5.9	5.8	5.7	6.6	3.2	4.7
6:30	10.8	12.1	6.2	12.0	5.7	6.4	6.5	6.1	3.4	4.5
6:45	12.2	11.9	5.7	13.4	5.2	5.9	6.4	6.7	3.6	3.8
7:00	12.4	12.5	5.9	14.6	5.3	5.6	6.3	7.1	3.8	3.7
7:15	13.4	12.4	6.5	14.2	5.1	5.0	6.4	7.1	4.3	3.9
7:30	12.8	13.1	6.6	14.6	4.7	5.0	6.1	6.4	4.5	4.0
7:45	13.7	12.6	6.1	15.5	4.8	6.1	5.6	6.6	4.9	3.5
8:00	15.1	12.6	6.5	15.3	4.3	5.9	6.5	6.3	4.9	3.0
8:15	16.2	12.4	7.3	13.7	4.2	6.1	6.1	5.6	4.9	3.6
8:30	16.8	13.0	8.2	13.2	4.3	5.7	6.0	5.5	5.3	2.8
8:45	17.1	12.2	8.1	12.7	4.3	6.0	6.0	5.7	5.4	3.0
9:00	18.0	12.4	8.1	12.2	4.6	6.2	6.1	5.5	5.6	3.0
9:15	17.4	11.8	8.7	11.8	4.6	7.1	6.1	5.6	5.3	3.8
9:30	18.2	11.3	8.9	12.3	5.0	6.1	5.2	5.9	5.6	3.6
9:45	17.4	10.5	8.9	11.4	5.2	6.0	5.1	6.4	6.0	3.4
10:00	17.5	11.0	9.3	11.2	6.0	7.2	5.3	5.6	6.5	3.4
10:15	16.1	11.0	9.5	10.6	6.7	7.7	5.6	5.3	5.9	4.0
10:30	14.5	12.1	9.6	9.2	6.3	7.8	5.6	5.4	6.2	4.6
10:45	14.3	12.6	9.7	8.4	7.6	7.2	6.6	5.0	6.0	4.7
11:00	12.3	13.7	8.4	8.5	7.9	6.6	6.5	5.4	5.6	4.2
11:15	11.1	13.0	9.2	7.9	7.5	6.6	7.7	5.7	5.7	3.8
11:30	11.4	13.3	7.8	8.9	8.2	7.3	6.9	5.7	5.8	4.5
11:45	10.6	13.9	7.9	9.4	7.9	8.8	6.7	6.2	4.7	5.0
12:00	10.5	12.9	8.1	9.7	8.1	9.9	6.6	6.4	5.7	3.9
12:15	10.9	13.3	6.8	9.9	7.8	10.5	5.8	6.4	5.2	4.5
12:30	11.0	12.3	8.5	8.1	8.5	9.9	5.5	6.2	5.0	6.5
12:45	10.8	10.6	9.2	8.6	8.2	10.3	5.9	6.6	4.9	5.6
13:00	10.2	11.5	9.3	6.2	8.4	12.1	5.8	6.6	4.1	5.5
13:15	9.3	12.2	10.8	5.9	9.2	9.2	6.6	6.5	4.4	6.0
13:30	9.3	11.2	9.7	6.5	8.4	9.8	6.7	5.9	4.7	6.5
13:45	9.2	12.3	10.8	7.1	8.3	10.4	6.9	5.9	4.7	5.3
14:00	8.9	10.5	11.4	6.9	7.9	11.4	7.2	6.7	4.2	6.1
14:15	9.4	10.5	9.9	6.3	8.1	10.3	7.2	6.8	4.7	5.8
14:30	9.4	10.1	11.0	5.7	7.9	10.2	7.5	7.0	4.9	6.3
14:45	9.7	8.8	10.8	6.7	7.6	9.8	6.5	7.3	4.9	4.7
15:00	11.2	8.7	10.4	6.9	7.8	9.5	7.3	6.8	4.7	4.3

（续表）

时间	陕西交通广播	西安交通旅游广播	西安音乐广播	西安新闻广播	陕西音乐广播	西安资讯广播	西安综艺广播	陕广新闻广播	陕西秦腔广播	陕西896汽车调频广播
15:15	11.9	10.5	9.0	7.5	8.6	9.1	6.8	6.4	4.4	5.1
15:30	11.5	11.3	9.7	7.2	8.3	8.9	6.1	7.1	4.4	4.8
15:45	10.3	12.3	9.7	6.3	8.5	7.2	6.4	6.0	5.1	4.7
16:00	10.4	13.0	9.7	6.0	9.3	8.1	6.5	6.0	4.4	4.9
16:15	9.6	12.4	9.2	6.2	9.1	9.0	6.3	7.3	4.4	4.5
16:30	10.2	11.4	10.0	6.6	9.2	8.5	6.2	6.9	5.0	4.3
16:45	9.5	10.7	10.7	7.6	8.7	9.6	6.2	7.2	4.7	5.1
17:00	11.3	11.0	12.0	6.4	9.1	8.3	5.9	6.2	4.4	5.4
17:15	10.0	10.8	12.8	7.5	8.7	8.6	6.2	6.5	3.8	4.9
17:30	11.3	11.5	12.2	8.0	9.1	7.7	6.2	6.1	3.4	4.6
17:45	10.1	12.7	11.2	8.5	9.3	6.6	5.9	6.8	4.8	4.7
18:00	10.4	13.6	11.2	8.4	9.3	6.4	6.3	5.5	4.4	4.3
18:15	10.6	13.6	11.9	9.7	9.0	6.4	6.4	5.5	4.6	4.0
18:30	12.0	13.3	12.5	8.3	8.9	6.9	6.3	5.3	4.6	3.9
18:45	12.3	13.8	13.8	6.9	9.1	6.4	6.8	4.7	4.8	4.7
19:00	11.1	13.7	14.2	8.3	9.2	6.0	6.7	4.3	5.1	3.9
19:15	11.0	14.0	13.4	8.6	8.8	5.9	6.6	4.1	5.3	4.1
19:30	10.3	13.3	14.6	6.9	8.4	6.0	6.6	4.6	5.9	4.2
19:45	10.1	12.0	13.4	7.2	8.6	6.6	6.4	5.0	6.5	4.5
20:00	9.4	12.2	13.6	7.1	8.1	6.0	6.6	5.4	6.6	5.0
20:15	9.0	11.8	13.8	7.8	8.2	6.3	6.5	5.3	6.0	4.4
20:30	10.4	11.7	11.6	7.3	9.4	8.0	5.6	5.7	6.6	3.8
20:45	9.9	10.9	12.5	8.2	8.5	6.9	6.3	6.3	6.3	4.1
21:00	10.0	10.8	12.2	6.8	9.6	7.4	6.1	5.8	5.9	4.1
21:15	10.3	10.8	12.3	7.1	9.2	7.2	6.1	6.3	5.4	3.7
21:30	11.0	9.4	11.7	6.6	9.7	6.5	7.0	6.1	5.6	4.0
21:45	10.8	10.8	11.8	5.2	9.8	6.1	6.2	6.1	6.5	4.5
22:00	10.6	10.1	11.7	5.5	11.2	7.2	6.3	6.9	6.3	3.9
22:15	9.3	9.4	11.8	5.4	10.1	6.8	7.0	6.7	5.6	5.3
22:30	10.0	10.3	8.6	5.8	11.1	6.3	7.0	7.3	5.7	5.9
22:45	10.0	8.6	9.6	6.8	10.8	5.4	7.6	6.8	5.3	5.6
23:00	10.3	8.8	8.9	5.8	10.0	6.0	8.2	7.6	5.6	5.4
23:15	12.6	8.2	10.3	6.1	9.3	6.4	6.8	8.4	4.8	5.3
23:30	10.1	6.8	8.2	7.1	10.2	5.8	8.5	8.7	4.8	6.5
23:45	10.4	9.2	9.3	6.7	8.7	5.0	9.2	8.8	4.4	5.5

七、杭州地区收听率数据

表1.7.1 杭州地区主要电台频率的平均收听率和市场份额

排名	电台名称	平均收听率（%）	市场份额（%）
1	FM91.8 交通经济广播	1.08	16.0
2	浙江交通之声	1.00	14.9
3	浙江动听 968 音乐调频	0.85	12.6
4	浙江之声	0.81	12.1
5	FM105.4 西湖之声	0.67	9.9
6	浙江私家车 107 城市之声	0.50	7.4
6	FM89 杭州之声	0.50	7.4
8	浙江经济广播	0.41	6.1
9	FM104.5 浙江旅游之声	0.26	3.8
10	浙江民生资讯广播	0.14	2.1

表1.7.2 杭州地区主要电台频率的到达率和日到达率

排名	电台名称	到达率（%）	日到达率（%）
1	FM91.8 交通经济广播	29.4	14.0
2	FM105.4 西湖之声	23.6	9.2
3	浙江交通之声	23.4	12.3
4	浙江动听 968 音乐调频	20.5	10.9
5	浙江之声	20.4	8.5
6	浙江私家车 107 城市之声	17.7	6.2
7	FM89 杭州之声	15.9	5.0
8	浙江经济广播	15.9	6.4
9	浙江民生资讯广播	10.5	3.9
10	FM104.5 浙江旅游之声	9.5	4.3

表1.7.3 杭州地区主要电台的收听率（%）

时间	FM 91.8 交通经济广播	浙江交通之声	浙江动听 968 音乐调频	浙江之声	FM 105.4 西湖之声	浙江私家车 107 城市之声	FM89 杭州之声	浙江经济广播	FM 104.5 浙江旅游之声	浙江民生资讯广播
6:00	0.15	0.15	0.06	0.26	0.26	0.03	0.06	0.19	0.07	0.00
6:15	0.39	0.26	0.07	0.28	0.29	0.04	0.09	0.25	0.09	0.01
6:30	0.52	0.32	0.12	0.32	0.31	0.05	0.12	0.32	0.11	0.02
6:45	0.72	0.37	0.14	0.40	0.35	0.08	0.19	0.42	0.13	0.04
7:00	0.84	0.56	0.18	0.52	0.40	0.09	0.25	0.57	0.15	0.05
7:15	1.09	0.94	0.32	0.84	0.45	0.09	0.46	0.67	0.18	0.09
7:30	1.23	1.09	0.49	0.97	0.62	0.13	0.63	0.70	0.25	0.12
7:45	1.39	1.31	0.61	1.24	0.83	0.18	0.86	0.70	0.27	0.16
8:00	1.64	1.55	0.80	1.28	0.90	0.29	0.90	0.67	0.31	0.21
8:15	2.16	1.78	0.85	1.30	0.94	0.39	0.95	0.63	0.32	0.26
8:30	2.21	1.83	0.90	1.29	0.99	0.47	0.97	0.59	0.33	0.29
8:45	2.16	1.80	1.06	1.26	1.00	0.52	0.99	0.59	0.34	0.30
9:00	2.14	1.75	1.23	1.20	0.97	0.58	0.95	0.59	0.34	0.29
9:15	1.96	1.64	1.34	1.18	0.95	0.64	0.93	0.60	0.36	0.30
9:30	1.82	1.63	1.39	1.15	0.95	0.69	0.94	0.60	0.36	0.30
9:45	1.74	1.61	1.47	1.12	0.99	0.72	0.92	0.57	0.35	0.30
10:00	1.63	1.55	1.49	1.08	0.98	0.77	0.89	0.57	0.34	0.29
10:15	1.55	1.39	1.49	1.08	0.94	0.86	0.82	0.58	0.32	0.28
10:30	1.49	1.34	1.46	1.05	0.91	0.88	0.79	0.56	0.33	0.26
10:45	1.46	1.25	1.41	1.04	0.85	0.88	0.79	0.56	0.34	0.28
11:00	1.43	1.23	1.36	1.02	0.83	0.86	0.76	0.52	0.33	0.27
11:15	1.46	1.14	1.31	0.97	0.82	0.81	0.73	0.51	0.33	0.25
11:30	1.40	1.10	1.26	0.97	0.79	0.78	0.73	0.50	0.32	0.24
11:45	1.34	1.09	1.18	0.98	0.77	0.76	0.70	0.46	0.31	0.22
12:00	1.34	1.07	1.09	1.00	0.71	0.72	0.64	0.46	0.30	0.20
12:15	1.32	1.03	1.04	1.01	0.68	0.64	0.60	0.47	0.29	0.19
12:30	1.27	0.94	1.02	0.99	0.66	0.63	0.53	0.48	0.29	0.18
12:45	1.23	0.92	1.01	0.95	0.67	0.62	0.48	0.47	0.29	0.19
13:00	1.21	0.91	0.97	0.90	0.71	0.65	0.47	0.47	0.30	0.19
13:15	1.19	0.88	0.93	0.90	0.73	0.64	0.46	0.47	0.31	0.19
13:30	1.20	0.81	0.88	0.88	0.74	0.64	0.47	0.47	0.31	0.18
13:45	1.19	0.83	0.86	0.83	0.73	0.61	0.45	0.45	0.30	0.17
14:00	1.19	0.84	0.85	0.79	0.72	0.57	0.47	0.46	0.28	0.16
14:15	1.18	0.86	0.87	0.70	0.70	0.56	0.44	0.45	0.25	0.16
14:30	1.16	0.92	0.89	0.68	0.71	0.52	0.43	0.45	0.26	0.16
14:45	1.14	0.94	0.91	0.68	0.71	0.50	0.43	0.43	0.27	0.17

（续表）

时间	FM 91.8 交通经济广播	浙江交通之声	浙江动听 968 音乐调频	浙江之声	FM 105.4 西湖之声	浙江私家车 107 城市之声	FM89 杭州之声	浙江经济广播	FM 104.5 浙江旅游之声	浙江民生资讯广播
15:00	1.12	0.87	0.92	0.69	0.73	0.46	0.44	0.41	0.28	0.17
15:15	1.11	0.84	0.91	0.70	0.74	0.46	0.46	0.41	0.30	0.16
15:30	1.18	0.85	0.92	0.70	0.72	0.49	0.46	0.41	0.29	0.16
15:45	1.20	0.89	0.95	0.71	0.73	0.50	0.47	0.41	0.28	0.14
16:00	1.23	0.91	1.00	0.73	0.71	0.49	0.47	0.41	0.28	0.14
16:15	1.24	1.05	1.03	0.73	0.72	0.50	0.44	0.43	0.28	0.14
16:30	1.25	1.15	1.02	0.72	0.73	0.53	0.47	0.44	0.28	0.15
16:45	1.26	1.12	0.97	0.72	0.76	0.55	0.46	0.47	0.28	0.15
17:00	1.31	1.13	0.94	0.77	0.76	0.57	0.49	0.48	0.28	0.14
17:15	1.27	1.18	0.95	0.83	0.76	0.56	0.50	0.50	0.29	0.13
17:30	1.21	1.27	0.97	0.85	0.80	0.53	0.49	0.48	0.29	0.13
17:45	1.14	1.35	1.04	0.91	0.80	0.50	0.49	0.45	0.29	0.13
18:00	1.14	1.38	1.07	0.93	0.77	0.51	0.48	0.41	0.28	0.11
18:15	1.15	1.38	1.07	0.91	0.76	0.53	0.46	0.39	0.28	0.10
18:30	1.03	1.33	1.07	0.85	0.79	0.54	0.44	0.38	0.27	0.09
18:45	0.95	1.25	1.01	0.84	0.75	0.55	0.42	0.39	0.28	0.08
19:00	0.90	1.22	0.96	0.84	0.76	0.56	0.41	0.38	0.28	0.08
19:15	0.87	1.24	0.90	0.89	0.76	0.56	0.42	0.38	0.27	0.09
19:30	0.81	1.23	0.85	0.94	0.75	0.57	0.42	0.38	0.27	0.09
19:45	0.81	1.12	0.84	0.96	0.76	0.57	0.41	0.37	0.27	0.09
20:00	0.80	1.02	0.81	0.96	0.75	0.55	0.42	0.34	0.24	0.08
20:15	0.71	1.00	0.76	0.88	0.69	0.56	0.39	0.33	0.23	0.07
20:30	0.67	0.90	0.73	0.82	0.66	0.53	0.35	0.30	0.22	0.07
20:45	0.63	0.85	0.72	0.80	0.63	0.50	0.36	0.24	0.21	0.08
21:00	0.60	0.81	0.69	0.71	0.58	0.49	0.35	0.23	0.21	0.07
21:15	0.60	0.77	0.66	0.66	0.48	0.46	0.33	0.22	0.19	0.07
21:30	0.57	0.69	0.63	0.65	0.40	0.45	0.32	0.21	0.19	0.06
21:45	0.47	0.64	0.56	0.61	0.36	0.43	0.28	0.20	0.18	0.06
22:00	0.39	0.60	0.51	0.58	0.31	0.42	0.24	0.16	0.17	0.06
22:15	0.30	0.56	0.49	0.53	0.29	0.41	0.25	0.13	0.17	0.06
22:30	0.29	0.51	0.42	0.48	0.27	0.38	0.25	0.09	0.14	0.06
22:45	0.26	0.42	0.37	0.42	0.24	0.37	0.23	0.09	0.13	0.05
23:00	0.25	0.38	0.30	0.40	0.24	0.33	0.22	0.09	0.13	0.05
23:15	0.25	0.35	0.26	0.36	0.21	0.32	0.19	0.09	0.13	0.04
23:30	0.19	0.29	0.24	0.28	0.17	0.27	0.16	0.07	0.11	0.03
23:45	0.08	0.11	0.14	0.13	0.09	0.17	0.06	0.03	0.06	0.02

表1.7.4 杭州地区主要电台的占有率（%）

时间	FM91.8交通经济广播	浙江交通之声	浙江动听968音乐调频	浙江之声	FM105.4西湖之声	浙江私家车107城市之声	FM89杭州之声	浙江经济广播	FM104.5浙江旅游之声	浙江民生资讯广播
6:00	10.6	11.2	4.2	19.1	18.6	2.0	4.4	13.7	5.1	0.2
6:15	20.7	13.9	3.6	14.7	15.3	2.2	4.7	13.1	4.9	0.5
6:30	21.9	13.6	4.9	13.4	13.1	1.9	5.0	13.5	4.8	0.9
6:45	23.6	12.2	4.6	13.2	11.3	2.7	6.1	13.8	4.3	1.1
7:00	21.8	14.5	4.8	13.4	10.5	2.3	6.5	14.7	3.8	1.4
7:15	20.1	17.3	5.9	15.4	8.3	1.7	8.4	12.4	3.4	1.6
7:30	18.6	16.5	7.4	14.8	9.4	2.0	9.5	10.6	3.7	1.8
7:45	17.5	16.4	7.7	15.6	10.5	2.3	10.8	8.7	3.3	1.9
8:00	18.3	17.3	8.9	14.3	10.0	3.2	10.0	7.4	3.4	2.4
8:15	21.4	17.7	8.5	12.9	9.3	3.9	9.4	6.2	3.2	2.5
8:30	21.3	17.6	8.7	12.4	9.5	4.6	9.4	5.7	3.2	2.8
8:45	20.4	17.0	10.1	11.9	9.4	4.9	9.4	5.5	3.3	2.8
9:00	20.1	16.4	11.6	11.3	9.1	5.4	8.9	5.6	3.2	2.7
9:15	18.7	15.7	12.8	11.3	9.1	6.1	8.9	5.7	3.4	2.9
9:30	17.5	15.7	13.4	11.0	9.1	6.6	9.0	5.7	3.5	2.9
9:45	16.7	15.5	14.2	10.8	9.6	7.0	8.9	5.5	3.4	2.9
10:00	16.0	15.2	14.7	10.6	9.6	7.6	8.7	5.6	3.4	2.9
10:15	15.6	14.0	15.0	10.8	9.4	8.7	8.2	5.8	3.3	2.8
10:30	15.3	13.8	15.0	10.8	9.4	9.0	8.1	5.8	3.4	2.7
10:45	15.3	13.2	14.8	10.9	8.9	9.3	8.3	5.8	3.6	2.9
11:00	15.4	13.3	14.6	11.0	8.9	9.3	8.2	5.6	3.6	2.9
11:15	16.3	12.6	14.6	10.8	9.1	8.9	8.2	5.6	3.7	2.8
11:30	16.0	12.6	14.4	11.1	9.1	8.9	8.3	5.7	3.6	2.7
11:45	15.9	12.9	13.9	11.6	9.2	9.0	8.3	5.5	3.6	2.5
12:00	16.4	13.2	13.3	12.2	8.7	8.8	7.9	5.7	3.7	2.4
12:15	16.7	13.1	13.2	12.8	8.7	8.1	7.6	5.9	3.7	2.4
12:30	16.7	12.4	13.5	13.1	8.7	8.3	7.0	6.3	3.8	2.3
12:45	16.6	12.4	13.7	12.8	9.0	8.4	6.4	6.4	3.9	2.5
13:00	16.4	12.3	13.2	12.2	9.7	8.8	6.4	6.4	4.0	2.5
13:15	16.3	12.0	12.8	12.3	10.0	8.8	6.3	6.4	4.2	2.6
13:30	16.7	11.2	12.1	12.2	10.3	8.9	6.5	6.5	4.3	2.4
13:45	16.9	11.7	12.2	11.8	10.3	8.6	6.4	6.3	4.3	2.4
14:00	17.0	12.0	12.2	11.4	10.4	8.1	6.7	6.6	4.0	2.3
14:15	17.4	12.7	12.8	10.3	10.2	8.2	6.5	6.7	3.7	2.4
14:30	17.1	13.5	13.1	10.0	10.5	7.7	6.3	6.6	3.8	2.4
14:45	16.7	13.9	13.4	10.0	10.5	7.3	6.4	6.3	3.9	2.4

（续表）

时间	FM91.8交通经济广播	浙江交通之声	浙江动听968音乐调频	浙江之声	FM 105.4西湖之声	浙江私家车107城市之声	FM89杭州之声	浙江经济广播	FM 104.5浙江旅游之声	浙江民生资讯广播
15:00	16.6	12.9	13.7	10.3	10.9	6.8	6.6	6.1	4.2	2.5
15:15	16.5	12.4	13.5	10.4	11.0	6.9	6.9	6.1	4.4	2.4
15:30	17.3	12.5	13.5	10.3	10.5	7.1	6.8	6.0	4.2	2.3
15:45	17.4	12.9	13.8	10.3	10.5	7.2	6.8	6.0	4.1	2.1
16:00	17.6	13.0	14.3	10.5	10.2	7.0	6.7	5.8	4.1	1.9
16:15	17.2	14.6	14.4	10.2	10.0	7.0	6.1	6.0	3.8	1.9
16:30	16.9	15.6	13.8	9.7	10.0	7.2	6.3	6.0	3.8	2.0
16:45	17.1	15.2	13.2	9.8	10.3	7.5	6.3	6.4	3.8	2.0
17:00	17.5	15.1	12.6	10.3	10.1	7.5	6.5	6.3	3.7	1.8
17:15	16.7	15.5	12.5	10.9	10.0	7.3	6.6	6.5	3.8	1.7
17:30	15.8	16.6	12.7	11.1	10.5	6.9	6.5	6.2	3.8	1.7
17:45	14.7	17.4	13.5	11.8	10.3	6.5	6.4	5.8	3.8	1.6
18:00	14.8	17.9	13.9	12.0	10.0	6.6	6.2	5.3	3.7	1.5
18:15	15.1	18.0	14.0	11.9	10.0	6.9	6.0	5.1	3.7	1.3
18:30	13.9	18.0	14.4	11.5	10.6	7.3	5.9	5.2	3.7	1.2
18:45	13.3	17.6	14.2	11.7	10.5	7.7	5.8	5.4	3.9	1.2
19:00	12.9	17.5	13.7	12.0	10.9	8.0	5.8	5.5	4.0	1.2
19:15	12.5	17.8	12.9	12.7	11.0	8.0	6.0	5.5	3.9	1.3
19:30	11.8	17.9	12.4	13.6	10.9	8.3	6.1	5.6	3.9	1.3
19:45	12.0	16.7	12.4	14.3	11.2	8.4	6.0	5.4	4.0	1.4
20:00	12.3	15.7	12.5	14.8	11.5	8.5	6.5	5.3	3.7	1.3
20:15	11.6	16.2	12.3	14.3	11.3	9.2	6.3	5.4	3.7	1.2
20:30	11.7	15.7	12.7	14.3	11.5	9.2	6.0	5.2	3.8	1.2
20:45	11.5	15.4	13.1	14.6	11.5	9.2	6.5	4.3	3.9	1.4
21:00	11.5	15.5	13.4	13.7	11.3	9.4	6.8	4.3	4.1	1.4
21:15	12.4	15.8	13.5	13.6	9.8	9.4	6.7	4.4	4.0	1.5
21:30	12.4	15.1	13.8	14.3	8.9	9.8	6.9	4.5	4.2	1.3
21:45	11.3	15.3	13.3	14.6	8.6	10.3	6.6	4.7	4.2	1.4
22:00	10.1	15.7	13.4	15.1	8.2	11.0	6.4	4.2	4.5	1.6
22:15	8.6	15.9	13.9	15.0	8.2	11.4	7.0	3.5	4.8	1.8
22:30	8.9	15.9	13.1	15.0	8.4	11.9	7.7	2.9	4.5	1.7
22:45	9.2	14.5	12.9	14.7	8.5	12.8	7.9	3.1	4.4	1.7
23:00	9.2	14.3	11.3	14.9	8.8	12.4	8.2	3.4	4.8	1.7
23:15	10.1	14.2	10.6	14.6	8.4	13.0	7.9	3.6	5.2	1.7
23:30	9.6	14.4	11.7	13.9	8.2	13.2	7.7	3.3	5.6	1.6
23:45	7.7	11.2	14.1	13.4	9.2	16.7	6.0	3.4	6.2	1.5

八、武汉地区收听率数据

表1.8.1　武汉地区主要电台频率的平均收听率和市场份额

排名	电台名称	平均收听率（%）	市场份额（%）
1	楚天交通广播	0.85	14.2
2	湖北之声	0.76	12.8
3	湖北楚天音乐广播	0.70	11.7
4	武汉交通广播	0.49	8.2
5	湖北城市之声	0.47	8.0
6	湖北经典音乐广播	0.42	7.1
7	武汉新闻综合广播	0.42	7.1
8	武汉经典音乐广播	0.33	5.5
9	湖北生活广播	0.32	5.3
10	湖北经济广播	0.30	5.0

表1.8.2　武汉地区主要电台频率的到达率和日到达率

排名	电台名称	到达率（%）	日到达率（%）
1	楚天交通广播	26.3	14.6
2	湖北楚天音乐广播	22.6	12.3
3	湖北之声	21.8	10.0
4	湖北城市之声	21.7	9.9
5	武汉交通广播	20.6	9.7
6	武汉新闻综合广播	13.9	6.0
7	湖北亲子广播	13.4	5.3
8	湖北经典音乐广播	12.3	5.2
9	武汉经典音乐广播	11.4	5.6
10	湖北生活广播	10.9	4.8

表1.8.3 武汉地区主要电台的收听率（%）

时间	楚天交通广播	湖北之声	湖北楚天音乐广播	武汉交通广播	湖北城市之声	湖北经典音乐广播	武汉新闻综合广播	武汉经典音乐广播	湖北生活广播	湖北经济广播
6:00	0.08	0.06	0.04	0.05	0.01	0.01	0.02	0.02	0.01	0.04
6:15	0.15	0.13	0.05	0.05	0.02	0.04	0.05	0.03	0.02	0.04
6:30	0.21	0.19	0.06	0.08	0.05	0.07	0.06	0.04	0.06	0.06
6:45	0.41	0.29	0.15	0.12	0.09	0.11	0.12	0.06	0.09	0.08
7:00	0.70	0.55	0.18	0.16	0.13	0.17	0.15	0.12	0.13	0.12
7:15	0.96	0.72	0.28	0.23	0.24	0.23	0.23	0.13	0.14	0.18
7:30	1.11	0.91	0.34	0.27	0.26	0.32	0.26	0.18	0.20	0.25
7:45	1.28	1.00	0.45	0.34	0.42	0.35	0.42	0.22	0.31	0.33
8:00	1.38	0.99	0.70	0.40	0.57	0.42	0.59	0.25	0.38	0.37
8:15	1.38	0.97	0.85	0.55	0.62	0.48	0.65	0.33	0.49	0.39
8:30	1.35	0.98	0.93	0.75	0.65	0.48	0.78	0.35	0.54	0.36
8:45	1.21	0.94	1.00	0.85	0.65	0.53	0.82	0.44	0.58	0.34
9:00	1.04	1.00	1.01	0.91	0.58	0.55	0.81	0.46	0.58	0.31
9:15	0.98	1.00	0.96	0.93	0.51	0.57	0.79	0.47	0.53	0.31
9:30	0.96	0.99	0.86	0.89	0.41	0.55	0.70	0.47	0.48	0.31
9:45	0.92	0.92	0.74	0.82	0.39	0.61	0.60	0.43	0.41	0.32
10:00	0.91	0.80	0.75	0.69	0.36	0.61	0.51	0.38	0.38	0.30
10:15	0.89	0.77	0.70	0.63	0.37	0.59	0.48	0.35	0.37	0.29
10:30	0.85	0.76	0.76	0.54	0.37	0.60	0.45	0.34	0.38	0.29
10:45	0.82	0.75	0.78	0.50	0.38	0.58	0.45	0.36	0.38	0.28
11:00	0.79	0.75	0.75	0.49	0.36	0.58	0.42	0.34	0.37	0.27
11:15	0.79	0.70	0.73	0.48	0.40	0.54	0.42	0.35	0.34	0.27
11:30	0.81	0.65	0.70	0.50	0.41	0.49	0.40	0.33	0.33	0.27
11:45	0.75	0.67	0.68	0.50	0.43	0.47	0.39	0.34	0.29	0.25
12:00	0.73	0.62	0.66	0.49	0.48	0.44	0.40	0.38	0.30	0.27
12:15	0.63	0.73	0.67	0.51	0.51	0.48	0.41	0.43	0.30	0.28
12:30	0.61	0.78	0.64	0.49	0.52	0.46	0.45	0.45	0.31	0.28
12:45	0.69	0.83	0.69	0.52	0.53	0.47	0.44	0.45	0.32	0.31
13:00	0.71	0.82	0.71	0.55	0.55	0.45	0.44	0.44	0.30	0.32
13:15	0.74	0.79	0.74	0.54	0.56	0.46	0.41	0.40	0.32	0.33
13:30	0.74	0.69	0.72	0.52	0.54	0.48	0.35	0.36	0.32	0.33
13:45	0.70	0.70	0.64	0.48	0.50	0.47	0.36	0.33	0.30	0.31
14:00	0.66	0.65	0.62	0.46	0.50	0.48	0.36	0.36	0.28	0.27
14:15	0.66	0.64	0.60	0.44	0.48	0.45	0.38	0.36	0.25	0.27
14:30	0.69	0.63	0.63	0.46	0.49	0.40	0.42	0.38	0.24	0.29
14:45	0.71	0.66	0.66	0.46	0.48	0.40	0.44	0.36	0.27	0.30

（续表）

时间	楚天交通广播	湖北之声	湖北楚天音乐广播	武汉交通广播	湖北城市之声	湖北经典音乐广播	武汉新闻综合广播	武汉经典音乐广播	湖北生活广播	湖北经济广播
15:00	0.74	0.69	0.68	0.47	0.48	0.44	0.43	0.34	0.28	0.31
15:15	0.73	0.76	0.71	0.53	0.47	0.44	0.44	0.33	0.30	0.31
15:30	0.73	0.77	0.70	0.52	0.50	0.51	0.41	0.32	0.31	0.31
15:45	0.79	0.80	0.69	0.56	0.48	0.51	0.37	0.29	0.30	0.30
16:00	0.87	0.80	0.67	0.61	0.51	0.51	0.35	0.33	0.31	0.33
16:15	0.94	0.78	0.70	0.60	0.59	0.50	0.37	0.34	0.31	0.33
16:30	0.99	0.81	0.79	0.58	0.62	0.45	0.37	0.36	0.33	0.39
16:45	0.94	0.85	0.82	0.56	0.70	0.44	0.40	0.39	0.33	0.40
17:00	1.10	0.94	0.98	0.54	0.77	0.45	0.46	0.40	0.38	0.43
17:15	1.24	1.10	1.06	0.56	0.79	0.48	0.49	0.40	0.41	0.41
17:30	1.32	1.21	1.12	0.61	0.85	0.52	0.55	0.43	0.45	0.47
17:45	1.42	1.27	1.14	0.70	0.88	0.56	0.62	0.45	0.45	0.50
18:00	1.46	1.32	1.11	0.80	0.83	0.61	0.70	0.45	0.45	0.54
18:15	1.43	1.31	1.04	0.80	0.79	0.63	0.74	0.45	0.48	0.55
18:30	1.40	1.25	0.92	0.81	0.72	0.63	0.74	0.45	0.48	0.56
18:45	1.27	1.12	0.98	0.75	0.69	0.62	0.70	0.42	0.49	0.50
19:00	1.15	0.98	0.96	0.67	0.65	0.57	0.66	0.41	0.46	0.47
19:15	1.05	0.91	0.98	0.64	0.66	0.55	0.61	0.36	0.45	0.43
19:30	0.99	0.87	1.02	0.55	0.63	0.51	0.55	0.39	0.42	0.41
19:45	0.94	0.85	0.96	0.50	0.59	0.48	0.55	0.36	0.41	0.35
20:00	0.87	0.83	0.90	0.45	0.57	0.47	0.48	0.39	0.38	0.35
20:15	0.89	0.83	0.89	0.44	0.52	0.44	0.49	0.39	0.37	0.35
20:30	0.89	0.76	0.81	0.45	0.50	0.40	0.42	0.38	0.35	0.33
20:45	0.86	0.73	0.77	0.46	0.46	0.35	0.42	0.37	0.36	0.33
21:00	0.89	0.72	0.69	0.46	0.44	0.33	0.35	0.34	0.33	0.32
21:15	0.82	0.70	0.74	0.41	0.45	0.33	0.31	0.33	0.32	0.27
21:30	0.78	0.69	0.71	0.38	0.46	0.33	0.32	0.29	0.28	0.27
21:45	0.72	0.64	0.70	0.34	0.43	0.31	0.28	0.28	0.27	0.23
22:00	0.63	0.58	0.65	0.30	0.42	0.27	0.25	0.26	0.22	0.22
22:15	0.59	0.52	0.59	0.32	0.37	0.22	0.21	0.26	0.21	0.20
22:30	0.54	0.50	0.50	0.29	0.32	0.22	0.18	0.26	0.19	0.19
22:45	0.51	0.43	0.44	0.26	0.28	0.18	0.17	0.23	0.14	0.16
23:00	0.41	0.39	0.39	0.19	0.25	0.18	0.14	0.22	0.12	0.14
23:15	0.34	0.34	0.29	0.16	0.22	0.13	0.13	0.17	0.11	0.11
23:30	0.34	0.29	0.30	0.15	0.18	0.14	0.10	0.17	0.09	0.11
23:45	0.32	0.25	0.26	0.13	0.17	0.12	0.10	0.16	0.08	0.09

表1.8.4　武汉地区主要电台的占有率（%）

时间	楚天交通广播	湖北之声	湖北楚天音乐广播	武汉交通广播	湖北城市之声	湖北经典音乐广播	武汉新闻综合广播	武汉经典音乐广播	湖北生活广播	湖北经济广播
6:00	21.0	14.9	10.9	12.8	3.1	3.4	5.4	4.0	3.1	10.7
6:15	22.5	19.7	7.3	7.9	2.9	6.5	8.0	3.7	2.8	5.2
6:30	20.0	18.2	6.1	7.2	5.1	6.3	5.4	4.1	5.8	5.6
6:45	23.2	16.7	8.4	7.0	5.0	6.3	7.1	3.4	4.8	4.7
7:00	24.7	19.4	6.4	5.7	4.7	6.1	5.3	4.2	4.5	4.3
7:15	24.9	18.5	7.3	6.0	6.2	6.0	5.9	3.5	3.7	4.7
7:30	23.0	19.0	7.0	5.7	5.3	6.7	5.5	3.8	4.2	5.2
7:45	21.4	16.7	7.5	5.6	7.1	5.9	6.9	3.7	5.1	5.5
8:00	19.4	13.9	9.9	5.7	8.0	6.0	8.3	3.5	5.3	5.2
8:15	17.5	12.3	10.7	7.0	7.8	6.1	8.2	4.1	6.2	5.0
8:30	16.0	11.6	11.0	8.9	7.7	5.7	9.3	4.2	6.5	4.3
8:45	14.0	10.9	11.7	9.8	7.5	6.2	9.5	5.1	6.7	4.0
9:00	12.2	11.8	11.9	10.8	6.9	6.5	9.5	5.4	6.8	3.6
9:15	11.9	12.1	11.6	11.2	6.2	6.9	9.5	5.7	6.5	3.7
9:30	12.3	12.7	11.0	11.4	5.3	7.0	9.0	6.0	6.2	3.9
9:45	12.6	12.6	10.0	11.1	5.3	8.3	8.2	5.9	5.6	4.3
10:00	13.2	11.7	11.0	10.1	5.3	8.9	7.5	5.6	5.5	4.4
10:15	13.4	11.6	10.6	9.6	5.6	9.0	7.3	5.3	5.6	4.5
10:30	13.1	11.7	11.7	8.3	5.8	9.3	6.9	5.3	5.9	4.5
10:45	12.8	11.8	12.2	7.8	6.0	9.0	7.1	5.7	6.0	4.4
11:00	12.9	12.2	12.2	8.0	5.9	9.3	6.8	5.5	6.0	4.4
11:15	13.2	11.6	12.2	7.9	6.7	9.0	7.0	5.8	5.7	4.5
11:30	13.8	11.1	11.9	8.5	7.0	8.4	6.8	5.6	5.6	4.6
11:45	13.2	11.7	11.9	8.8	7.5	8.2	6.9	6.0	5.1	4.4
12:00	12.6	10.8	11.5	8.5	8.4	7.7	7.0	6.7	5.2	4.7
12:15	10.6	12.3	11.2	8.6	8.5	8.1	6.8	7.3	5.0	4.6
12:30	10.2	12.9	10.6	8.2	8.7	7.6	7.4	7.5	5.1	4.7
12:45	10.9	13.2	11.0	8.3	8.4	7.4	6.9	7.2	5.1	4.8
13:00	11.2	12.8	11.1	8.6	8.7	7.1	6.9	6.9	4.8	5.1
13:15	11.7	12.4	11.7	8.6	8.8	7.3	6.5	6.3	5.0	5.3
13:30	12.2	11.3	11.9	8.5	8.9	7.8	5.7	6.0	5.3	5.3
13:45	12.1	12.0	11.1	8.4	8.6	8.2	6.1	5.7	5.2	5.3
14:00	11.8	11.6	11.1	8.2	9.0	8.5	6.4	6.5	5.0	4.8
14:15	12.1	11.8	11.0	8.0	8.9	8.3	6.9	6.6	4.6	4.9
14:30	12.6	11.4	11.4	8.3	8.8	7.3	7.7	6.9	4.4	5.2
14:45	12.7	11.9	11.7	8.3	8.5	7.2	7.8	6.4	4.7	5.3

（续表）

时间	楚天交通广播	湖北之声	湖北楚天音乐广播	武汉交通广播	湖北城市之声	湖北经典音乐广播	武汉新闻综合广播	武汉经典音乐广播	湖北生活广播	湖北经济广播
15:00	13.0	12.0	11.9	8.3	8.4	7.7	7.4	6.0	4.8	5.5
15:15	12.3	12.8	12.0	8.9	8.0	7.5	7.5	5.6	5.1	5.3
15:30	12.1	12.9	11.8	8.7	8.4	8.4	6.9	5.3	5.2	5.1
15:45	13.1	13.2	11.4	9.3	7.9	8.4	6.1	4.8	5.0	5.0
16:00	13.9	12.9	10.7	9.7	8.1	8.2	5.6	5.3	5.0	5.2
16:15	14.7	12.1	10.8	9.3	9.2	7.8	5.7	5.3	4.8	5.2
16:30	15.0	12.2	11.9	8.8	9.4	6.8	5.5	5.5	5.0	5.9
16:45	13.8	12.4	12.0	8.3	10.3	6.5	5.8	5.7	4.9	5.9
17:00	14.6	12.6	13.1	7.2	10.3	6.1	6.1	5.4	5.0	5.8
17:15	15.5	13.7	13.3	6.9	9.9	5.9	6.2	5.1	5.1	5.2
17:30	15.3	14.0	13.0	7.0	9.9	6.0	6.4	5.0	5.2	5.4
17:45	15.6	14.0	12.5	7.7	9.6	6.1	6.8	4.9	4.9	5.5
18:00	15.5	14.0	11.7	8.5	8.8	6.4	7.4	4.8	4.8	5.8
18:15	15.2	14.0	11.0	8.5	8.4	6.7	7.9	4.8	5.1	5.9
18:30	15.3	13.6	10.1	8.8	7.9	6.9	8.0	4.9	5.2	6.1
18:45	14.6	12.8	11.3	8.6	7.9	7.1	8.1	4.8	5.6	5.8
19:00	14.2	12.0	11.8	8.3	8.0	7.0	8.1	5.0	5.7	5.8
19:15	13.6	11.8	12.7	8.2	8.5	7.1	7.9	4.6	5.8	5.5
19:30	13.5	11.7	13.8	7.4	8.5	6.9	7.5	5.3	5.7	5.5
19:45	13.3	12.1	13.7	7.1	8.4	6.9	7.9	5.2	5.9	5.0
20:00	13.1	12.5	13.5	6.8	8.6	7.1	7.3	5.8	5.7	5.3
20:15	13.7	12.7	13.6	6.7	8.0	6.7	7.5	5.9	5.7	5.4
20:30	14.5	12.3	13.1	7.3	8.1	6.4	6.9	6.2	5.7	5.3
20:45	14.5	12.3	13.0	7.7	7.8	5.9	7.1	6.2	6.0	5.5
21:00	15.6	12.6	12.0	8.0	7.7	5.7	6.2	6.0	5.8	5.6
21:15	14.9	12.7	13.5	7.5	8.3	6.0	5.7	6.0	5.8	4.9
21:30	14.7	13.0	13.5	7.1	8.7	6.3	6.0	5.5	5.3	5.0
21:45	14.5	12.9	14.1	6.9	8.7	6.3	5.7	5.7	5.5	4.6
22:00	13.9	12.9	14.2	6.7	9.2	5.9	5.5	5.6	4.9	4.9
22:15	14.1	12.6	14.1	7.7	9.0	5.2	5.1	6.3	5.0	4.8
22:30	14.1	13.0	13.1	7.7	8.4	5.7	4.8	6.8	5.0	5.1
22:45	15.6	12.9	13.3	7.9	8.6	5.3	5.3	6.9	4.1	4.7
23:00	14.2	13.7	13.7	6.7	8.7	6.1	5.0	7.7	4.2	4.8
23:15	14.5	14.2	12.4	6.9	9.4	5.6	5.3	7.3	4.5	4.8
23:30	15.6	13.3	13.6	6.8	8.1	6.4	4.7	8.0	4.0	5.0
23:45	16.4	12.6	13.4	6.6	8.5	6.2	4.8	7.9	3.9	4.7

九、长沙地区收听率数据

表1.9.1　长沙地区主要电台频率的平均收听率和市场份额

排名	电台名称	平均收听率（%）	市场份额（%）
1	湖南交通频道	2.05	31.5
2	金鹰 955	0.81	12.4
2	湖南 893 汽车音乐电台	0.81	12.4
4	长沙交通广播	0.46	7.0
5	湖南 NEWS938 潇湘之声	0.45	6.9
6	FM105.0 长沙新闻广播	0.36	5.5
7	长沙电台城市之声	0.34	5.1
8	湖南旅游频道年代音乐台	0.33	5.1
9	湖南文艺频道摩登音乐台	0.32	4.9
10	湖南新闻综合频道	0.23	3.5

表1.9.2　长沙地区主要电台频率的到达率和日到达率

排名	电台名称	到达率（%）	日到达率（%）
1	湖南交通频道	48.2	25.8
2	长沙交通广播	28.8	7.7
3	湖南 893 汽车音乐电台	27.7	10.9
4	湖南旅游频道年代音乐台	25.0	4.8
5	金鹰 955	24.4	11.5
6	湖南新闻综合频道	22.4	4.3
7	湖南 NEWS938 潇湘之声	18.7	8.3
8	FM105.0 长沙新闻广播	15.2	5.7
9	湖南文艺频道摩登音乐台	14.8	5.8
10	长沙电台城市之声	14.3	5.6

表1.9.3 长沙地区主要电台的收听率（%）

时间	湖南交通频道	金鹰955	湖南893汽车音乐电台	长沙交通广播	湖南NEWS938潇湘之声	FM105.0长沙新闻广播	长沙电台城市之声	湖南旅游频道年代音乐台	湖南文艺频道摩登音乐台	湖南新闻综合频道
6:00	0.39	0.20	0.25	0.15	0.06	0.06	0.15	0.18	0.15	0.16
6:15	1.01	0.47	0.43	0.18	0.11	0.05	0.40	0.22	0.11	0.12
6:30	0.72	0.89	0.44	0.14	0.14	0.10	0.49	0.19	0.15	0.17
6:45	1.25	0.89	0.46	0.16	0.14	0.21	0.62	0.16	0.25	0.43
7:00	1.70	1.08	0.45	0.21	0.26	0.44	0.79	0.19	0.33	0.45
7:15	2.04	1.20	0.66	0.28	0.26	0.52	0.86	0.32	0.30	0.40
7:30	2.41	1.29	0.70	0.34	0.45	0.59	0.83	0.50	0.41	0.41
7:45	3.36	1.19	0.69	0.41	0.46	0.82	0.77	0.60	0.42	0.48
8:00	4.62	0.93	0.77	0.87	0.39	0.98	0.69	0.76	0.46	0.45
8:15	5.85	1.28	0.75	0.88	0.47	1.00	0.70	0.84	0.59	0.31
8:30	6.96	1.67	1.00	0.97	0.57	0.98	0.65	0.87	0.89	0.36
8:45	7.16	2.09	1.10	1.08	0.91	0.96	0.57	0.79	0.95	0.36
9:00	7.00	2.16	1.27	1.06	1.19	0.83	0.62	0.84	1.00	0.41
9:15	6.38	1.57	1.85	1.21	1.25	0.79	0.62	0.87	1.18	0.59
9:30	4.73	1.37	2.13	1.05	1.42	0.63	0.62	0.87	1.19	0.66
9:45	3.65	1.26	1.97	1.03	1.50	0.57	0.58	0.79	0.96	0.76
10:00	4.02	1.39	1.86	0.95	1.37	0.53	0.49	0.68	0.80	0.72
10:15	3.36	1.21	1.51	1.01	1.37	0.37	0.47	0.52	0.80	0.61
10:30	3.32	1.07	1.24	1.02	1.35	0.39	0.42	0.40	0.54	0.60
10:45	3.69	1.14	1.24	0.94	1.04	0.37	0.37	0.32	0.51	0.48
11:00	3.34	1.05	1.15	0.81	0.81	0.34	0.31	0.25	0.30	0.37
11:15	3.51	0.81	1.23	0.52	0.71	0.33	0.25	0.39	0.19	0.33
11:30	3.55	0.63	1.10	0.50	0.57	0.30	0.24	0.32	0.26	0.29
11:45	3.03	0.79	1.26	0.41	0.60	0.35	0.24	0.40	0.20	0.25
12:00	3.46	0.71	1.16	0.59	0.58	0.41	0.30	0.39	0.16	0.22
12:15	2.37	0.80	0.85	0.62	0.61	0.44	0.35	0.24	0.21	0.21
12:30	2.40	0.74	1.00	0.48	0.52	0.49	0.26	0.25	0.18	0.21
12:45	1.44	0.81	1.05	0.49	0.23	0.33	0.24	0.34	0.18	0.15
13:00	1.74	1.04	0.94	0.54	0.19	0.17	0.24	0.35	0.31	0.13
13:15	1.97	0.87	0.82	0.43	0.18	0.15	0.15	0.22	0.22	0.17
13:30	1.42	0.76	0.42	0.31	0.22	0.16	0.15	0.25	0.26	0.13
13:45	1.03	0.66	0.38	0.44	0.32	0.12	0.15	0.23	0.26	0.09
14:00	1.30	0.87	0.32	0.44	0.33	0.12	0.11	0.23	0.32	0.16
14:15	0.67	0.64	0.41	0.55	0.45	0.14	0.08	0.09	0.30	0.07
14:30	0.61	0.48	0.38	0.54	0.49	0.11	0.20	0.10	0.35	0.06
14:45	0.68	0.40	0.56	0.47	0.43	0.18	0.15	0.19	0.16	0.08

（续表）

时间	湖南交通频道	金鹰955	湖南893汽车音乐电台	长沙交通广播	湖南NEWS938潇湘之声	FM105.0长沙新闻广播	长沙电台城市之声	湖南旅游频道年代音乐台	湖南文艺频道摩登音乐台	湖南新闻综合频道
15:00	1.15	0.44	0.41	0.41	0.50	0.21	0.18	0.18	0.09	0.10
15:15	1.21	0.69	0.66	0.29	0.48	0.13	0.20	0.15	0.13	0.09
15:30	1.38	0.71	0.87	0.17	0.35	0.19	0.23	0.12	0.17	0.18
15:45	1.91	0.99	0.77	0.16	0.37	0.15	0.28	0.31	0.15	0.19
16:00	1.09	0.80	0.87	0.26	0.23	0.19	0.29	0.25	0.10	0.18
16:15	1.85	0.77	0.56	0.22	0.25	0.17	0.29	0.24	0.14	0.19
16:30	1.65	0.59	0.61	0.19	0.24	0.36	0.31	0.24	0.09	0.16
16:45	1.05	0.38	0.83	0.28	0.15	0.42	0.35	0.22	0.09	0.23
17:00	1.88	0.38	0.93	0.18	0.19	0.53	0.33	0.14	0.19	0.18
17:15	2.09	0.39	1.06	0.22	0.28	0.80	0.23	0.19	0.19	0.17
17:30	2.15	0.46	1.04	0.27	0.42	0.73	0.25	0.20	0.25	0.17
17:45	1.55	0.42	1.14	0.47	0.37	0.75	0.14	0.24	0.21	0.12
18:00	1.37	0.58	1.06	0.66	0.32	0.48	0.13	0.19	0.26	0.11
18:15	2.01	0.77	1.10	0.58	0.51	0.24	0.16	0.27	0.34	0.11
18:30	1.75	1.17	1.18	0.49	0.43	0.21	0.21	0.46	0.33	0.13
18:45	2.00	1.12	0.78	0.35	0.60	0.30	0.28	0.47	0.41	0.12
19:00	1.10	1.29	0.74	0.37	0.53	0.38	0.34	0.54	0.44	0.16
19:15	1.15	1.35	0.36	0.26	0.18	0.50	0.49	0.44	0.48	0.11
19:30	1.56	1.06	0.36	0.46	0.23	0.52	0.46	0.49	0.46	0.14
19:45	0.86	0.76	0.53	0.41	0.16	0.41	0.47	0.41	0.44	0.19
20:00	1.31	0.81	0.68	0.50	0.24	0.36	0.36	0.42	0.23	0.13
20:15	0.92	0.47	0.89	0.31	0.45	0.31	0.41	0.42	0.23	0.16
20:30	1.43	0.68	1.06	0.31	0.43	0.27	0.45	0.41	0.12	0.09
20:45	1.34	0.79	0.94	0.57	0.48	0.27	0.52	0.31	0.22	0.07
21:00	1.25	0.74	0.88	0.51	0.40	0.23	0.39	0.21	0.16	0.09
21:15	0.59	0.82	0.72	0.36	0.27	0.27	0.20	0.17	0.20	0.17
21:30	0.54	0.82	0.67	0.39	0.25	0.22	0.15	0.11	0.24	0.13
21:45	0.65	0.58	0.75	0.29	0.08	0.19	0.19	0.13	0.29	0.15
22:00	0.85	0.24	0.46	0.21	0.06	0.20	0.14	0.14	0.19	0.06
22:15	0.48	0.22	0.37	0.16	0.10	0.16	0.12	0.16	0.10	0.07
22:30	0.18	0.13	0.35	0.09	0.14	0.12	0.06	0.08	0.08	0.06
22:45	0.35	0.10	0.13	0.12	0.09	0.07	0.11	0.13	0.10	0.12
23:00	0.23	0.09	0.14	0.13	0.07	0.05	0.10	0.09	0.06	0.13
23:15	0.18	0.03	0.15	0.11	0.09	0.04	0.07	0.05	0.07	0.11
23:30	0.16	0.06	0.08	0.08	0.12	0.05	0.08	0.12	0.08	0.11
23:45	0.21	0.05	0.08	0.10	0.08	0.06	0.05	0.02	0.01	0.08

表1.9.4 长沙地区主要电台的占有率（%）

时间	湖南交通频道	金鹰955	湖南893汽车音乐电台	长沙交通广播	湖南NEWS938潇湘之声	FM105.0长沙新闻广播	长沙电台城市之声	湖南旅游频道年代音乐台	湖南文艺频道摩登音乐台	湖南新闻综合频道
6:00	18.2	11.5	9.1	7.0	3.0	3.0	6.8	7.1	8.5	7.4
6:15	30.6	13.0	14.1	5.5	3.2	1.6	12.2	3.5	6.7	3.6
6:30	19.9	12.1	24.6	4.0	3.8	2.8	13.6	4.1	5.2	4.6
6:45	26.1	9.5	18.7	3.4	2.8	4.4	12.9	5.2	3.4	8.9
7:00	27.5	7.2	17.5	3.3	4.3	7.2	12.8	5.3	3.0	7.3
7:15	28.2	9.1	16.6	3.9	3.7	7.2	11.9	4.2	4.4	5.6
7:30	28.5	8.3	15.2	4.0	5.3	7.0	9.8	4.9	5.9	4.8
7:45	34.2	7.1	12.2	4.2	4.7	8.4	7.8	4.3	6.1	4.9
8:00	40.0	6.6	8.1	7.5	3.4	8.5	6.0	4.0	6.5	3.9
8:15	43.6	5.6	9.6	6.6	3.5	7.5	5.2	4.4	6.3	2.3
8:30	44.5	6.4	10.7	6.2	3.6	6.3	4.1	5.7	5.6	2.3
8:45	43.0	6.6	12.5	6.5	5.5	5.7	3.4	5.7	4.7	2.2
9:00	41.1	7.4	12.7	6.2	7.0	4.9	3.6	5.9	4.9	2.4
9:15	37.8	10.9	9.3	7.1	7.4	4.7	3.7	7.0	5.2	3.5
9:30	31.0	14.0	8.9	6.9	9.3	4.1	4.1	7.8	5.7	4.3
9:45	26.5	14.3	9.2	7.5	10.9	4.1	4.2	7.0	5.7	5.5
10:00	29.6	13.7	10.2	7.0	10.1	3.9	3.6	5.9	5.0	5.3
10:15	28.0	12.6	10.1	8.4	11.4	3.1	3.9	6.6	4.3	5.1
10:30	30.3	11.3	9.7	9.3	12.3	3.5	3.8	4.9	3.6	5.4
10:45	34.6	11.6	10.6	8.8	9.8	3.5	3.4	4.8	3.0	4.5
11:00	36.1	12.4	11.3	8.7	8.7	3.6	3.4	3.3	2.7	4.0
11:15	40.5	14.2	9.4	5.9	8.1	3.8	2.9	2.2	4.5	3.8
11:30	43.1	13.4	7.6	6.0	6.9	3.7	3.0	3.2	3.9	3.5
11:45	37.8	15.8	9.9	5.1	7.4	4.4	3.0	2.5	5.0	3.1
12:00	41.5	13.9	8.6	7.0	7.0	4.9	3.5	1.9	4.7	2.7
12:15	33.5	12.1	11.3	8.8	8.7	6.2	4.9	2.9	3.4	3.0
12:30	35.0	14.6	10.8	7.0	7.6	7.1	3.8	2.6	3.6	3.1
12:45	25.7	18.7	14.4	8.8	4.1	5.9	4.3	3.3	6.1	2.7
13:00	29.1	15.7	17.5	9.1	3.2	2.9	4.1	5.2	5.8	2.1
13:15	36.6	15.2	16.1	7.9	3.3	2.8	2.7	4.1	4.0	3.2
13:30	32.9	9.7	17.6	7.2	5.1	3.8	3.4	6.0	5.9	3.1
13:45	26.1	9.7	16.8	11.0	8.1	2.9	3.7	6.4	5.9	2.4
14:00	28.6	7.1	19.1	9.6	7.3	2.7	2.4	7.0	5.1	3.6
14:15	18.8	11.4	17.8	15.4	12.6	3.9	2.3	8.2	2.5	1.8
14:30	17.4	10.8	13.7	15.4	13.9	3.2	5.6	9.9	2.8	1.6
14:45	19.2	15.7	11.3	13.2	12.1	5.0	4.2	4.5	5.3	2.2

（续表）

时间	湖南交通频道	金鹰955	湖南893汽车音乐电台	长沙交通广播	湖南NEWS938潇湘之声	FM105.0长沙新闻广播	长沙电台城市之声	湖南旅游频道年代音乐台	湖南文艺频道摩登音乐台	湖南新闻综合频道
15:00	30.0	10.6	11.4	10.6	12.9	5.4	4.6	2.4	4.7	2.6
15:15	28.7	15.7	16.3	6.8	11.5	3.1	4.8	3.1	3.5	2.2
15:30	30.1	19.0	15.4	3.7	7.6	4.2	5.0	3.8	2.7	4.0
15:45	34.8	14.0	17.9	2.9	6.7	2.6	5.1	2.6	5.7	3.5
16:00	24.6	19.6	18.0	5.9	5.3	4.2	6.5	2.2	5.6	4.0
16:15	38.0	11.6	15.8	4.4	5.2	3.5	6.0	2.9	4.9	3.8
16:30	35.3	13.0	12.6	4.0	5.1	7.8	6.7	1.9	5.2	3.4
16:45	24.1	19.1	8.7	6.4	3.5	9.6	8.1	2.1	5.0	5.3
17:00	36.0	17.8	7.3	3.3	3.7	10.2	6.3	3.6	2.7	3.5
17:15	35.0	17.7	6.6	3.7	4.7	13.3	3.8	3.1	3.1	2.9
17:30	34.5	16.6	7.4	4.3	6.7	11.8	4.0	4.1	3.2	2.8
17:45	26.6	19.5	7.2	8.1	6.3	12.9	2.5	3.6	4.1	2.0
18:00	24.7	19.1	10.5	11.8	5.8	8.6	2.3	4.7	3.5	1.9
18:15	31.0	16.9	11.9	8.9	7.9	3.7	2.5	5.2	4.2	1.6
18:30	25.5	17.2	17.0	7.1	6.3	3.1	3.0	4.7	6.7	1.9
18:45	28.8	11.1	16.1	5.1	8.6	4.3	4.0	5.8	6.8	1.7
19:00	17.4	11.7	20.3	5.8	8.3	6.0	5.3	7.0	8.5	2.5
19:15	20.2	6.4	23.6	4.6	3.1	8.8	8.5	8.4	7.8	2.0
19:30	26.0	6.0	17.7	7.6	3.8	8.7	7.7	7.7	8.1	2.3
19:45	17.6	10.9	15.5	8.4	3.4	8.3	9.6	8.9	8.5	3.8
20:00	24.5	12.6	15.1	9.3	4.5	6.6	6.6	4.4	7.8	2.4
20:15	18.7	18.2	9.5	6.3	9.3	6.4	8.3	4.7	8.6	3.3
20:30	26.0	19.4	12.3	5.7	7.8	5.0	8.3	2.2	7.4	1.6
20:45	23.1	16.1	13.5	9.8	8.3	4.7	8.9	3.8	5.3	1.3
21:00	24.3	17.2	14.3	10.0	7.8	4.4	7.6	3.0	4.1	1.8
21:15	14.5	17.8	20.3	8.9	6.6	6.7	5.0	4.9	4.2	4.2
21:30	14.1	17.5	21.3	10.3	6.5	5.9	4.0	6.3	2.9	3.3
21:45	18.3	21.1	16.3	8.2	2.1	5.4	5.5	8.1	3.6	4.3
22:00	31.0	16.7	8.8	7.6	2.2	7.3	5.0	7.0	5.2	2.3
22:15	22.7	17.6	10.5	7.8	4.8	7.4	5.6	4.9	7.6	3.3
22:30	12.7	24.5	9.2	6.6	9.7	8.1	4.5	5.9	5.6	4.2
22:45	23.7	8.8	7.0	8.1	5.8	4.8	7.2	6.9	9.0	7.8
23:00	19.4	11.9	7.4	10.6	5.8	4.5	8.4	4.6	7.9	10.7
23:15	18.4	15.4	3.2	11.3	9.4	3.6	6.8	7.4	4.6	11.7
23:30	14.7	7.0	5.4	7.0	10.8	4.7	7.3	6.9	11.2	10.3
23:45	23.5	9.3	5.3	10.5	8.3	6.9	5.1	1.5	1.8	8.8

十、昆明地区收听率数据

表1.10.1　昆明地区主要电台频率的平均收听率和市场份额

排名	电台名称	平均收听率（%）	市场份额（%）
1	云南台交通广播	1.14	18.2
2	昆明汽车音乐广播	0.91	14.7
3	云南台音乐广播	0.78	12.5
4	云南台新闻广播	0.73	11.8
5	昆明文艺旅游广播	0.65	10.4
6	云南台私家车广播	0.57	9.1
7	云南台香格里拉之声旅游广播	0.47	7.6
8	昆明老年广播	0.40	6.4
9	云南台教育广播	0.17	2.8
10	昆明综合广播	0.17	2.7

表1.10.2　昆明地区主要电台频率的到达率和日到达率

排名	电台名称	到达率（%）	日到达率（%）
1	云南台交通广播	36.3	16.9
2	云南台音乐广播	32.5	13.0
3	昆明汽车音乐广播	29.1	15.6
4	云南台新闻广播	28.4	13.3
5	云南台香格里拉之声旅游广播	26.3	10.0
6	昆明老年广播	24.4	8.3
7	云南台私家车广播	23.0	10.6
8	昆明文艺旅游广播	22.7	10.9
9	云南台国际广播	15.4	3.1
10	中央广播电视总台中国之声	14.6	2.3

表1.10.3 昆明地区主要电台的收听率（%）

时间	云南台交通广播	昆明汽车音乐广播	云南台音乐广播	云南台新闻广播	昆明文艺旅游广播	云南台私家车广播	云南台香格里拉之声旅游广播	昆明老年广播	云南台教育广播	昆明综合广播
6:00	0.16	0.06	0.00	0.18	0.09	0.13	0.01	0.04	0.00	0.02
6:15	0.29	0.27	0.01	0.38	0.14	0.19	0.01	0.07	0.00	0.02
6:30	0.42	0.35	0.01	0.76	0.18	0.20	0.01	0.08	0.01	0.02
6:45	0.51	0.46	0.11	1.31	0.22	0.28	0.01	0.12	0.00	0.01
7:00	0.95	0.53	0.23	1.81	0.28	0.51	0.11	0.10	0.04	0.05
7:15	1.83	0.87	0.34	1.96	0.49	0.64	0.16	0.27	0.06	0.09
7:30	2.28	1.24	0.54	2.00	0.53	1.09	0.28	0.41	0.09	0.09
7:45	2.54	1.96	0.69	2.07	1.00	1.22	0.50	0.51	0.11	0.14
8:00	2.61	2.20	1.35	2.02	1.16	1.33	0.80	0.53	0.08	0.27
8:15	2.63	2.43	1.43	1.84	1.24	1.37	0.94	0.74	0.14	0.36
8:30	2.51	2.46	1.47	1.36	1.26	1.44	0.98	0.74	0.18	0.38
8:45	2.42	2.44	1.60	1.11	1.18	1.46	0.96	0.74	0.33	0.38
9:00	2.16	2.20	1.55	0.99	1.16	1.35	0.91	0.70	0.37	0.39
9:15	2.00	2.17	1.50	0.93	1.08	1.18	0.89	0.66	0.41	0.36
9:30	1.76	2.01	1.21	0.98	1.04	1.07	0.87	0.63	0.40	0.32
9:45	1.59	1.88	1.12	1.10	0.95	1.01	0.77	0.60	0.43	0.31
10:00	1.42	1.64	0.92	1.13	0.86	0.88	0.61	0.59	0.41	0.28
10:15	1.56	1.51	0.84	1.15	0.84	0.80	0.62	0.53	0.34	0.22
10:30	1.60	1.32	0.84	1.06	0.85	0.72	0.60	0.52	0.29	0.18
10:45	1.57	1.11	0.88	0.99	0.95	0.63	0.58	0.52	0.23	0.19
11:00	1.50	0.86	1.04	0.74	0.93	0.50	0.59	0.49	0.18	0.22
11:15	1.10	0.91	1.08	0.68	0.87	0.47	0.50	0.47	0.18	0.23
11:30	1.01	0.86	1.20	0.68	0.74	0.58	0.57	0.46	0.21	0.24
11:45	0.86	0.90	1.22	0.62	0.64	0.62	0.56	0.47	0.24	0.21
12:00	0.92	0.92	1.14	0.60	0.60	0.65	0.56	0.50	0.27	0.23
12:15	0.90	0.94	1.01	0.51	0.60	0.68	0.59	0.49	0.26	0.24
12:30	0.95	0.74	0.89	0.63	0.63	0.64	0.52	0.54	0.21	0.23
12:45	0.95	0.75	0.88	0.55	0.62	0.58	0.45	0.55	0.21	0.24
13:00	0.89	0.71	0.81	0.53	0.60	0.51	0.44	0.53	0.20	0.21
13:15	1.08	0.66	0.83	0.50	0.47	0.49	0.47	0.46	0.16	0.19
13:30	1.05	0.58	0.85	0.47	0.44	0.41	0.44	0.48	0.16	0.15
13:45	1.16	0.53	0.91	0.47	0.40	0.38	0.50	0.46	0.16	0.14
14:00	1.22	0.64	0.82	0.44	0.44	0.46	0.47	0.46	0.15	0.14
14:15	1.23	0.78	0.83	0.31	0.48	0.44	0.48	0.41	0.16	0.14
14:30	1.18	0.81	0.69	0.38	0.57	0.50	0.48	0.40	0.15	0.12
14:45	1.13	0.77	0.73	0.45	0.60	0.43	0.54	0.35	0.16	0.12

（续表）

时间	云南台交通广播	昆明汽车音乐广播	云南台音乐广播	云南台新闻广播	昆明文艺旅游广播	云南台私家车广播	云南台香格里拉之声旅游广播	昆明老年广播	云南台教育广播	昆明综合广播
15:00	0.96	0.65	0.76	0.49	0.63	0.44	0.58	0.39	0.15	0.14
15:15	1.01	0.55	0.77	0.54	0.72	0.41	0.58	0.39	0.16	0.15
15:30	0.95	0.49	0.72	0.59	0.67	0.46	0.53	0.37	0.21	0.17
15:45	1.02	0.55	0.80	0.60	0.92	0.45	0.55	0.46	0.21	0.19
16:00	1.11	0.65	0.78	0.59	1.01	0.51	0.56	0.50	0.20	0.17
16:15	1.12	0.66	0.79	0.68	1.02	0.55	0.65	0.52	0.17	0.21
16:30	1.11	0.68	0.75	0.80	1.01	0.64	0.68	0.55	0.17	0.21
16:45	1.17	0.98	0.90	0.90	1.03	0.66	0.74	0.62	0.15	0.20
17:00	1.41	1.11	0.92	1.00	0.94	0.65	0.75	0.67	0.17	0.19
17:15	1.47	1.12	1.00	0.98	0.93	0.71	0.71	0.64	0.19	0.19
17:30	1.54	1.38	1.00	0.95	0.87	0.67	0.61	0.63	0.21	0.23
17:45	1.50	1.42	1.03	0.85	0.68	0.68	0.58	0.64	0.19	0.22
18:00	1.55	1.32	1.04	0.71	0.68	0.61	0.56	0.51	0.22	0.20
18:15	1.42	1.16	1.03	0.73	0.70	0.60	0.60	0.38	0.20	0.16
18:30	1.10	0.95	0.94	0.72	0.67	0.56	0.58	0.38	0.21	0.16
18:45	1.08	0.89	1.01	0.68	0.66	0.51	0.43	0.34	0.20	0.13
19:00	1.01	0.82	0.92	0.60	0.66	0.47	0.39	0.31	0.18	0.13
19:15	1.03	0.69	0.89	0.62	0.65	0.50	0.37	0.30	0.19	0.17
19:30	0.96	0.84	0.87	0.54	0.62	0.42	0.32	0.36	0.18	0.15
19:45	0.96	0.84	0.68	0.47	0.56	0.39	0.25	0.34	0.18	0.14
20:00	0.90	0.73	0.67	0.45	0.58	0.39	0.26	0.32	0.15	0.14
20:15	0.90	0.61	0.62	0.42	0.58	0.33	0.28	0.24	0.12	0.13
20:30	0.86	0.56	0.61	0.35	0.51	0.25	0.30	0.23	0.11	0.11
20:45	0.75	0.48	0.56	0.37	0.44	0.27	0.27	0.25	0.15	0.09
21:00	0.57	0.40	0.48	0.36	0.46	0.35	0.36	0.26	0.16	0.12
21:15	0.55	0.46	0.54	0.39	0.50	0.30	0.39	0.25	0.16	0.12
21:30	0.40	0.47	0.51	0.41	0.47	0.24	0.38	0.23	0.12	0.12
21:45	0.41	0.48	0.44	0.44	0.39	0.28	0.41	0.20	0.11	0.09
22:00	0.49	0.44	0.45	0.39	0.27	0.26	0.29	0.20	0.09	0.09
22:15	0.50	0.38	0.38	0.29	0.25	0.23	0.22	0.15	0.10	0.05
22:30	0.44	0.34	0.35	0.24	0.30	0.24	0.16	0.13	0.08	0.07
22:45	0.40	0.32	0.32	0.25	0.31	0.21	0.21	0.11	0.08	0.06
23:00	0.41	0.32	0.32	0.26	0.28	0.22	0.19	0.13	0.09	0.08
23:15	0.37	0.30	0.26	0.23	0.26	0.25	0.15	0.11	0.06	0.06
23:30	0.33	0.23	0.24	0.20	0.21	0.20	0.16	0.09	0.06	0.06
23:45	0.18	0.11	0.18	0.09	0.12	0.08	0.10	0.07	0.04	0.03

表1.10.4 昆明地区主要电台的占有率（%）

时间	云南台交通广播	昆明汽车音乐广播	云南台音乐广播	云南台新闻广播	昆明文艺旅游广播	云南台私家车广播	云南台香格里拉之声旅游广播	昆明老年广播	云南台教育广播	昆明综合广播
6:00	22.8	8.7	0.2	26.3	12.5	19.2	1.2	5.1	0.0	2.6
6:15	21.2	19.2	0.6	27.2	9.9	13.5	0.6	5.0	0.2	1.1
6:30	20.7	17.1	0.6	37.0	8.6	9.7	0.5	4.0	0.3	0.8
6:45	16.7	15.1	3.7	42.8	7.3	9.1	0.2	3.8	0.1	0.3
7:00	20.2	11.2	4.8	38.7	5.9	10.8	2.4	2.2	0.8	1.1
7:15	26.7	12.7	5.0	28.6	7.2	9.4	2.3	4.0	0.9	1.3
7:30	26.2	14.3	6.2	23.0	6.1	12.5	3.3	4.7	1.0	1.0
7:45	23.3	17.9	6.3	19.0	9.2	11.1	4.6	4.7	1.0	1.3
8:00	20.8	17.5	10.7	16.1	9.2	10.5	6.4	4.2	0.7	2.1
8:15	19.6	18.1	10.7	13.7	9.2	10.2	7.0	5.5	1.0	2.7
8:30	19.1	18.8	11.2	10.4	9.6	11.0	7.5	5.6	1.3	2.9
8:45	18.6	18.7	12.2	8.5	9.1	11.2	7.3	5.7	2.5	2.9
9:00	17.6	17.9	12.6	8.1	9.5	11.0	7.4	5.7	3.0	3.1
9:15	17.1	18.6	12.8	7.9	9.2	10.1	7.6	5.6	3.5	3.0
9:30	16.3	18.6	11.2	9.1	9.6	9.9	8.1	5.8	3.7	3.0
9:45	15.6	18.4	10.9	10.8	9.3	9.9	7.6	5.9	4.2	3.1
10:00	15.5	18.0	10.1	12.4	9.4	9.6	6.7	6.4	4.5	3.1
10:15	17.8	17.2	9.6	13.1	9.6	9.1	7.1	6.1	3.9	2.5
10:30	19.4	16.0	10.2	12.9	10.3	8.7	7.3	6.3	3.5	2.1
10:45	19.8	14.0	11.1	12.5	12.0	7.9	7.3	6.6	2.9	2.3
11:00	20.6	11.8	14.3	10.1	12.7	6.8	8.0	6.7	2.5	3.1
11:15	16.3	13.5	16.0	10.0	12.9	7.0	7.4	7.0	2.6	3.5
11:30	14.8	12.6	17.6	9.9	10.9	8.6	8.4	6.8	3.1	3.5
11:45	12.9	13.6	18.4	9.3	9.6	9.4	8.5	7.2	3.6	3.2
12:00	13.7	13.8	17.0	8.9	9.0	9.7	8.3	7.4	4.0	3.4
12:15	13.8	14.4	15.4	7.7	9.1	10.5	9.0	7.6	3.9	3.7
12:30	15.0	11.7	14.1	10.0	9.9	10.1	8.3	8.5	3.4	3.7
12:45	15.5	12.3	14.5	9.0	10.2	9.4	7.3	8.9	3.5	3.9
13:00	15.5	12.3	14.1	9.3	10.4	8.8	7.7	9.3	3.5	3.7
13:15	19.2	11.8	14.8	8.9	8.3	8.7	8.4	8.3	2.9	3.3
13:30	19.8	10.9	16.0	8.9	8.2	7.7	8.4	9.1	3.0	2.8
13:45	21.5	9.9	16.9	8.8	7.4	7.1	9.3	8.7	2.9	2.6
14:00	22.3	11.7	15.0	8.0	8.0	8.5	8.7	8.4	2.8	2.5
14:15	22.3	14.2	15.1	5.6	8.7	7.9	8.7	7.4	2.9	2.6
14:30	21.4	14.7	12.5	6.9	10.3	9.1	8.7	7.3	2.8	2.2
14:45	20.5	14.0	13.2	8.2	11.0	7.9	9.7	6.4	2.9	2.1

（续表）

时间	云南台交通广播	昆明汽车音乐广播	云南台音乐广播	云南台新闻广播	昆明文艺旅游广播	云南台私家车广播	云南台香格里拉之声旅游广播	昆明老年广播	云南台教育广播	昆明综合广播
15:00	17.8	12.0	14.0	9.1	11.7	8.1	10.6	7.3	2.8	2.6
15:15	18.4	10.0	14.0	9.8	13.1	7.5	10.5	7.1	2.9	2.7
15:30	17.6	9.1	13.4	11.0	12.5	8.5	9.7	7.0	3.9	3.1
15:45	17.1	9.1	13.3	9.9	15.3	7.5	9.2	7.7	3.5	3.1
16:00	17.5	10.2	12.3	9.2	15.8	8.0	8.8	7.8	3.1	2.7
16:15	16.8	9.9	11.7	10.2	15.2	8.2	9.6	7.7	2.6	3.2
16:30	16.0	9.8	10.7	11.4	14.6	9.2	9.8	8.0	2.4	3.0
16:45	15.2	12.8	11.7	11.7	13.4	8.7	9.6	8.0	2.0	2.6
17:00	17.3	13.7	11.4	12.3	11.5	7.9	9.2	8.2	2.1	2.3
17:15	17.8	13.6	12.2	11.9	11.2	8.6	8.6	7.8	2.2	2.3
17:30	18.4	16.5	11.9	11.4	10.4	8.0	7.3	7.6	2.5	2.7
17:45	18.5	17.5	12.8	10.5	8.4	8.4	7.2	7.9	2.4	2.7
18:00	20.2	17.1	13.6	9.2	8.8	7.9	7.3	6.7	2.8	2.6
18:15	19.5	15.9	14.2	10.1	9.7	8.3	8.3	5.2	2.8	2.2
18:30	16.9	14.6	14.3	11.0	10.2	8.5	8.9	5.9	3.2	2.4
18:45	17.5	14.5	16.3	10.9	10.7	8.3	7.0	5.5	3.3	2.0
19:00	17.6	14.2	16.0	10.4	11.4	8.1	6.8	5.4	3.1	2.2
19:15	18.1	12.2	15.7	11.0	11.5	8.8	6.6	5.3	3.4	2.9
19:30	17.4	15.3	15.7	9.9	11.2	7.5	5.8	6.6	3.2	2.7
19:45	19.1	16.7	13.6	9.4	11.1	7.8	4.9	6.7	3.6	2.8
20:00	18.8	15.1	14.0	9.3	12.1	8.0	5.3	6.6	3.1	3.0
20:15	20.4	13.8	14.2	9.4	13.2	7.6	6.4	5.3	2.7	2.9
20:30	21.1	13.8	15.0	8.6	12.6	6.2	7.4	5.7	2.7	2.8
20:45	19.6	12.6	14.7	9.7	11.6	7.1	7.1	6.5	3.9	2.4
21:00	15.4	10.8	13.1	9.6	12.5	9.4	9.8	7.0	4.3	3.3
21:15	14.3	11.9	14.0	10.1	12.9	7.8	10.1	6.6	4.1	3.2
21:30	11.4	13.4	14.3	11.6	13.2	6.7	10.7	6.5	3.3	3.3
21:45	12.0	13.9	12.7	12.9	11.4	8.2	12.1	5.9	3.1	2.7
22:00	15.8	14.1	14.3	12.3	8.8	8.2	9.3	6.5	2.7	3.0
22:15	18.6	14.0	13.9	10.8	9.3	8.5	8.0	5.6	3.5	2.0
22:30	17.9	13.8	14.3	9.8	12.0	9.6	6.5	5.5	3.2	3.0
22:45	16.6	13.5	13.2	10.6	13.0	9.0	9.0	4.6	3.3	2.3
23:00	17.2	13.2	13.2	10.9	11.5	9.0	8.0	5.5	3.9	3.1
23:15	17.0	13.7	12.2	10.5	12.3	11.7	7.0	4.9	2.9	2.8
23:30	17.7	12.3	12.7	10.8	11.0	10.7	8.6	4.9	3.1	3.1
23:45	16.7	10.6	16.7	8.2	11.4	7.4	9.3	6.7	3.4	3.1

十一、深圳地区收听率数据

表1.11.1　深圳地区主要电台频率的平均收听率和市场份额

排名	电台名称	平均收听率（%）	市场份额（%）
1	深圳交通频率	1.16	18.2
2	深圳音乐频率	1.04	16.3
3	深圳新闻频率	0.74	11.6
4	深圳生活频率	0.72	11.3
5	广东广播电视台南粤之声	0.46	7.1
6	中央广播电视总台中国之声	0.28	4.4
6	宝安缤纷 1043	0.28	4.4
8	广东广播电视台新闻广播	0.15	2.3
9	中央广播电视总台粤港澳大湾区之声	0.14	2.3
10	中央广播电视总台音乐之声	0.14	2.2

表1.11.2　深圳地区主要电台频率的到达率和日到达率

排名	电台名称	到达率（%）	日到达率（%）
1	深圳生活频率	22.0	8.1
2	深圳音乐频率	21.9	8.2
3	深圳交通频率	21.5	11.0
4	深圳新闻频率	20.8	8.6
5	广东广播电视台南粤之声	13.1	6.5
6	中央广播电视总台中国之声	9.7	4.9
7	广东广播电视台音乐之声	7.5	2.4
8	宝安缤纷 1043	7.2	2.9
9	中央广播电视总台音乐之声	6.3	2.0
10	香港电台第四台	5.0	1.5

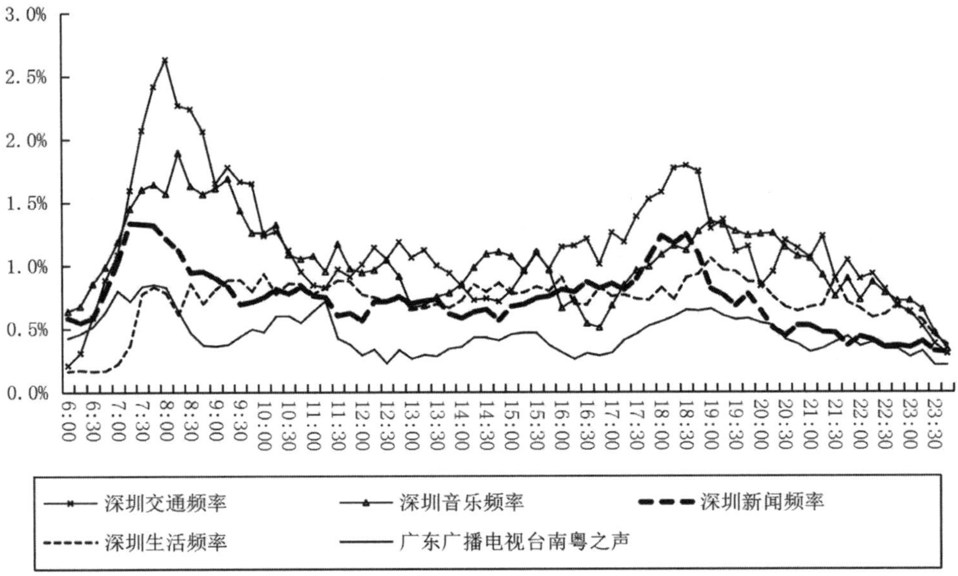

图1.11.1　深圳地区主要电台的时段收听率-1

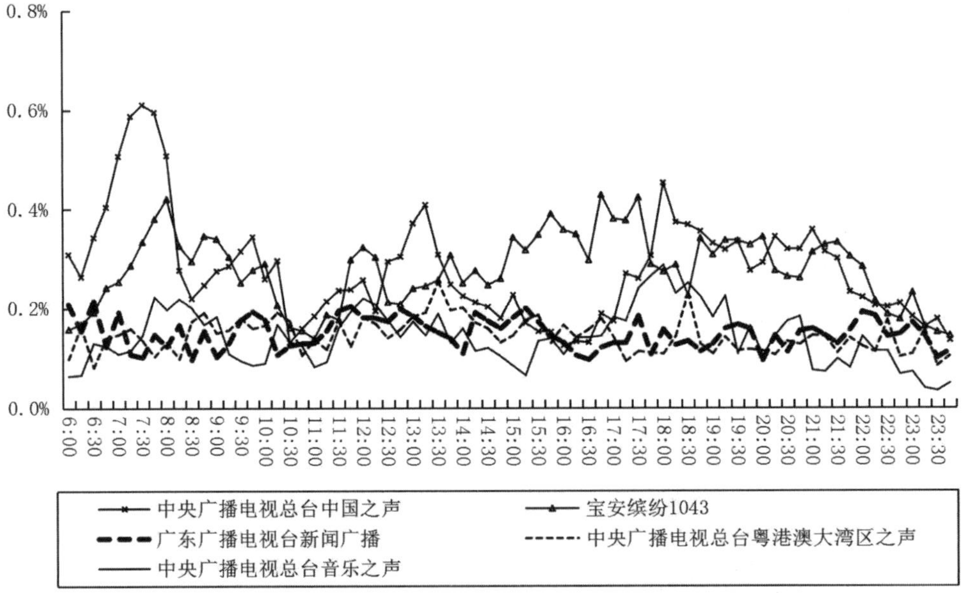

图1.11.2　深圳地区主要电台的时段收听率-2

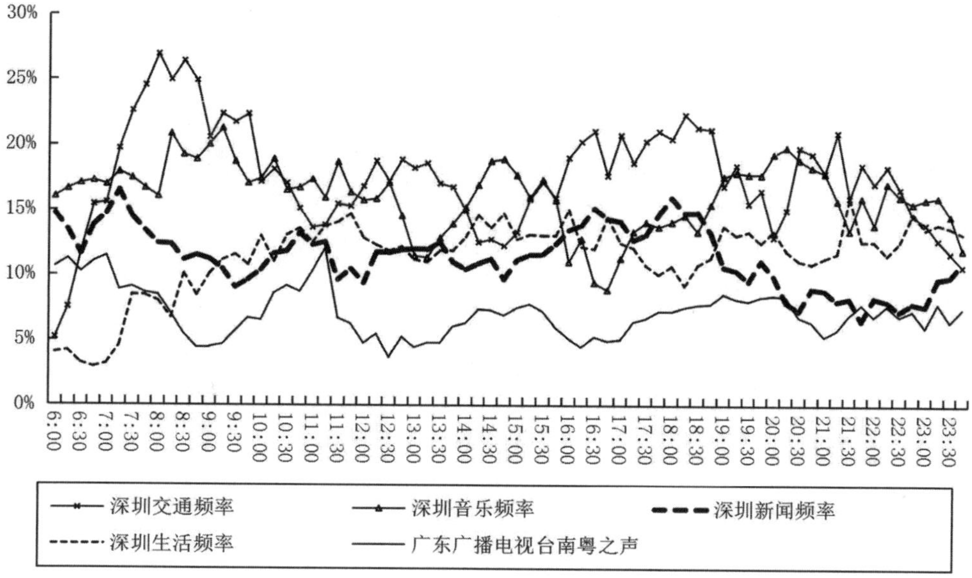

图1.11.3　深圳地区主要电台的时段占有率-1

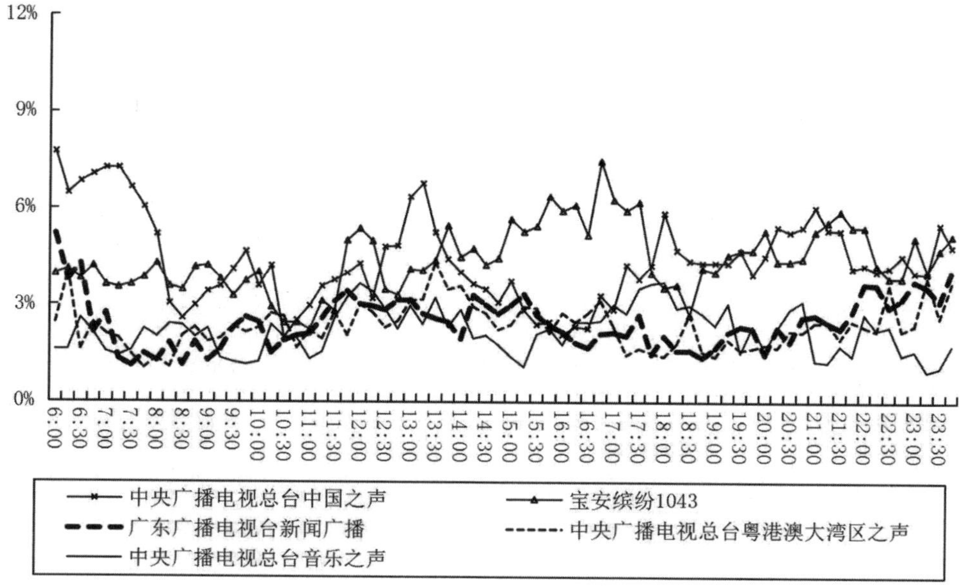

图1.11.4　深圳地区主要电台的时段占有率-2

十二、重庆地区收听率数据

表1.12.1　重庆地区主要电台频率的平均收听率和市场份额

排名	电台名称	平均收听率（%）	市场份额（%）
1	重庆交通广播	1.34	21.5
2	重庆都市广播私家车938	1.21	19.4
3	重庆之声	1.11	17.7
4	重庆音乐广播	1.07	17.2
5	重庆经济广播	0.40	6.4
6	重庆文艺广播	0.32	5.1
7	中央广播电视总台中国之声	0.29	4.7
8	中央广播电视总台经济之声	0.16	2.6
9	中央广播电视总台音乐之声	0.14	2.3
10	中央广播电视总台环球资讯广播	0.13	2.1

表1.12.2　重庆地区主要电台频率的到达率和日到达率

排名	电台名称	到达率（%）	日到达率（%）
1	重庆交通广播	35.9	18.5
2	重庆音乐广播	29.8	12.4
3	重庆之声	27.0	14.9
4	重庆都市广播私家车938	23.3	8.5
5	重庆经济广播	14.3	4.1
6	重庆文艺广播	12.7	4.1
7	中央广播电视总台中国之声	11.0	3.9
8	中央广播电视总台环球资讯广播	8.0	2.4
9	中央广播电视总台经济之声	7.1	2.5
10	中央广播电视总台音乐之声	6.9	2.3

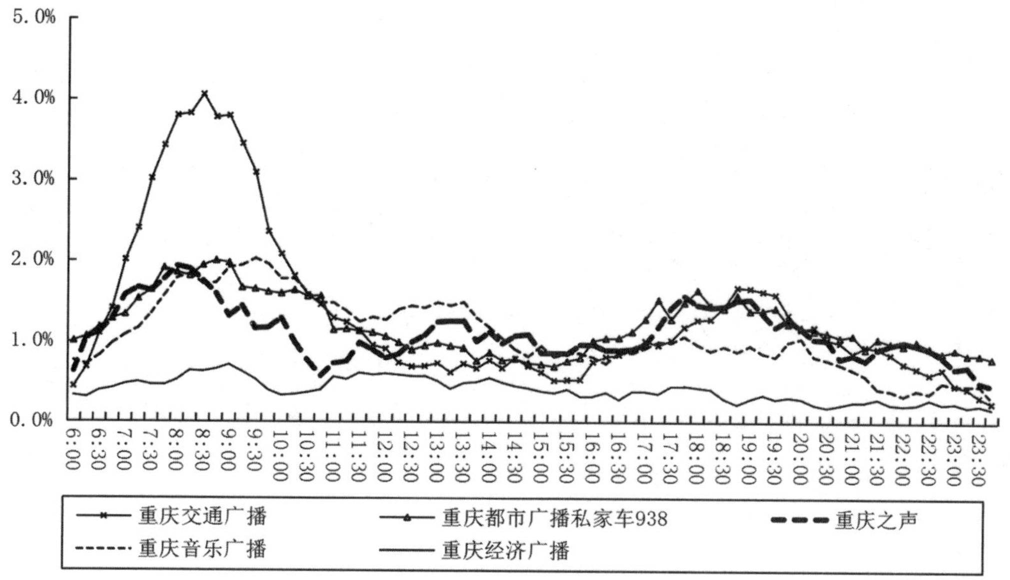

图1.12.1　重庆地区主要电台的时段收听率-1

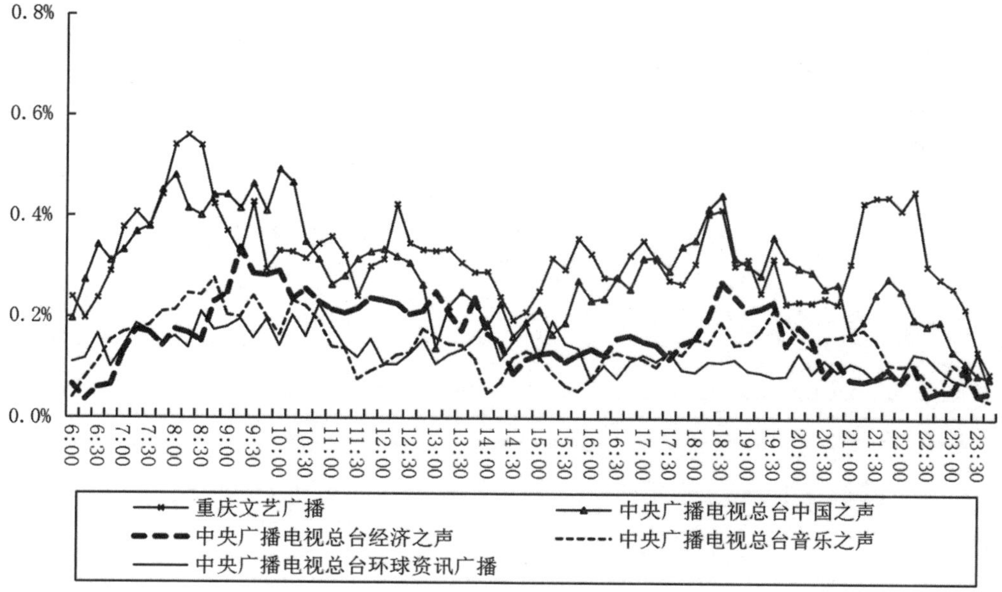

图1.12.2　重庆地区主要电台的时段收听率-2

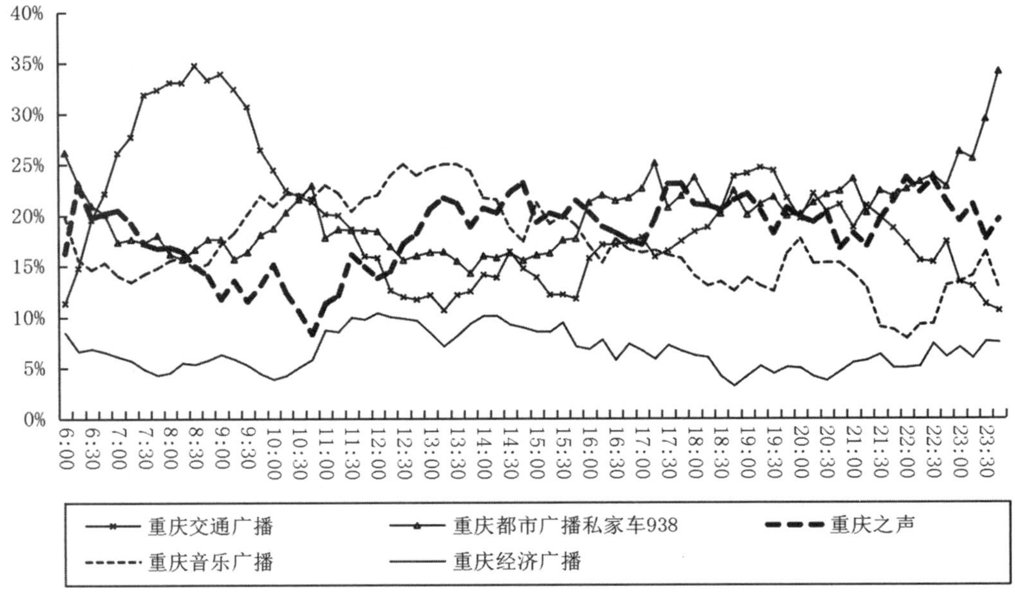

图1.12.3 重庆地区主要电台的时段占有率-1

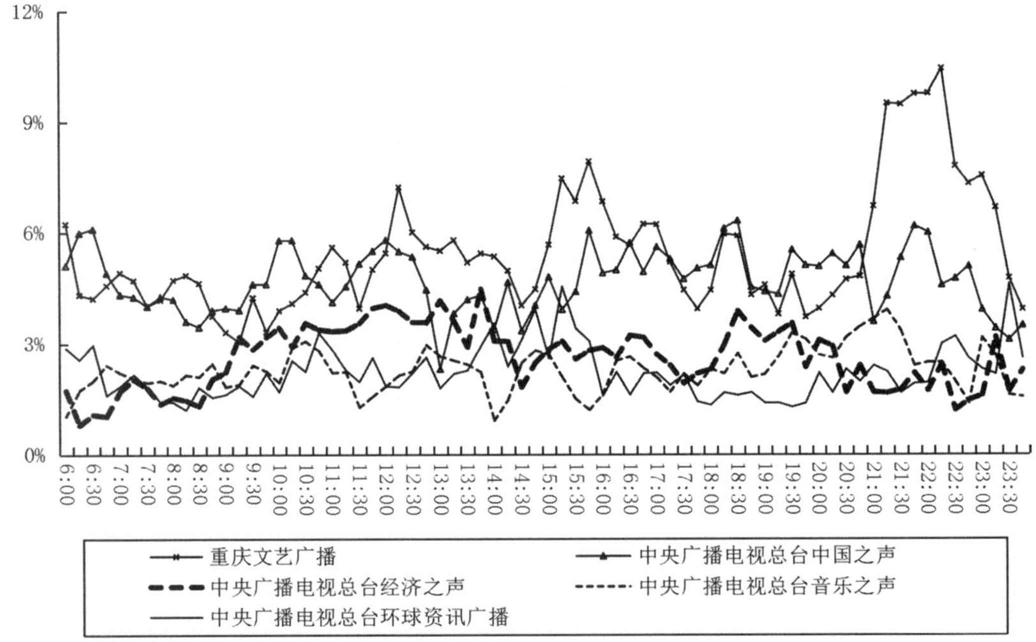

图1.12.4 重庆地区主要电台的时段占有率-2

十三、成都地区收听率数据

表1.13.1 成都地区主要电台频率的平均收听率和市场份额

排名	电台名称	平均收听率（%）	市场份额（%）
1	四川交通广播	1.24	17.9
2	成都交通广播	0.84	12.2
3	成都新闻广播	0.62	9.0
4	四川新闻频率	0.61	8.8
5	四川岷江音乐	0.58	8.5
6	成都经济广播	0.42	6.1
7	四川天府之声私家车广播	0.42	6.1
8	四川城市之音	0.39	5.7
9	成都文化休闲广播经典 946	0.37	5.4
10	四川文艺广播	0.36	5.3

表1.13.2 成都地区主要电台频率的到达率和日到达率

排名	电台名称	到达率（%）	日到达率（%）
1	四川交通广播	36.9	20.5
2	成都交通广播	30.0	14.6
3	成都新闻广播	29.7	13.1
4	四川岷江音乐	25.7	13.3
5	四川新闻频率	25.5	12.4
6	四川文艺广播	24.1	5.5
7	四川天府之声私家车广播	22.3	9.9
8	成都文化休闲广播经典 946	22.0	8.9
9	四川城市之音	21.3	8.1
10	四川之声	19.4	7.0

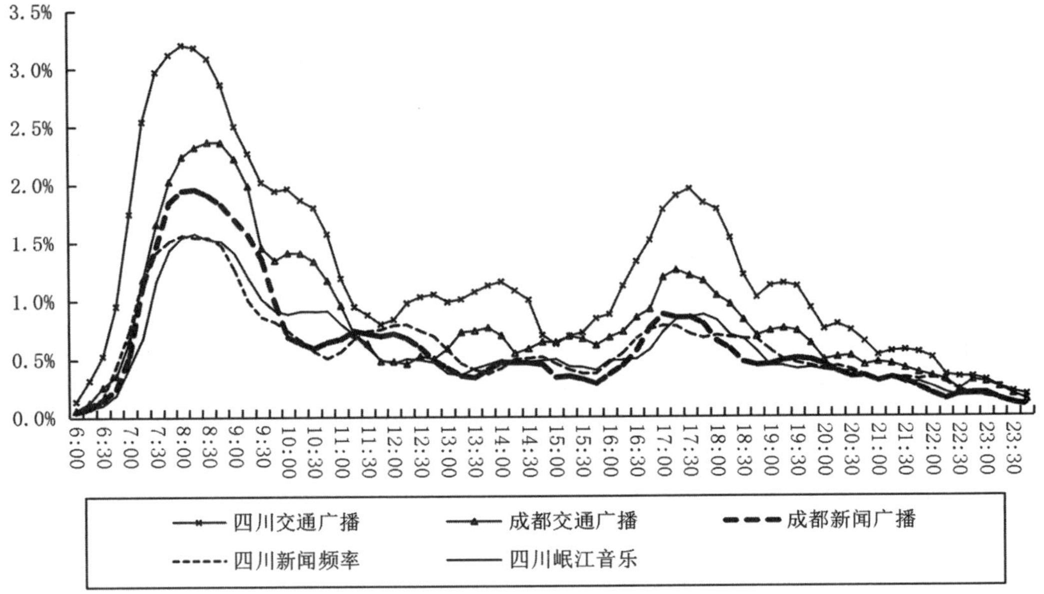

图1.13.1　成都地区主要电台的时段收听率-1

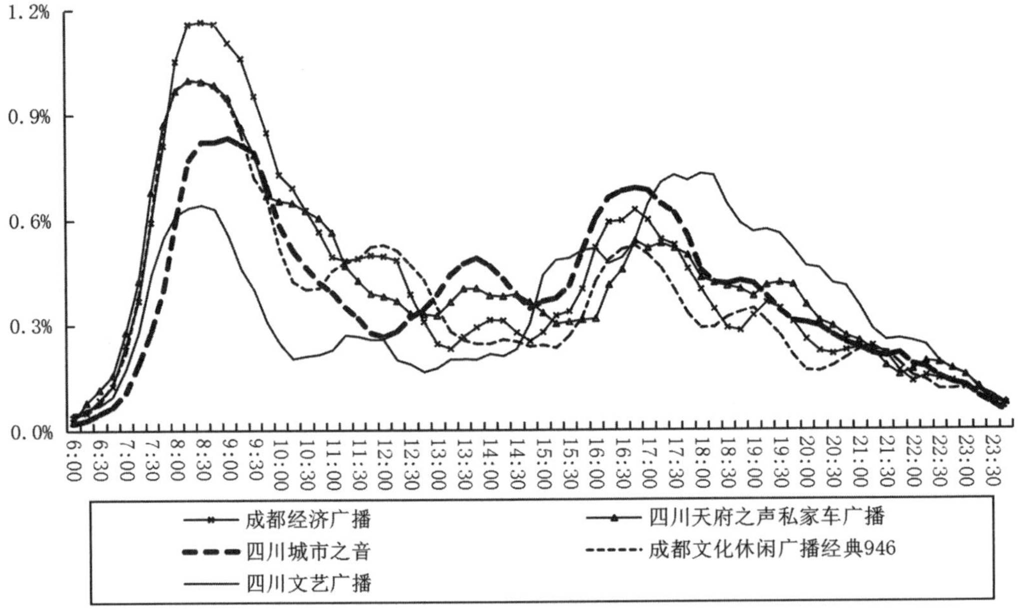

图1.13.2　成都地区主要电台的时段收听率-2

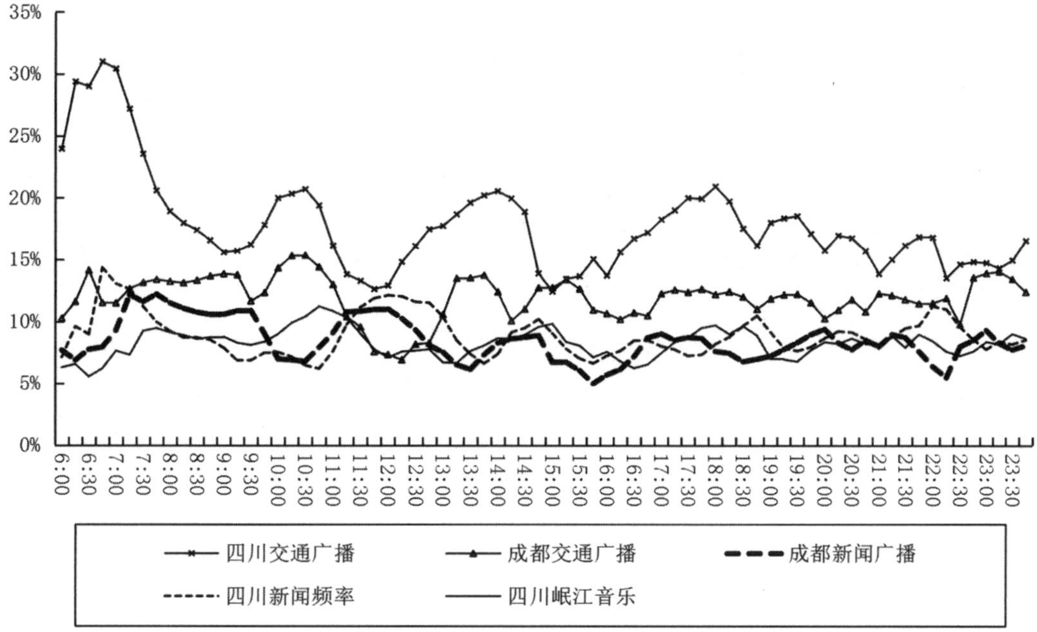

图1.13.3 成都地区主要电台的时段占有率-1

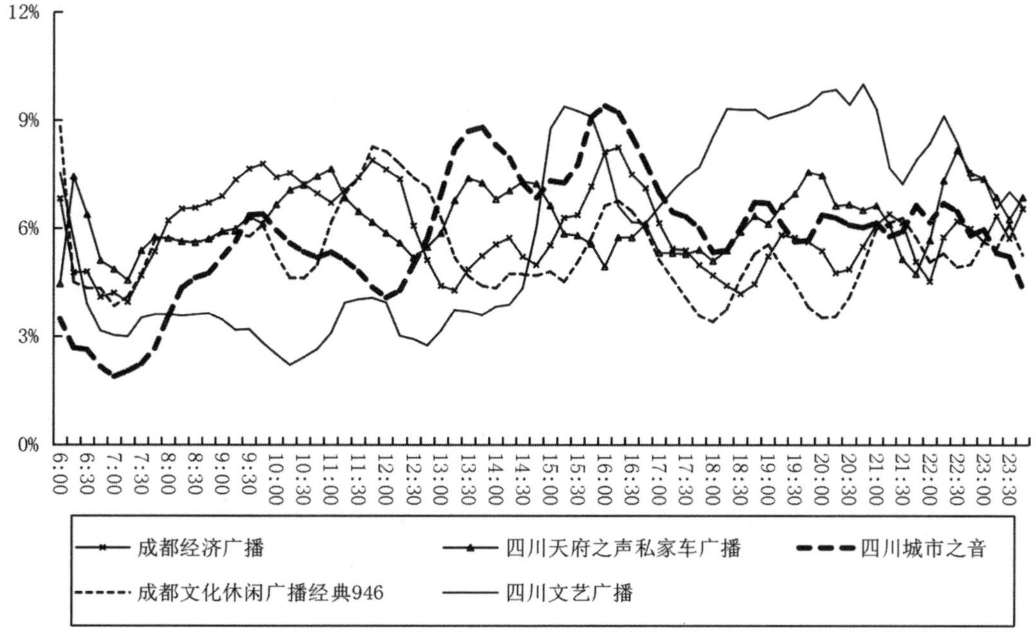

图1.13.4 成都地区主要电台的时段占有率-2

十四、哈尔滨地区收听率数据

表1.14.1　哈尔滨地区主要电台频率的平均收听率和市场份额

排名	电台名称	平均收听率（%）	市场份额（%）
1	龙广交通台	1.96	16.6
2	龙广都市女性台	1.95	16.6
3	哈尔滨文艺广播	1.55	13.1
4	龙广爱家频道	1.37	11.6
5	哈尔滨交通广播	1.21	10.3
6	哈尔滨新闻综合广播	0.99	8.4
7	龙广私家车频道	0.81	6.8
8	龙广新闻台	0.58	4.9
9	哈尔滨音乐广播	0.41	3.5
10	龙广音乐台	0.25	2.1

表1.14.2　哈尔滨地区主要电台频率的到达率和日到达率

排名	电台名称	到达率（%）	日到达率（%）
1	龙广交通台	36.2	21.2
2	龙广都市女性台	35.8	18.5
3	龙广爱家频道	34.2	17.0
4	哈尔滨新闻综合广播	32.5	13.2
5	哈尔滨文艺广播	31.6	16.3
6	龙广私家车频道	23.8	13.9
7	哈尔滨交通广播	23.0	15.3
8	哈尔滨音乐广播	18.6	8.6
9	龙广新闻台	17.8	9.0
10	龙广音乐台	17.1	5.7

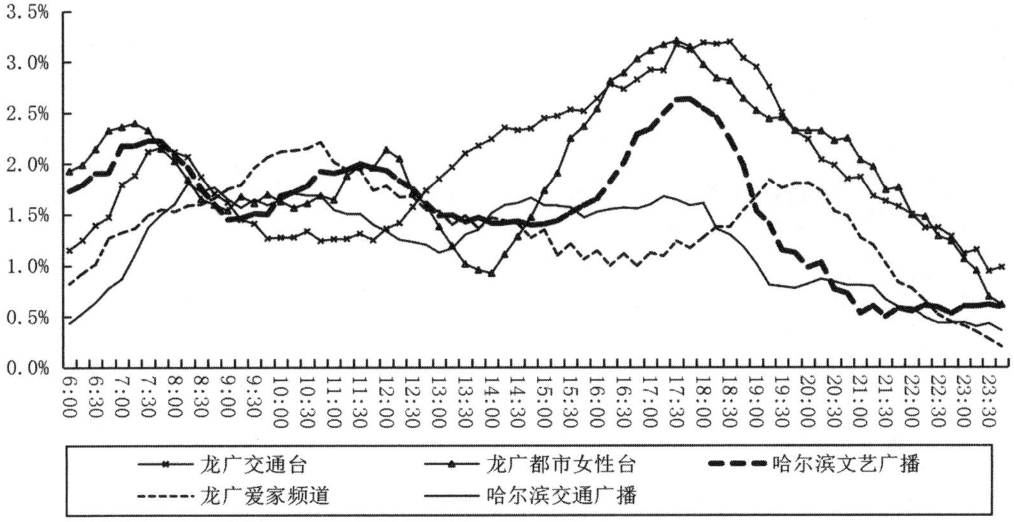

图1.14.1 哈尔滨地区主要电台的时段收听率-1

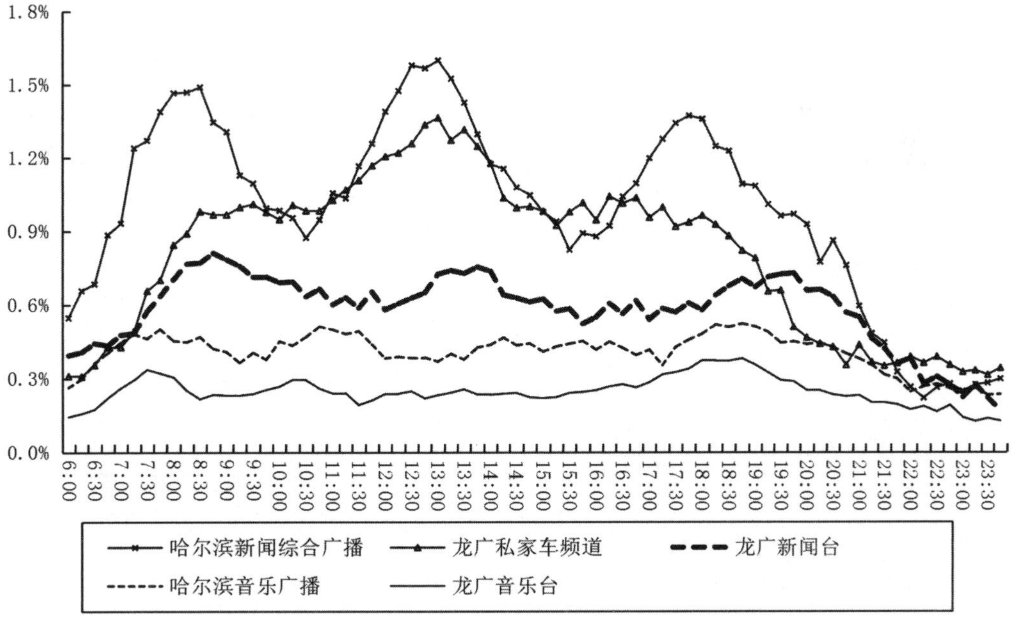

图1.14.2 哈尔滨地区主要电台的时段收听率-2

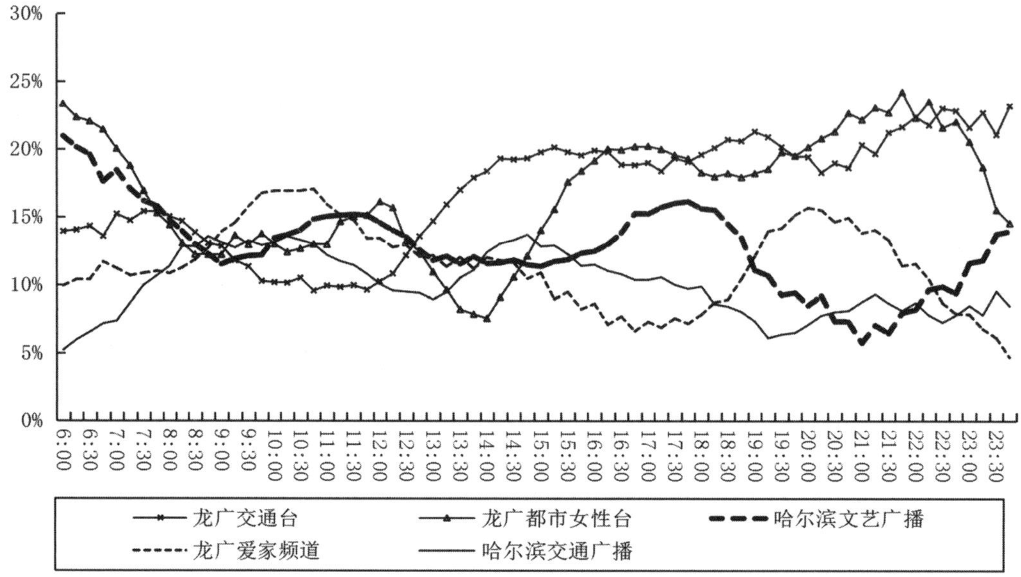

图1.14.3 哈尔滨地区主要电台的时段占有率-1

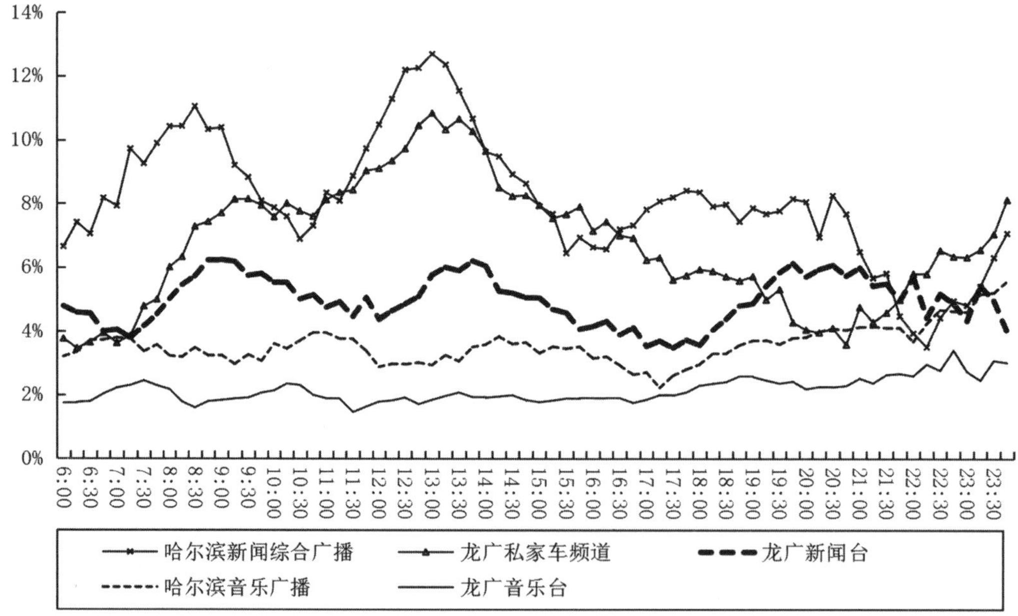

图1.14.4 哈尔滨地区主要电台的时段占有率-2

十五、长春地区收听率数据

表1.15.1　长春地区主要电台频率的平均收听率和市场份额

排名	电台名称	平均收听率（%）	市场份额（%）
1	长春交通之声	1.51	27.4
2	吉林交通广播	0.68	12.4
3	吉林新闻综合广播	0.58	10.6
4	吉林资讯广播	0.36	6.5
5	吉林音乐广播	0.35	6.3
6	长春新闻广播	0.33	6.0
7	中央广播电视总台中国之声	0.28	5.1
8	UFM880	0.26	4.6
9	吉林健康娱乐广播	0.22	4.0
10	摩登 900 潮流音乐调频	0.18	3.2

表1.15.2　长春地区主要电台频率的到达率和日到达率

排名	电台名称	到达率（%）	日到达率（%）
1	长春交通之声	31.5	14.8
2	长春新闻广播	27.6	6.3
3	中央广播电视总台中国之声	22.7	6.3
4	吉林交通广播	22.5	10.6
5	吉林音乐广播	21.5	6.4
6	UFM880	20.8	5.2
7	吉林新闻综合广播	19.3	9.2
8	长春经济广播	16.9	4.3
9	吉林健康娱乐广播	16.5	5.7
10	吉林旅游广播	15.6	3.0

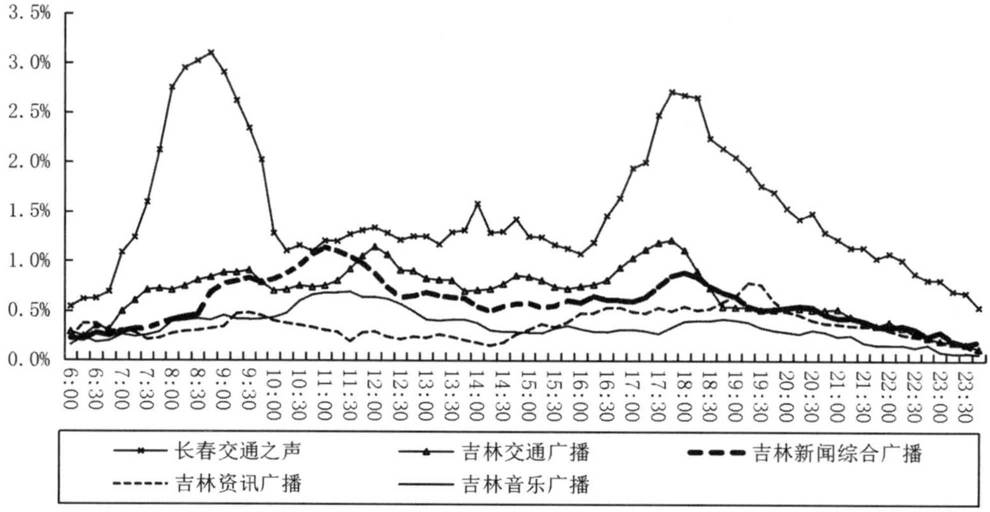

图1.15.1 长春地区主要电台的时段收听率-1

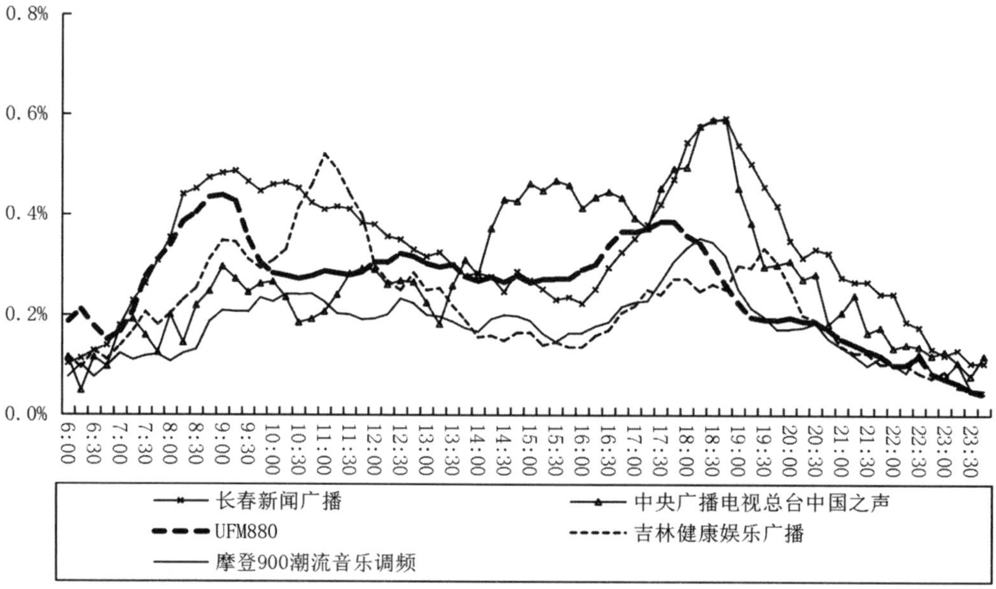

图1.15.2 长春地区主要电台的时段收听率-2

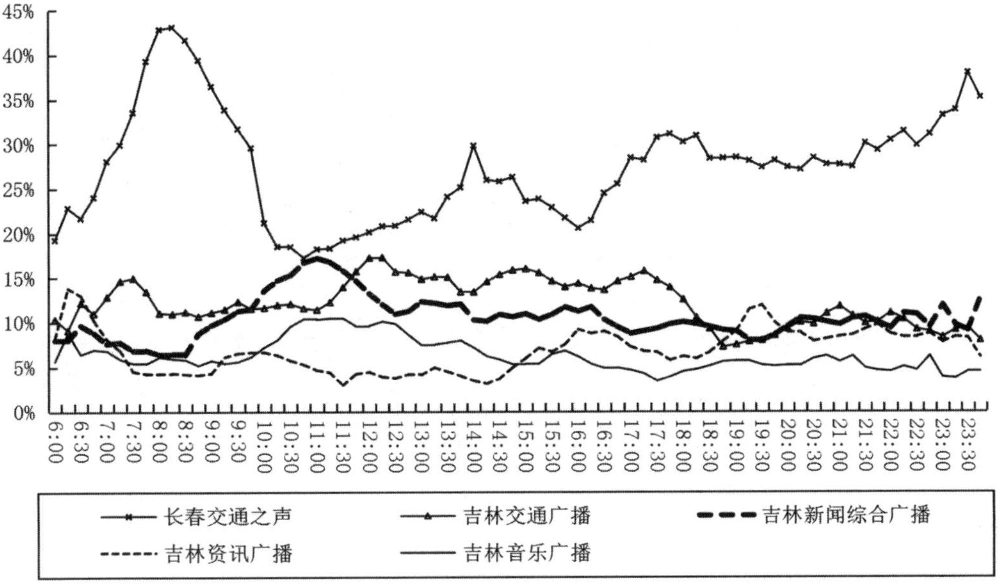

图1.15.3　长春地区主要电台的时段占有率-1

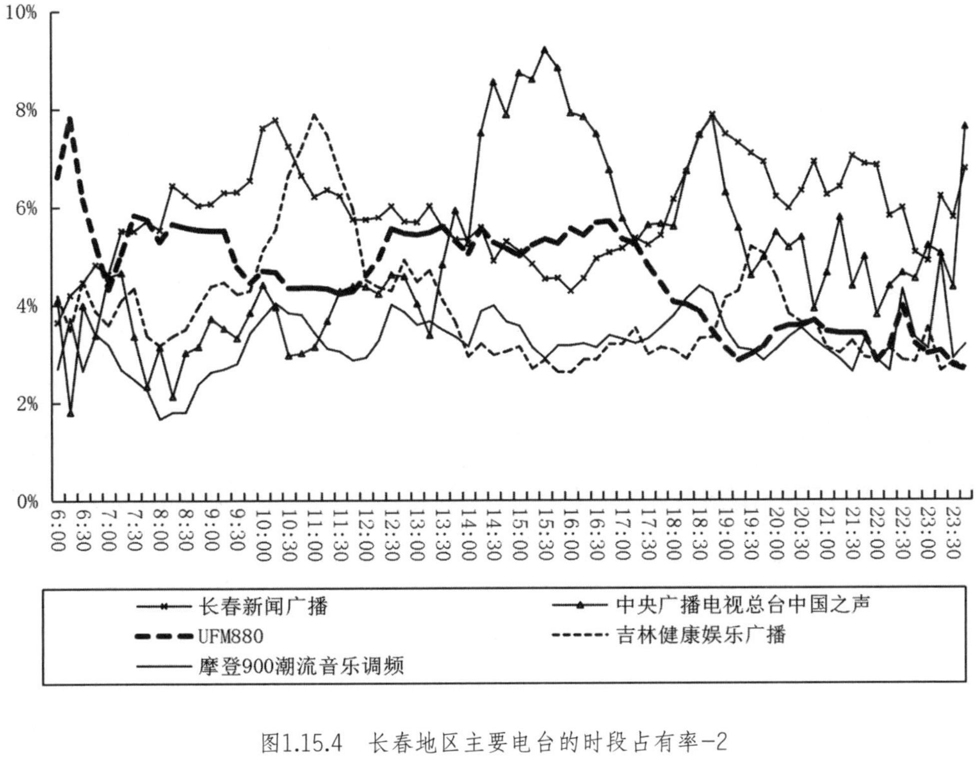

图1.15.4　长春地区主要电台的时段占有率-2

十六、石家庄地区收听率数据

表1.16.1 石家庄地区主要电台频率的平均收听率和市场份额

排名	电台名称	平均收听率（%）	市场份额（%）
1	石家庄交通广播	0.85	15.9
2	河北交通广播	0.71	13.3
3	石家庄新闻广播	0.66	12.4
4	石家庄音乐广播	0.52	9.7
5	河北新闻广播	0.49	9.2
6	河北音乐广播	0.39	7.3
7	中央广播电视总台中国之声	0.37	6.9
8	河北私家车广播	0.22	4.1
9	石家庄经济广播	0.19	3.5
10	河北故事广播	0.18	3.3

表1.16.2 石家庄地区主要电台频率的到达率和日到达率

排名	电台名称	到达率（%）	日到达率（%）
1	石家庄交通广播	36.7	16.4
2	石家庄新闻广播	26.7	11.4
3	河北交通广播	25.9	12.9
4	河北新闻广播	21.8	10.6
5	石家庄音乐广播	20.6	9.6
6	河北音乐广播	18.2	8.5
7	中央广播电视总台中国之声	16.3	8.2
8	石家庄经济广播	11.3	6.2
9	河北故事广播	9.5	5.4
10	河北生活广播	9.0	4.3

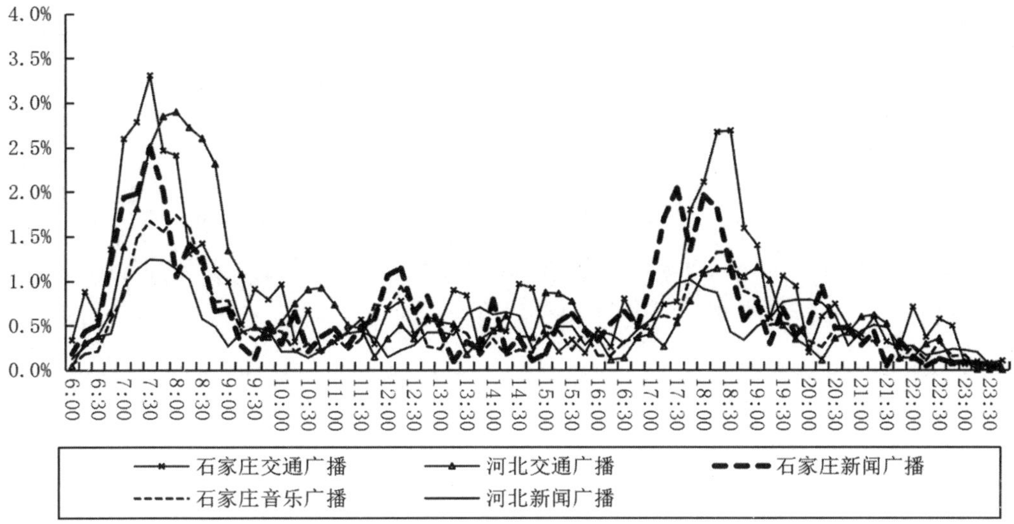

图1.16.1　石家庄地区主要电台的时段收听率-1

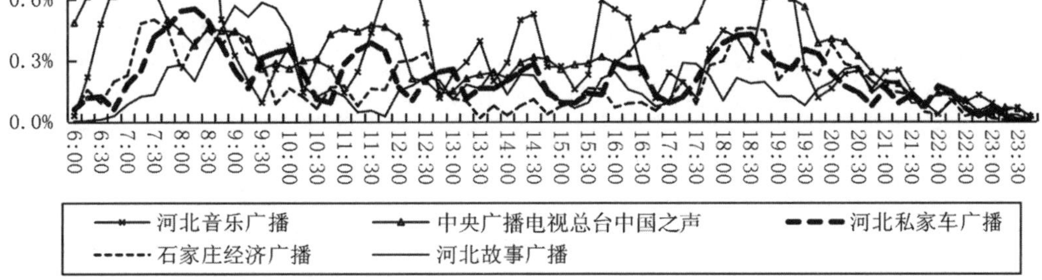

图1.16.2　石家庄地区主要电台的时段收听率-2

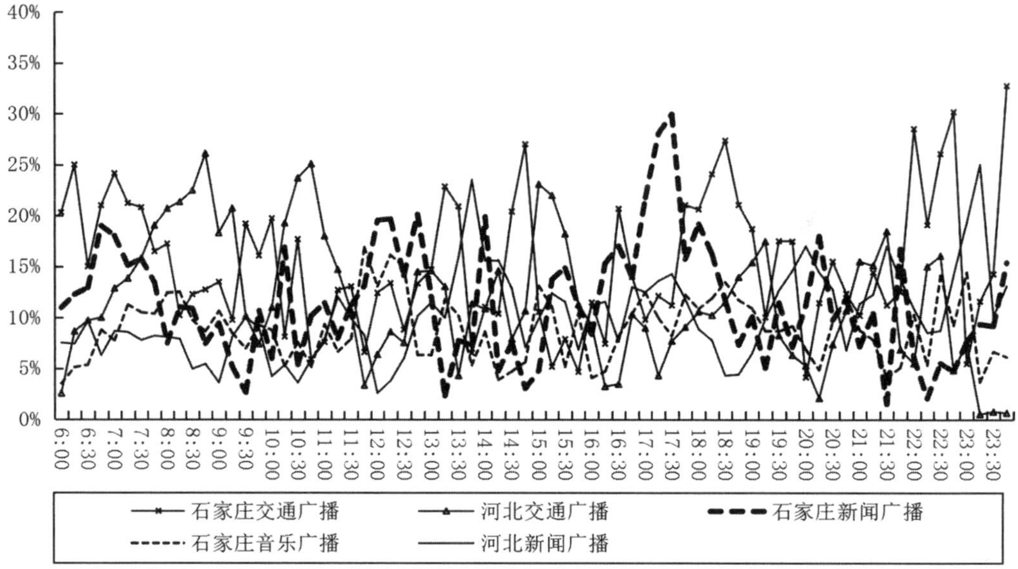

图1.16.3　石家庄地区主要电台的时段占有率-1

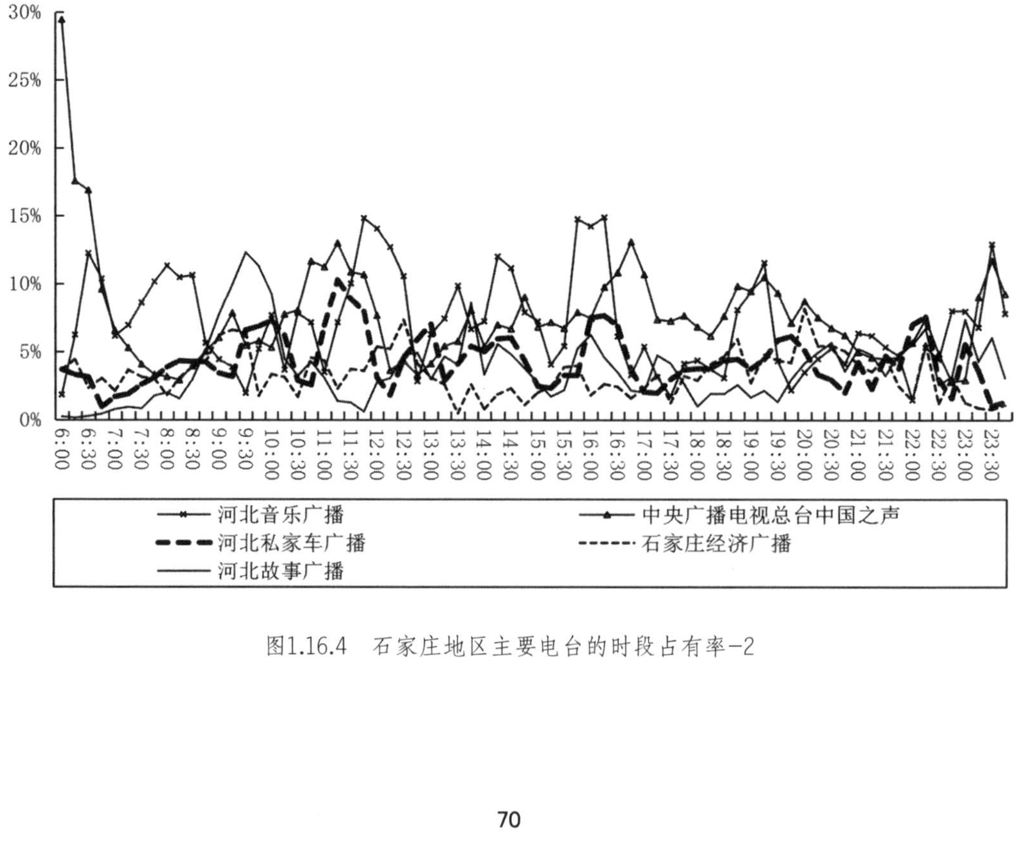

图1.16.4　石家庄地区主要电台的时段占有率-2

十七、太原地区收听率数据

表1.17.1　太原地区主要电台频率的平均收听率和市场份额

排名	电台名称	平均收听率（%）	市场份额（%）
1	太原交通广播	1.34	25.5
2	太原音乐广播	0.51	9.7
3	太原综合广播	0.42	8.0
4	山西交通广播	0.42	7.9
5	山西综合广播	0.37	7.1
6	中央广播电视总台中国之声	0.36	6.9
7	太原经济广播	0.31	5.8
8	山西文艺广播	0.24	4.6
9	太原老年之声	0.22	4.2
10	山西音乐广播	0.22	4.2

表1.17.2　太原地区主要电台频率的到达率和日到达率

排名	电台名称	到达率（%）	日到达率（%）
1	太原交通广播	29.4	18.5
2	中央广播电视总台中国之声	17.1	8.5
3	太原音乐广播	16.0	10.7
4	太原综合广播	13.3	6.6
5	山西交通广播	12.0	7.2
6	山西文艺广播	11.9	7.1
7	太原经济广播	11.1	7.2
8	山西综合广播	11.0	7.9
9	山西音乐广播	9.4	5.5
10	太原老年之声	7.8	5.5

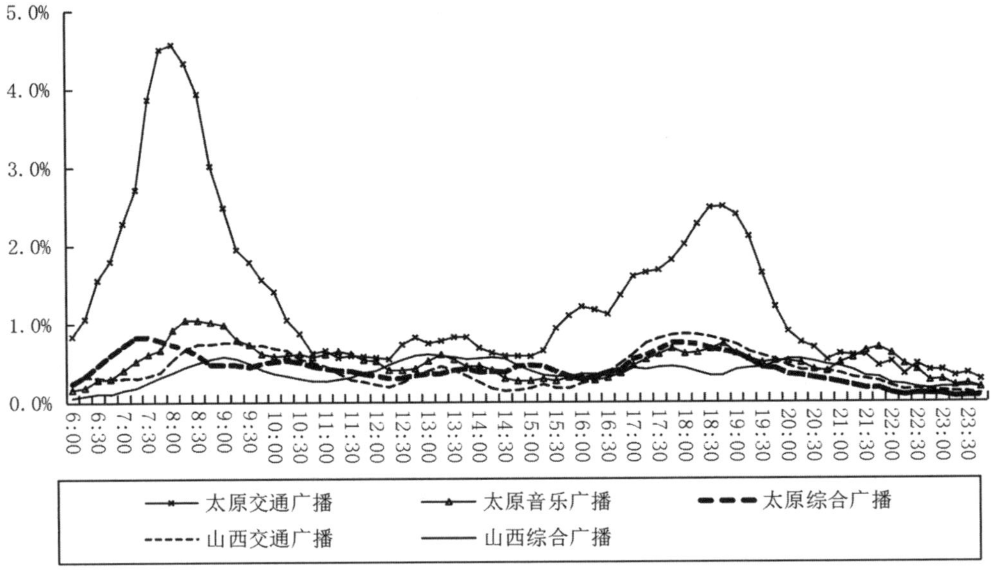

图1.17.1　太原地区主要电台的时段收听率-1

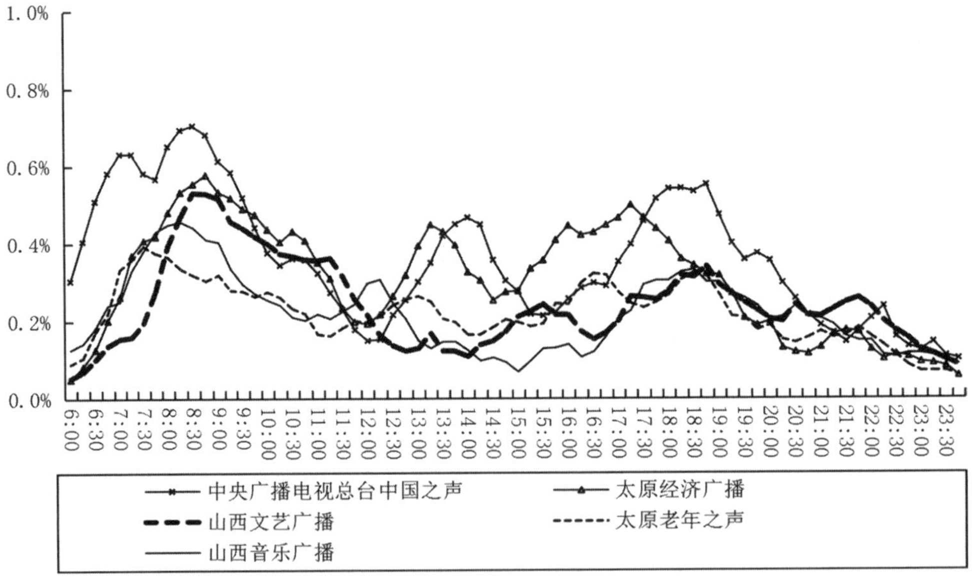

图1.17.2　太原地区主要电台的时段收听率-2

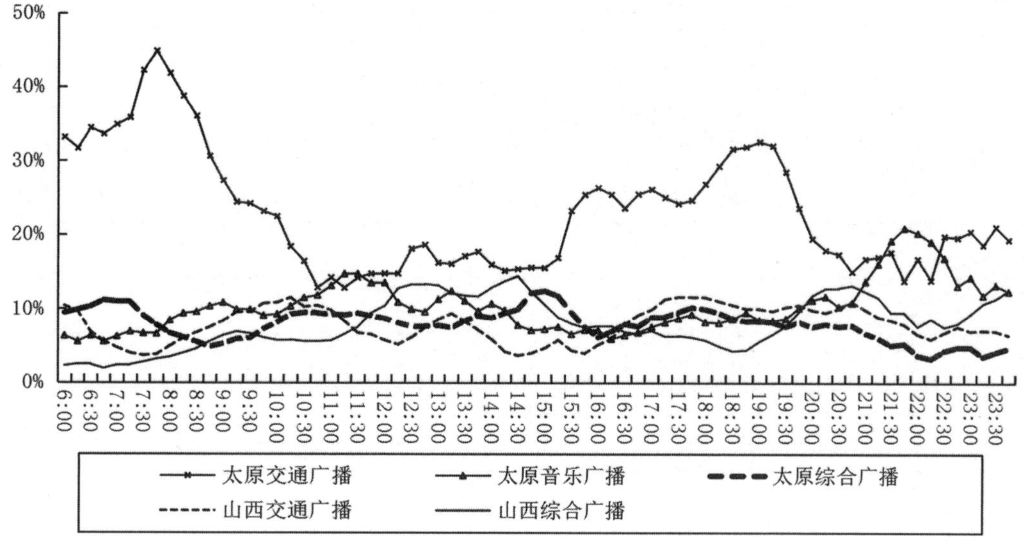

图1.17.3 太原地区主要电台的时段占有率-1

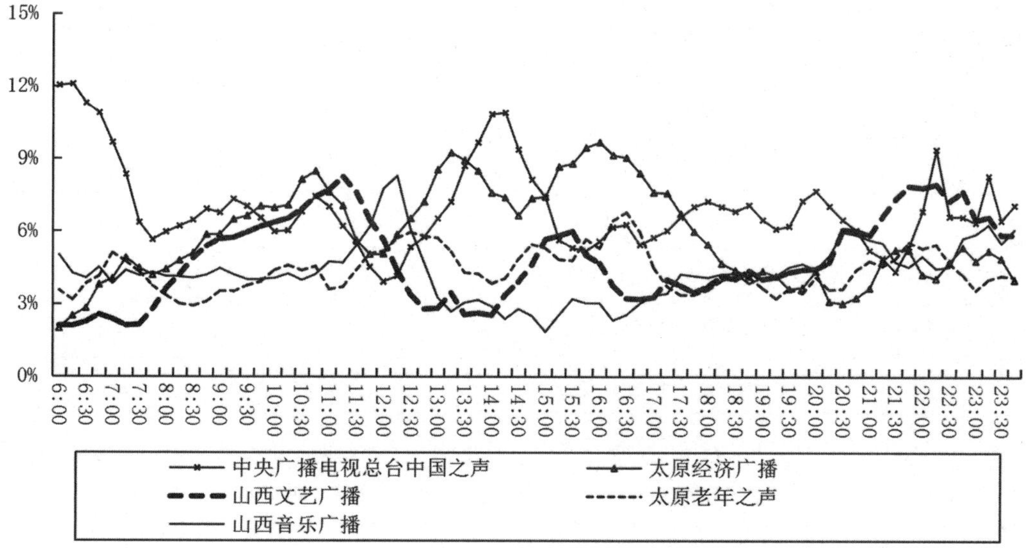

图1.17.4 太原地区主要电台的时段占有率-2

十八、银川地区收听率数据

表1.18.1 银川地区主要电台频率的平均收听率和市场份额

排名	电台名称	平均收听率（%）	市场份额（%）
1	宁夏交通广播	0.73	17.9
2	宁夏新闻广播	0.53	13.0
3	银川交通音乐广播	0.48	11.8
4	宁夏经济广播	0.47	11.6
5	银川都市经济广播（女主播电台）	0.39	9.6
6	宁夏音乐广播	0.38	9.3
7	银川新闻综合广播	0.36	8.8
8	银川新闻综合广播 AM801	0.29	7.2
9	宁夏旅游广播	0.28	6.8
10	中央广播电视总台中国之声	0.06	1.4

表1.18.2 银川地区主要电台频率的到达率和日到达率

排名	电台名称	到达率（%）	日到达率（%）
1	宁夏交通广播	41.4	10.9
2	宁夏新闻广播	34.7	7.5
3	银川交通音乐广播	33.5	8.3
4	银川都市经济广播（女主播电台）	27.9	7.1
5	宁夏旅游广播	27.6	6.2
6	中央广播电视总台音乐之声	26.5	2.1
7	中央广播电视总台经济之声	26.2	2.2
8	宁夏经济广播	24.6	6.8
9	银川新闻综合广播 AM801	23.4	5.9
10	银川新闻综合广播	20.1	4.2

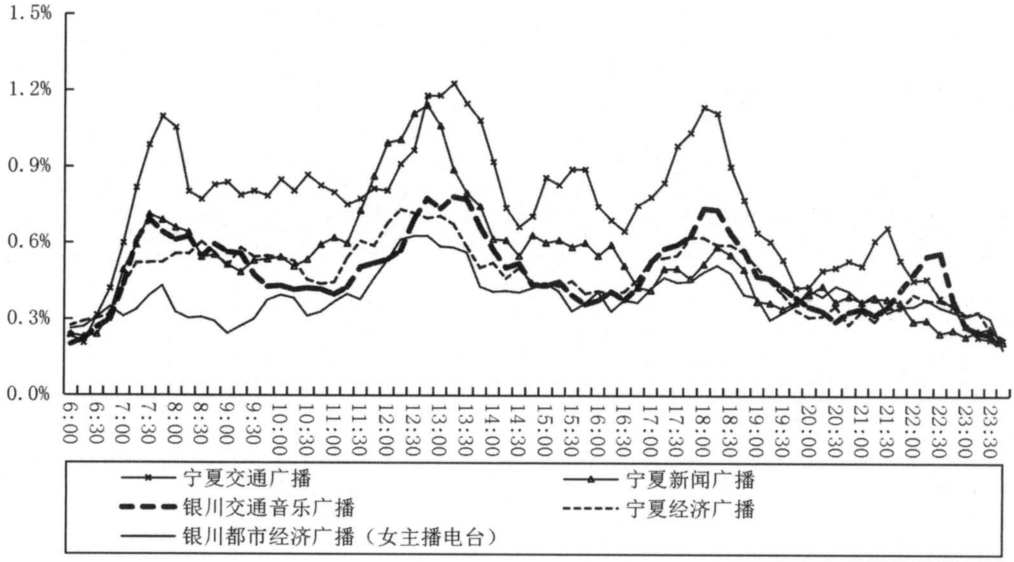

图1.18.1 银川地区主要电台的时段收听率-1

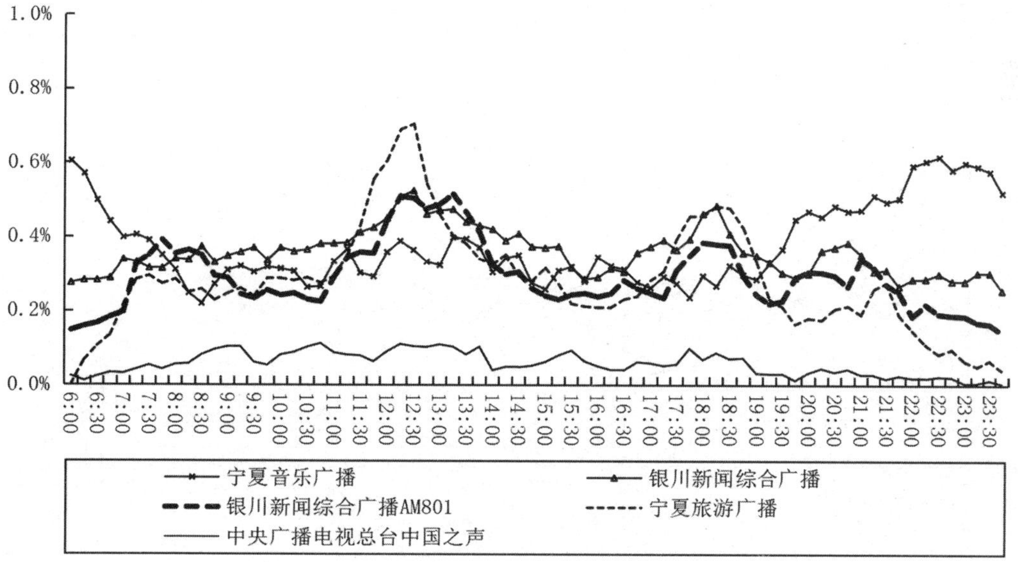

图1.18.2 银川地区主要电台的时段收听率-2

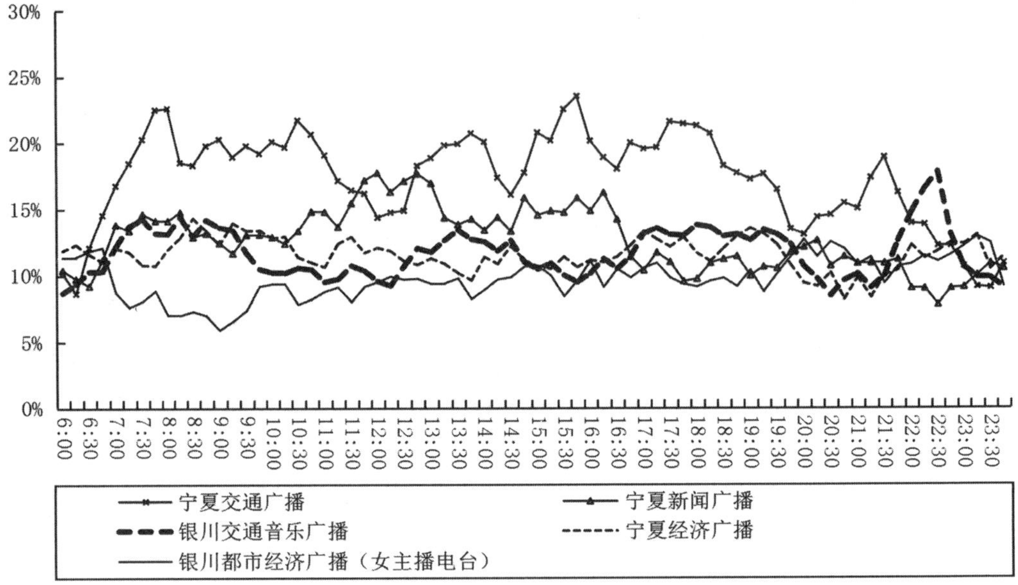

图1.18.3 银川地区主要电台的时段占有率-1

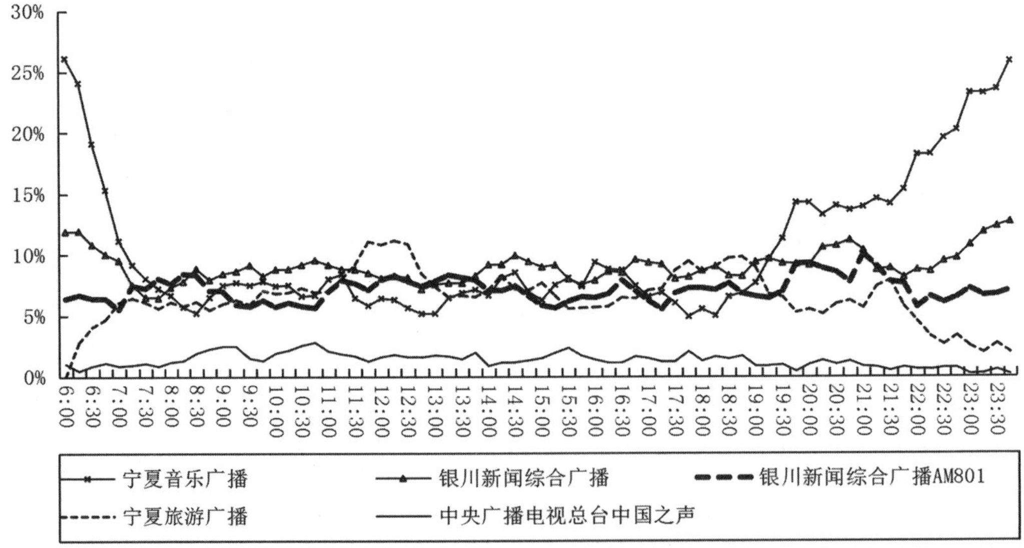

图1.18.4 银川地区主要电台的时段占有率-2

十九、济南地区收听率数据

表1.19.1　济南地区主要电台频率的平均收听率和市场份额

排名	电台名称	平均收听率（%）	市场份额（%）
1	济南音乐广播 Music88.7	1.09	16.4
2	山东广播电视台交通广播	0.83	12.5
3	济南交通广播	0.72	10.9
4	济南新闻广播	0.59	8.9
5	山东广播电视台综合广播	0.53	7.9
6	山东广播电视台音乐广播	0.52	7.8
7	山东广播电视台文艺广播	0.43	6.5
8	山东广播电视台经济广播	0.35	5.3
9	山东广播电视台体育休闲广播	0.33	4.9
10	济南经济广播	0.28	4.3

表1.19.2　济南地区主要电台频率的到达率和日到达率

排名	电台名称	到达率（%）	日到达率（%）
1	山东广播电视台交通广播	26.3	14.1
2	济南音乐广播 Music88.7	24.4	14.5
3	济南新闻广播	17.3	9.9
4	济南交通广播	17.2	10.8
5	山东广播电视台文艺广播	14.7	7.4
6	山东广播电视台音乐广播	14.6	8.2
7	山东广播电视台综合广播	14.4	8.7
8	济南经济广播	13.2	6.0
9	山东广播电视台经济广播	10.9	6.1
10	山东广播电视台经典音乐广播	9.1	3.7

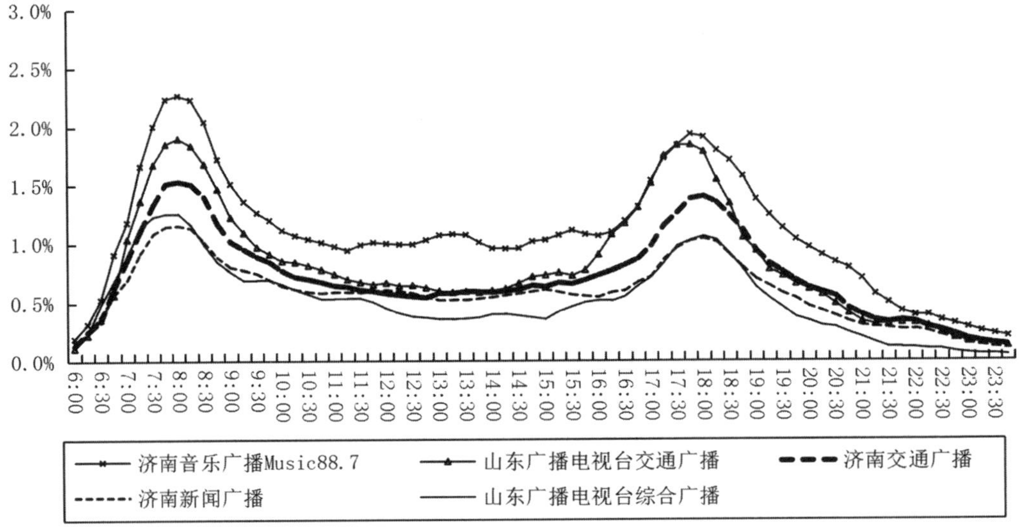

图1.19.1　济南地区主要电台的时段收听率-1

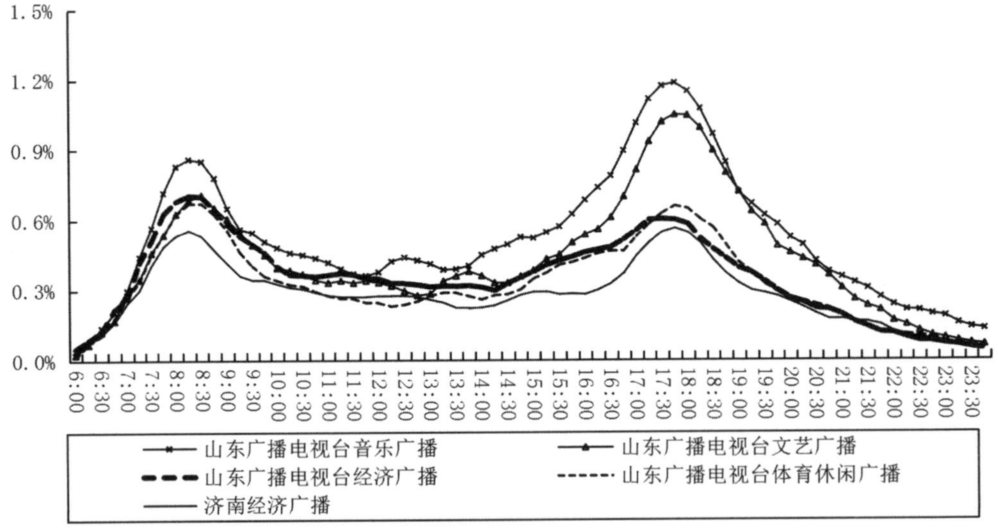

图1.19.2　济南地区主要电台的时段收听率-2

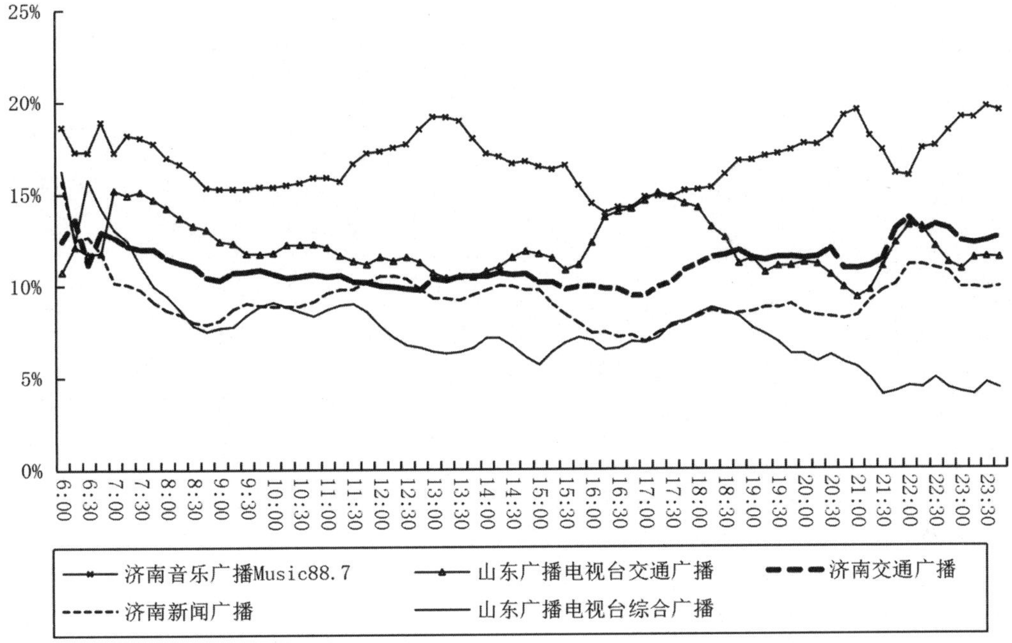

图1.19.3 济南地区主要电台的时段占有率-1

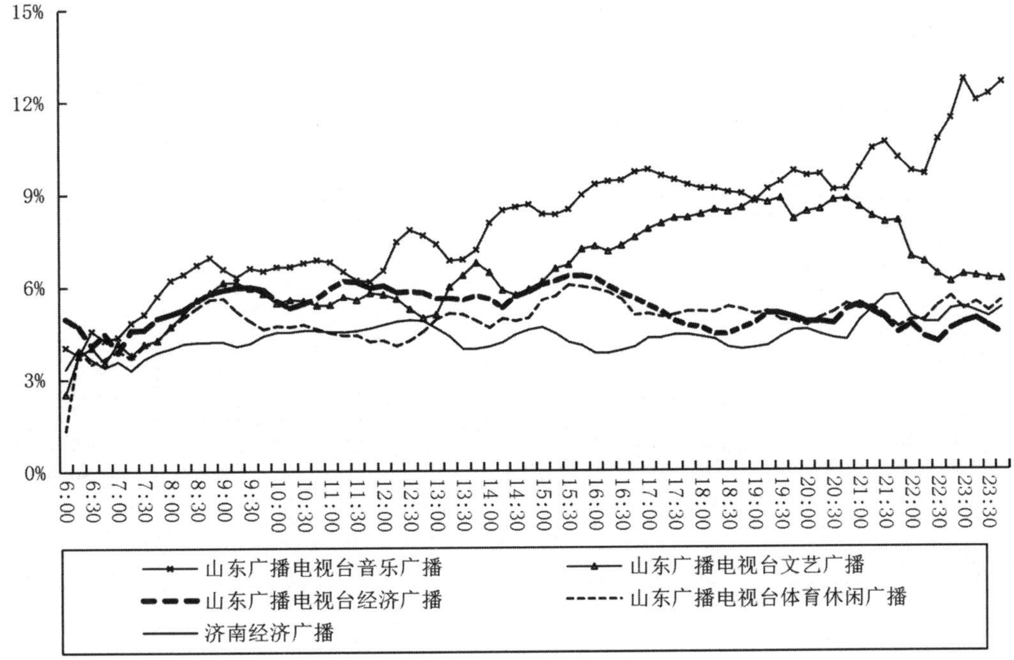

图1.19.4 济南地区主要电台的时段占有率-2

二十、西宁地区收听率数据

表1.20.1 西宁地区主要电台频率的平均收听率和市场份额

排名	电台名称	平均收听率（%）	市场份额（%）
1	西宁交通文艺广播	0.75	21.0
2	青海交通音乐广播	0.67	18.6
3	青海生活广播（花儿调频）	0.47	13.0
4	西宁新闻综合广播	0.36	10.2
5	青海新闻综合广播	0.33	9.2
6	西宁都市生活广播	0.28	7.8
7	中央广播电视总台中国之声	0.18	5.0
8	中央广播电视总台音乐之声	0.16	4.5
9	西宁旅游广播	0.16	4.4
10	中央广播电视总台经济之声	0.14	3.8

表1.20.2 西宁地区主要电台频率的到达率和日到达率

排名	电台名称	到达率（%）	日到达率（%）
1	西宁交通文艺广播	18.2	9.3
2	青海交通音乐广播	17.5	10.5
3	青海生活广播（花儿调频）	16.7	9.3
4	西宁新闻综合广播	13.0	6.5
5	西宁都市生活广播	9.2	5.7
6	青海新闻综合广播	8.5	6.4
7	中央广播电视总台中国之声	6.0	4.2
8	西宁旅游广播	6.0	4.3
9	中央广播电视总台音乐之声	5.1	3.5
10	中央广播电视总台经济之声	4.1	2.9

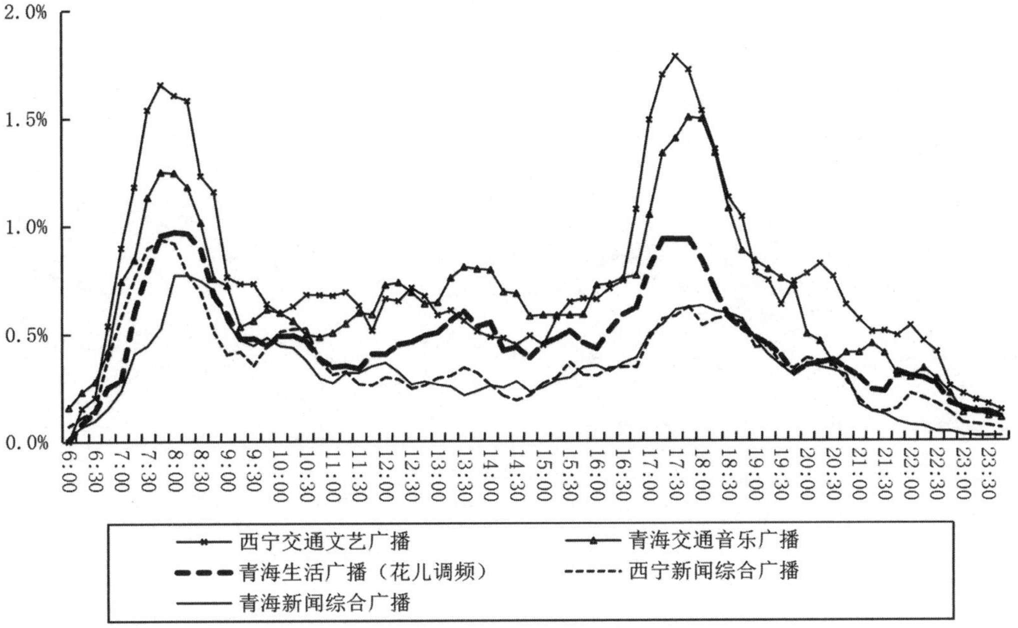

图1.20.1　西宁地区主要电台的时段收听率-1

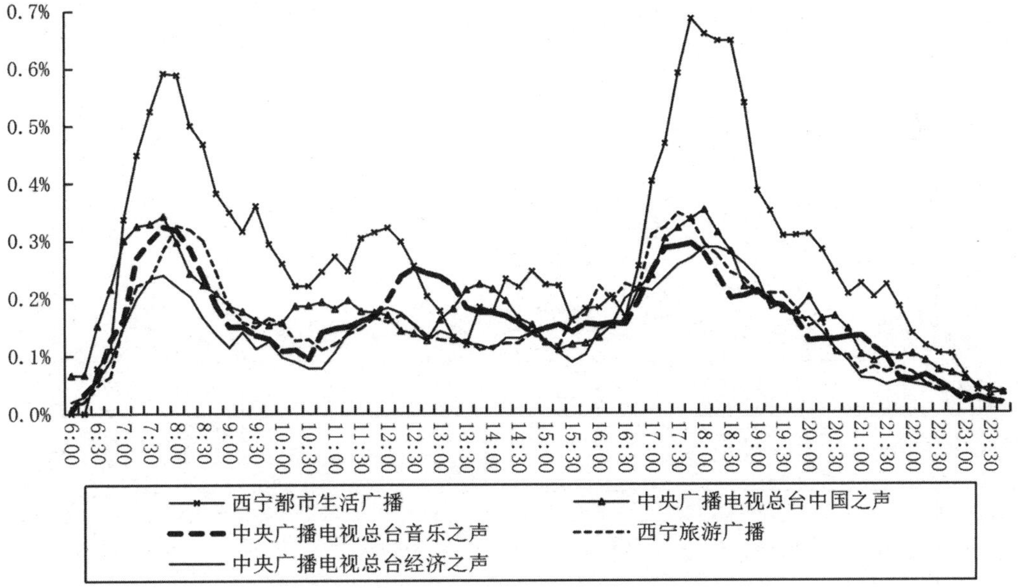

图1.20.2　西宁地区主要电台的时段收听率-2

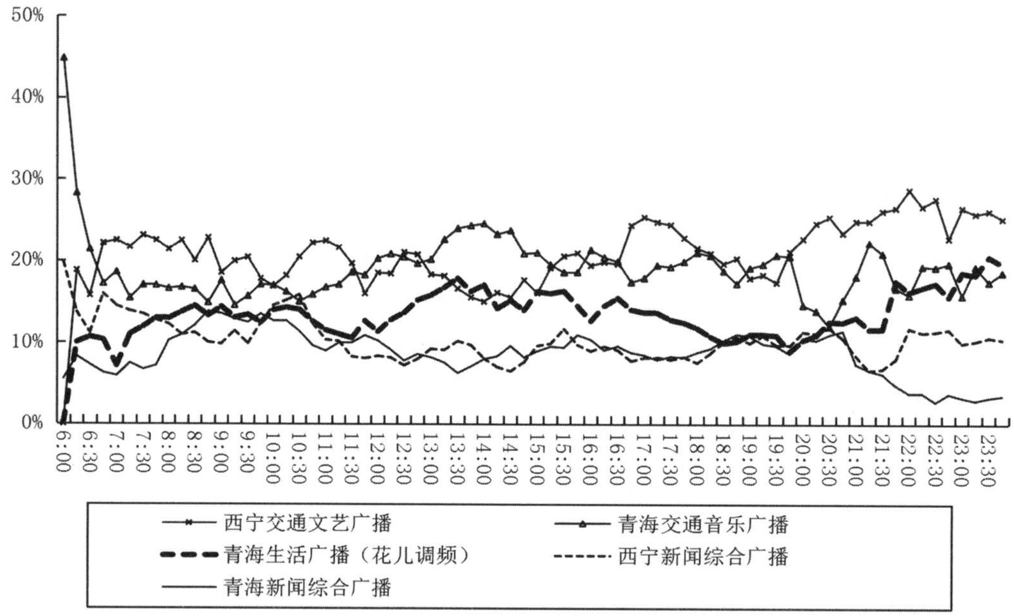

图1.20.3　西宁地区主要电台的时段占有率-1

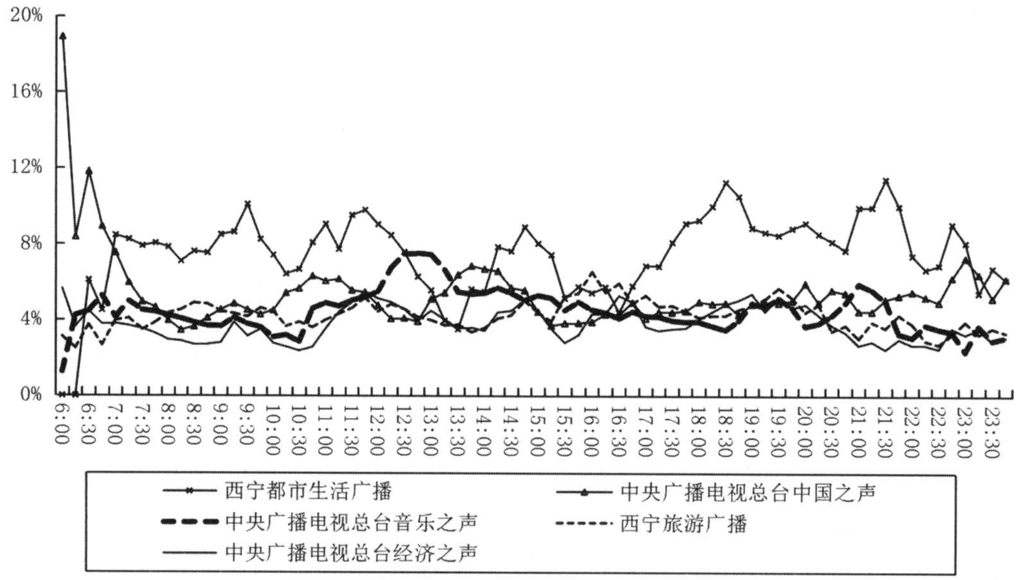

图1.20.4　西宁地区主要电台的时段占有率-2

二十一、郑州地区收听率数据

表1.21.1　郑州地区主要电台频率的平均收听率和市场份额

排名	电台名称	平均收听率（%）	市场份额（%）
1	河南交通广播	1.10	14.8
2	河南音乐广播	0.92	12.3
3	郑州新闻综合广播	0.79	10.6
4	郑州交通广播	0.73	9.9
5	郑州音乐广播	0.68	9.1
6	河南戏曲广播娱乐 976	0.58	7.8
7	河南私家车广播 999	0.45	6.0
8	河南流行音乐广播 FM90.0MyRadio	0.34	4.6
9	河南新闻广播	0.28	3.8
10	河南经济广播	0.21	2.9

表1.21.2　郑州地区主要电台频率的到达率和日到达率

排名	电台名称	到达率（%）	日到达率（%）
1	河南音乐广播	28.1	15.9
2	河南交通广播	27.2	17.1
3	郑州新闻综合广播	21.8	9.7
4	郑州音乐广播	19.0	9.0
5	河南私家车广播 999	15.7	9.6
6	河南戏曲广播娱乐 976	14.8	8.3
7	河南流行音乐广播 FM90.0MyRadio	13.3	9.0
8	郑州交通广播	13.1	7.8
9	郑州怀旧好声音网络音乐广播	9.1	3.4
10	郑州经济生活广播	9.0	3.2

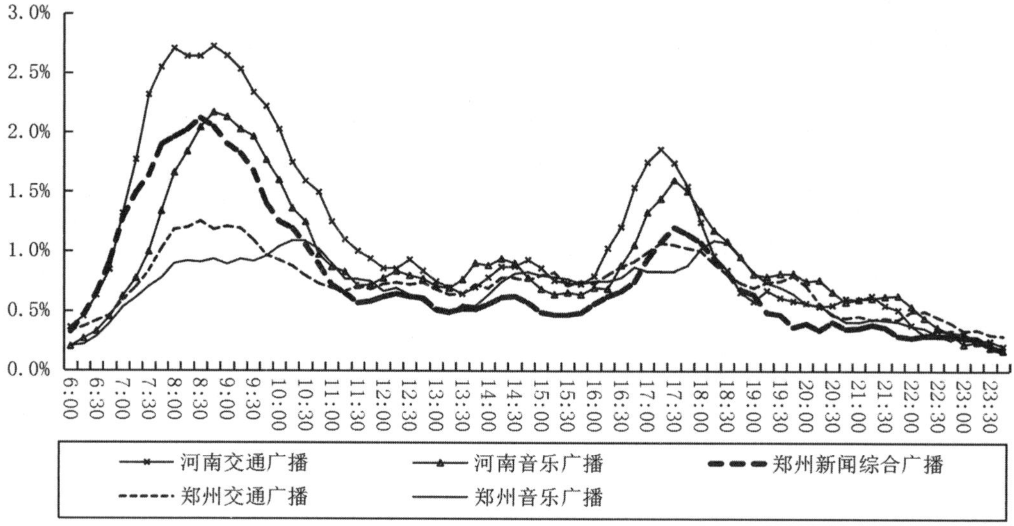

图1.21.1 郑州地区主要电台的时段收听率-1

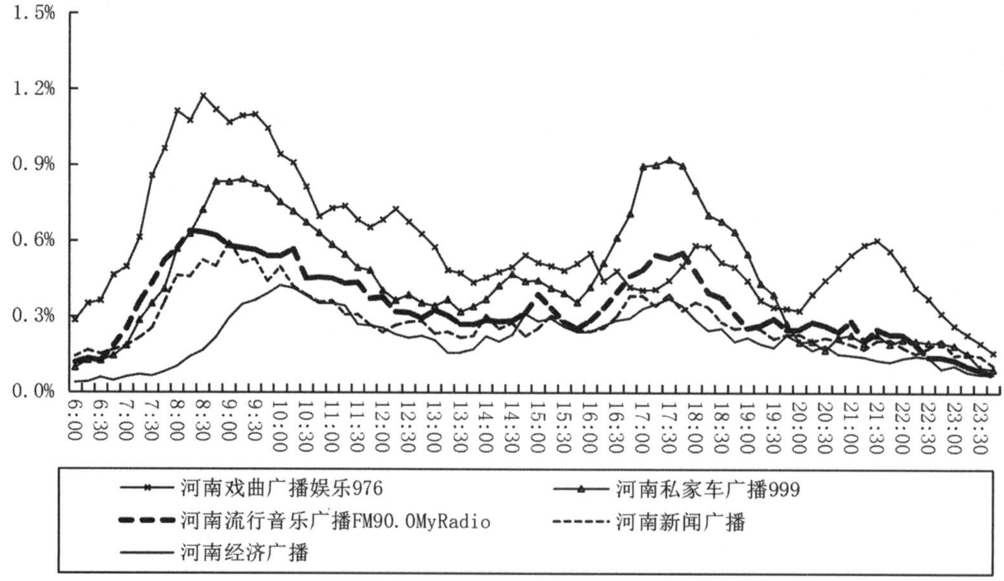

图1.21.2 郑州地区主要电台的时段收听率-2

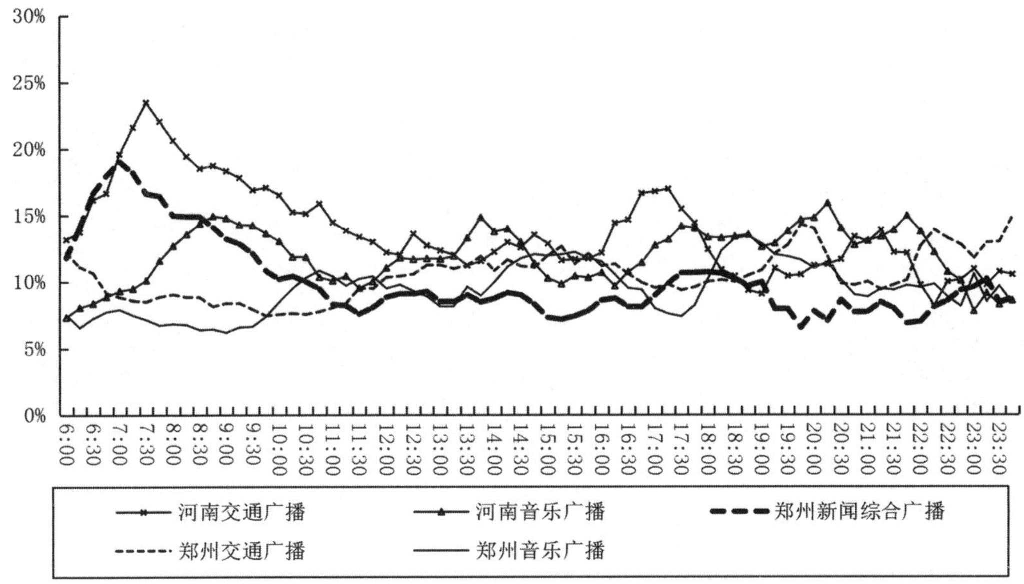

图1.21.3　郑州地区主要电台的时段占有率-1

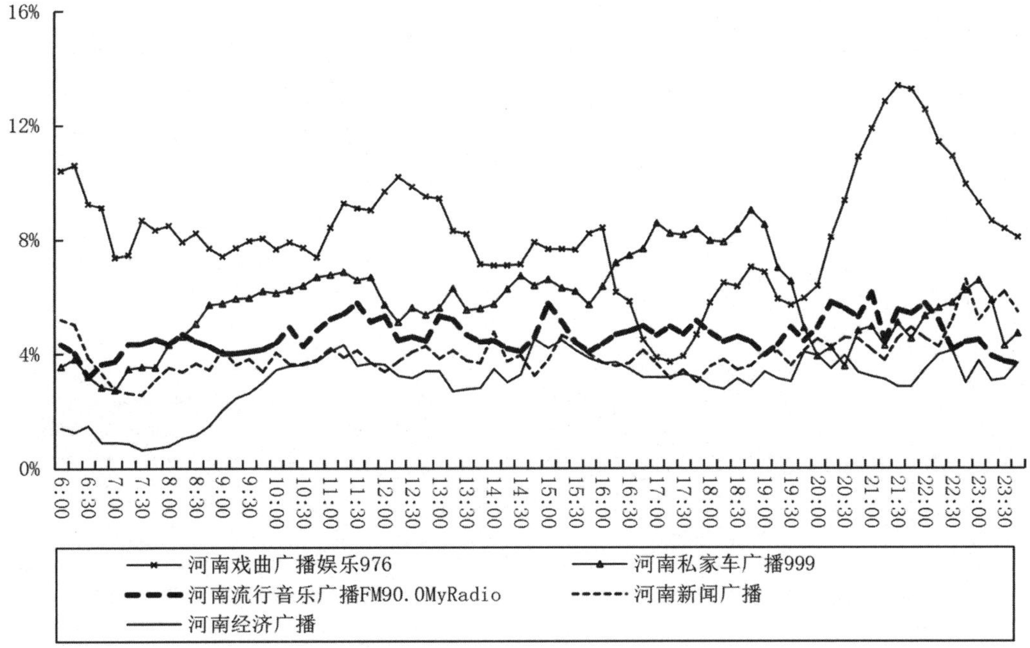

图1.21.4　郑州地区主要电台的时段占有率-2

二十二、南京地区收听率数据

表1.22.1　南京地区主要电台频率的平均收听率和市场份额

排名	电台名称	平均收听率（%）	市场份额（%）
1	南京交通广播	1.07	13.9
2	南京新闻广播	0.86	11.2
3	江苏交通广播网	0.83	10.8
4	南京音乐广播	0.75	9.7
5	江苏音乐广播	0.72	9.4
6	江苏新闻广播	0.69	9.0
7	江苏经典流行音乐广播	0.60	7.8
8	南京体育广播	0.24	3.1
9	南京城市管理广播	0.23	3.0
10	南京新闻综合广播 AM1008	0.22	2.9

表1.22.2　南京地区主要电台频率的到达率和日到达率

排名	电台名称	到达率（%）	日到达率（%）
1	南京交通广播	21.9	12.4
2	南京新闻广播	18.8	10.6
3	江苏交通广播网	16.3	11.4
4	南京音乐广播	14.6	10.2
5	江苏音乐广播	14.5	10.6
6	江苏经典流行音乐广播	13.9	11.0
7	江苏新闻广播	12.6	8.6
8	江苏文艺广播	6.5	4.4
9	江苏金陵之声	6.5	4.6
10	中央广播电视总台中国之声	6.4	4.5

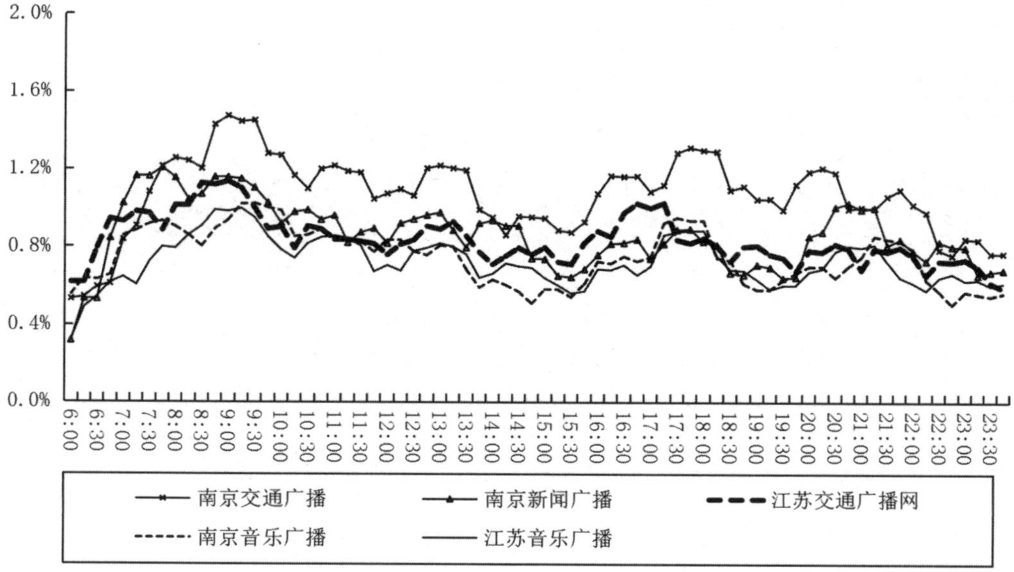

图1.22.1 南京地区主要电台的时段收听率-1

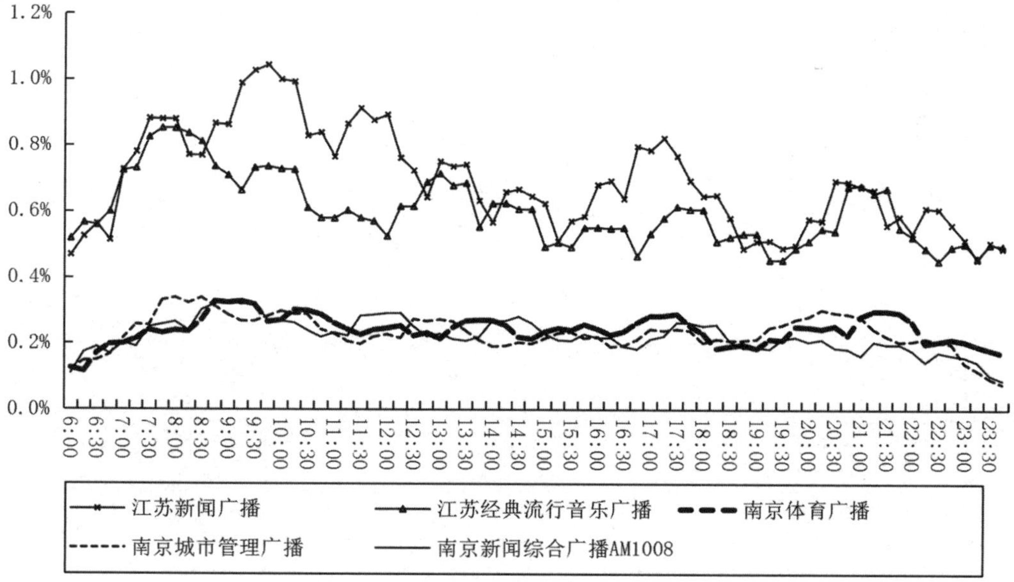

图1.22.2 南京地区主要电台的时段收听率-2

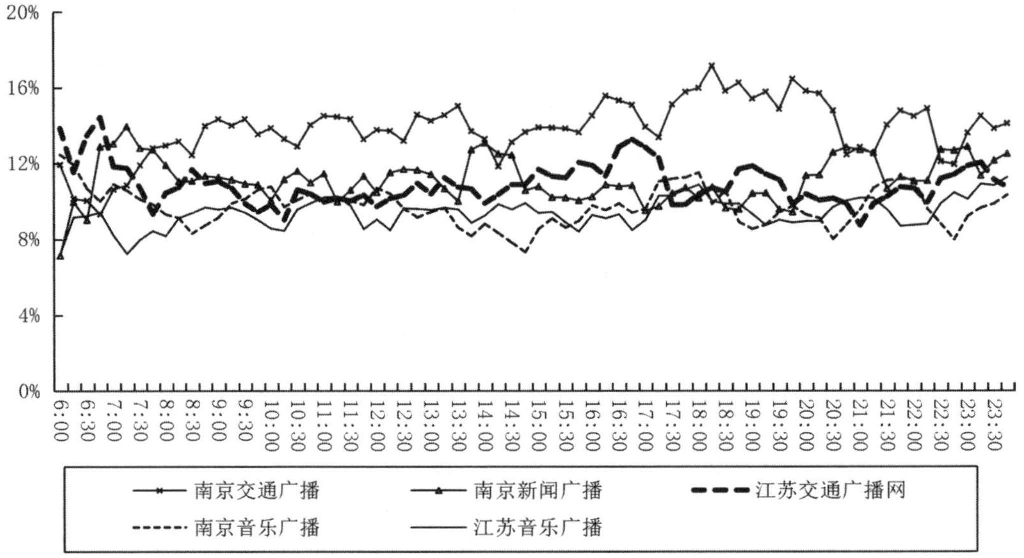

图1.22.3　南京地区主要电台的时段占有率-1

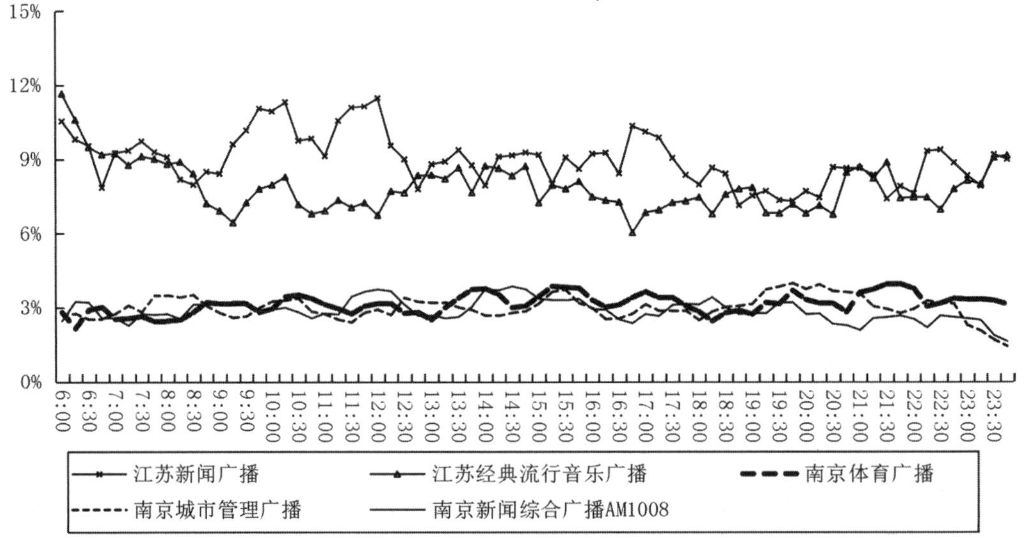

图1.22.4　南京地区主要电台的时段占有率-2

二十三、合肥地区收听率数据

表1.23.1 合肥地区主要电台频率的平均收听率和市场份额

排名	电台名称	平均收听率（%）	市场份额（%）
1	安徽交通广播	0.81	11.7
2	合肥交通广播	0.71	10.3
3	安徽音乐广播	0.66	9.4
4	合肥故事广播	0.61	8.8
5	安徽新闻综合广播	0.58	8.3
6	合肥新闻综合广播	0.56	8.0
7	合肥汽车音乐广播	0.41	5.9
8	中央广播电视总台中国之声	0.38	5.4
9	合肥巢湖之声	0.32	4.6
10	安徽生活广播	0.30	4.3

表1.23.2 合肥地区主要电台频率的到达率和日到达率

排名	电台名称	到达率（%）	日到达率（%）
1	安徽音乐广播	24.6	12.3
2	安徽交通广播	21.6	11.7
3	合肥故事广播	16.7	7.2
4	合肥交通广播	16.5	6.8
5	合肥新闻综合广播	15.1	3.3
6	安徽经济广播	12.7	4.6
7	安徽新闻综合广播	12.5	6.5
8	中央广播电视总台中国之声	11.0	5.7
9	安徽小说评书广播	10.8	3.8
10	合肥汽车音乐广播	10.6	3.7

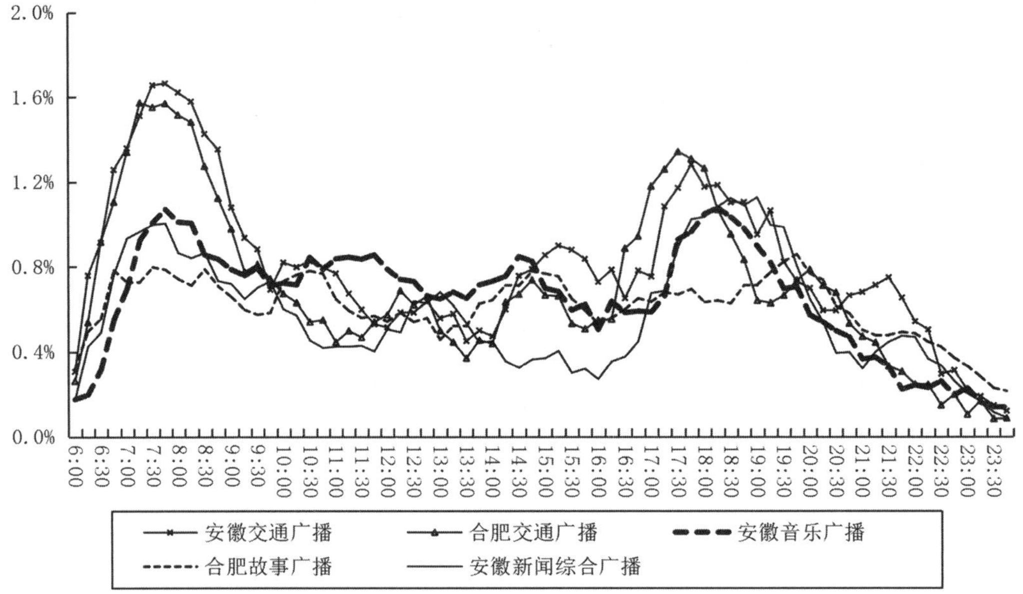

图1.23.1 合肥地区主要电台的时段收听率-1

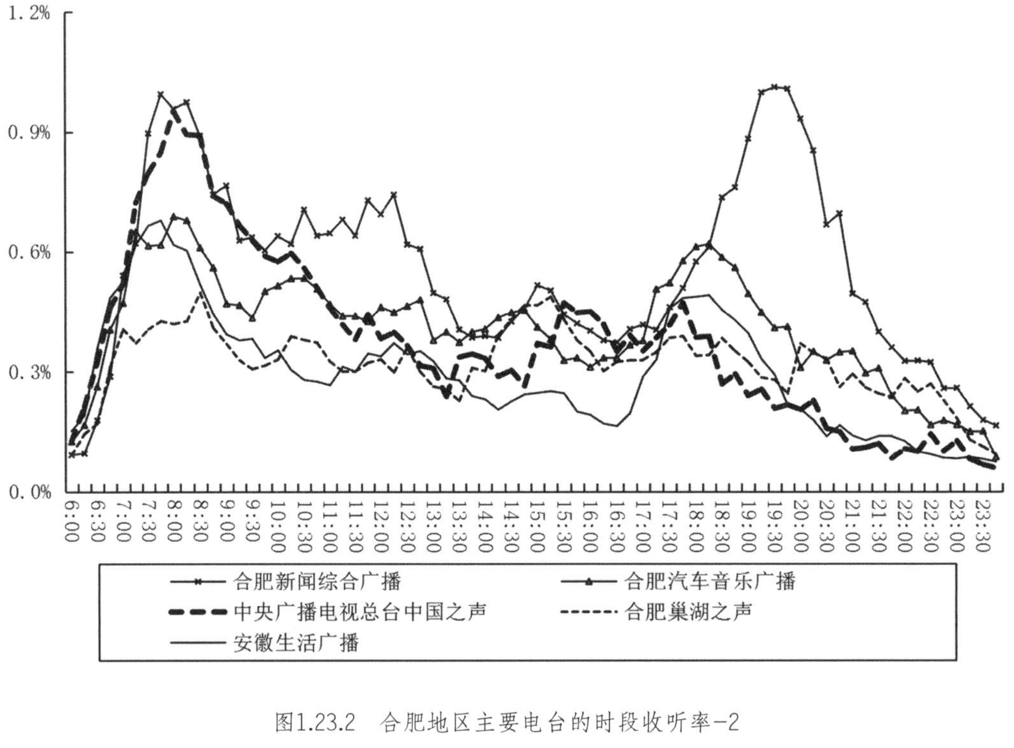

图1.23.2 合肥地区主要电台的时段收听率-2

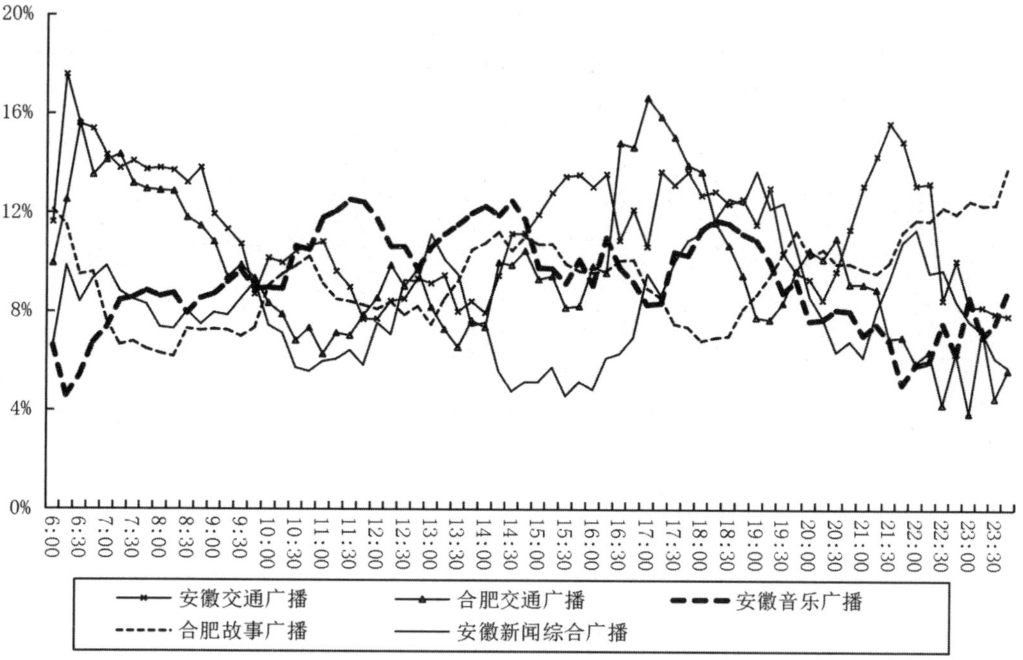

图1.23.3 合肥地区主要电台的时段占有率-1

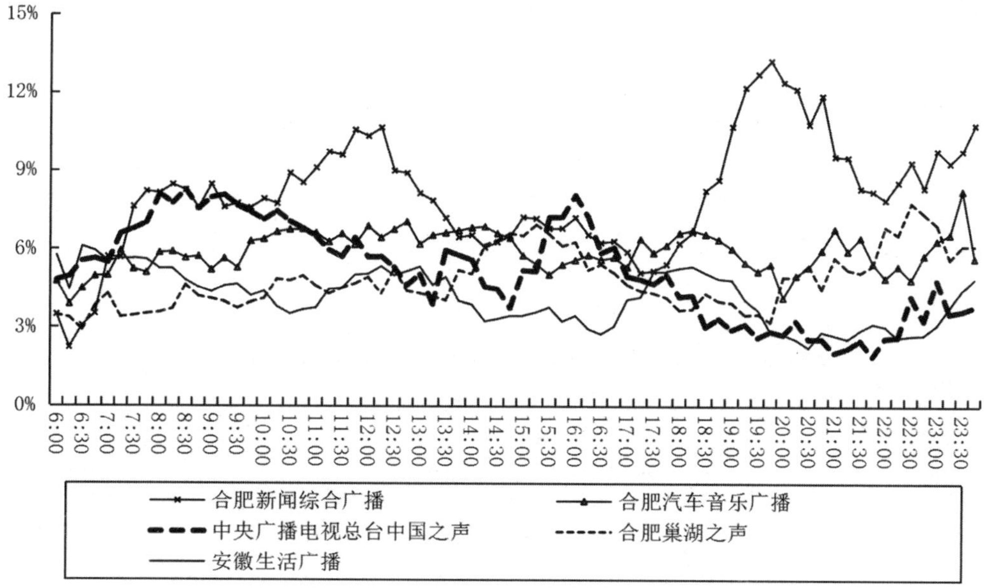

图1.23.4 合肥地区主要电台的时段占有率-2

二十四、南昌地区收听率数据

表1.24.1 南昌地区主要电台频率的平均收听率和市场份额

排名	电台名称	平均收听率（%）	市场份额（%）
1	南昌交通广播	0.98	17.1
2	江西交通广播	0.88	15.3
3	南昌新闻广播	0.70	12.1
4	江西音乐广播	0.60	10.5
5	中央广播电视总台中国之声	0.44	7.7
6	南昌经济生活广播	0.39	6.8
7	江西新闻广播	0.33	5.7
8	江西民生广播	0.25	4.3
9	江西都市广播	0.23	4.1
10	中央广播电视总台音乐之声	0.21	3.6

表1.24.2 南昌地区主要电台频率的到达率和日到达率

排名	电台名称	到达率（%）	日到达率（%）
1	南昌交通广播	22.3	10.6
2	江西交通广播	18.7	10.7
3	南昌新闻广播	17.2	9.0
4	江西音乐广播	16.3	9.1
5	南昌经济生活广播	12.9	7.2
6	中央广播电视总台中国之声	11.7	8.8
7	江西民生广播	10.7	6.9
8	江西新闻广播	9.6	6.9
9	江西都市广播	9.6	6.7
10	江西故事广播	7.8	4.7

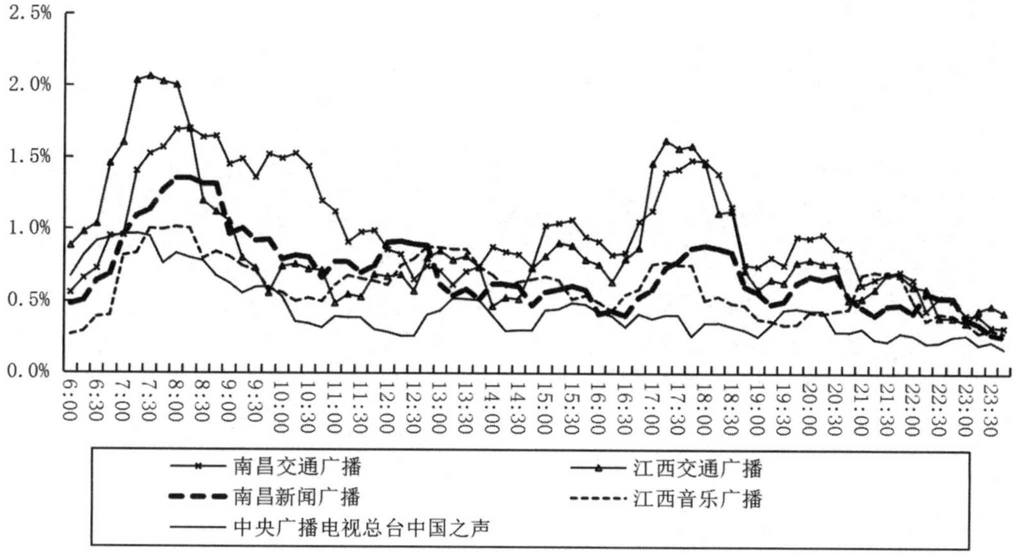

图1.24.1　南昌地区主要电台的时段收听率-1

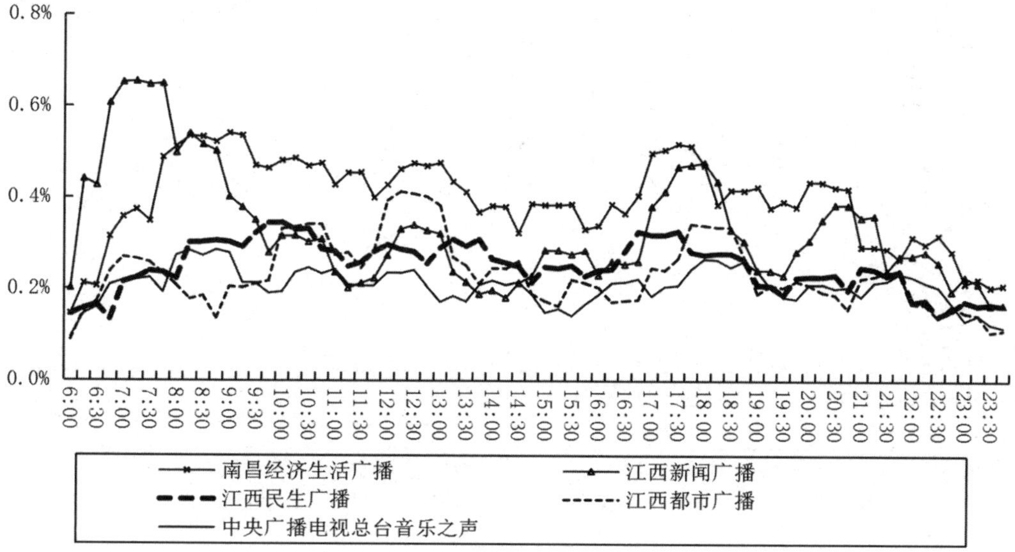

图1.24.2　南昌地区主要电台的时段收听率-2

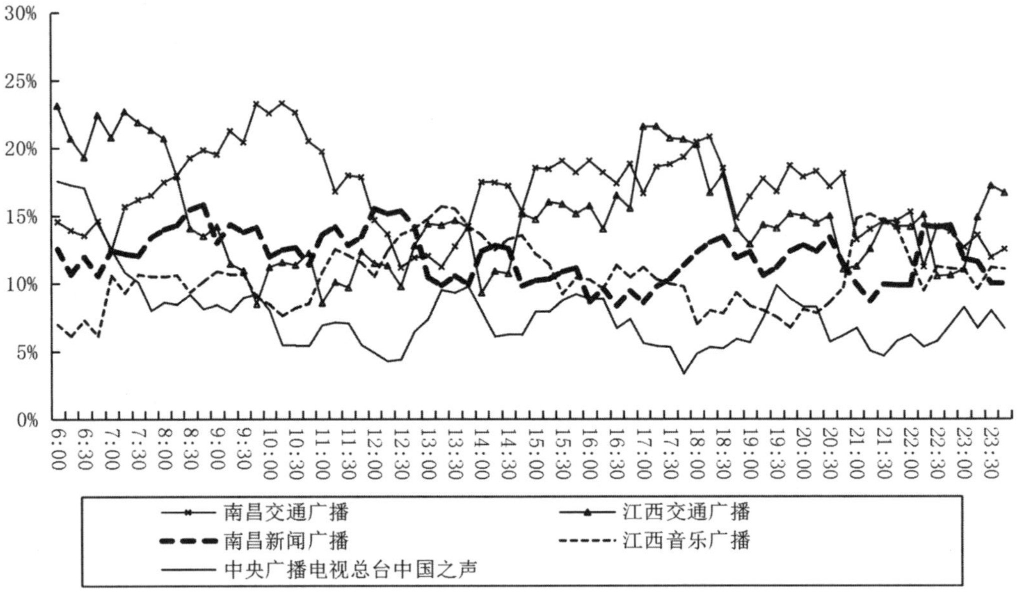

图1.24.3　南昌地区主要电台的时段占有率-1

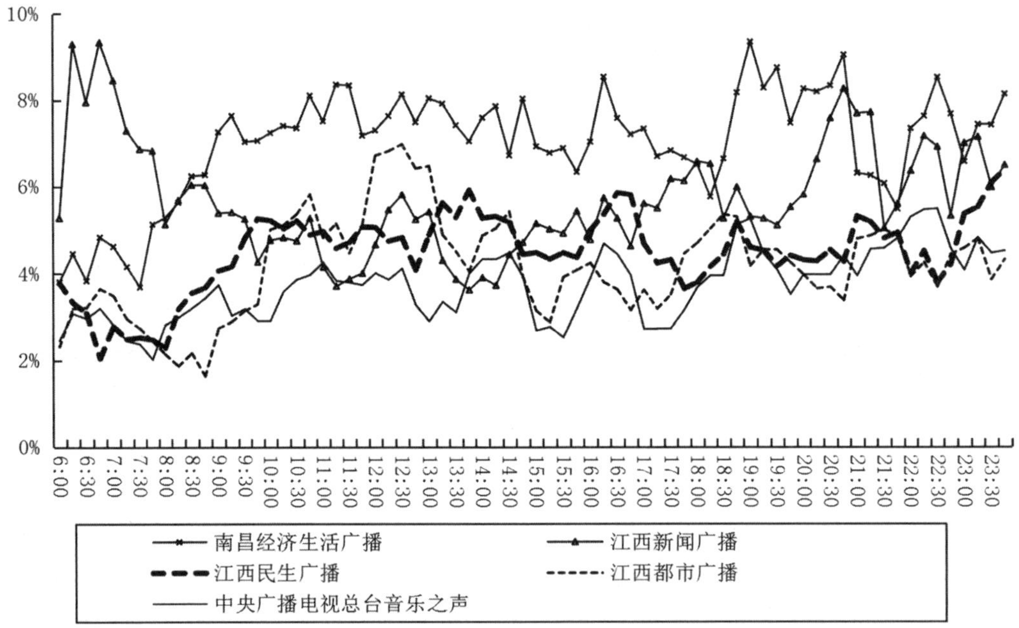

图1.24.4　南昌地区主要电台的时段占有率-2

二十五、贵阳地区收听率数据

表1.25.1 贵阳地区主要电台频率的平均收听率和市场份额

排名	电台名称	平均收听率（%）	市场份额（%）
1	贵州交通广播	1.11	15.2
2	贵阳交通广播	0.98	13.4
3	贵州综合广播	0.79	10.8
4	贵阳新闻综合广播	0.68	9.2
5	贵州音乐广播	0.64	8.8
6	贵州旅游广播	0.54	7.4
7	贵阳旅游生活广播	0.50	6.9
8	贵州经济广播	0.49	6.7
9	贵阳都市女性广播	0.44	5.9
10	贵州故事广播	0.42	5.7

表1.25.2 贵阳地区主要电台频率的到达率和日到达率

排名	电台名称	到达率（%）	日到达率（%）
1	贵州交通广播	28.8	14.6
2	贵阳交通广播	27.4	10.3
3	贵州综合广播	17.3	9.8
4	贵阳新闻综合广播	16.9	8.2
5	贵阳旅游生活广播	16.1	8.9
6	贵州音乐广播	15.7	8.9
7	贵州经济广播	14.4	7.8
8	贵阳都市女性广播	14.3	7.1
9	贵州旅游广播	12.8	7.9
10	贵州故事广播	10.0	6.4

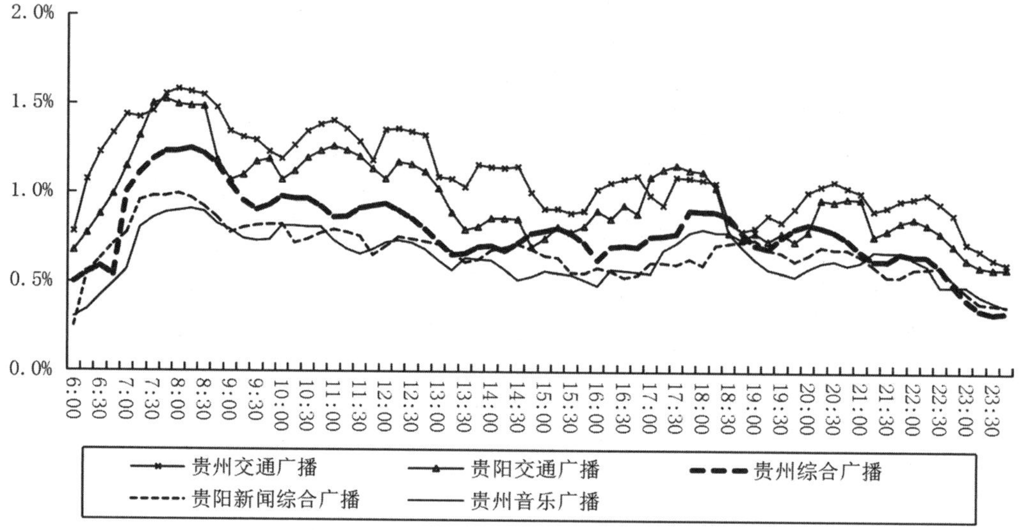

图1.25.1　贵阳地区主要电台的时段收听率-1

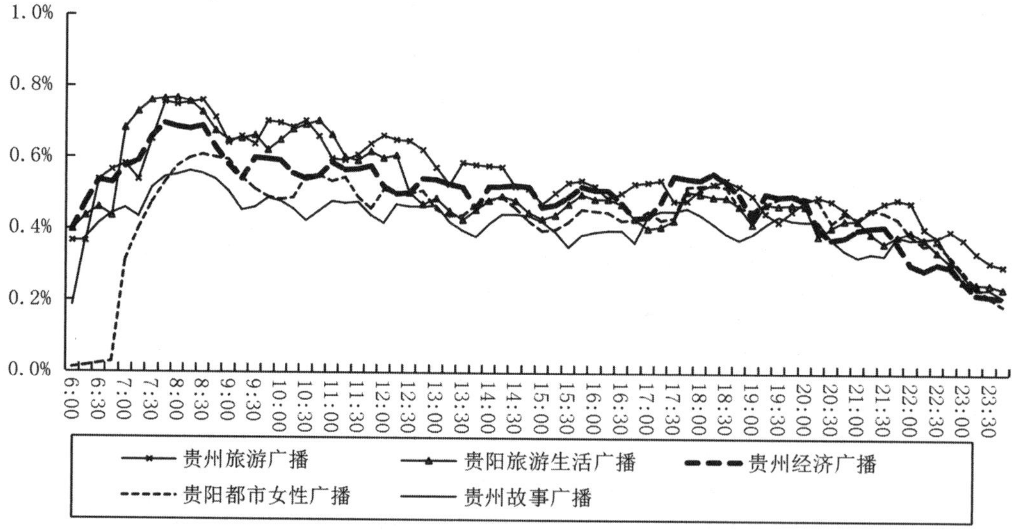

图1.25.2　贵阳地区主要电台的时段收听率-2

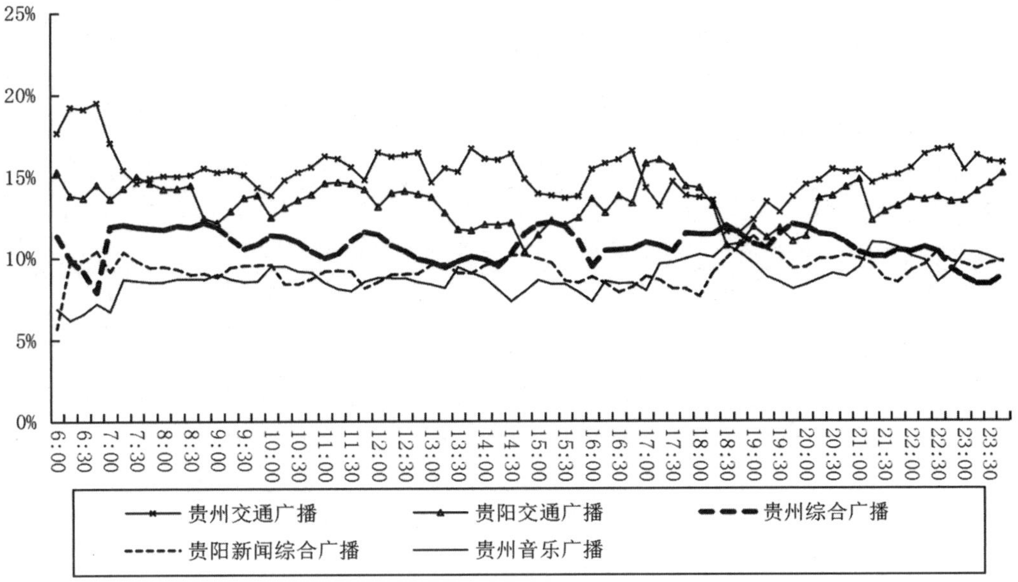

图1.25.3 贵阳地区主要电台的时段占有率-1

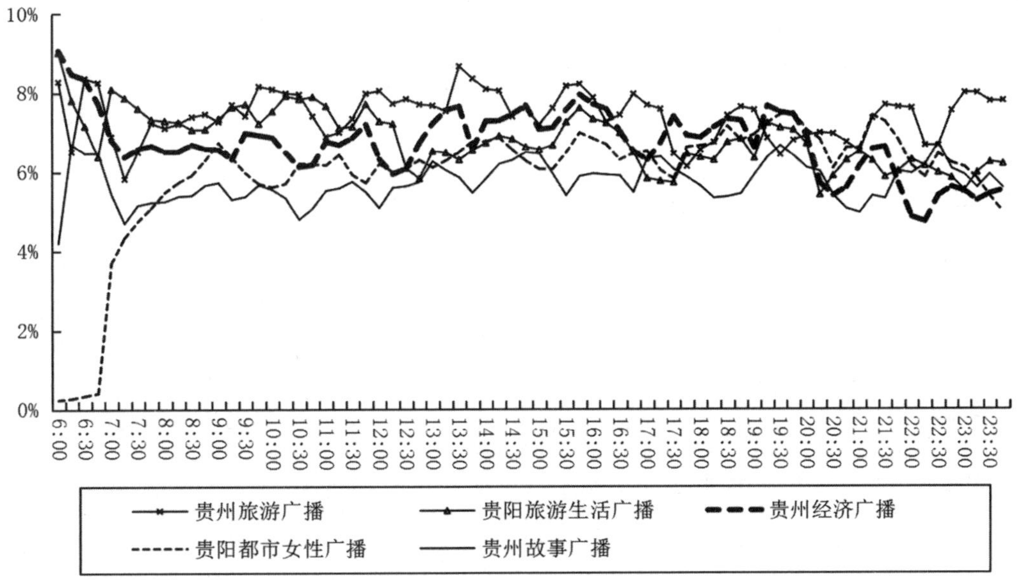

图1.25.4 贵阳地区主要电台的时段占有率-2

二十六、福州地区收听率数据

表1.26.1　福州地区主要电台频率的平均收听率和市场份额

排名	电台名称	平均收听率（%）	市场份额（%）
1	福建都市生活广播	0.88	17.8
2	福建交通广播	0.72	14.5
3	福州 876 交通之声	0.66	13.2
4	福建新闻综合广播	0.62	12.5
5	福州 893 音乐广播	0.42	8.5
6	福州新闻广播	0.41	8.2
7	福州左海之声	0.27	5.4
8	福建音乐广播	0.17	3.4
9	中央广播电视总台中国之声	0.15	3.1
10	福建经济广播	0.14	2.8

表1.26.2　福州地区主要电台频率的到达率和日到达率

排名	电台名称	到达率（%）	日到达率（%）
1	福建都市生活广播	20.6	10.7
2	福建交通广播	20.5	7.5
3	福州 876 交通之声	19.8	8.3
4	福建新闻综合广播	19.3	6.0
5	福州 893 音乐广播	13.3	6.1
6	福州新闻广播	12.3	6.0
7	中央广播电视总台中国之声	9.8	4.7
8	福州左海之声	9.3	4.4
9	福建音乐广播	8.4	3.5
10	福建文艺广播	7.6	3.0

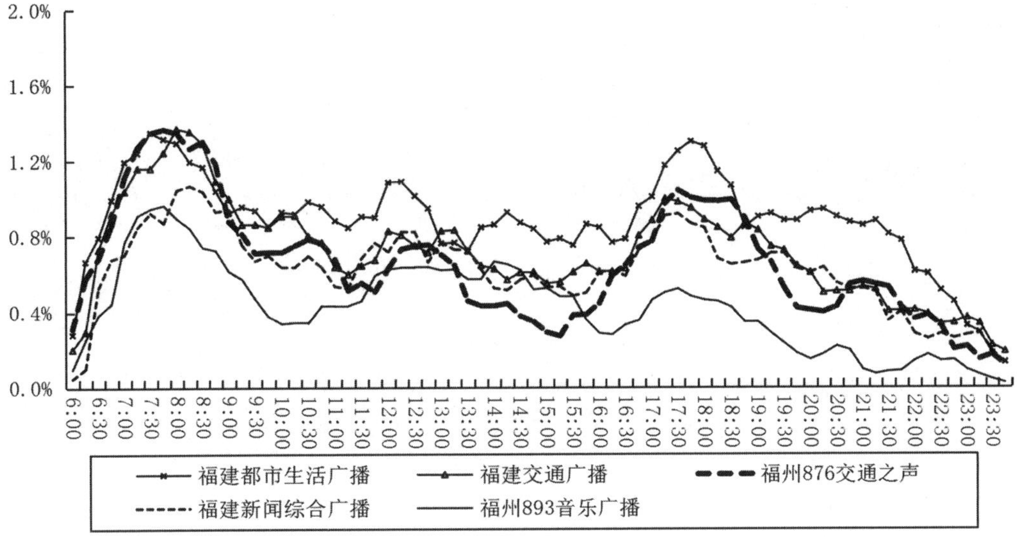

图1.26.1　福州地区主要电台的时段收听率-1

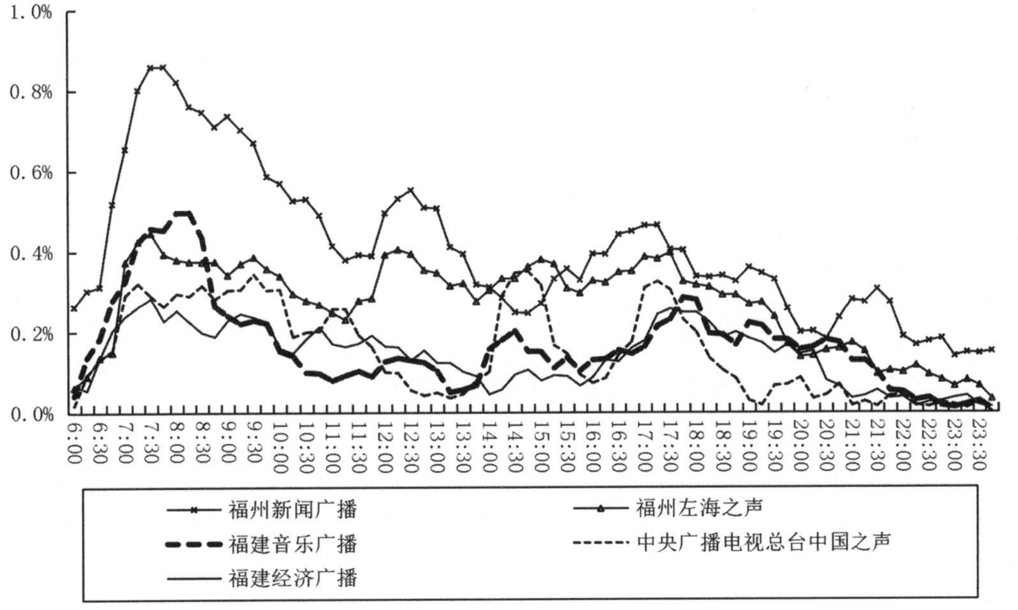

图1.26.2　福州地区主要电台的时段收听率-2

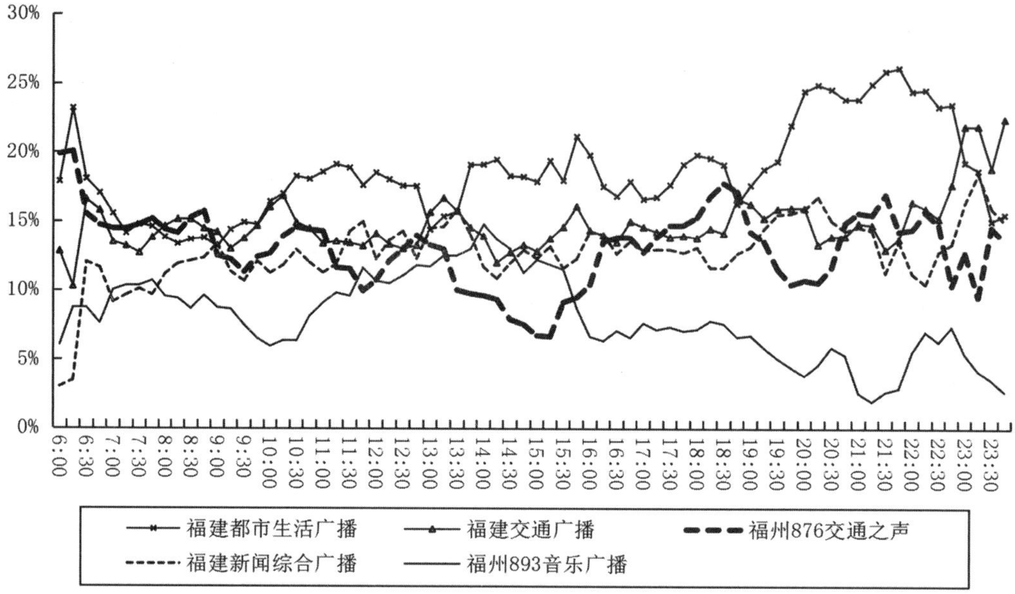

图1.26.3 福州地区主要电台的时段占有率-1

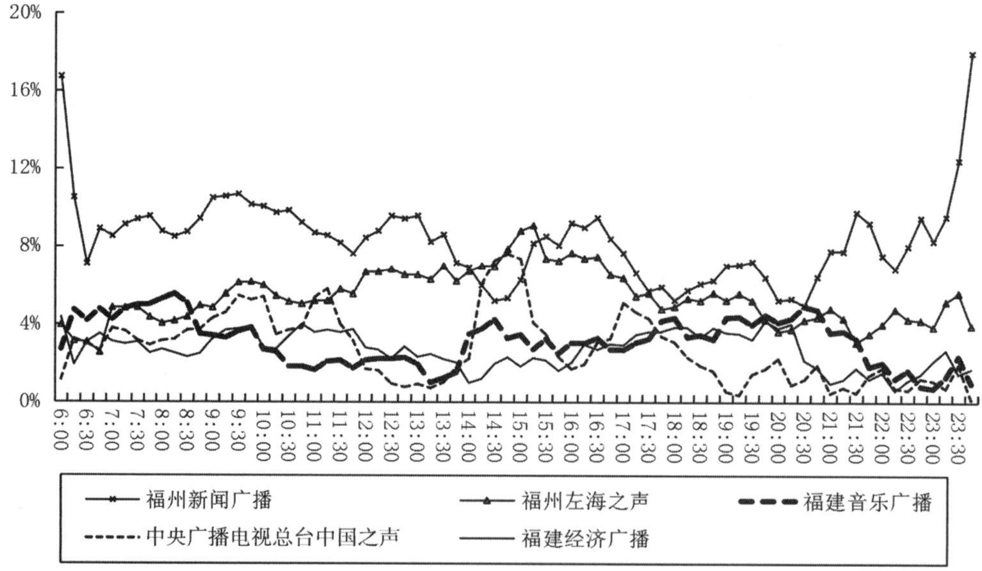

图1.26.4 福州地区主要电台的时段占有率-2

二十七、南宁地区收听率数据

表1.27.1　南宁地区主要电台频率的平均收听率和市场份额

排名	电台名称	平均收听率（%）	市场份额（%）
1	广西私家车广播	1.19	18.5
2	南宁交通音乐广播（1074 交通台）	1.03	16.0
3	南宁综合广播（990 新闻台）	0.77	11.9
4	广西文艺广播	0.74	11.4
5	广西经济广播	0.67	10.3
6	广西新闻广播	0.62	9.6
7	广西交通广播	0.53	8.2
8	南宁乡村生活广播（经典 1049）	0.49	7.6
9	广西旅游广播	0.17	2.6
10	南宁故事广播（动感 895）	0.14	2.2

表1.27.2　南宁地区主要电台频率的到达率和日到达率

排名	电台名称	到达率（%）	日到达率（%）
1	南宁综合广播（990 新闻台）	31.3	6.1
2	广西私家车广播	30.7	13.5
3	南宁交通音乐广播（1074 交通台）	28.4	14.5
4	广西经济广播	27.6	10.5
5	南宁乡村生活广播（经典 1049）	24.4	8.9
6	广西新闻广播	24.3	7.6
7	广西交通广播	20.9	8.7
8	广西文艺广播	19.5	7.1
9	广西旅游广播	12.1	2.8
10	中央广播电视总台中国之声	11.3	1.5

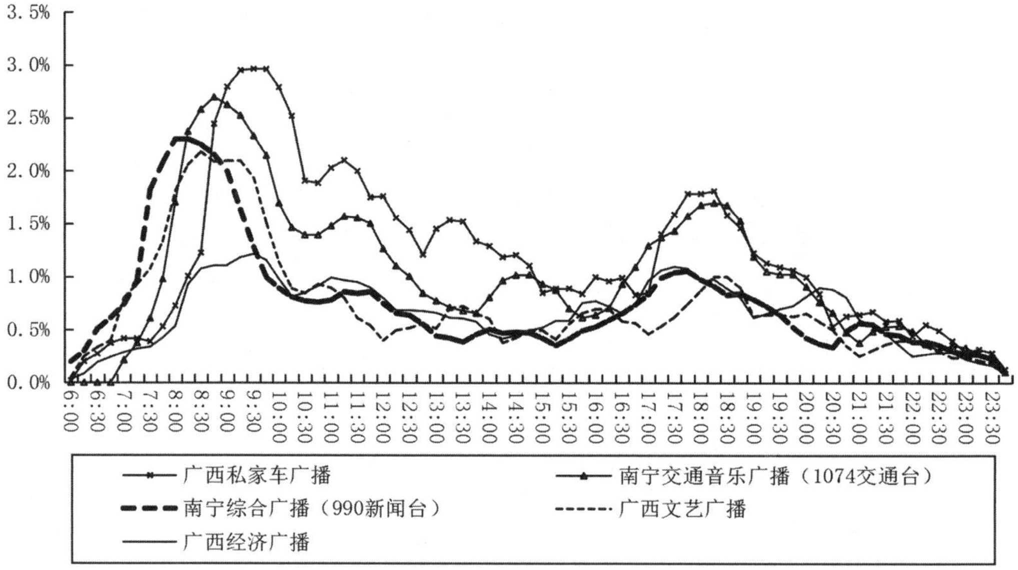

图1.27.1 南宁地区主要电台的时段收听率-1

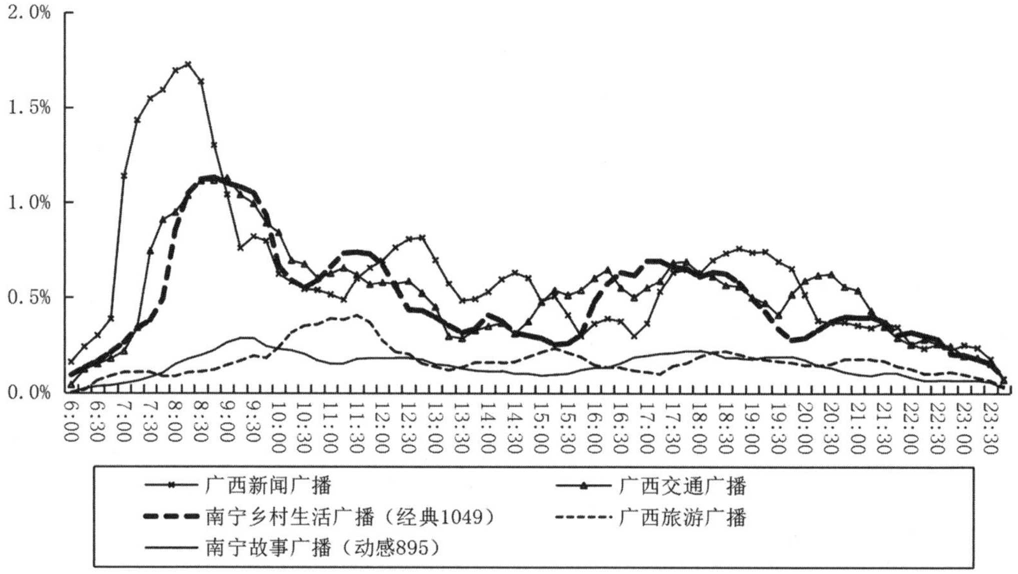

图1.27.2 南宁地区主要电台的时段收听率-2

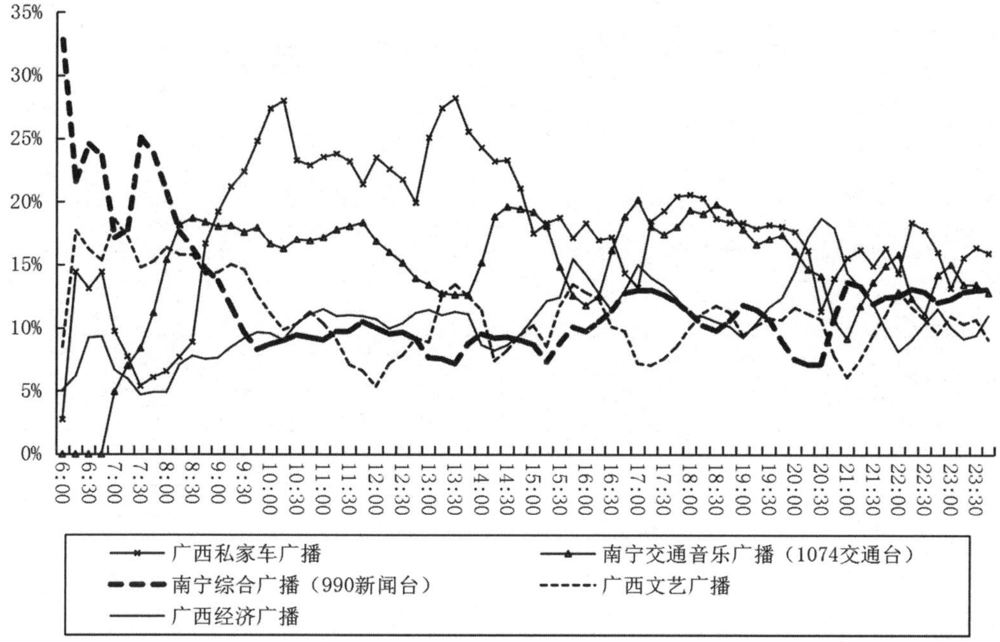

图1.27.3　南宁地区主要电台的时段占有率-1

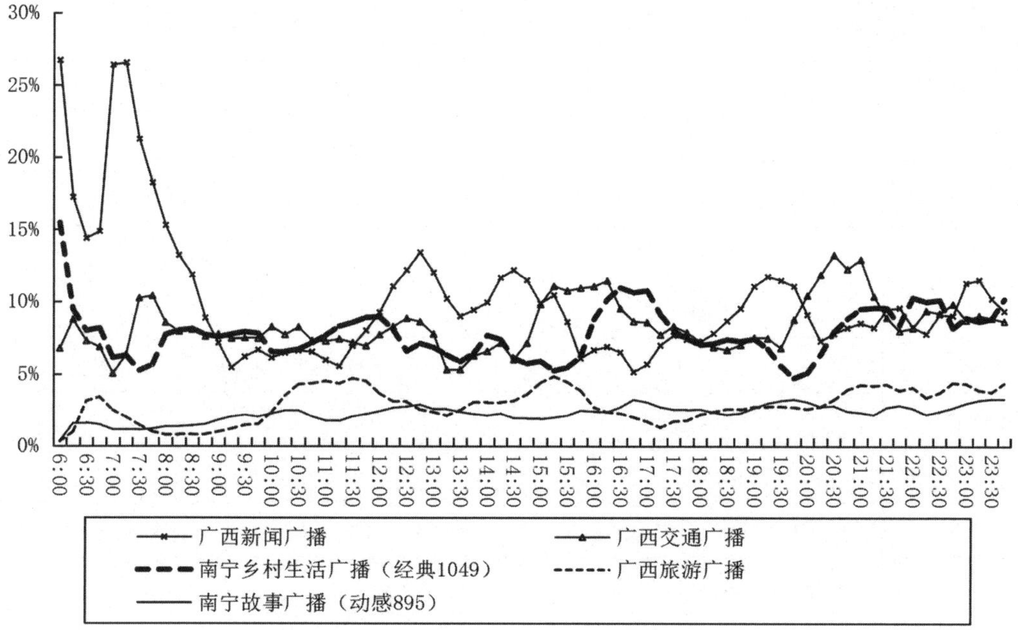

图1.27.4　南宁地区主要电台的时段占有率-2

二十八、海口地区收听率数据

表1.28.1　海口地区主要电台频率的平均收听率和市场份额

排名	电台名称	平均收听率（%）	市场份额（%）
1	海南交通广播	1.08	22.5
2	海南新闻广播	0.90	18.8
3	海南旅游广播	0.60	12.6
4	海口音乐广播	0.52	11.0
5	海口综合广播	0.41	8.6
6	海南音乐广播	0.40	8.4
7	海口旅游交通广播	0.31	6.5
8	海南民生广播	0.23	4.8
9	中央广播电视总台中国之声	0.16	3.3
10	中央广播电视总台音乐之声	0.10	2.2

表1.28.2　海口地区主要电台频率的到达率和日到达率

排名	电台名称	到达率（%）	日到达率（%）
1	海南交通广播	34.5	11.3
2	海南新闻广播	29.6	11.7
3	海口音乐广播	25.1	6.9
4	海南旅游广播	19.1	7.9
5	海口综合广播	17.2	6.2
6	海南音乐广播	16.9	7.1
7	海口旅游交通广播	11.3	4.0
8	中央广播电视总台中国之声	10.0	3.6
9	海南民生广播	9.2	4.5
10	中央广播电视总台音乐之声	7.0	2.8

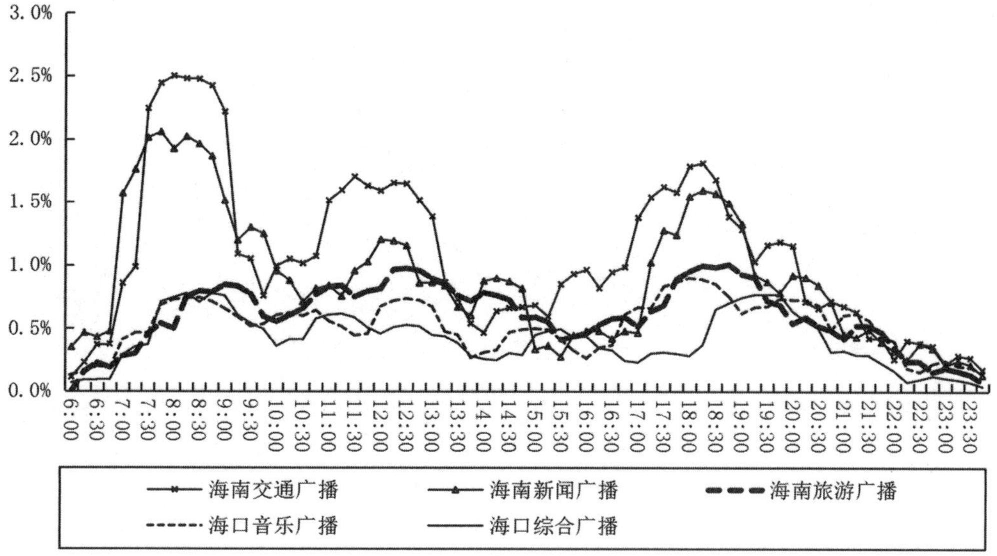

图1.28.1 海口地区主要电台的时段收听率-1

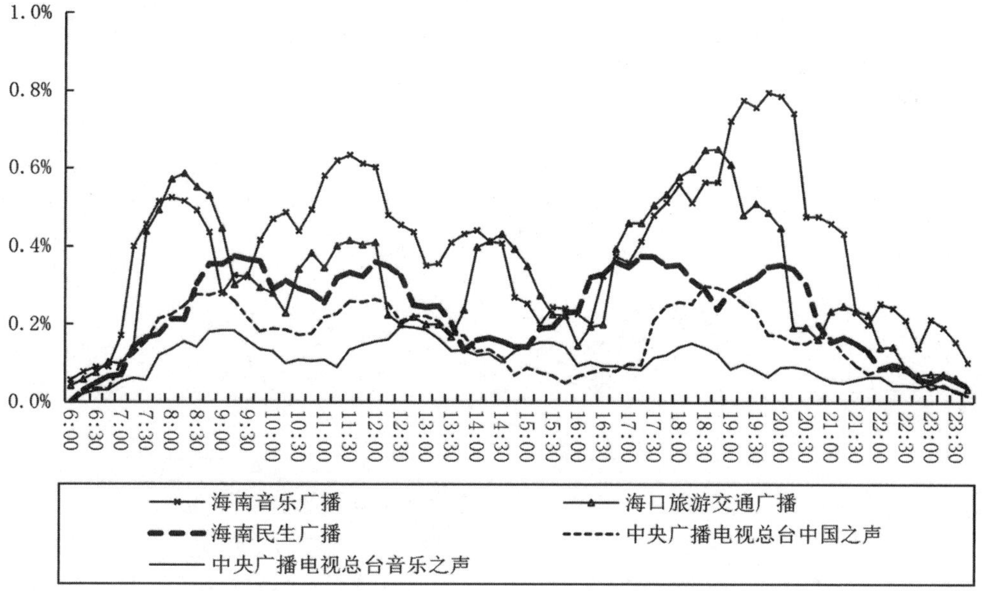

图1.28.2 海口地区主要电台的时段收听率-2

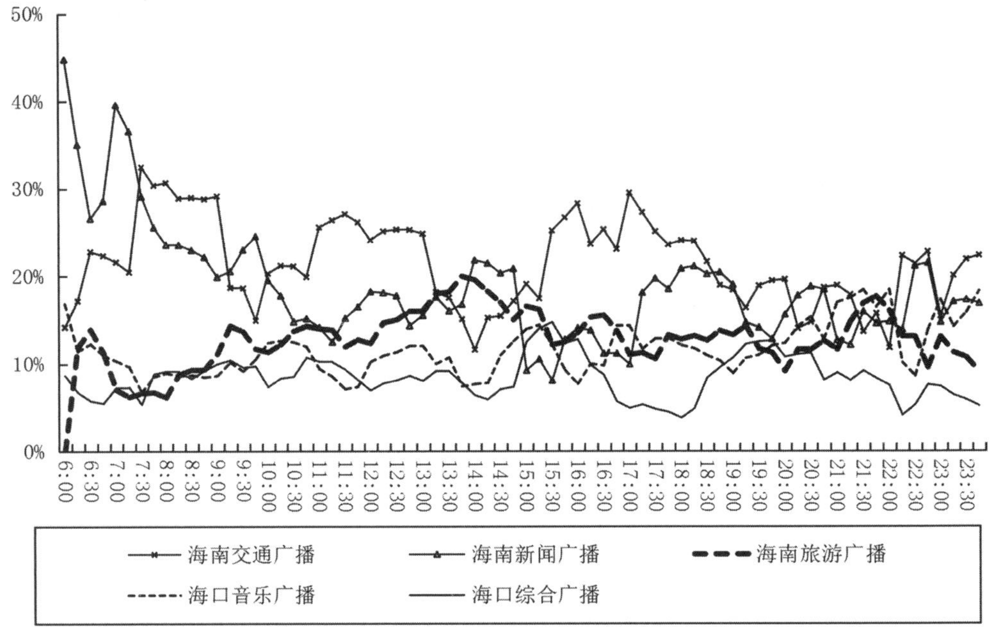

图1.28.3 海口地区主要电台的时段占有率-1

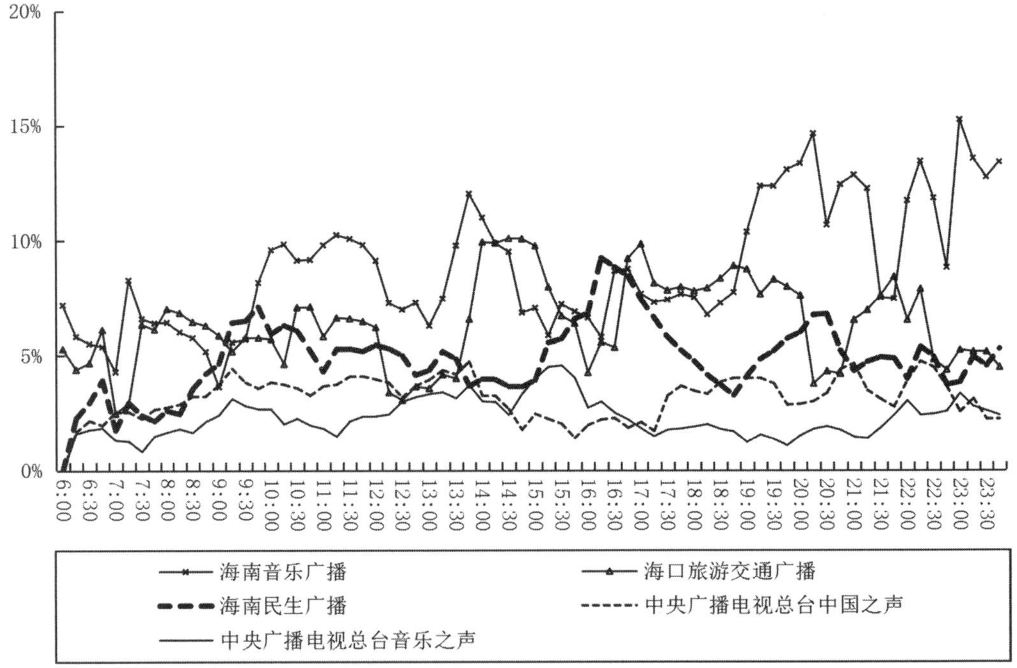

图1.28.4 海口地区主要电台的时段占有率-2

二十九、乌鲁木齐地区收听率数据

表1.29.1 乌鲁木齐地区主要电台频率的平均收听率和市场份额

排名	电台名称	平均收听率（%）	市场份额（%）
1	新疆 949 交通广播	1.42	16.6
2	乌鲁木齐广播电视台 106.5 旅游音乐广播	1.09	12.7
3	乌鲁木齐广播电视台 97.4 交通广播	1.02	11.9
4	中央广播电视总台中国之声	0.73	8.6
5	新疆广播电视台文化旅游广播	0.69	8.1
6	乌鲁木齐广播电视台 104.6 维语交通文艺广播	0.69	8.0
7	乌鲁木齐广播电视台 100.7 新闻广播	0.68	8.0
8	新疆 1028 故事广播	0.45	5.3
9	新疆音乐广播	0.45	5.2
10	昌吉音乐电台	0.23	2.7

表1.29.2 乌鲁木齐地区主要电台频率的到达率和日到达率

排名	电台名称	到达率（%）	日到达率（%）
1	新疆 949 交通广播	31.3	12.7
2	乌鲁木齐广播电视台 106.5 旅游音乐广播	29.1	11.3
3	新疆广播电视台文化旅游广播	18.4	8.6
4	乌鲁木齐广播电视台 97.4 交通广播	17.6	9.0
5	乌鲁木齐广播电视台 100.7 新闻广播	16.8	7.9
6	乌鲁木齐广播电视台 104.6 维语交通文艺广播	13.8	7.6
7	中央广播电视总台中国之声	10.5	5.3
8	新疆 1028 故事广播	9.9	5.6
9	新疆音乐广播	8.2	4.4
10	米东新闻音乐广播	7.2	1.9

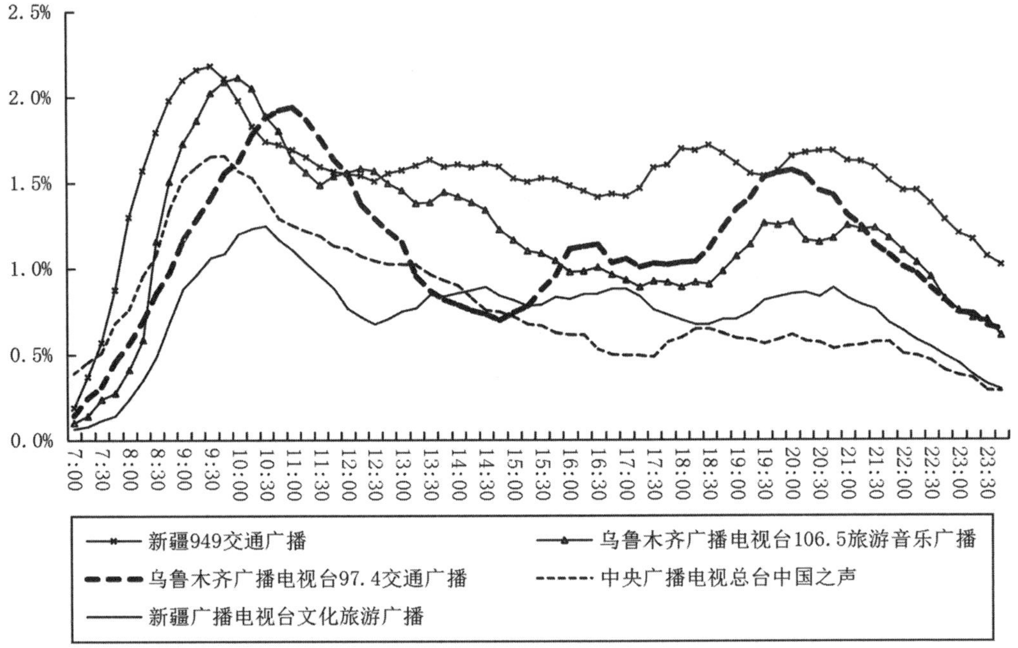

图1.29.1　乌鲁木齐地区主要电台的时段收听率-1

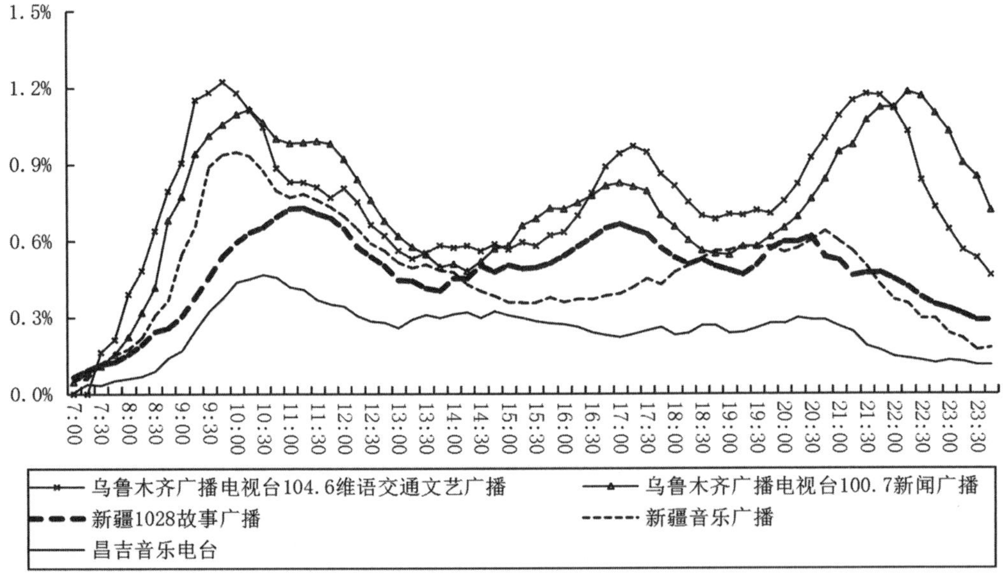

图1.29.2　乌鲁木齐地区主要电台的时段收听率-2

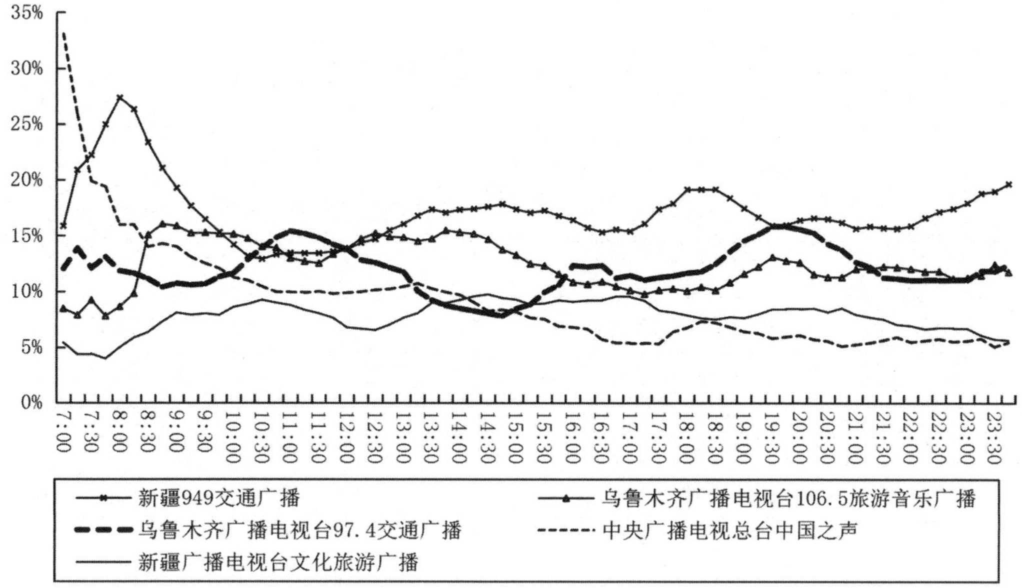

图1.29.3 乌鲁木齐地区主要电台的时段占有率-1

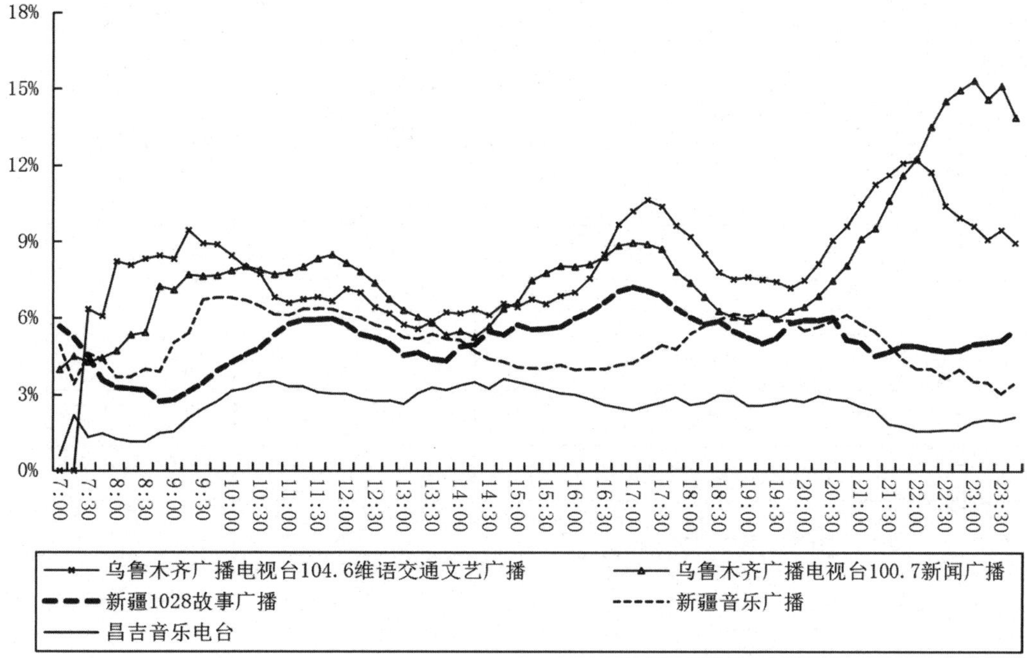

图1.29.4 乌鲁木齐地区主要电台的时段占有率-2

三十、厦门地区收听率数据

表1.30.1　厦门地区主要电台频率的平均收听率和市场份额

排名	电台名称	平均收听率（%）	市场份额（%）
1	厦门音乐广播	1.50	22.9
2	厦门经济交通广播	1.45	22.0
3	厦门综合广播	1.36	20.7
4	厦门闽南之声广播	0.61	9.2
5	厦门旅游广播	0.56	8.5
6	福建新闻综合广播	0.34	5.2
7	中央广播电视总台中国之声	0.28	4.2
8	福建经济广播	0.10	1.5
9	中央广播电视总台经济之声	0.10	1.4
10	海峡之声综合广播	0.09	1.3

表1.30.2　厦门地区主要电台频率的到达率和日到达率

排名	电台名称	到达率（%）	日到达率（%）
1	厦门音乐广播	42.1	19.8
2	厦门经济交通广播	32.4	19.1
3	厦门综合广播	29.8	17.8
4	厦门闽南之声广播	21.9	11.8
5	厦门旅游广播	14.1	8.1
6	福建新闻综合广播	10.3	4.7
7	中央广播电视总台中国之声	7.5	4.0
8	福建经济广播	6.7	2.3
9	福建交通广播	6.3	1.9
10	中央广播电视总台经济之声	4.4	1.8

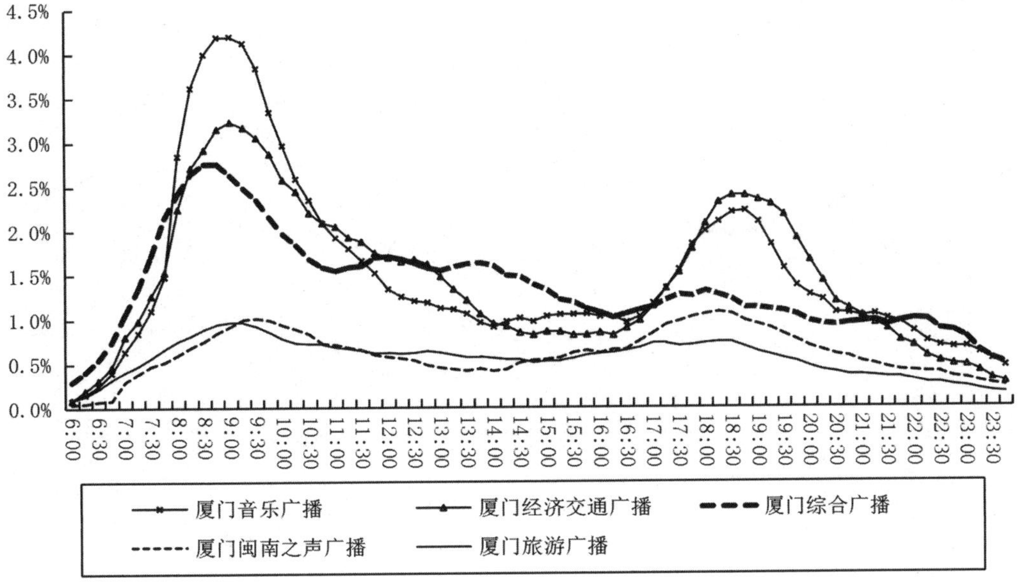

图1.30.1 厦门地区主要电台的时段收听率-1

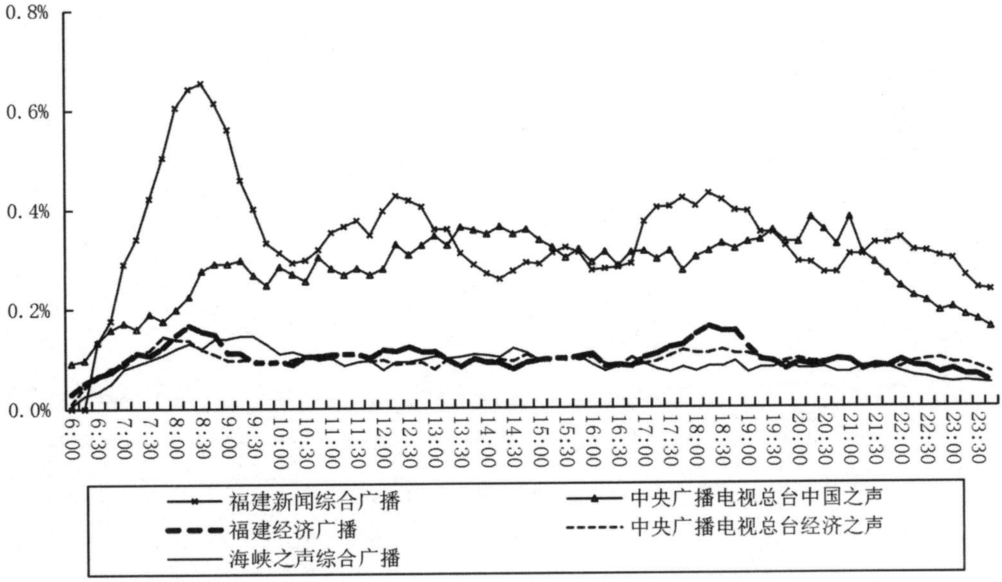

图1.30.2 厦门地区主要电台的时段收听率-2

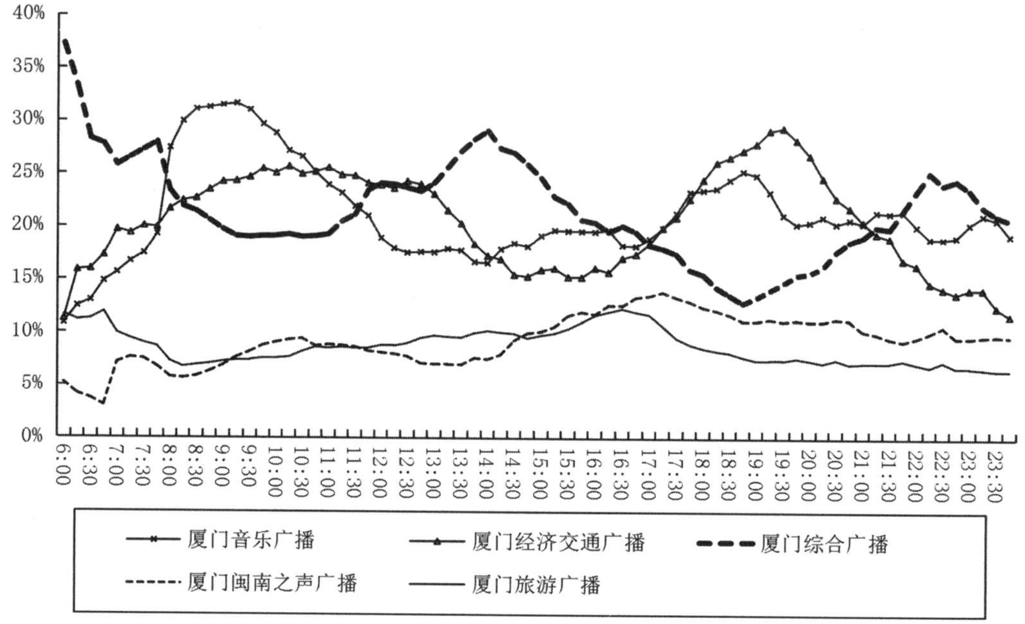

图1.30.3 厦门地区主要电台的时段占有率-1

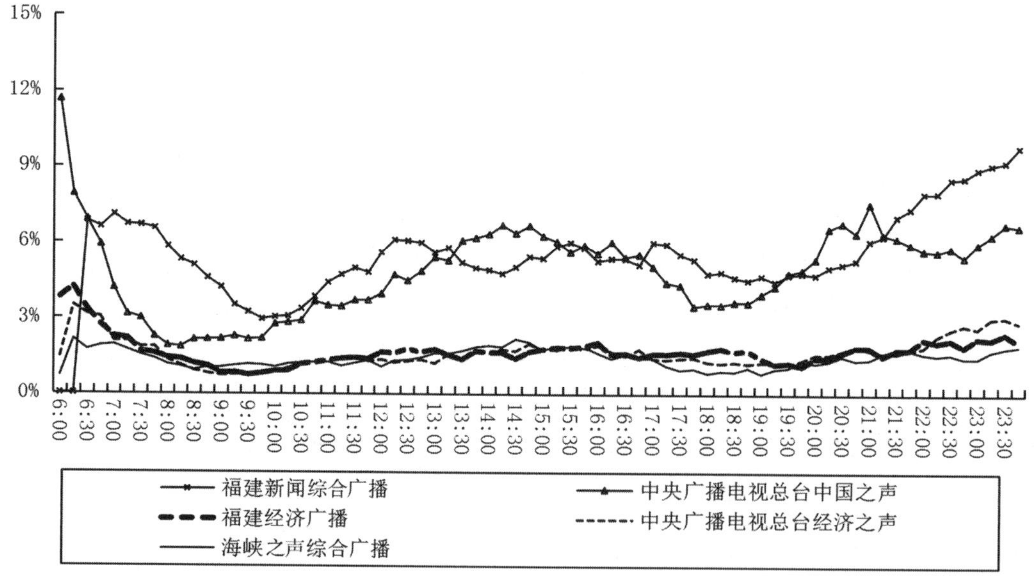

图1.30.4 厦门地区主要电台的时段占有率-2

三十一、青岛地区收听率数据

表1.31.1　青岛地区主要电台频率的平均收听率和市场份额

排名	电台名称	平均收听率（%）	市场份额（%）
1	青岛交通广播	1.45	20.35
2	青岛新闻综合广播	0.95	13.38
3	青岛经济广播	0.79	11.09
4	青岛音乐体育广播	0.78	10.90
5	青岛故事广播	0.50	7.04
6	青岛文艺广播	0.36	4.98
7	山东广播电视台音乐广播	0.30	4.26
8	中央广播电视总台中国之声	0.25	3.53
9	青岛经济广播长书频率	0.25	3.45
10	山东广播电视台交通广播	0.23	3.23

表1.31.2　青岛地区主要电台频率的到达率和日到达率

排名	电台名称	到达率（%）	日到达率（%）
1	青岛交通广播	36.7	16.6
2	青岛新闻综合广播	34.6	12.2
3	青岛音乐体育广播	19.8	12.2
4	青岛故事广播	16.2	8.5
5	山东广播电视台音乐广播	13.7	7.0
6	青岛文艺广播	12.8	6.2
7	青岛经济广播	12.2	7.4
8	山东广播电视台经典音乐广播	11.9	2.9
9	青岛经济广播长书频率	10.2	3.8
10	中央广播电视总台中国之声	9.3	5.1

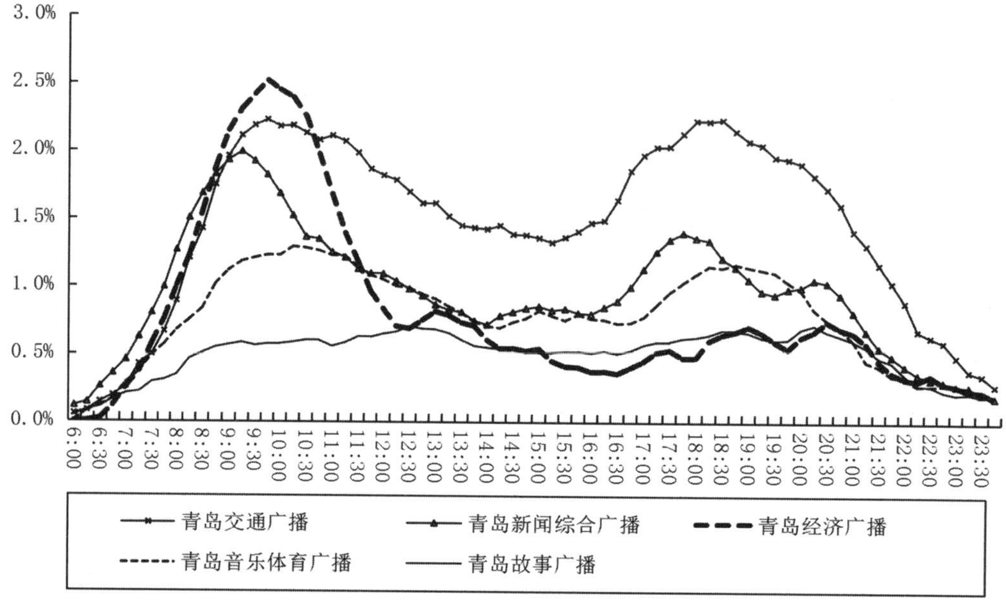

图1.31.1 青岛地区主要电台的时段收听率-1

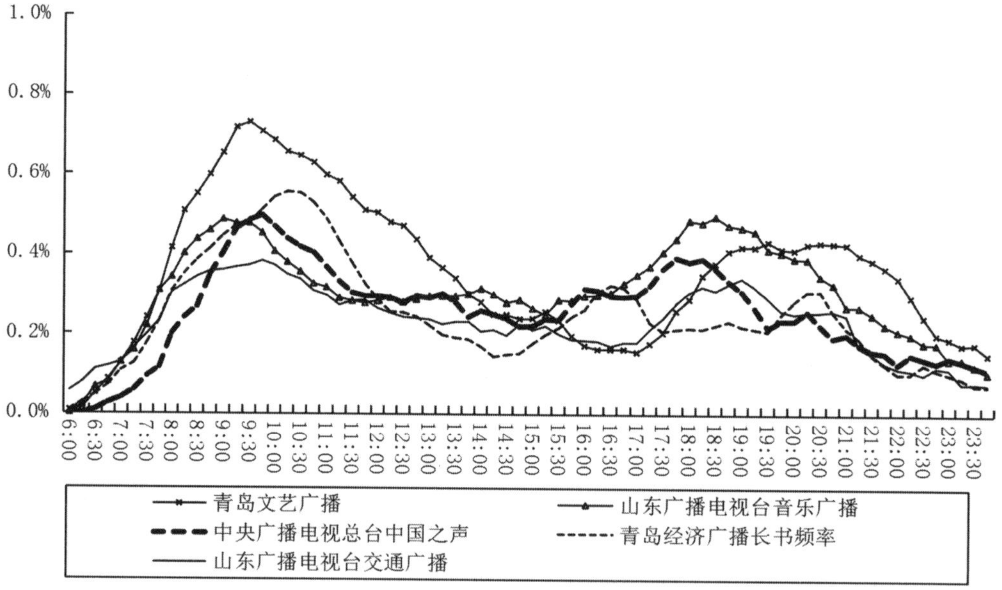

图1.31.2 青岛地区主要电台的时段收听率-2

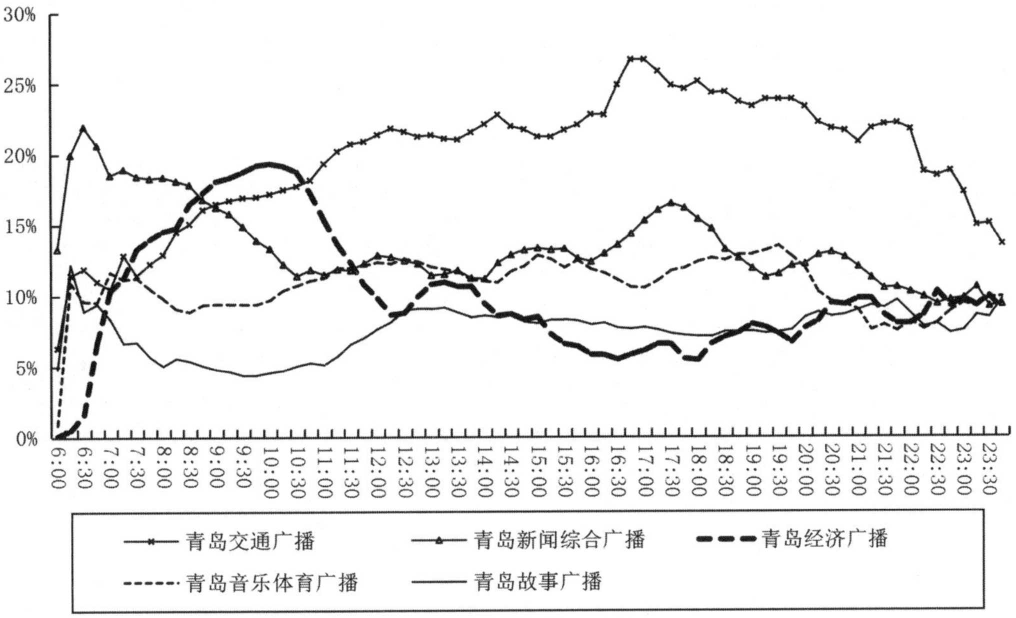

图1.31.3 青岛地区主要电台的时段占有率-1

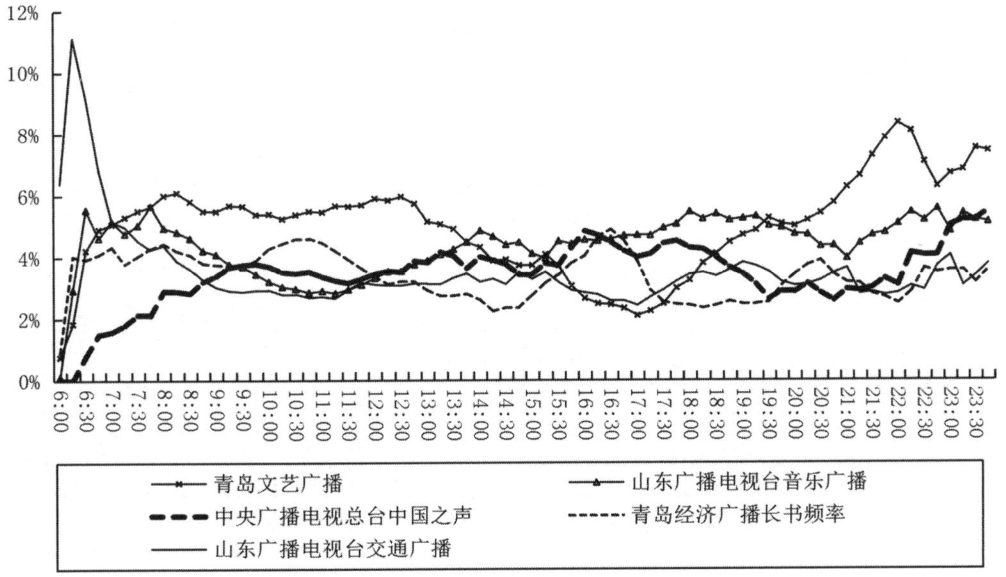

图1.31.4 青岛地区主要电台的时段占有率-2

三十二、珠海地区收听率数据

表1.32.1 珠海地区主要电台频率的平均收听率和市场份额

排名	电台名称	平均收听率（%）	市场份额（%）
1	珠海人民广播电台环保经济广播	2.20	34.2
2	珠海人民广播电台综合广播	1.57	24.4
3	珠海人民广播电台百岛之声	1.06	16.6
4	广东广播电视台音乐之声	0.39	6.0
5	中央广播电视总台中国之声	0.18	2.7
6	广东新闻广播	0.15	2.4
7	中央广播电视总台粤港澳大湾区之声	0.13	2.0
8	广东广播电视台城市之声	0.12	1.9
9	中央广播电视总台音乐之声	0.11	1.7
10	广东广播电视台南粤之声	0.10	1.5

表1.32.2 珠海地区主要电台频率的到达率和日到达率

排名	电台名称	到达率（%）	日到达率（%）
1	珠海人民广播电台环保经济广播	39.3	12.1
2	珠海人民广播电台综合广播	36.8	10.5
3	广东广播电视台音乐之声	21.4	3.2
4	中央广播电视总台中国之声	20.5	2.5
5	珠海人民广播电台百岛之声	19.7	4.2
6	广东新闻广播	17.7	2.1
7	中央广播电视总台音乐之声	17.4	2.0
8	广东广播电视台城市之声	14.9	1.3
9	广东广播电视台交通之声	12.1	0.9
10	广东广播电视台珠江经济台	11.0	0.8

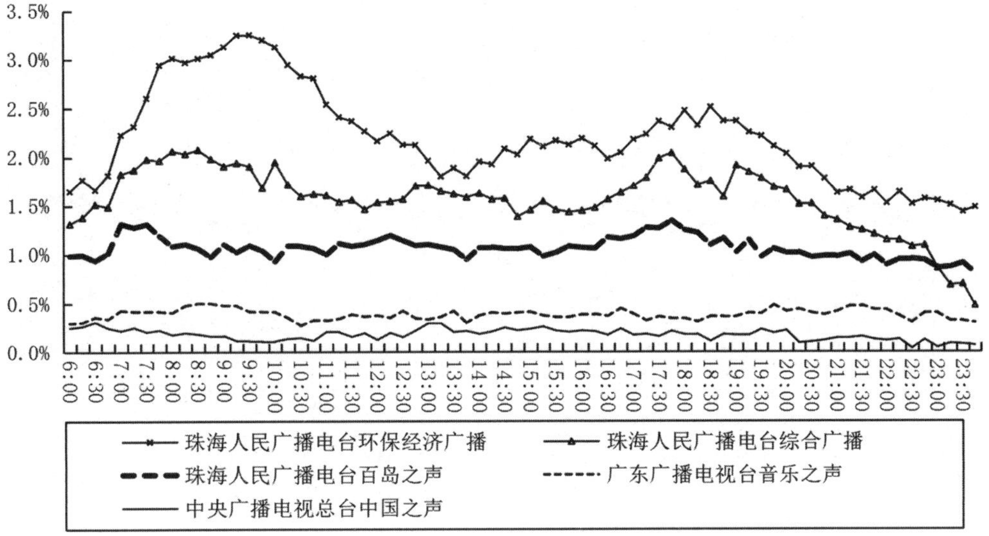

图1.32.1　珠海地区主要电台的时段收听率-1

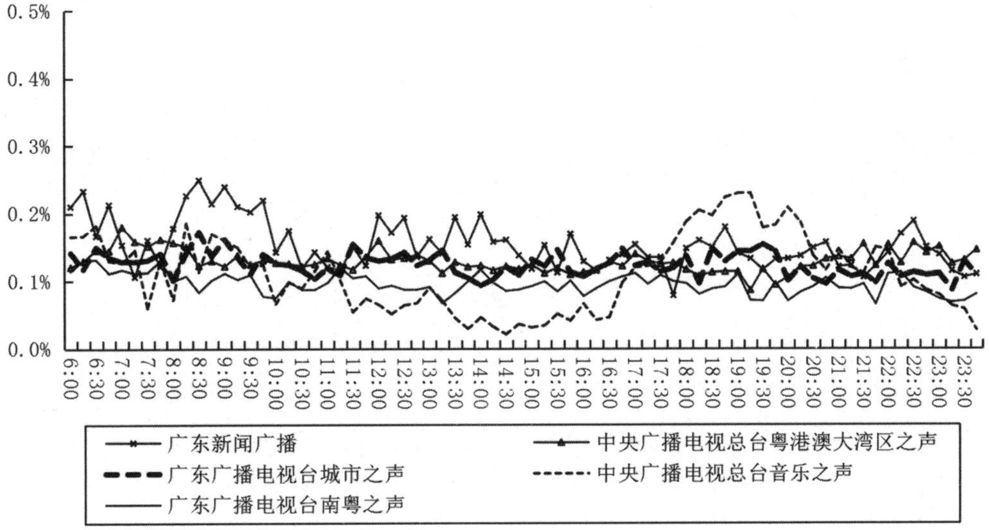

图1.32.2　珠海地区主要电台的时段收听率-2

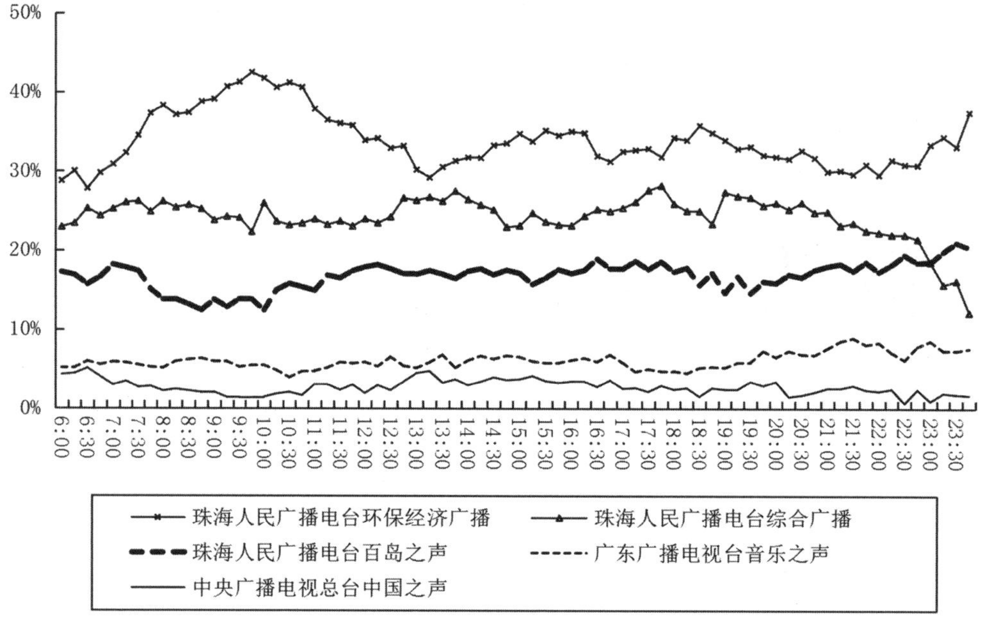

图1.32.3　珠海地区主要电台的时段占有率-1

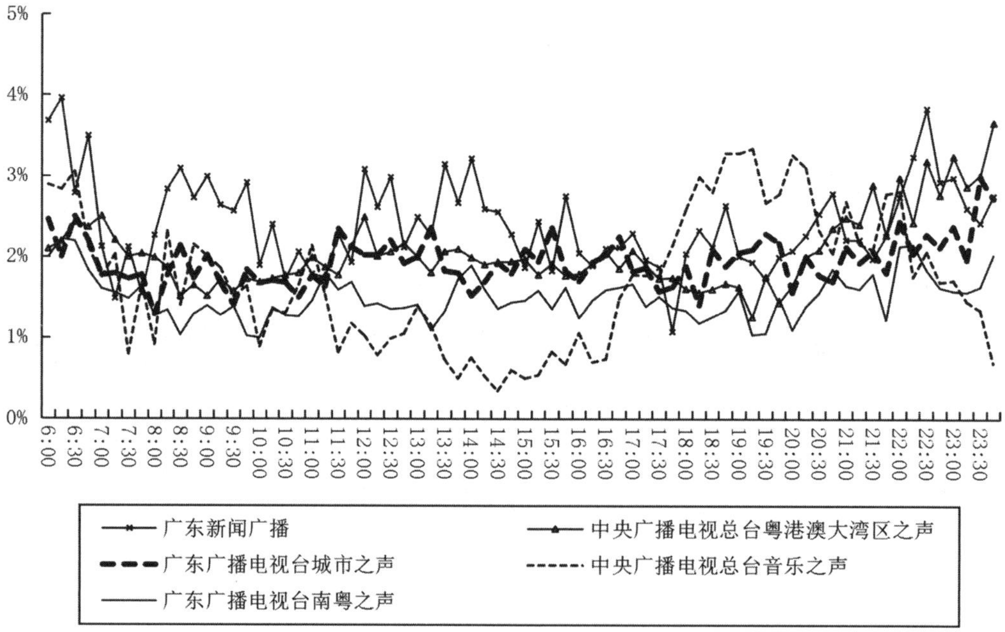

图1.32.4　珠海地区主要电台的时段占有率-2

三十三、邯郸地区收听率数据

表1.33.1 邯郸地区主要电台频率的平均收听率和市场份额

排名	电台名称	平均收听率（%）	市场份额（%）
1	邯郸新闻综合广播	1.03	19.3
2	邯郸交通音乐广播	0.92	17.3
3	邯郸戏曲曲艺广播	0.86	16.1
4	邯郸经济文艺广播	0.70	13.2
5	中央广播电视总台中国之声	0.69	12.9
6	河北交通广播	0.36	6.7
7	河北新闻广播	0.23	4.3
8	武安旅游音乐广播	0.18	3.4
9	中央广播电视总台经济之声	0.16	3.0
10	中央广播电视总台音乐之声	0.06	1.1

表1.33.2 邯郸地区主要电台频率的到达率和日到达率

排名	电台名称	到达率（%）	日到达率（%）
1	邯郸新闻综合广播	25.0	8.4
2	邯郸戏曲曲艺广播	22.1	10.0
3	邯郸交通音乐广播	20.4	8.5
4	邯郸经济文艺广播	20.1	7.7
5	中央广播电视总台中国之声	16.9	9.5
6	河北交通广播	10.8	6.6
7	武安旅游音乐广播	8.7	4.9
8	中央广播电视总台经济之声	7.4	4.5
9	河北新闻广播	5.5	4.2
10	中央广播电视总台音乐之声	4.6	2.0

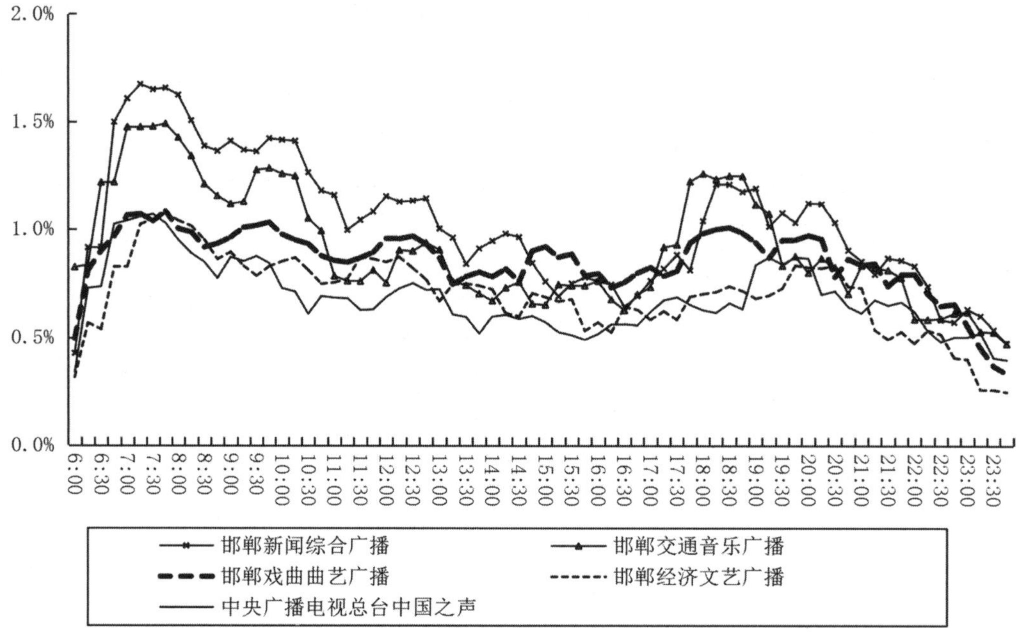

图1.33.1 邯郸地区主要电台的时段收听率-1

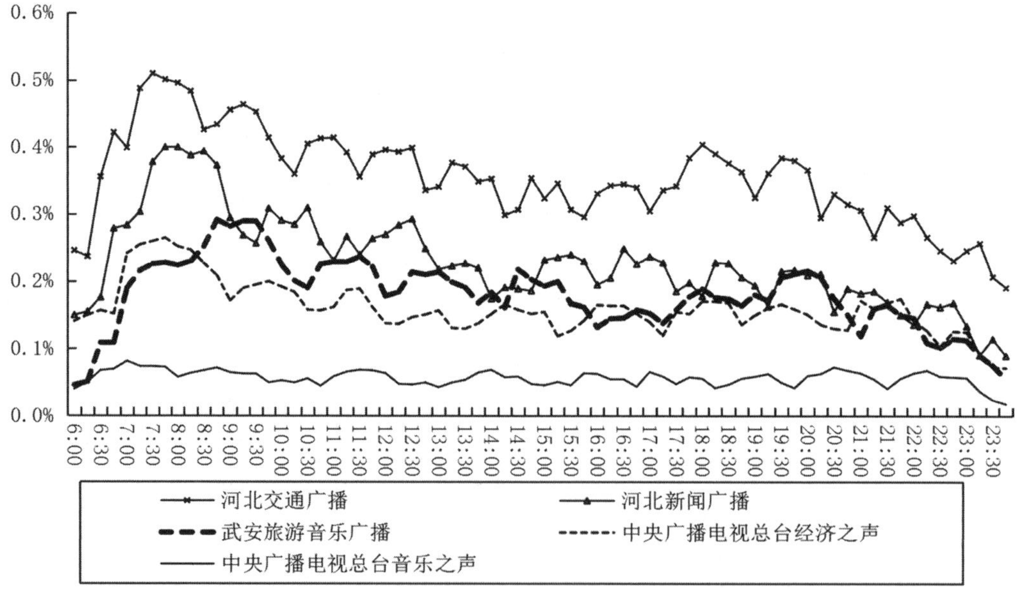

图1.33.2 邯郸地区主要电台的时段收听率-2

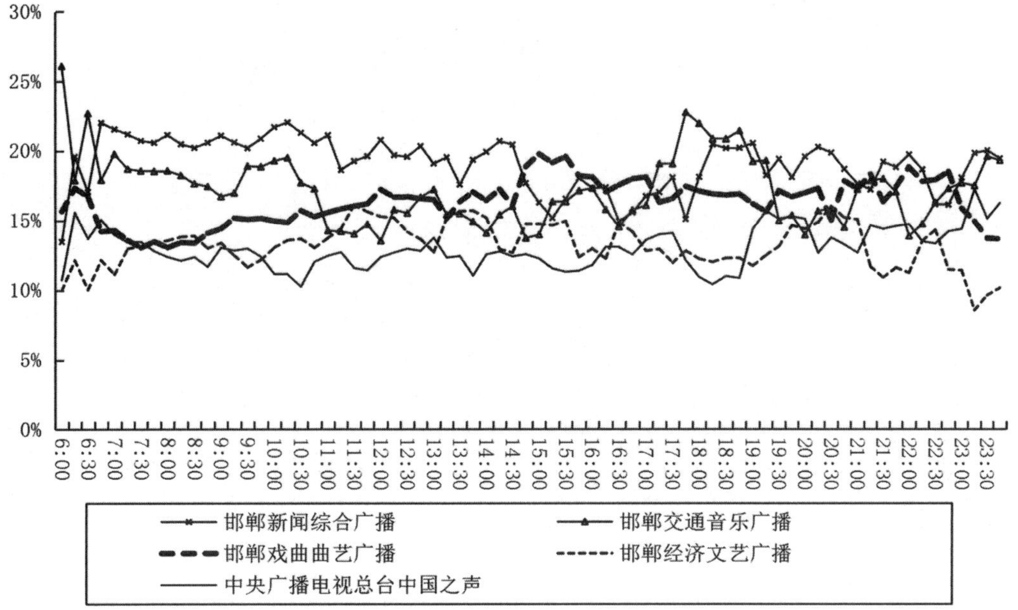

图1.33.3 邯郸地区主要电台的时段占有率-1

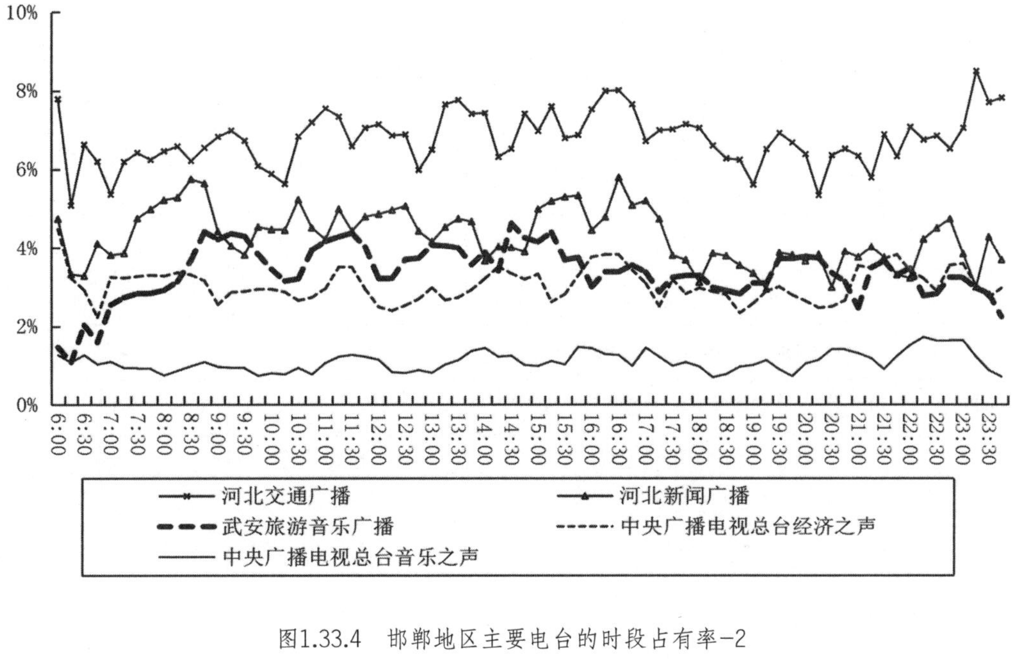

图1.33.4 邯郸地区主要电台的时段占有率-2

三十四、聊城地区收听率数据

表1.34.1　聊城地区主要电台频率的平均收听率和市场份额

排名	电台名称	平均收听率（%）	市场份额（%）
1	聊城交通广播	1.21	21.1
2	聊城综合广播	1.12	19.5
3	聊城经济广播	0.60	10.4
4	山东广播电视台交通广播	0.45	7.9
5	中央广播电视总台中国之声	0.42	7.3
6	山东广播电视台综合广播	0.36	6.3
7	山东广播电视台音乐广播	0.31	5.3
8	山东广播电视台经济广播	0.24	4.1
9	山东广播电视台经典音乐广播	0.22	3.9
10	山东广播电视台文艺广播	0.19	3.3

表1.34.2　聊城地区主要电台频率的到达率和日到达率

排名	电台名称	到达率（%）	日到达率（%）
1	聊城综合广播	33.4	13.8
2	聊城交通广播	28.5	9.5
3	聊城经济广播	19.8	8.4
4	山东广播电视台交通广播	16.0	6.8
5	中央广播电视总台中国之声	15.1	6.6
6	山东广播电视台综合广播	11.5	5.1
7	山东广播电视台文艺广播	10.1	4.1
8	山东广播电视台音乐广播	9.3	3.9
9	山东广播电视台经济广播	8.8	3.8
10	山东广播电视台乡村广播	8.6	3.7

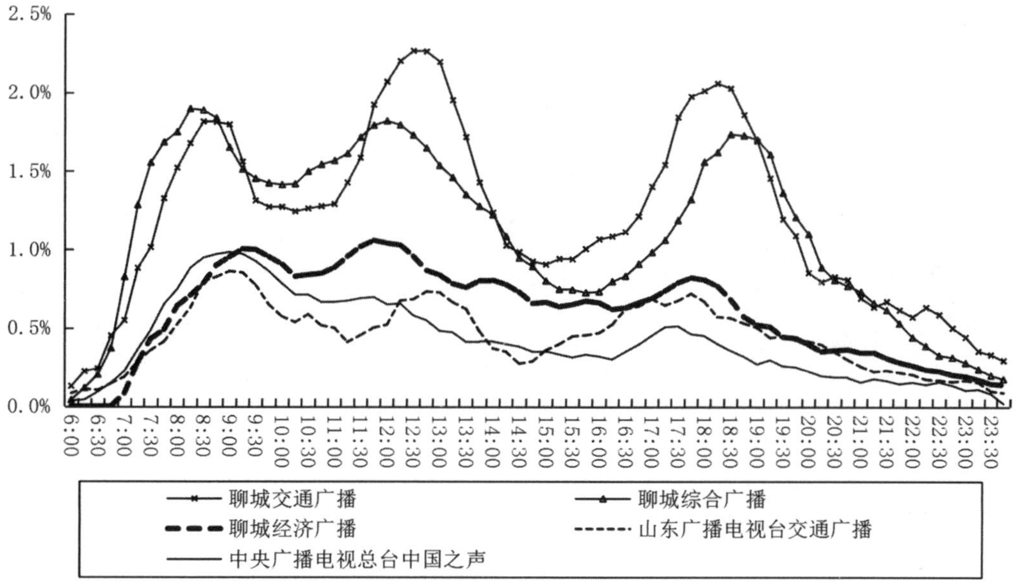

图1.34.1 聊城地区主要电台的时段收听率-1

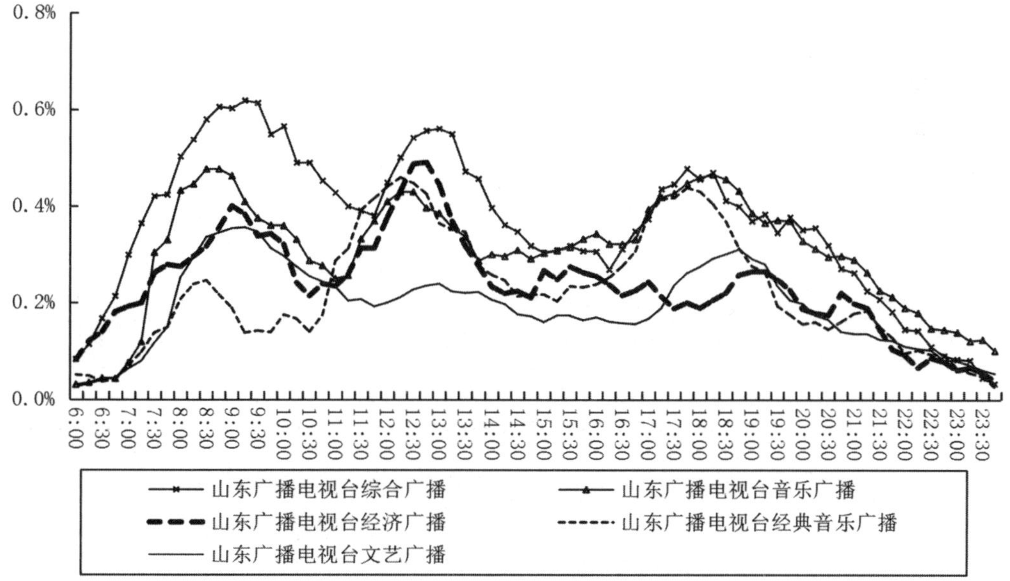

图1.34.2 聊城地区主要电台的时段收听率-2

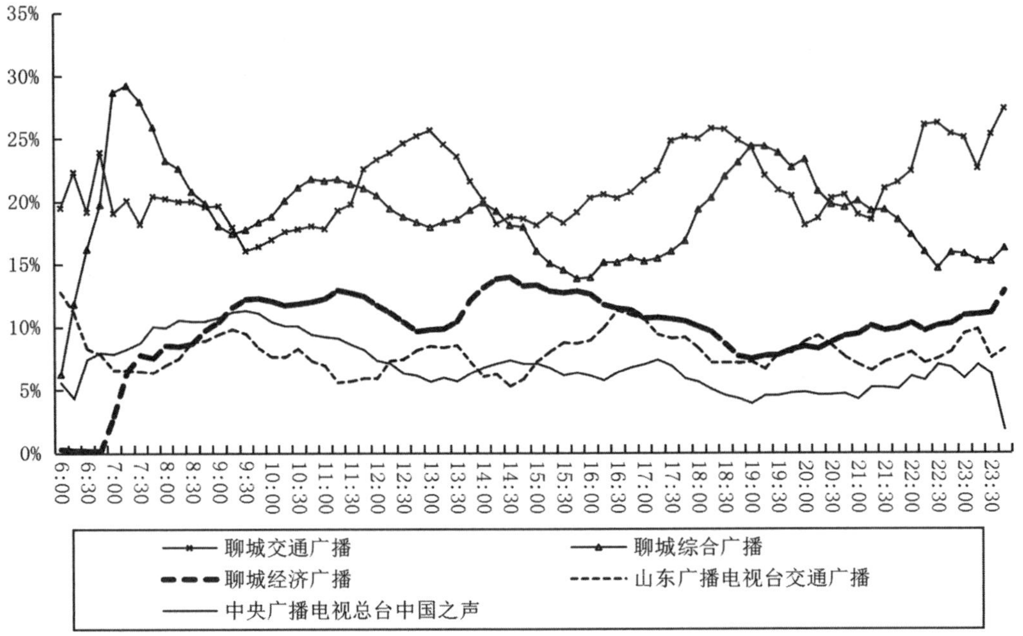

图1.34.3　聊城地区主要电台的时段占有率-1

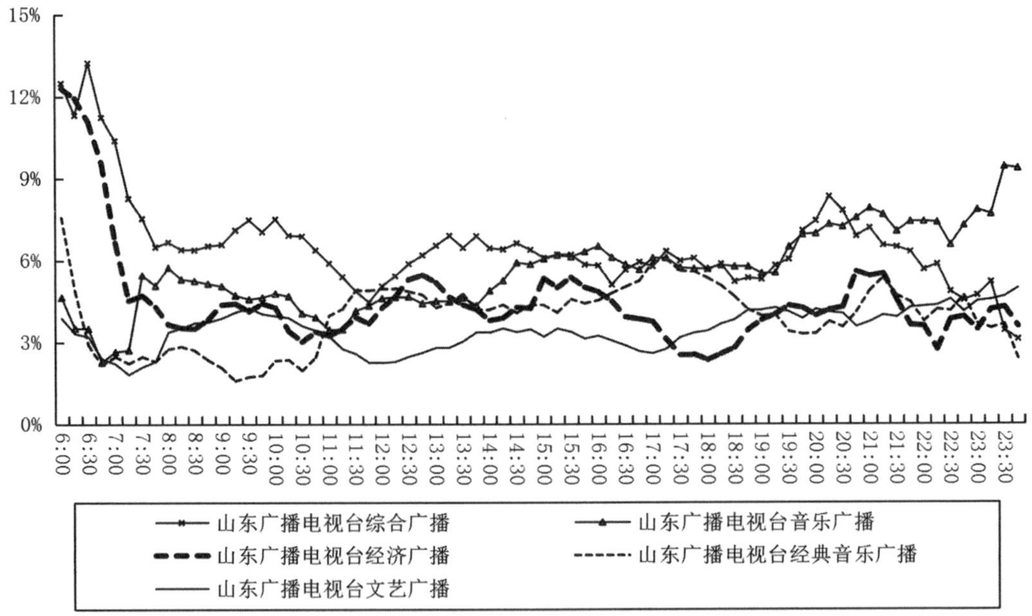

图1.34.4　聊城地区主要电台的时段占有率-2

三十五、日照地区收听率数据

表1.35.1　日照地区主要电台频率的平均收听率和市场份额

排名	电台名称	平均收听率（%）	市场份额（%）
1	日照交通生活广播	1.78	28.6
2	日照综合广播	1.68	27.1
3	日照音乐广播	1.38	22.1
4	山东广播电视台综合广播	0.48	7.7
5	山东广播电视台经典音乐广播	0.44	7.1
6	中央广播电视总台中国之声	0.32	5.1
7	山东广播电视台文艺广播	0.07	1.1

表1.35.2　日照地区主要电台频率的到达率和日到达率

排名	电台名称	到达率（%）	日到达率（%）
1	日照交通生活广播	37.0	20.9
2	日照综合广播	34.4	19.2
3	日照音乐广播	29.2	16.6
4	山东广播电视台经典音乐广播	14.8	6.4
5	山东广播电视台综合广播	13.3	7.4
6	中央广播电视总台中国之声	10.3	5.0
7	山东广播电视台文艺广播	4.6	1.9

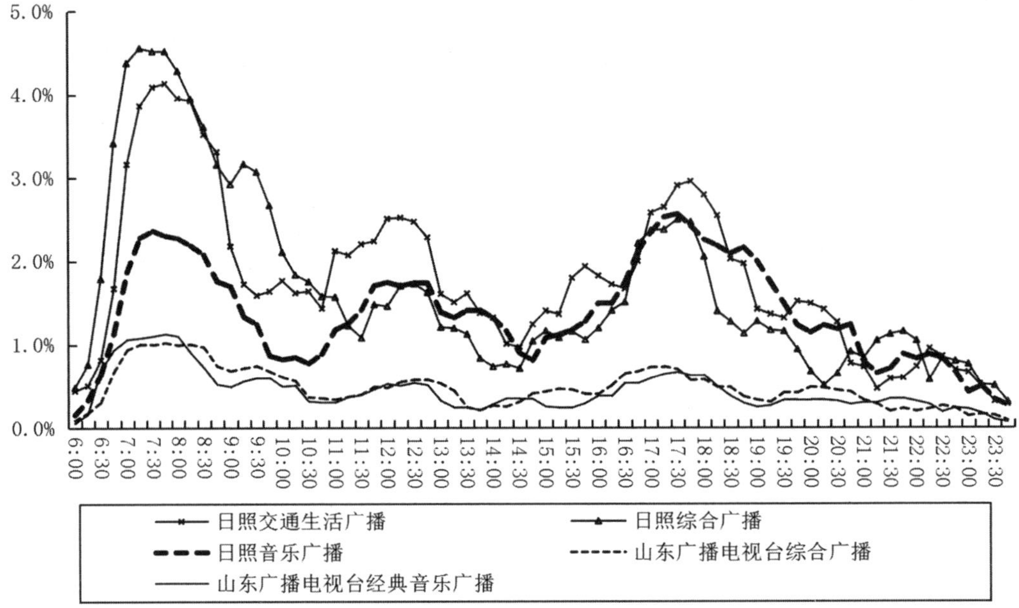

图1.35.1 日照地区主要电台的时段收听率-1

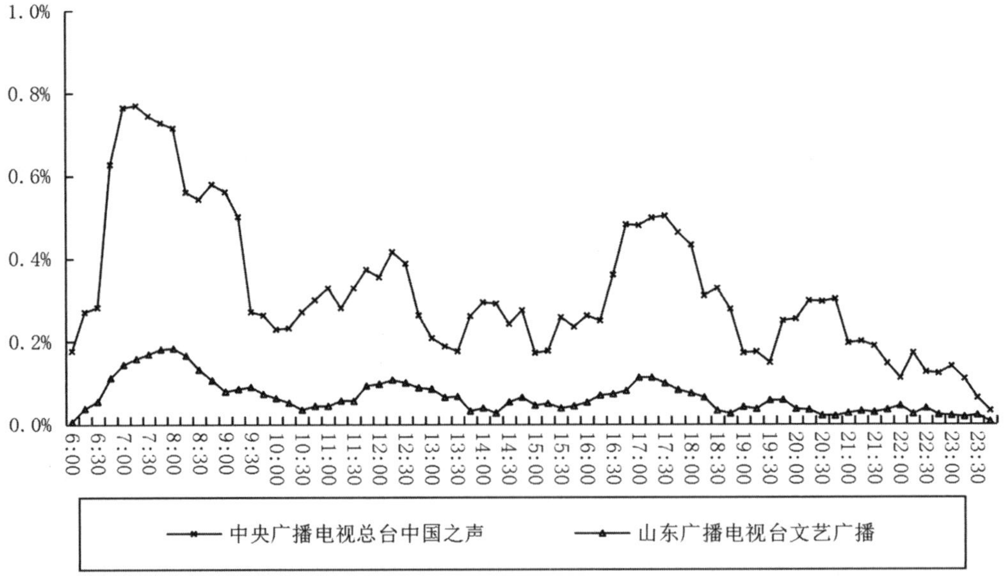

图1.35.2 日照地区主要电台的时段收听率-2

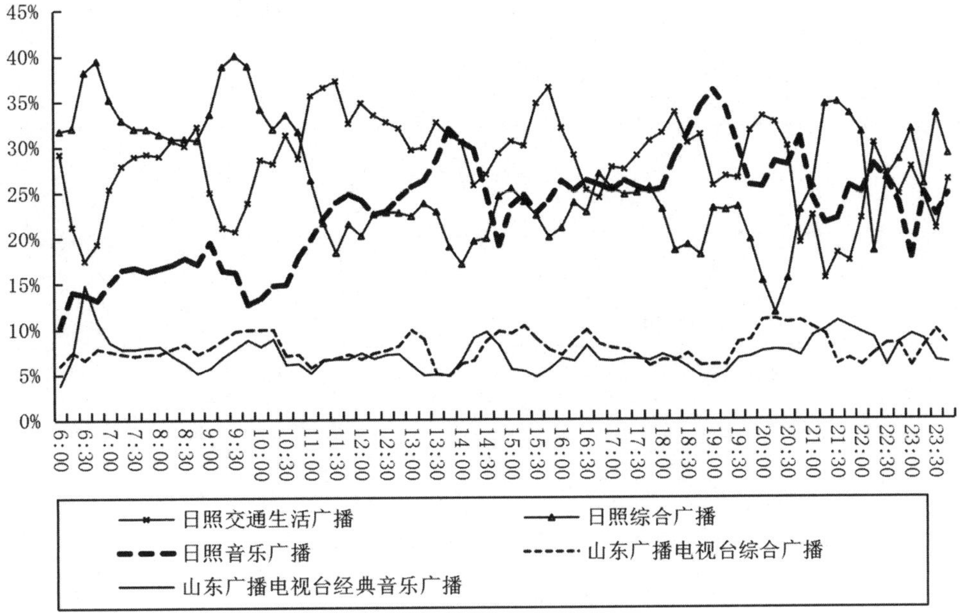

图1.35.3　日照地区主要电台的时段占有率-1

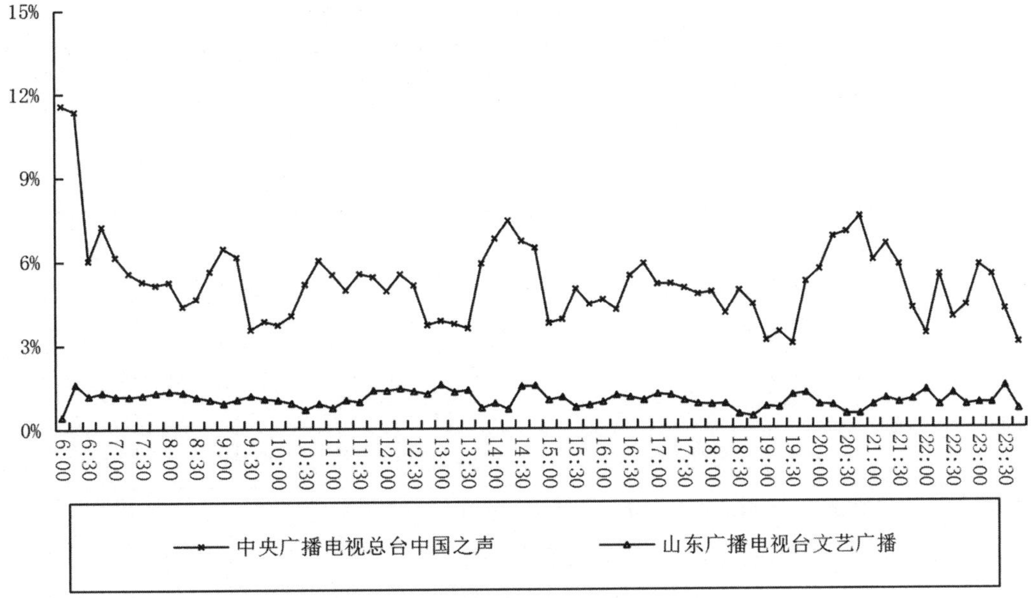

图1.35.4　日照地区主要电台的时段占有率-2

三十六、烟台地区收听率数据

表1.36.1　烟台地区主要电台频率的平均收听率和市场份额

排名	电台名称	平均收听率（%）	市场份额（%）
1	烟台交通广播	1.50	28.4
2	烟台经济广播	0.95	18.1
3	烟台综合广播	0.90	17.0
4	山东广播电视台交通广播	0.36	6.9
5	招远市人民广播电台	0.36	6.8
6	经典音乐广播 FM94.8	0.23	4.3
7	山东广播电视台音乐广播	0.15	2.9
8	山东广播电视台经济广播	0.14	2.7
9	山东广播电视台经典音乐广播	0.14	2.6
10	中央广播电视总台中国之声	0.13	2.5

表1.36.2　烟台地区主要电台频率的到达率和日到达率

排名	电台名称	到达率（%）	日到达率（%）
1	烟台交通广播	35.4	12.9
2	烟台综合广播	17.4	7.5
3	烟台经济广播	17.4	5.7
4	山东广播电视台交通广播	13.0	6.2
5	经典音乐广播 FM94.8	8.5	5.0
6	招远市人民广播电台	7.8	4.0
7	山东广播电视台文艺广播	5.5	2.3
8	中央广播电视总台中国之声	5.4	2.7
9	山东广播电视台音乐广播	5.2	2.3
10	山东广播电视台经典音乐广播	3.3	2.1

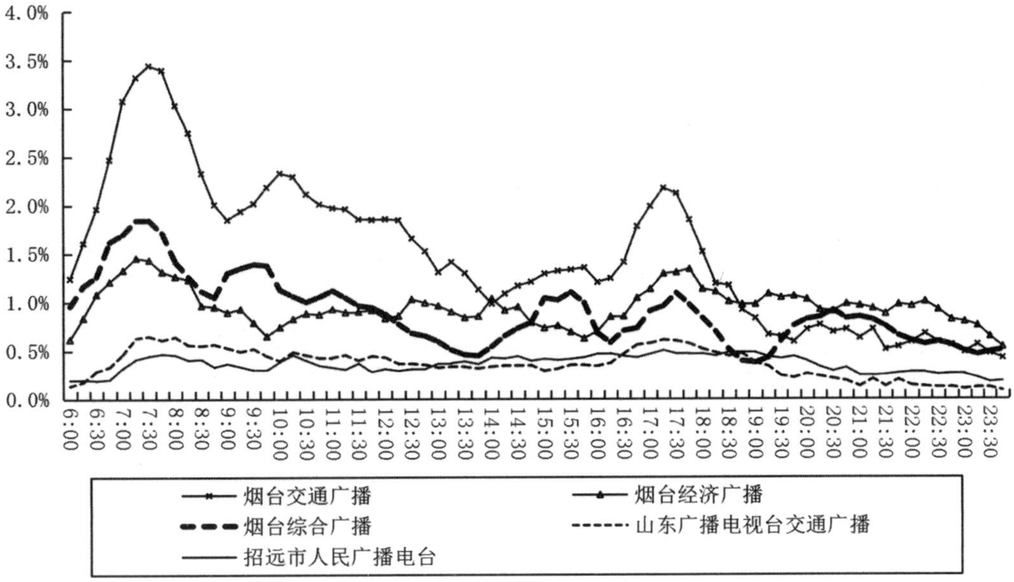

图1.36.1　烟台地区主要电台的时段收听率-1

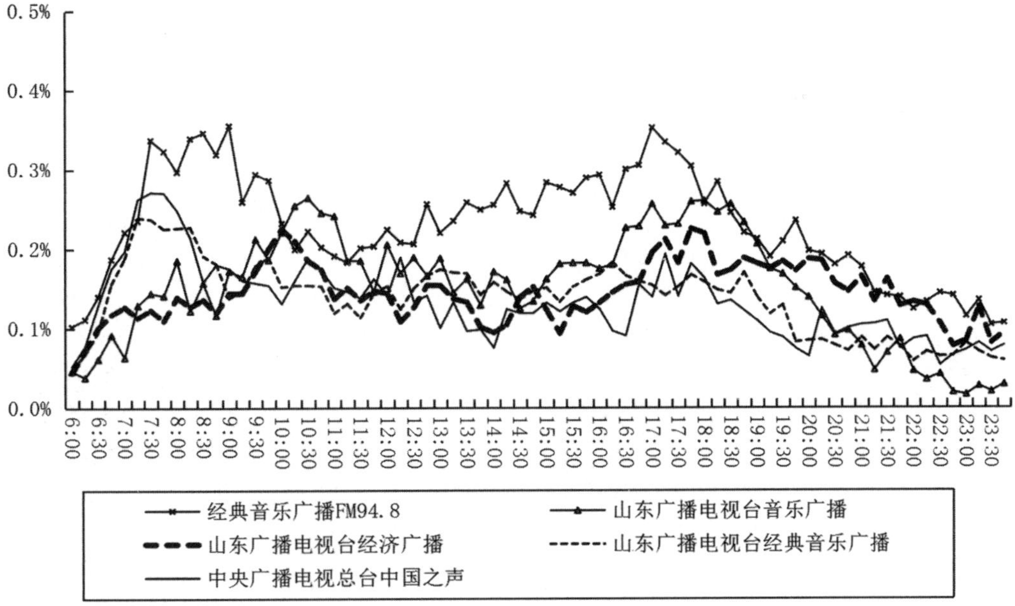

图1.36.2　烟台地区主要电台的时段收听率-2

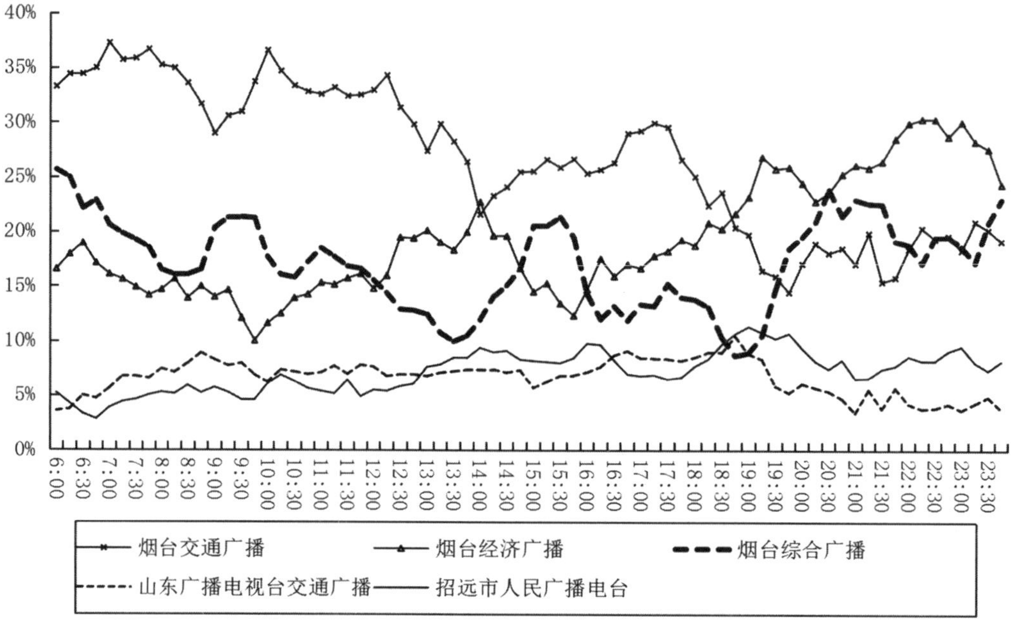

图1.36.3　烟台地区主要电台的时段占有率-1

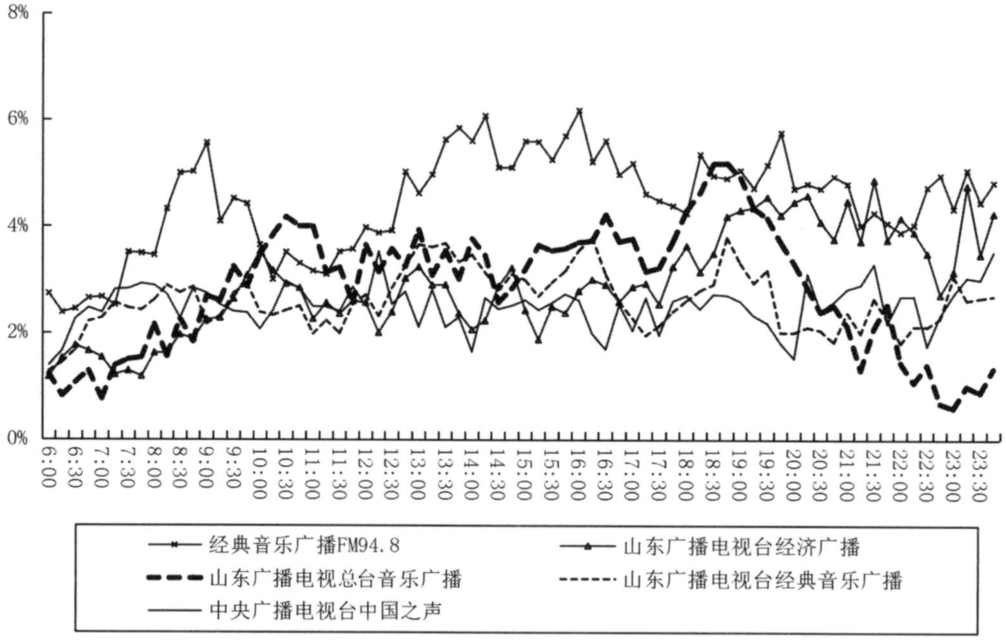

图1.36.4　烟台地区主要电台的时段占有率-2

三十七、常州地区收听率数据

表1.37.1 常州地区主要电台频率的平均收听率和市场份额

排名	电台名称	平均收听率（%）	市场份额（%）
1	常州交通广播	1.41	23.6
2	常州音乐广播	1.02	17.1
3	常州新闻综合广播	0.99	16.5
4	常州经济广播	0.56	9.3
5	常州新闻综合频率 AM846	0.33	5.4
6	江苏交通广播网	0.32	5.3
7	江苏经典流行音乐广播	0.27	4.5
8	常州交通广播 AM747	0.26	4.4
9	江苏新闻广播	0.21	3.4
10	常州经济广播 AM1098	0.20	3.4

表1.37.2 常州地区主要电台频率的到达率和日到达率

排名	电台名称	到达率（%）	日到达率（%）
1	常州交通广播	35.1	15.1
2	常州音乐广播	29.7	14.8
3	常州新闻综合广播	26.1	13.1
4	常州经济广播	20.5	9.7
5	江苏交通广播网	16.9	4.4
6	江苏新闻广播	12.0	4.4
7	江苏经典流行音乐广播	11.3	3.7
8	中央广播电视总台中国之声	10.2	3.1
9	江苏音乐广播	10.2	2.0
10	常州经济广播 AM1098	9.1	4.2

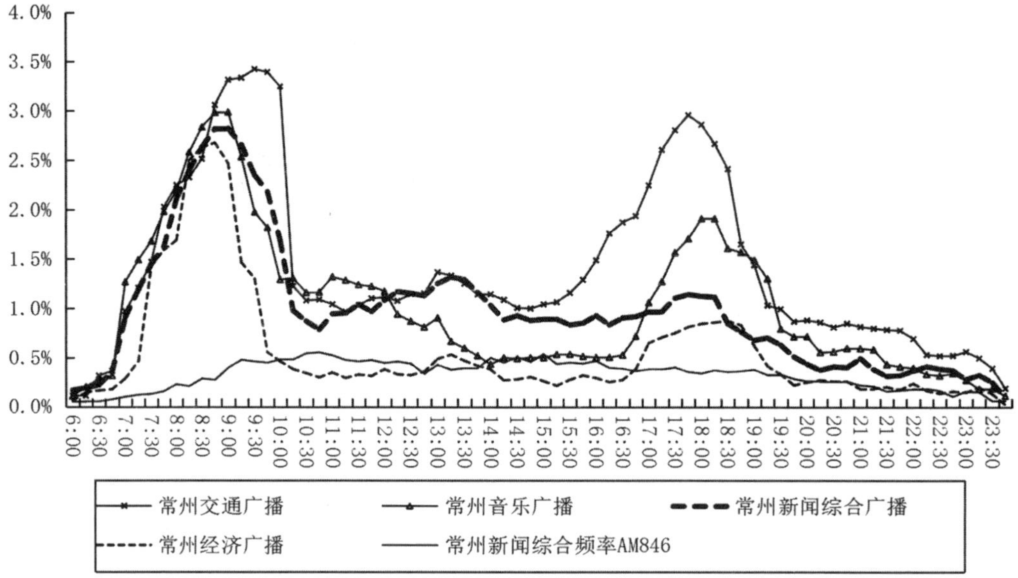

图1.37.1 常州地区主要电台的时段收听率-1

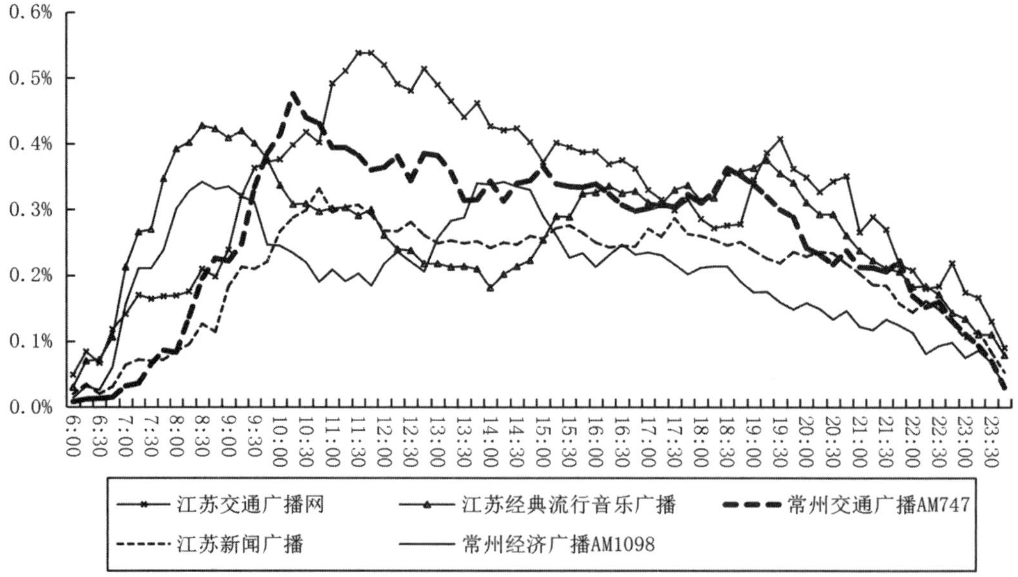

图1.37.2 常州地区主要电台的时段收听率-2

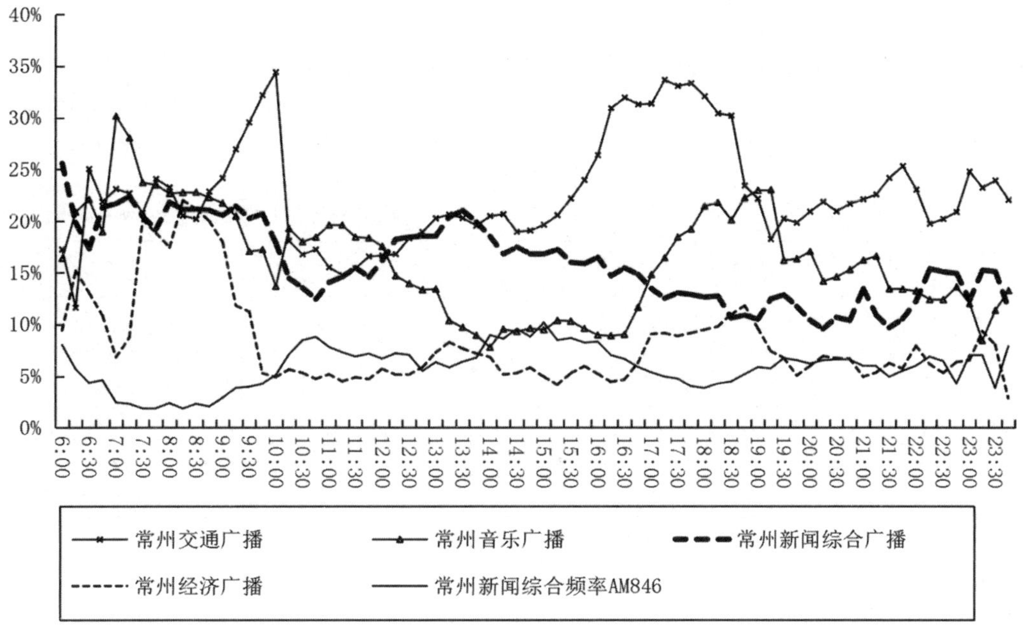

图1.37.3 常州地区主要电台的时段占有率-1

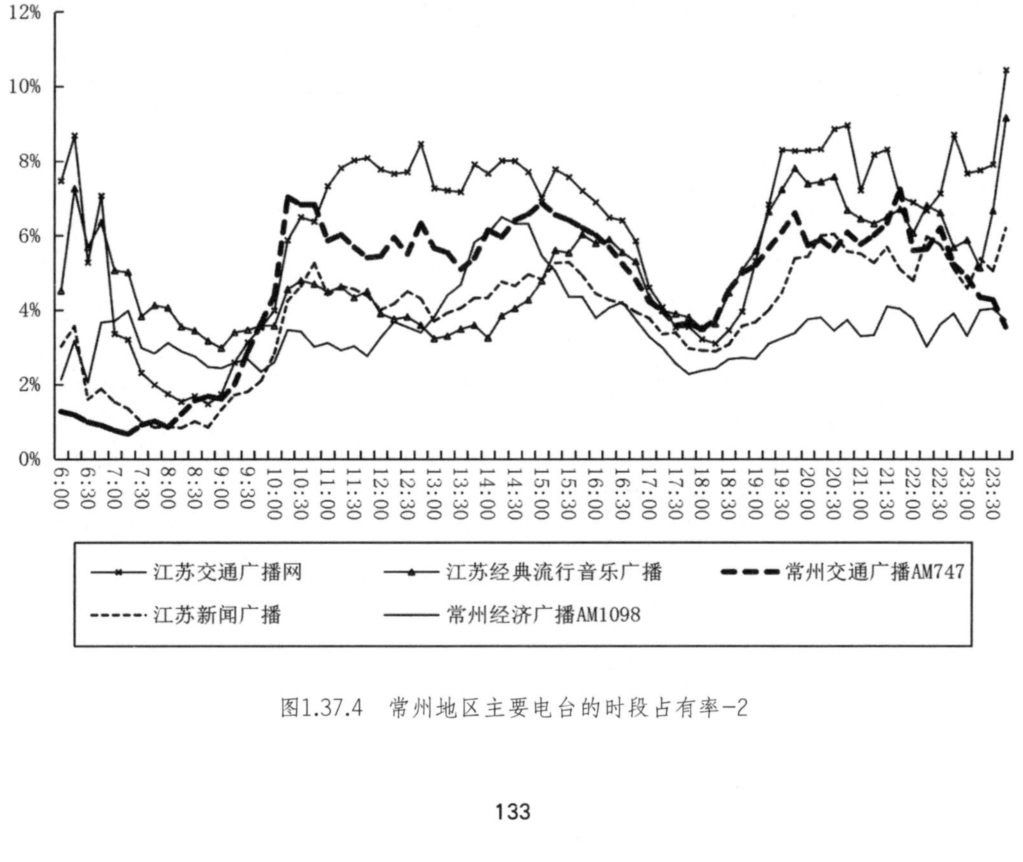

图1.37.4 常州地区主要电台的时段占有率-2

三十八、常熟地区收听率数据

表1.38.1　常熟地区主要电台频率的平均收听率和市场份额

排名	电台名称	平均收听率（%）	市场份额（%）
1	常熟新闻交通广播	2.44	40.2
2	江苏交通广播网	1.36	22.5
3	江苏新闻综合广播 AM702	0.77	12.7
4	苏州生活广播	0.22	3.7
5	苏州新闻广播	0.17	2.8
6	中央广播电视总台中国之声	0.14	2.3
7	苏州汽车广播	0.10	1.7
7	中央广播电视总台音乐之声	0.10	1.7
9	南通财经频率	0.08	1.3
10	苏州交通广播	0.07	1.2

表1.38.2　常熟地区主要电台频率的到达率和日到达率

排名	电台名称	到达率（%）	日到达率（%）
1	常熟新闻交通广播	51.5	11.9
2	江苏交通广播网	34.6	6.6
3	江苏新闻综合广播 AM702	24.9	2.8
4	苏州新闻广播	19.7	2.1
5	苏州生活广播	14.6	1.0
6	苏州音乐广播	13.5	0.9
7	中央广播电视总台中国之声	12.9	1.0
8	中央广播电视总台音乐之声	12.8	0.8
9	常熟新闻交通广播 AM1116	11.9	1.0
10	中央广播电视总台经济之声	9.2	0.6

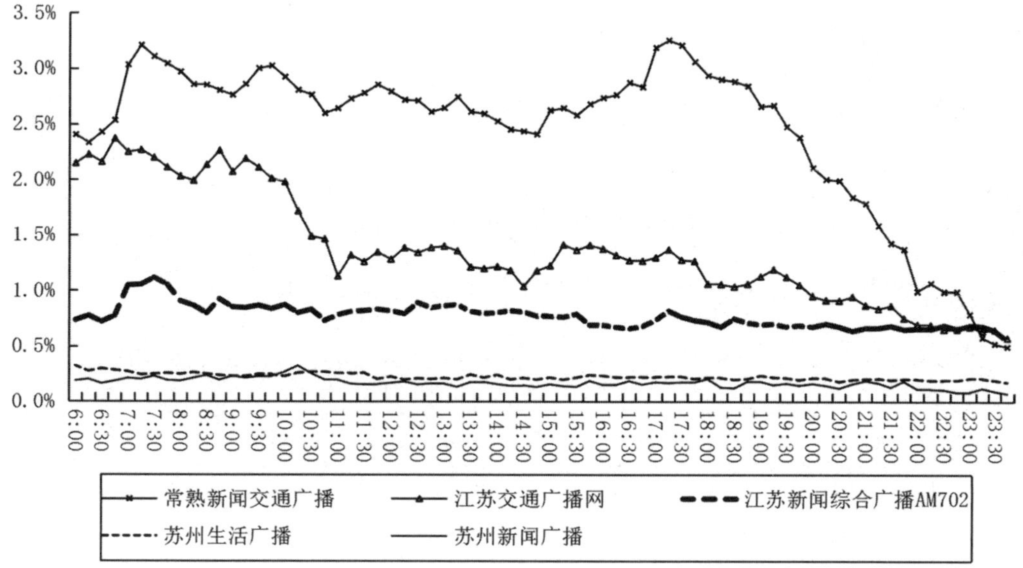

图1.38.1 常熟地区主要电台的时段收听率-1

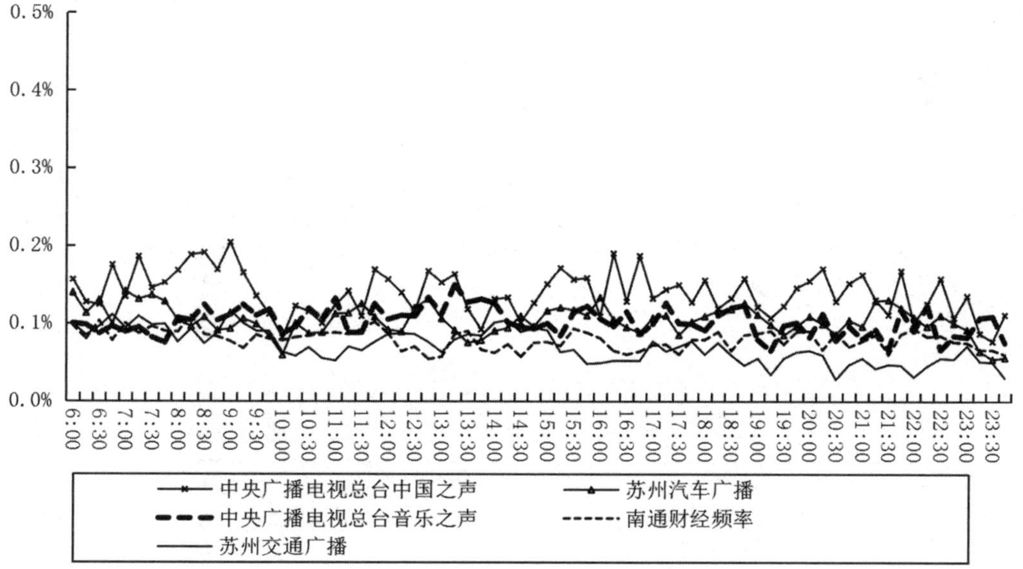

图1.38.2 常熟地区主要电台的时段收听率-2

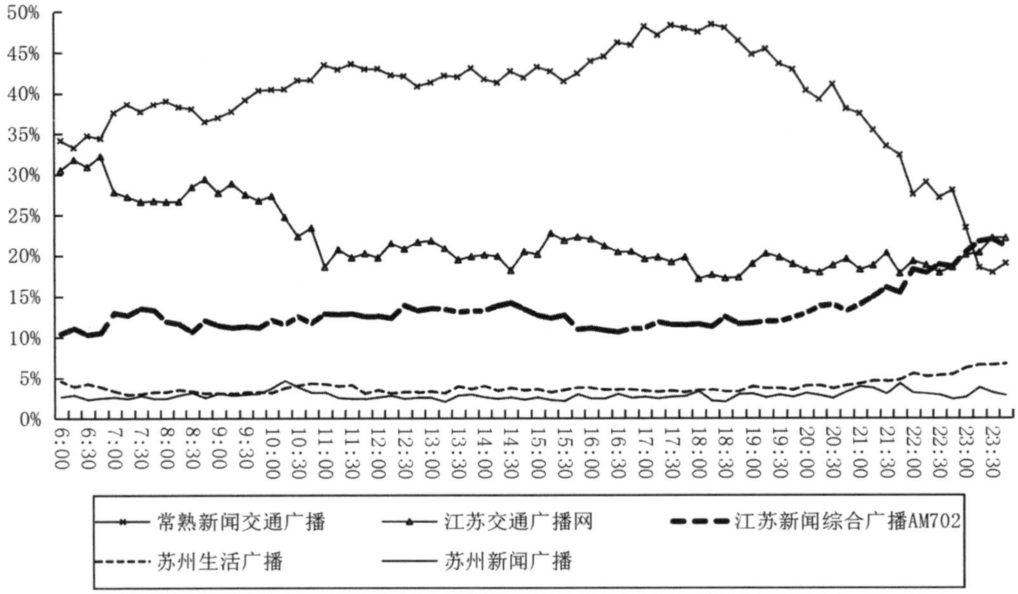

图1.38.3　常熟地区主要电台的时段占有率-1

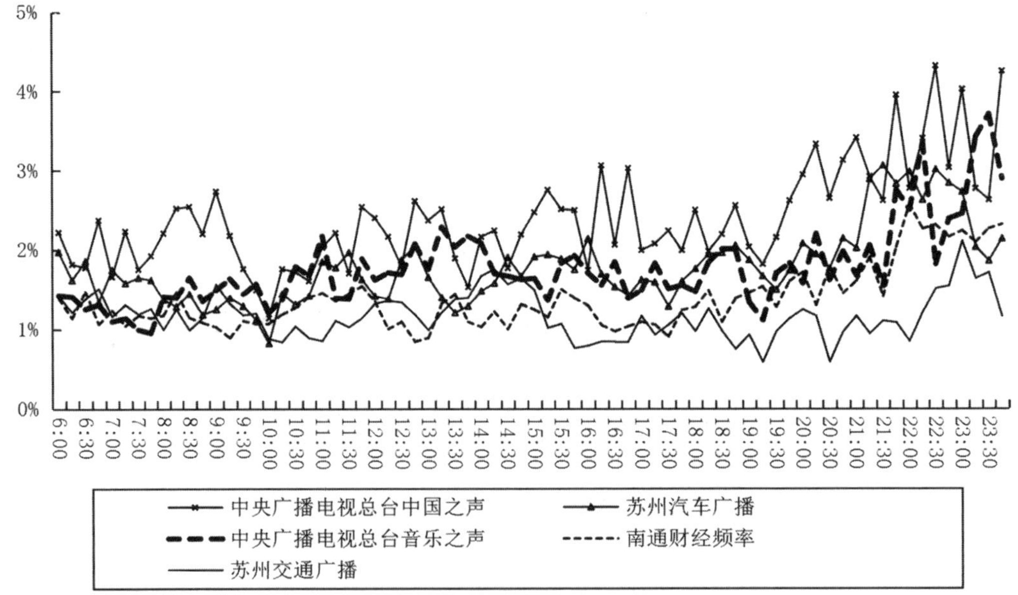

图1.38.4　常熟地区主要电台的时段占有率-2

三十九、南通地区收听率数据

表1.39.1　南通地区主要电台频率的平均收听率和市场份额

排名	电台名称	平均收听率（%）	市场份额（%）
1	南通交通广播	1.65	25.4
2	南通音乐广播	1.51	23.3
3	南通新闻广播	1.48	22.8
4	南通私家车广播	1.16	17.9
5	江苏交通广播网	0.34	5.2
6	中央广播电视总台中国之声	0.19	2.9
7	中央广播电视总台经济之声	0.09	1.4

表1.39.2　南通地区主要电台频率的到达率和日到达率

排名	电台名称	到达率（%）	日到达率（%）
1	南通交通广播	41.8	17.9
2	南通新闻广播	35.3	13.6
3	南通音乐广播	33.6	15.5
4	南通私家车广播	32.3	12.7
5	江苏交通广播网	16.4	7.3
6	中央广播电视总台中国之声	15.4	5.3
7	中央广播电视总台经济之声	8.8	2.5

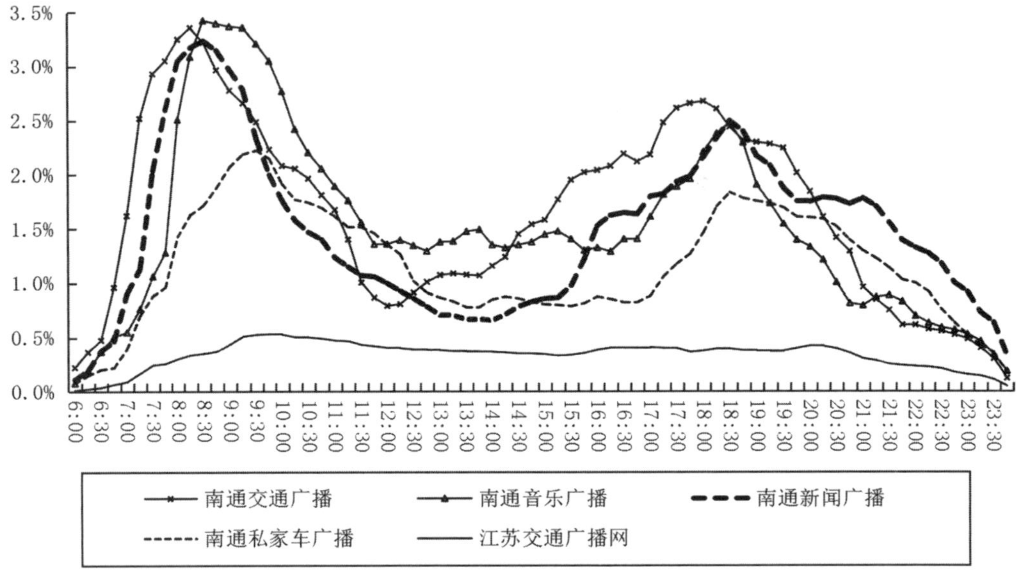

图1.39.1 南通地区主要电台的时段收听率-1

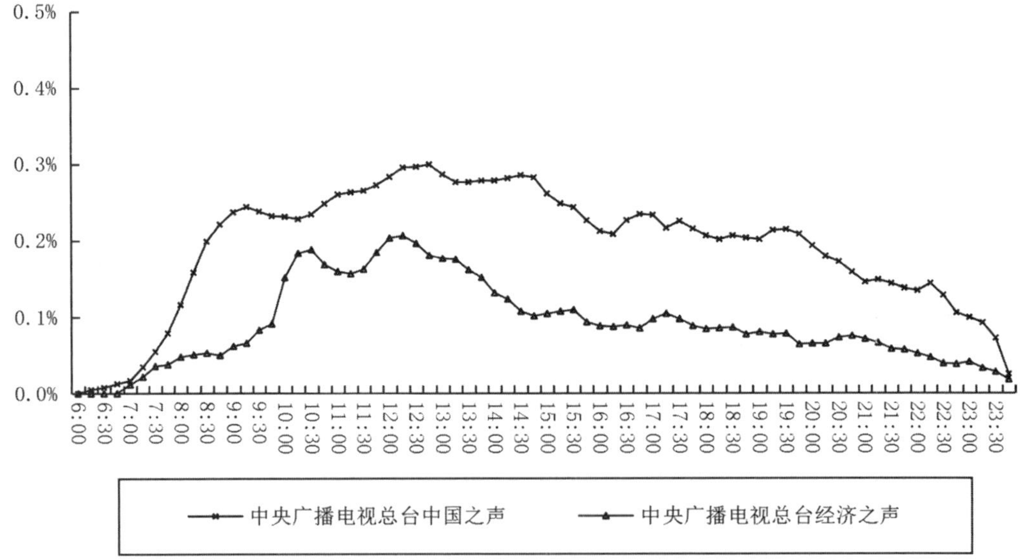

图1.39.2 南通地区主要电台的时段收听率-2

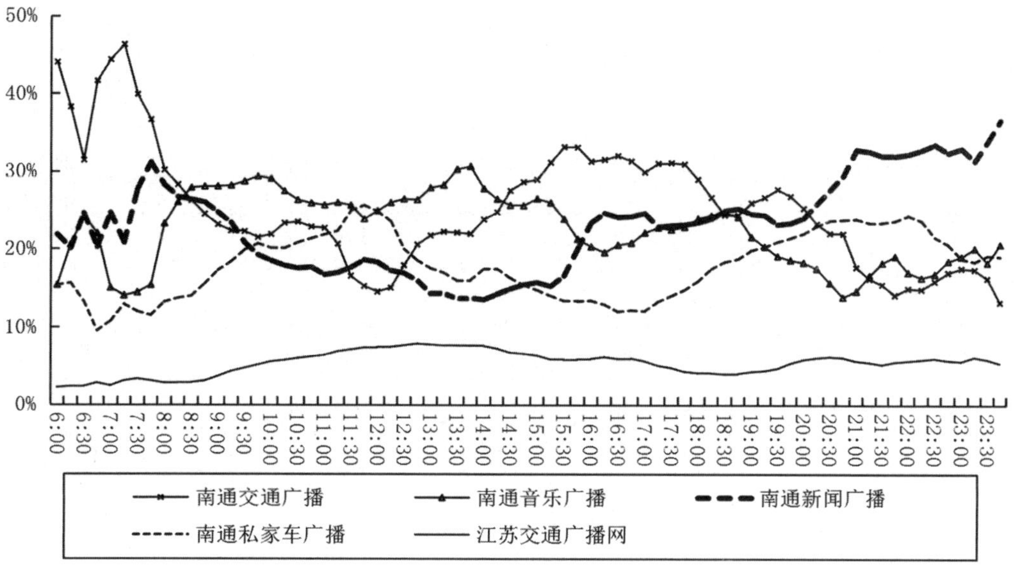

图1.39.3　南通地区主要电台的时段占有率-1

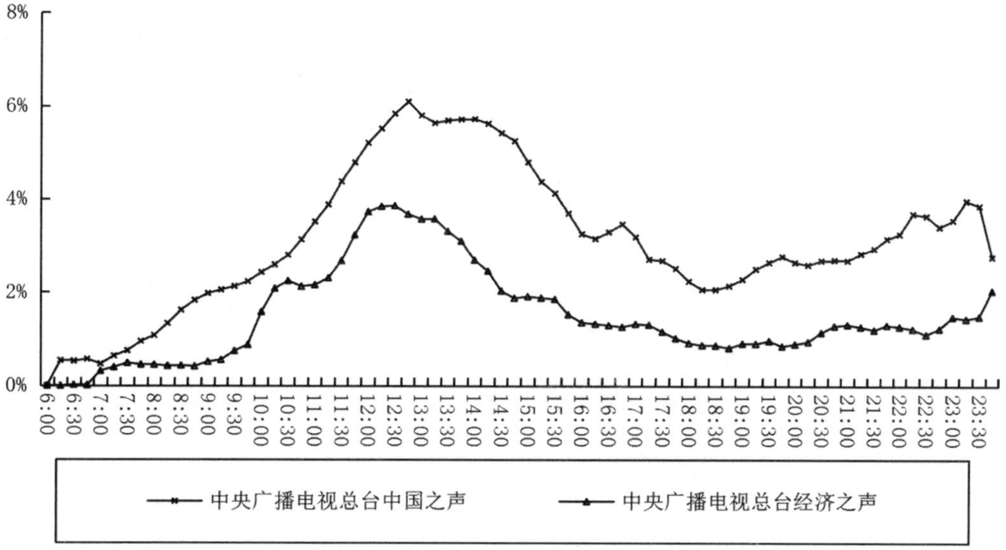

图1.39.4　南通地区主要电台的时段占有率-2

四十、泰州地区收听率数据

表1.40.1　泰州地区主要电台频率的平均收听率和市场份额

排名	电台名称	平均收听率（%）	市场份额（%）
1	泰州交通广播	1.30	25.64
2	泰州新闻广播	0.98	19.29
3	泰州文艺广播	0.95	18.70
4	江苏交通广播网	0.56	11.02
5	江苏新闻广播	0.31	6.08
6	中央广播电视总台中国之声	0.30	5.91
7	中央广播电视总台经济之声	0.17	3.25
8	江苏新闻综合广播 AM702	0.11	2.17
9	扬州新闻广播 FM98.5	0.06	1.19
10	镇江人民广播电台 963	0.02	0.41

表1.40.2　泰州地区主要电台频率的到达率和日到达率

排名	电台名称	到达率（%）	日到达率（%）
1	泰州交通广播	34.3	13.8
2	泰州新闻广播	24.9	12.2
3	泰州文艺广播	20.6	12.9
4	江苏交通广播网	15.7	10.4
5	中央广播电视总台中国之声	14.0	7.4
6	江苏新闻广播	9.3	6.2
7	中央广播电视总台经济之声	8.2	4.8
8	江苏新闻综合广播 AM702	6.8	3.2
9	扬州新闻广播 FM98.5	4.1	1.9
10	镇江人民广播电台 963	2.5	0.7

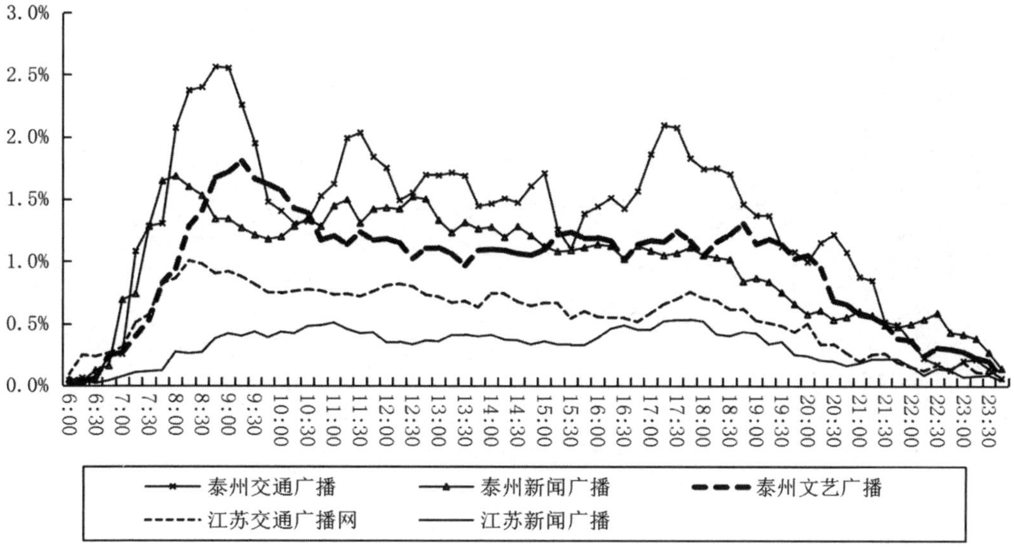

图1.40.1　泰州地区主要电台的时段收听率-1

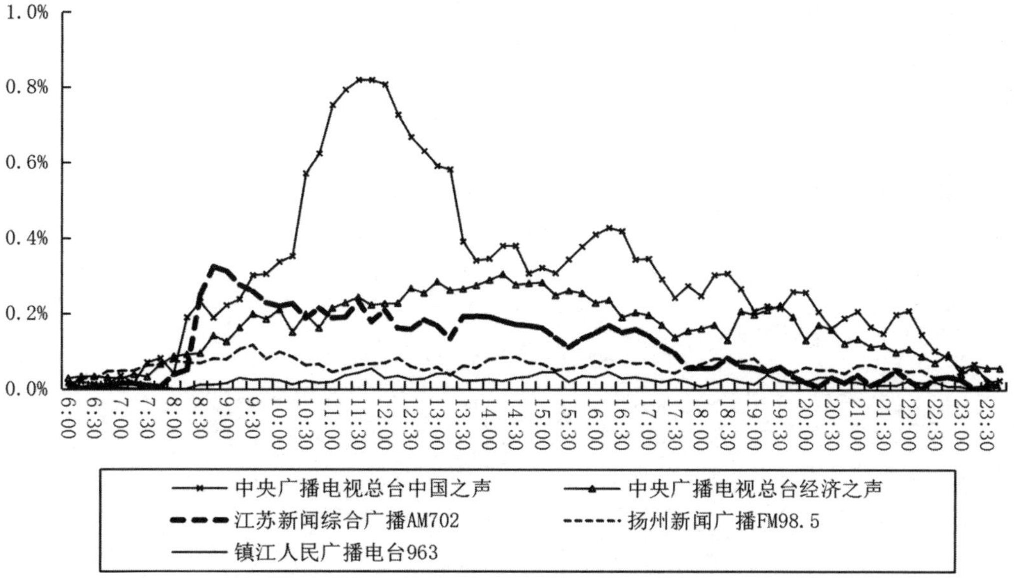

图1.40.2　泰州地区主要电台的时段收听率-2

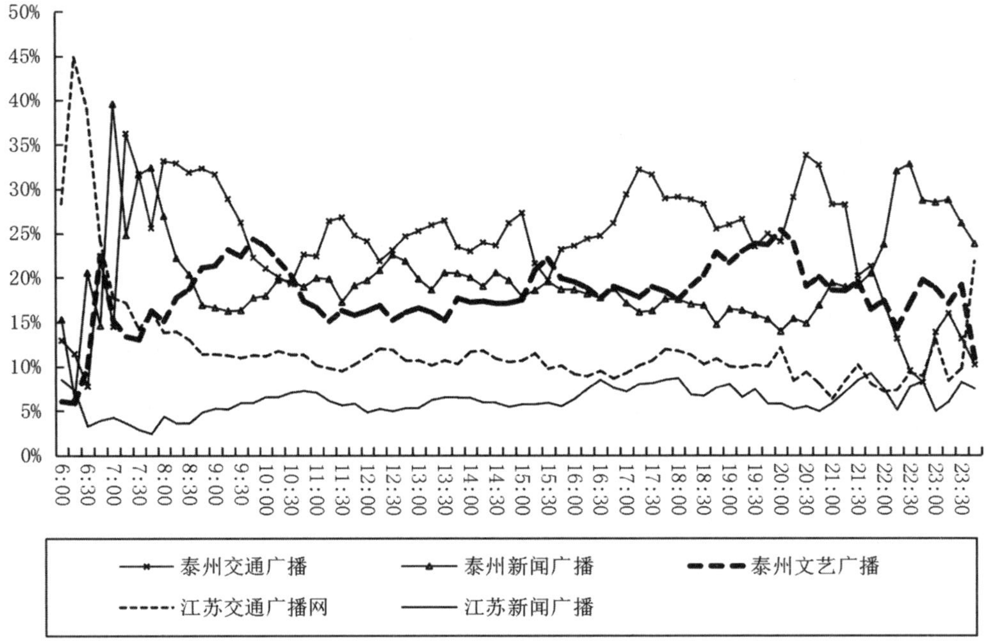

图1.40.3　泰州地区主要电台的时段占有率-1

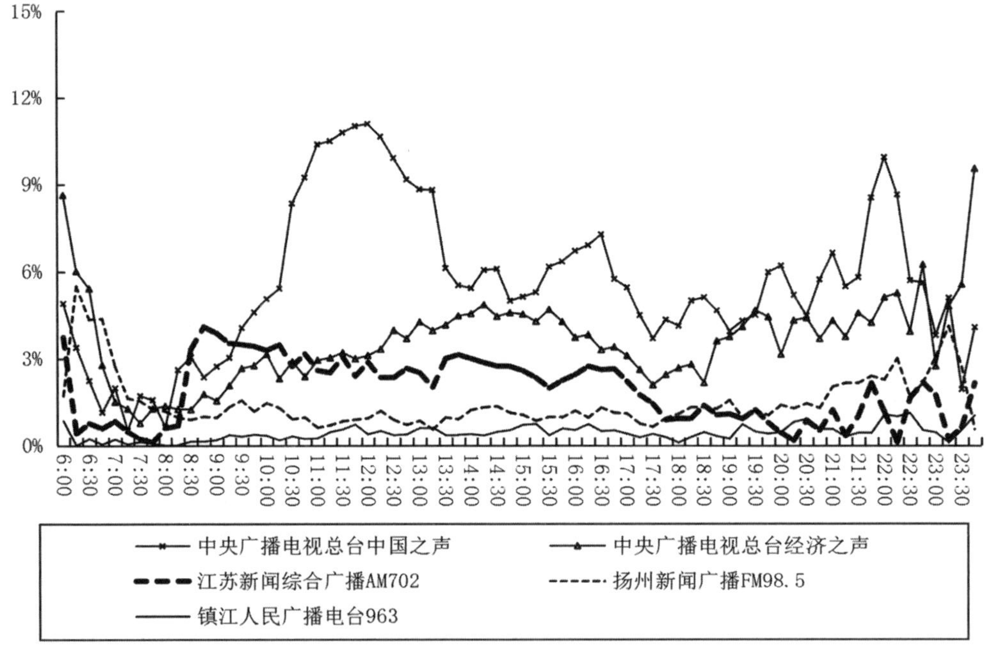

图1.40.4　泰州地区主要电台的时段占有率-2

四十一、徐州地区收听率数据

表1.41.1 徐州地区主要电台频率的平均收听率和市场份额

排名	电台名称	平均收听率（%）	市场份额（%）
1	徐州交通广播	1.67	30.69
2	徐州新闻综合广播	1.50	27.61
3	徐州音乐广播	0.91	16.74
4	徐州农村广播	0.33	6.13
5	江苏交通广播网	0.31	5.66
6	江苏新闻广播	0.21	3.94
7	中央广播电视总台中国之声	0.12	2.12
8	江苏新闻综合广播 AM702	0.03	0.63
9	铜山电台	0.03	0.62
10	中央广播电视总台经济之声	0.03	0.59

表1.41.2 徐州地区主要电台频率的到达率和日到达率

排名	电台名称	到达率（%）	日到达率（%）
1	徐州交通广播	33.91	18.44
2	徐州新闻综合广播	27.78	18.32
3	徐州音乐广播	18.27	13.66
4	徐州农村广播	11.83	4.59
5	江苏交通广播网	9.59	6.64
6	江苏新闻广播	9.27	4.83
7	中央广播电视总台中国之声	7.03	4.10
8	江苏新闻综合广播 AM702	3.43	1.45
9	铜山电台	2.39	1.08
10	中央广播电视总台经济之声	1.73	0.84

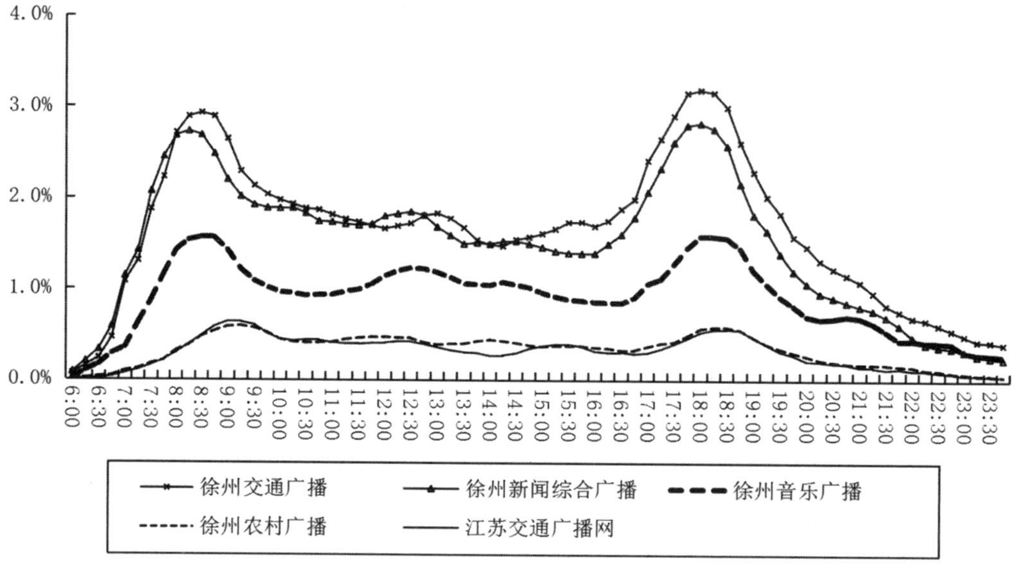

图1.41.1 徐州地区主要电台的时段收听率-1

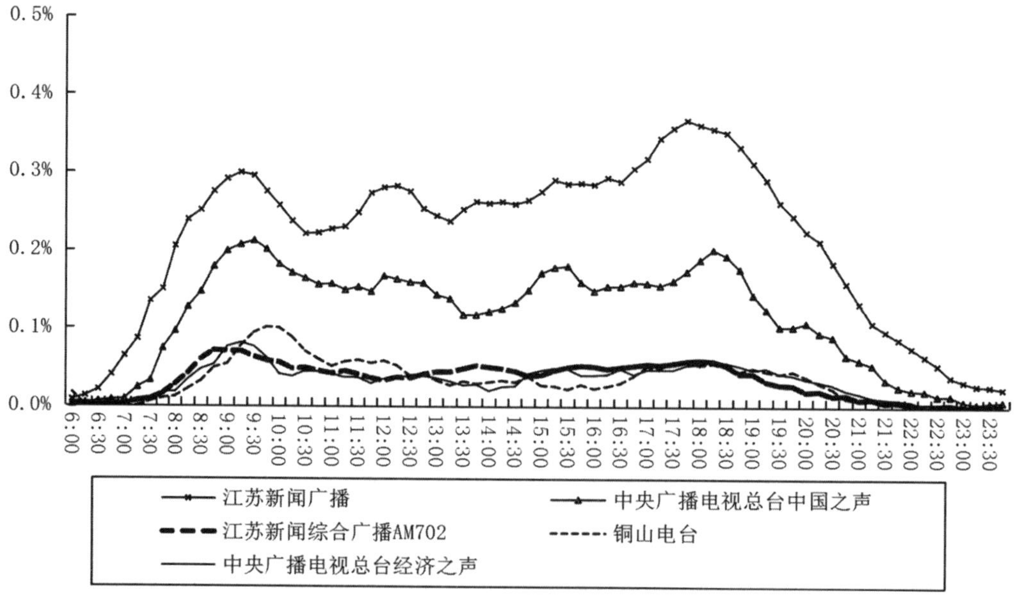

图1.41.2 徐州地区主要电台的时段收听率-2

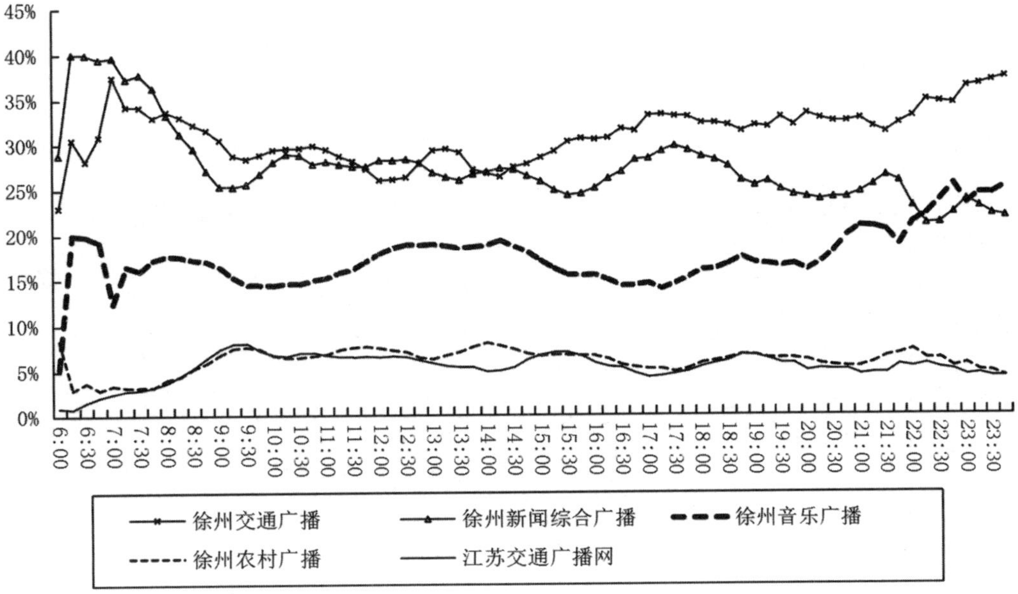

图1.41.3 徐州地区主要电台的时段占有率-1

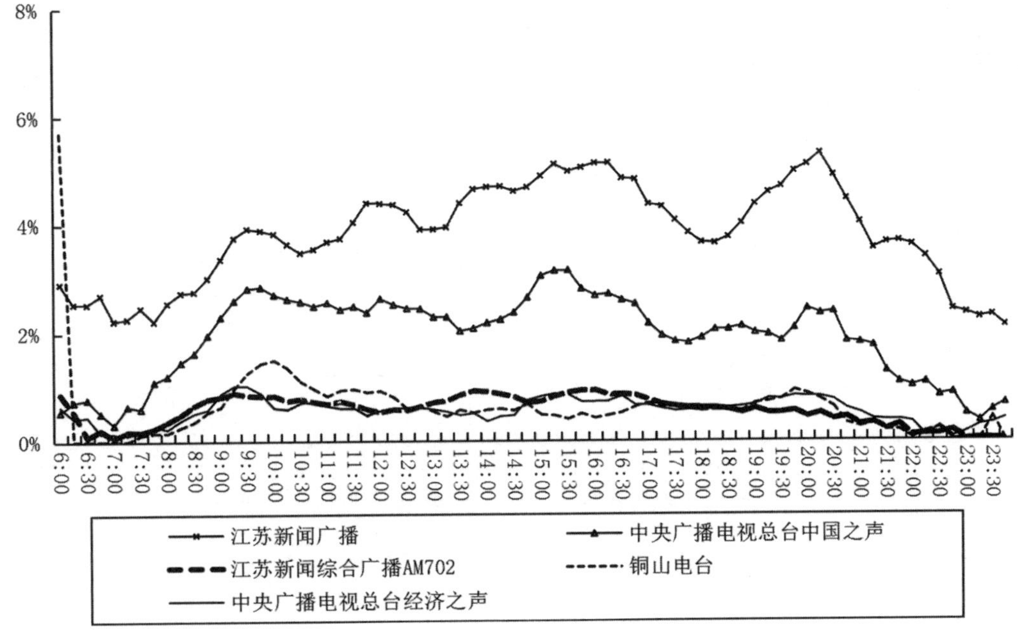

图1.41.4 徐州地区主要电台的时段占有率-2

四十二、池州地区收听率数据

表1.42.1 池州地区主要电台频率的平均收听率和市场份额

排名	电台名称	平均收听率（%）	市场份额（%）
1	池州交通旅游广播	1.19	21.4
2	池州新闻综合广播	0.95	17.2
3	安徽交通广播	0.81	14.7
4	安徽新闻综合广播	0.67	12.1
5	中央广播电视总台中国之声	0.53	9.6
6	安徽音乐广播	0.23	4.0
7	安徽旅游广播高速之声	0.20	3.6
8	安徽经济广播	0.17	3.1
9	中央广播电视总台经济之声	0.14	2.5
10	安徽生活广播	0.13	2.4

表1.42.2 池州地区主要电台频率的到达率和日到达率

排名	电台名称	到达率（%）	日到达率（%）
1	池州交通旅游广播	24.2	8.9
2	池州新闻综合广播	19.7	5.3
3	安徽交通广播	19.3	11.3
4	安徽音乐广播	17.8	5.8
5	中央广播电视总台中国之声	16.1	8.4
6	安徽新闻综合广播	14.9	8.1
7	安徽旅游广播高速之声	11.1	4.3
8	安徽经济广播	10.7	3.3
9	安徽生活广播	9.7	3.3
10	安徽戏曲广播	9.2	2.5

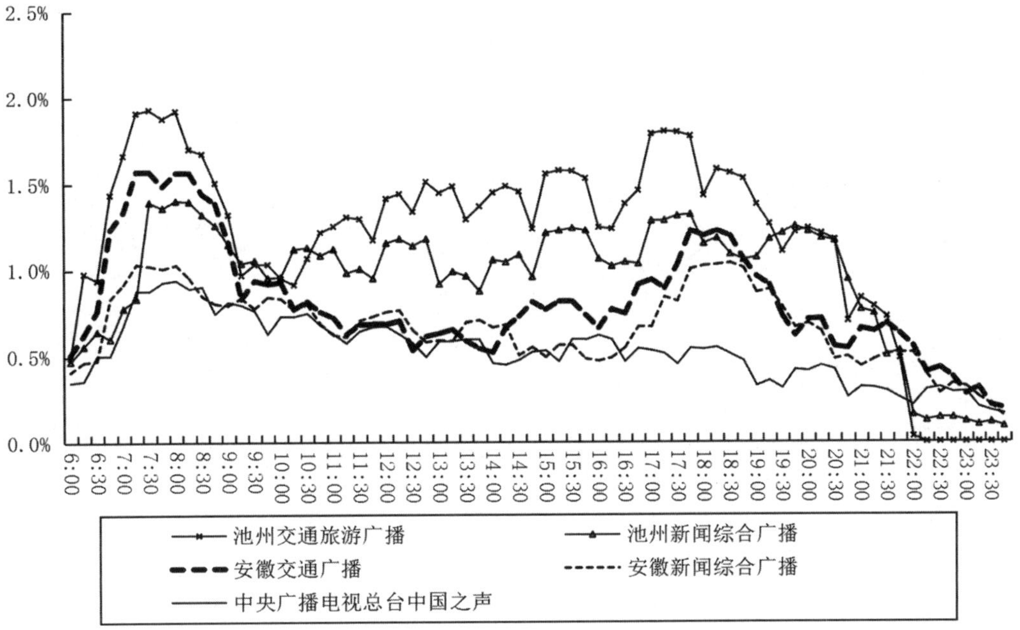

图1.42.1　池州地区主要电台的时段收听率-1

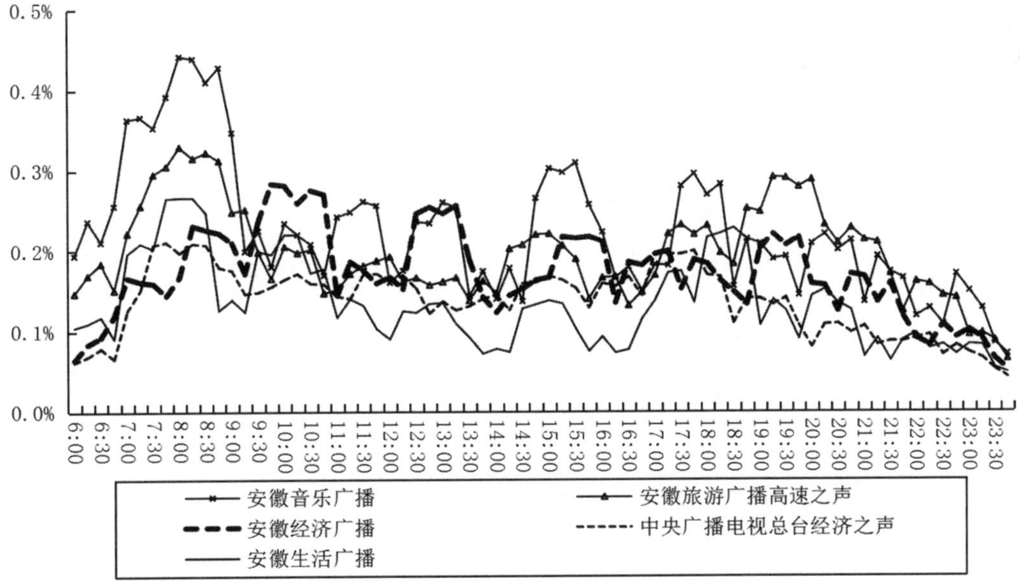

图1.42.2　池州地区主要电台的时段收听率-2

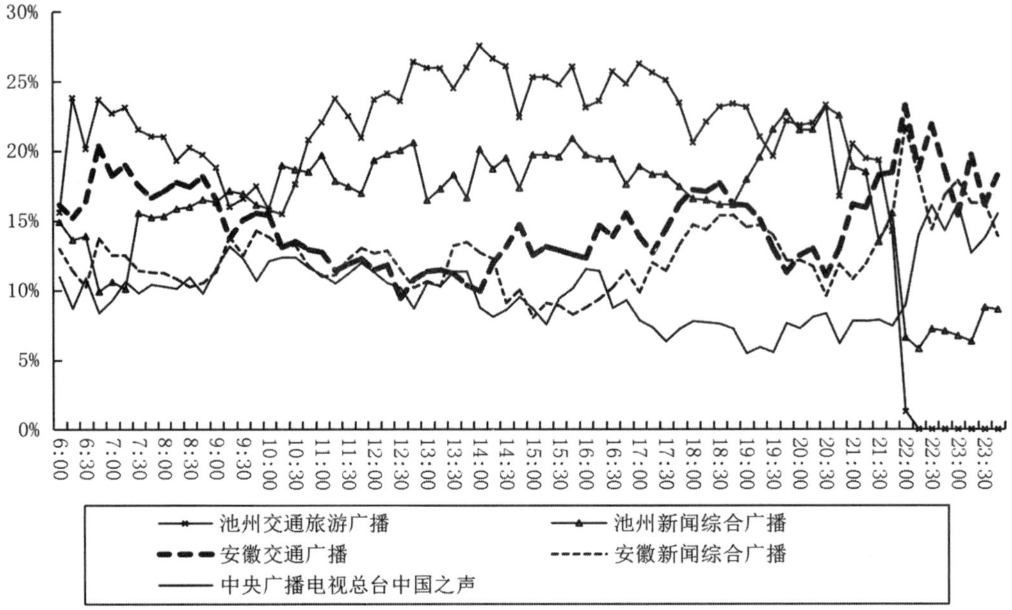

图1.42.3　池州地区主要电台的时段占有率-1

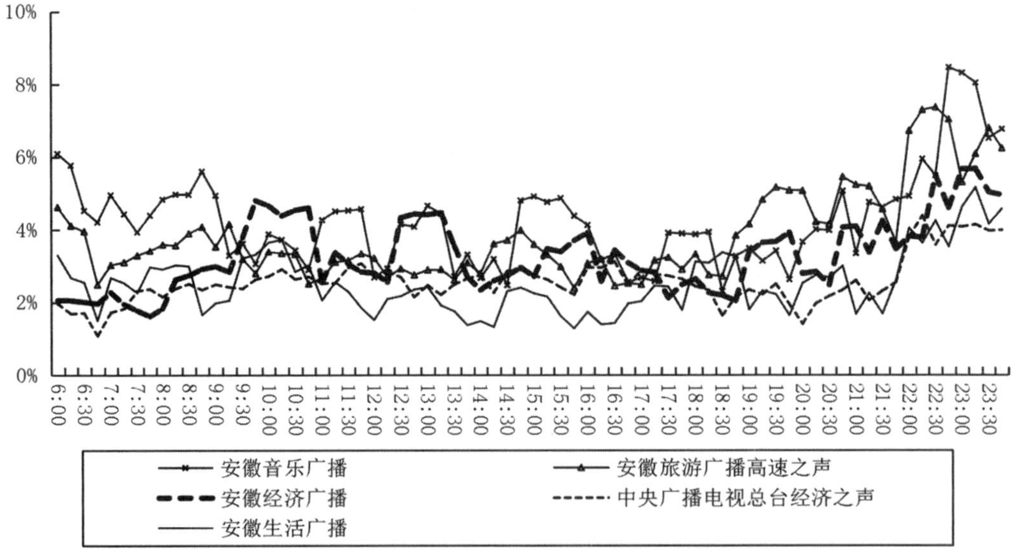

图1.42.4　池州地区主要电台的时段占有率-2

四十三、襄阳地区收听率数据

表1.43.1　襄阳地区主要电台频率的平均收听率和市场份额

排名	电台名称	平均收听率（%）	市场份额（%）
1	襄阳交通广播	1.54	29.9
2	襄阳之声	0.87	16.9
3	湖北之声	0.54	10.5
4	中央广播电视总台中国之声	0.26	5.0
5	湖北生活广播	0.25	4.9
6	襄阳音乐广播	0.23	4.4
7	湖北楚天音乐广播	0.23	4.4
8	楚天交通广播	0.22	4.2
9	湖北资讯广播	0.20	3.8
10	湖北亲子广播	0.15	2.9

表1.43.2　襄阳地区主要电台频率的到达率和日到达率

排名	电台名称	到达率（%）	日到达率（%）
1	襄阳交通广播	40.4	11.4
2	襄阳之声	25.6	8.8
3	湖北之声	18.8	6.8
4	湖北生活广播	10.4	3.3
5	中央广播电视总台中国之声	9.1	2.6
6	湖北资讯广播	8.4	2.6
7	楚天交通广播	8.0	1.5
8	湖北经济广播	7.8	2.7
9	襄阳音乐广播	7.7	2.8
10	湖北楚天音乐广播	6.6	1.8

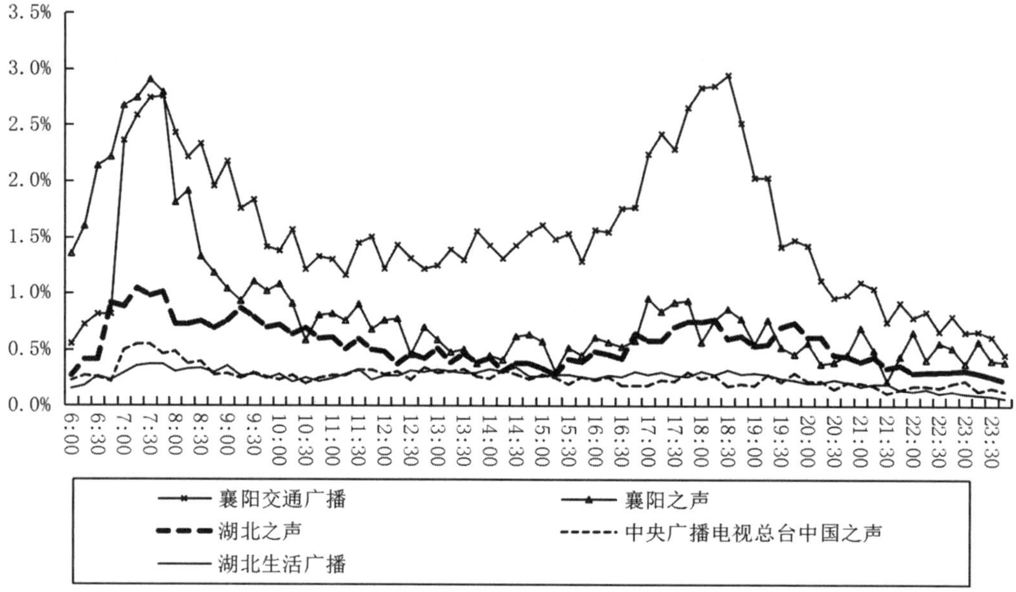

图1.43.1 襄阳地区主要电台的时段收听率-1

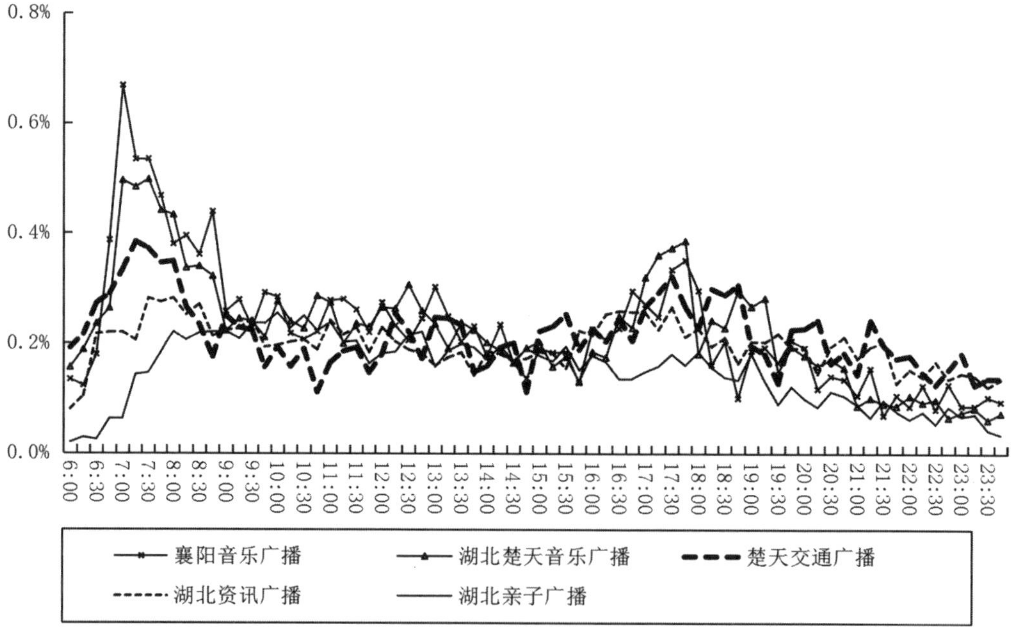

图1.43.2 襄阳地区主要电台的时段收听率-2

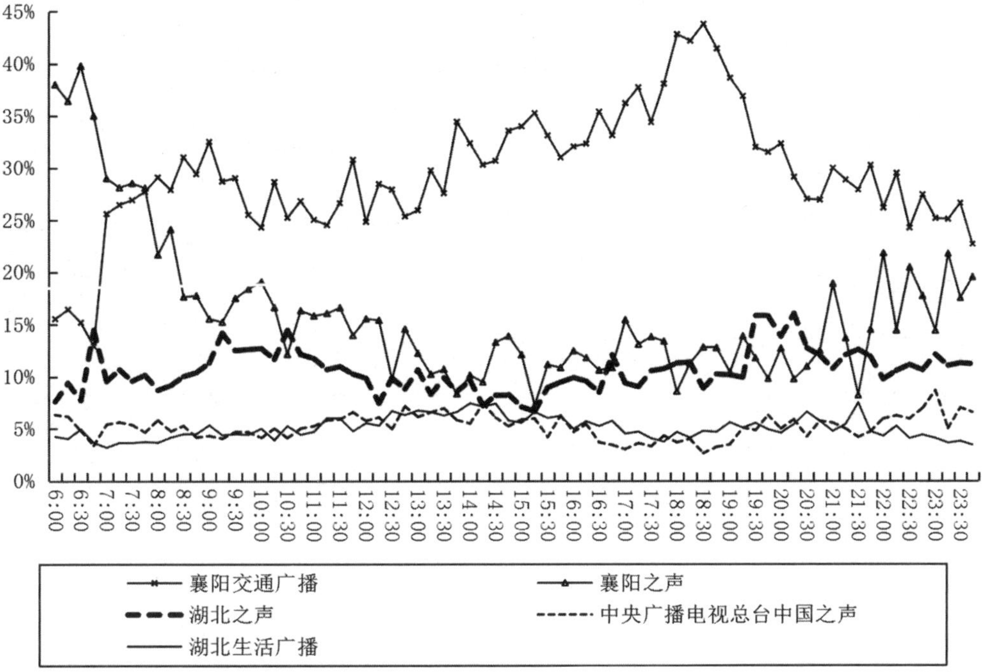

图1.43.3 襄阳地区主要电台的时段占有率-1

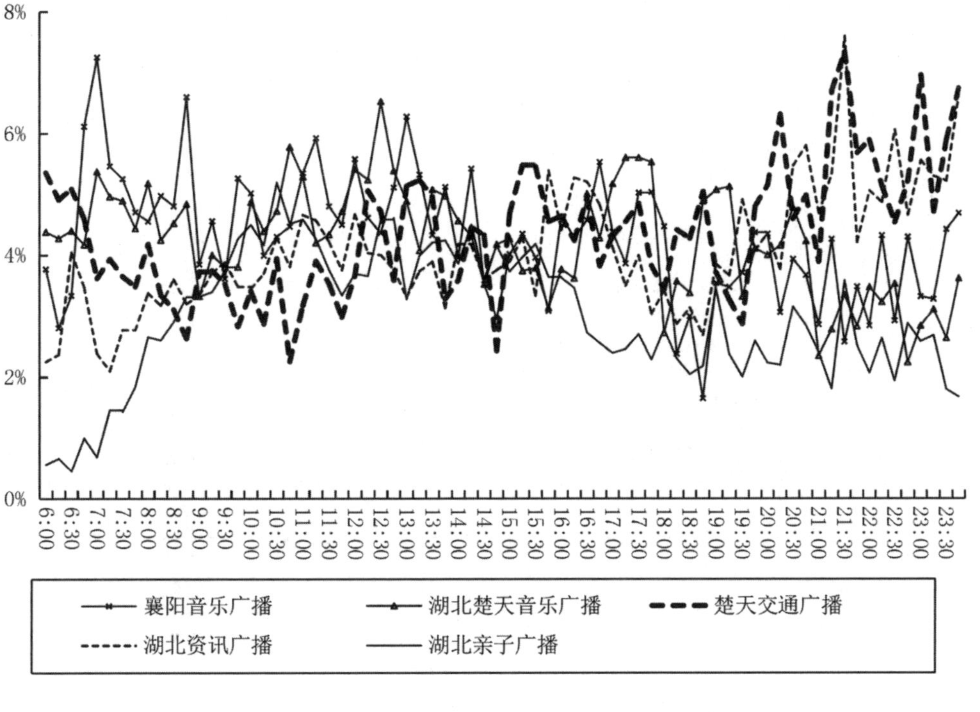

图1.43.4 襄阳地区主要电台的时段占有率-2

四十四、嘉兴地区收听率数据

表1.44.1 嘉兴地区主要电台频率的平均收听率和市场份额

排名	电台名称	平均收听率（%）	市场份额（%）
1	嘉兴交通经济频率	1.87	33.1
2	嘉兴音乐生活频率	1.24	21.8
3	嘉兴新闻综合频率	1.23	21.8
4	浙江交通之声	0.33	5.7
5	中央广播电视总台中国之声	0.19	3.4
6	上海流行音乐广播 动感101	0.18	3.2
7	上海新闻广播	0.10	1.8
8	上海交通广播	0.10	1.7
9	中央广播电视总台经济之声	0.08	1.5
10	中央广播电视总台音乐之声	0.07	1.3

表1.44.2 嘉兴地区主要电台频率的到达率和日到达率

排名	电台名称	到达率（%）	日到达率（%）
1	嘉兴交通经济频率	37.4	20.6
2	嘉兴新闻综合频率	31.1	15.9
3	嘉兴音乐生活频率	23.7	12.2
4	浙江交通之声	10.0	4.5
5	上海流行音乐广播 动感101	6.9	3.6
6	中央广播电视总台中国之声	6.6	3.5
7	上海交通广播	5.4	2.7
8	上海新闻广播	5.4	2.7
9	中央广播电视总台经济之声	4.8	2.3
10	中央广播电视总台音乐之声	4.5	1.8

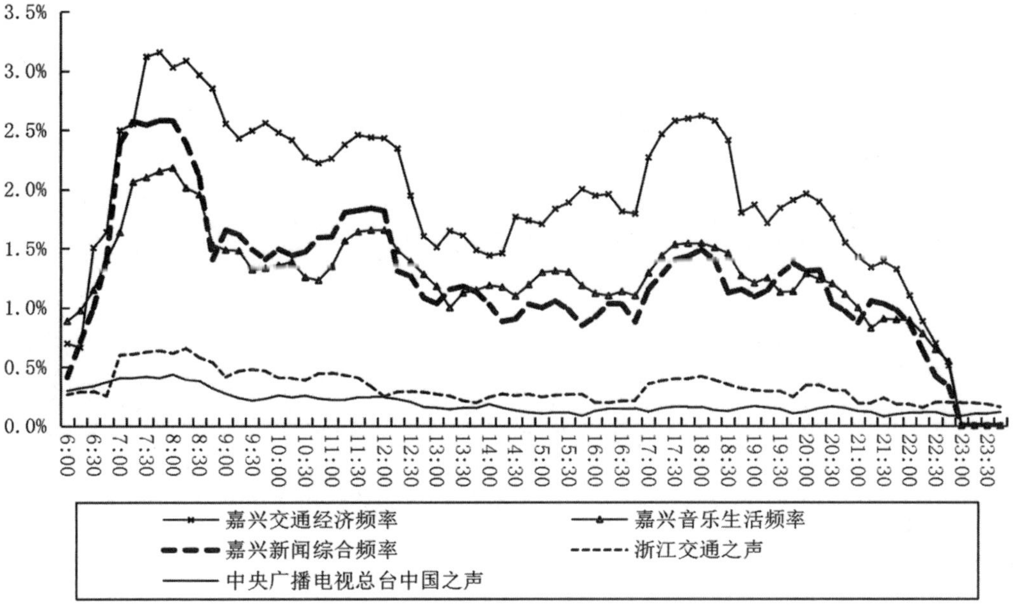

图1.44.1 嘉兴地区主要电台的时段收听率-1

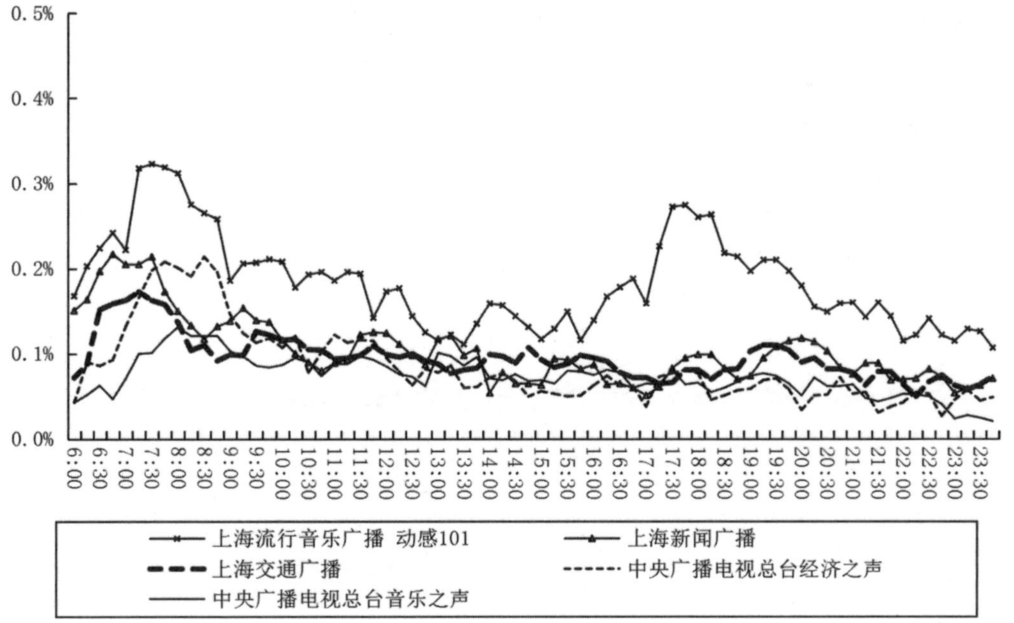

图1.44.2 嘉兴地区主要电台的时段收听率-2

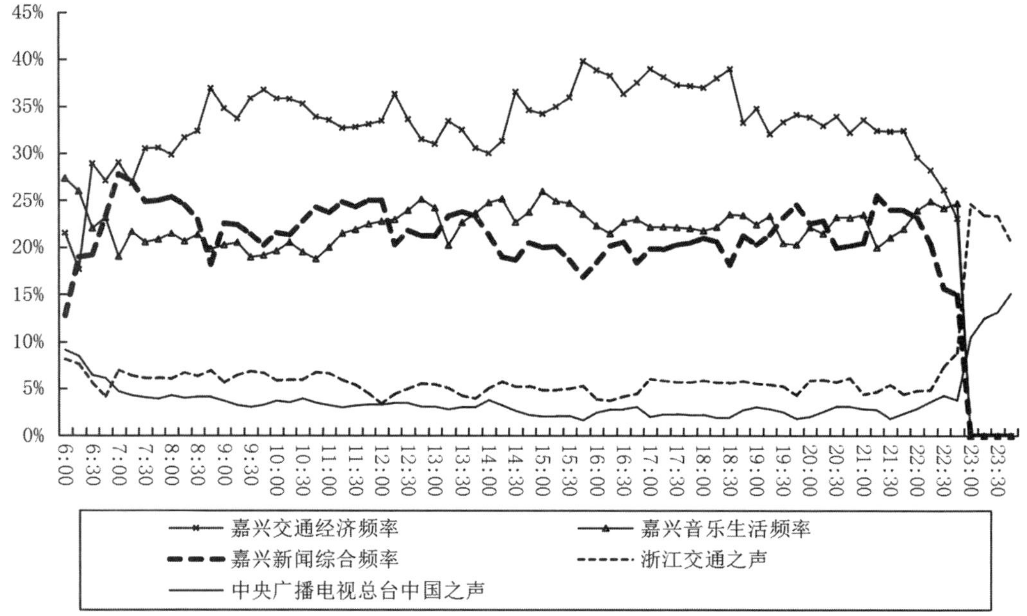

图1.44.3　嘉兴地区主要电台的时段占有率-1

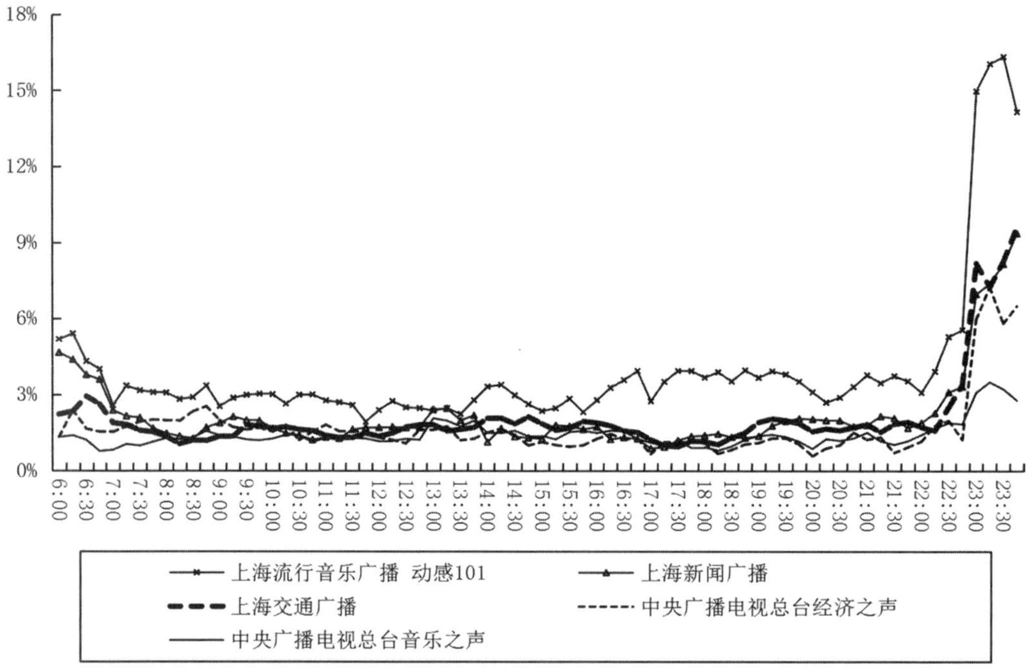

图1.44.4　嘉兴地区主要电台的时段占有率-2

四十五、丽水地区收听率数据

表1.45.1　丽水地区主要电台频率的平均收听率和市场份额

排名	电台名称	平均收听率（%）	市场份额（%）
1	丽水新闻综合频率	1.43	32.9
2	丽水交通音乐频率	1.40	32.2
3	浙江交通之声	0.60	13.7
4	丽水新农村广播	0.40	9.2
5	浙江之声	0.25	5.7
6	中央广播电视总台中国之声	0.09	2.1
7	浙江私家车 107 城市之声	0.08	1.7
8	FM104.5 浙江旅游之声	0.05	1.2
9	浙江动听 968 音乐调频	0.03	0.8

表1.45.2　丽水地区主要电台频率的到达率和日到达率

排名	电台名称	到达率（%）	日到达率（%）
1	丽水新闻综合频率	31.7	13.8
2	丽水交通音乐频率	22.4	8.2
3	浙江交通之声	17.3	7.3
4	浙江之声	12.1	4.6
5	丽水新农村广播	11.0	4.3
6	FM104.5 浙江旅游之声	8.9	1.4
7	中央广播电视总台中国之声	6.0	1.1
8	浙江私家车 107 城市之声	3.1	2.0
9	浙江动听 968 音乐调频	2.2	1.3

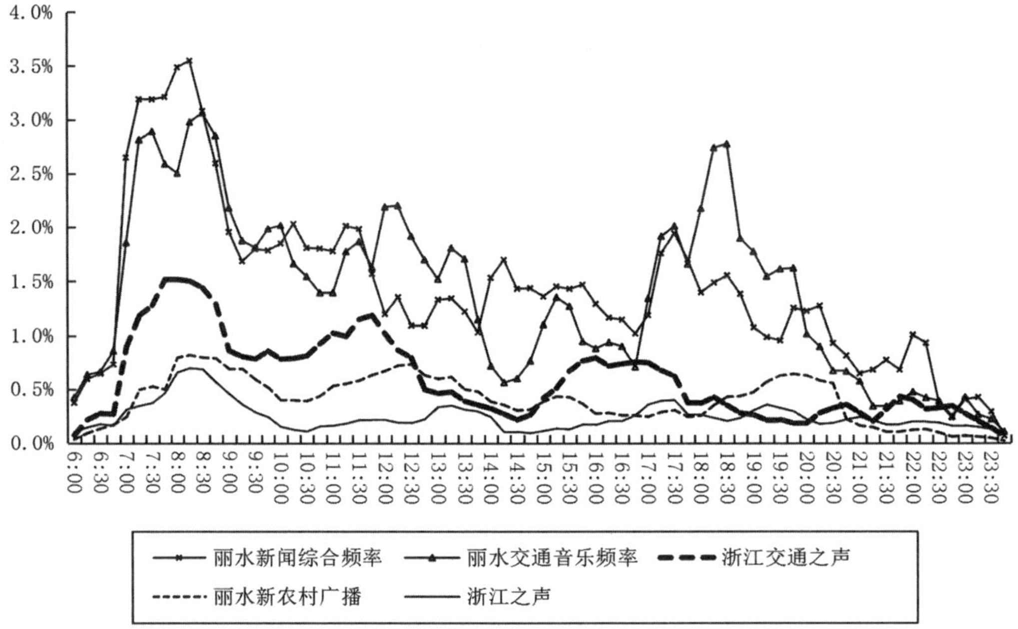

图1.45.1 丽水地区主要电台的时段收听率-1

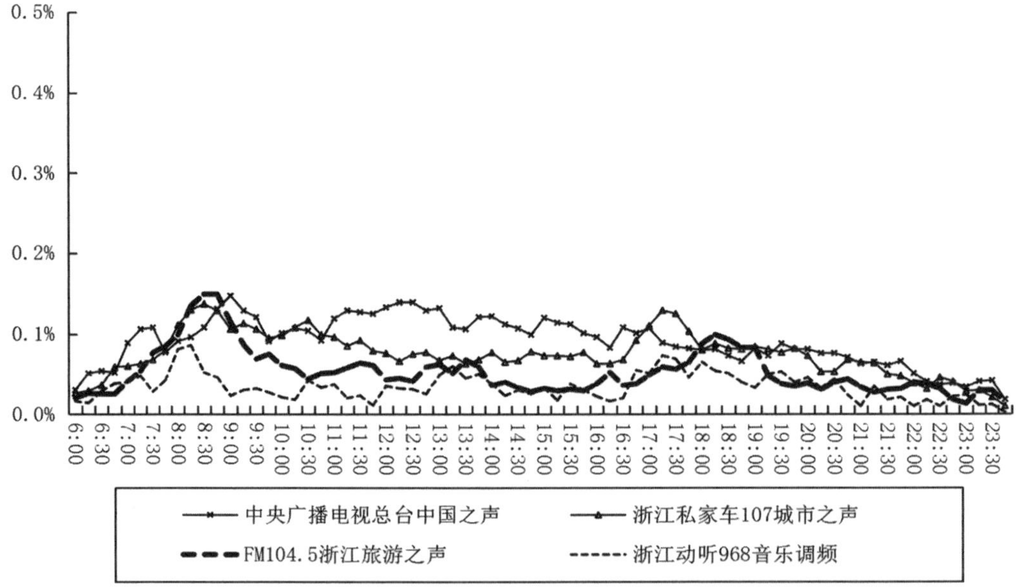

图1.45.2 丽水地区主要电台的时段收听率-2

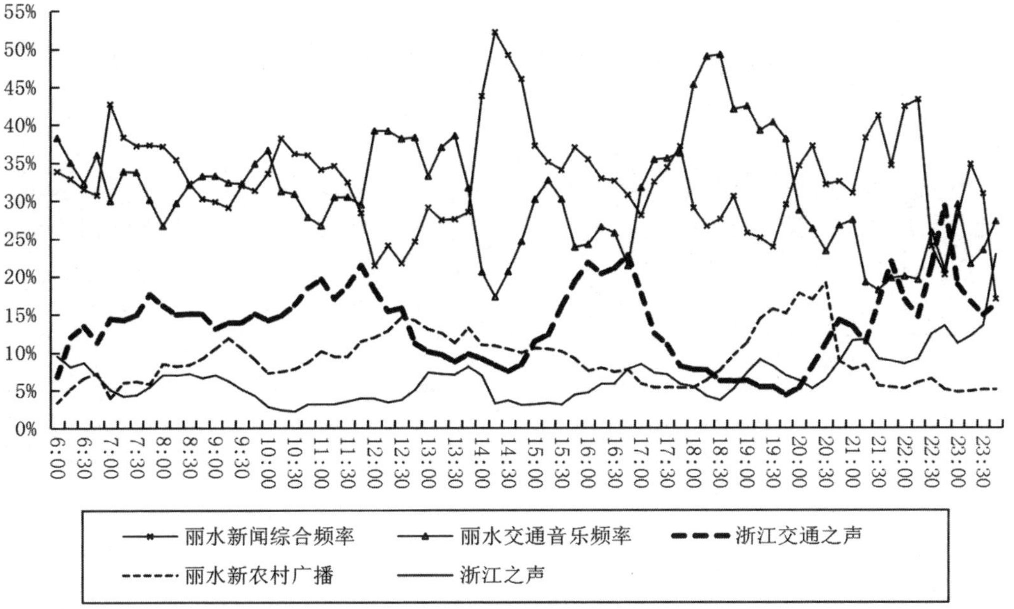

图1.45.3 丽水地区主要电台的时段占有率-1

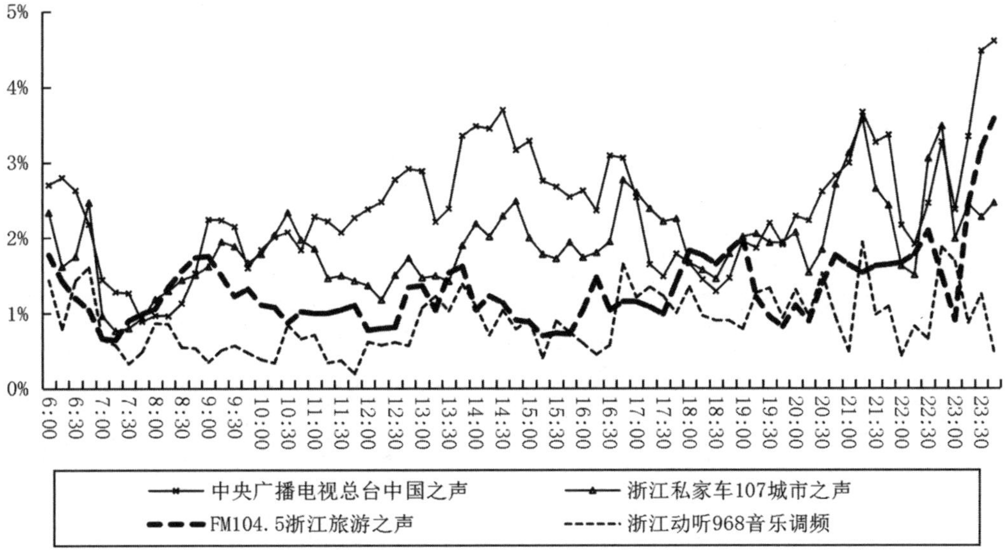

图1.45.4 丽水地区主要电台的时段占有率-2

四十六、宁波地区收听率数据

表1.46.1 宁波地区主要电台频率的平均收听率和市场份额

排名	电台名称	平均收听率（%）	市场份额（%）
1	宁波电台交通广播	1.15	16.3
2	宁波电台新闻综合广播	0.85	12.0
3	宁波电台音乐广播私家车 986	0.81	11.6
4	FM104.7 NICE FM	0.72	10.2
5	浙江交通之声	0.64	9.1
6	1008 可乐台	0.50	7.1
7	宁波电台经济广播	0.48	6.8
8	FM105.2 Love Radio	0.39	5.6
9	浙江之声	0.34	4.8
10	宁波电台老少广播阳光 904	0.29	4.1

表1.46.2 宁波地区主要电台频率的到达率和日到达率

排名	电台名称	到达率（%）	日到达率（%）
1	宁波电台交通广播	32.6	15.2
2	宁波电台新闻综合广播	26.6	13.1
3	浙江交通之声	22.6	15.4
4	宁波电台音乐广播私家车 986	20.7	10.4
5	宁波电台经济广播	19.8	11.2
6	FM104.7 NICE FM	16.6	10.4
7	1008 可乐台	14.3	9.6
8	浙江之声	14.1	7.9
9	宁波电台老少广播阳光 904	13.1	7.8
10	浙江私家车 107 城市之声	12.4	8.2

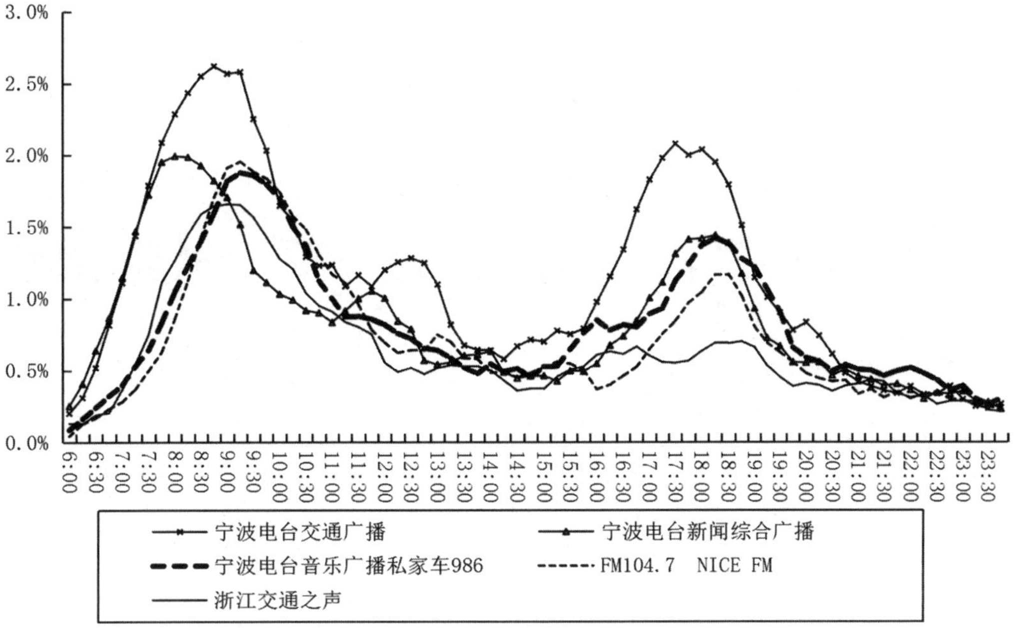

图1.46.1 宁波地区主要电台的时段收听率-1

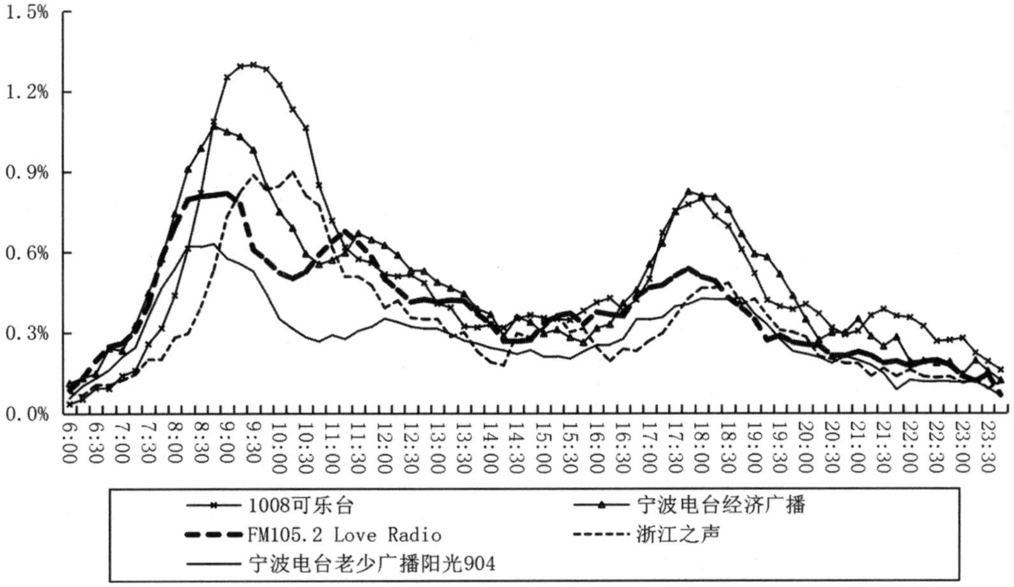

图1.46.2 宁波地区主要电台的时段收听率-2

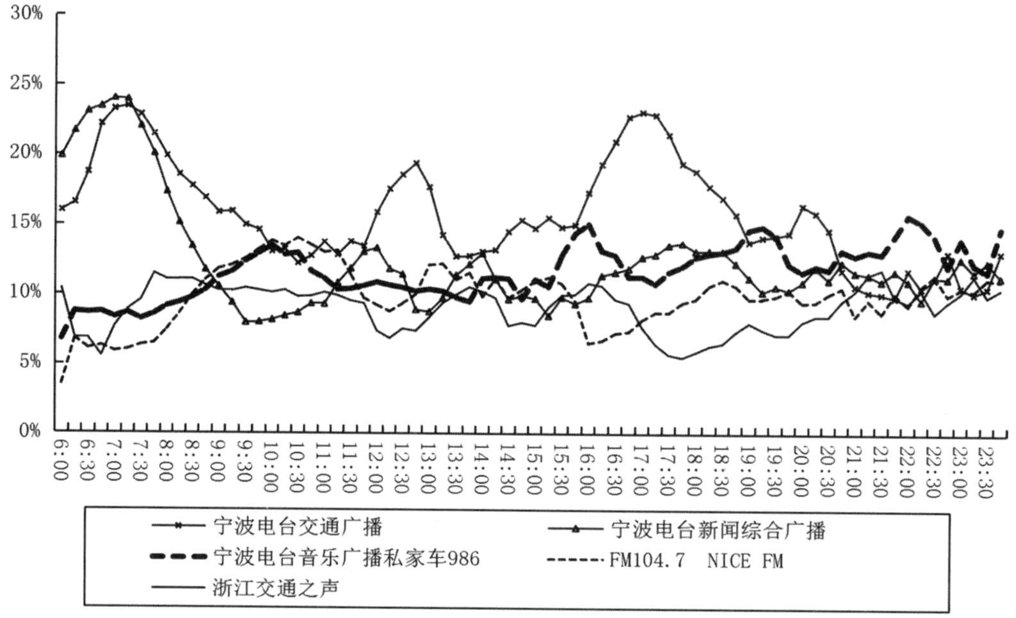

图1.46.3 宁波地区主要电台的时段占有率-1

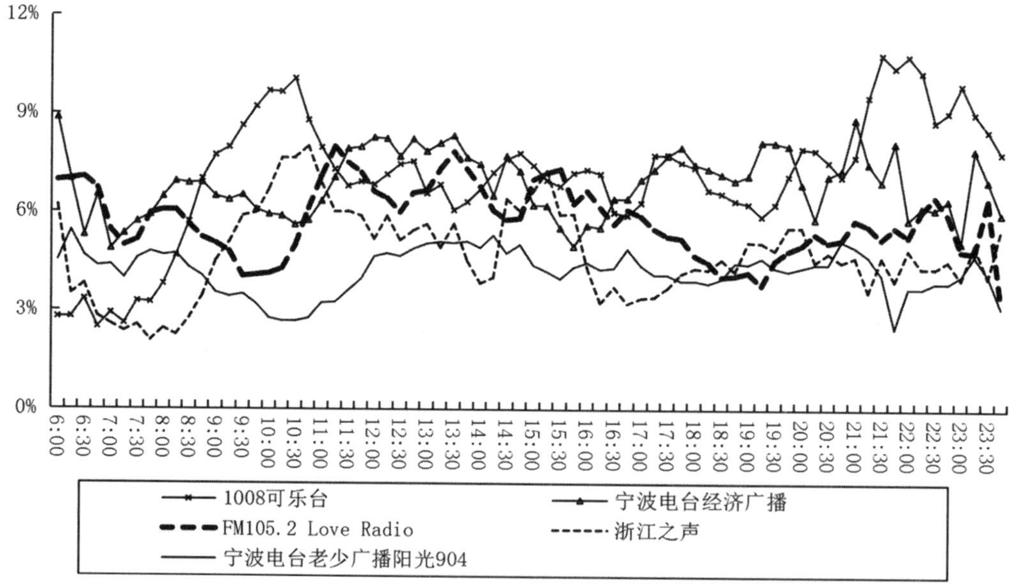

图1.46.4 宁波地区主要电台的时段占有率-2

四十七、绍兴地区收听率数据

表1.47.1　绍兴地区主要电台频率的平均收听率和市场份额

排名	电台名称	平均收听率（%）	市场份额（%）
1	绍兴新闻综合频率	1.07	22.7
2	绍兴交通频率	1.04	22.0
3	绍兴私家车音乐广播 103.5	0.84	17.9
4	浙江交通之声	0.42	9.0
5	浙江动听 968 音乐调频	0.32	6.9
6	FM104.5 浙江旅游之声	0.30	6.4
7	浙江民生资讯广播	0.19	3.9
8	浙江私家车 107 城市之声	0.17	3.6
9	浙江经济广播	0.12	2.5
10	FM106.8 经典汽车广播	0.10	2.0

表1.47.2　绍兴地区主要电台频率的到达率和日到达率

排名	电台名称	到达率（%）	日到达率（%）
1	绍兴新闻综合频率	23.9	11.6
2	绍兴交通频率	20.3	8.8
3	绍兴私家车音乐广播 103.5	16.8	9.3
4	浙江交通之声	16.5	6.8
5	FM104.5 浙江旅游之声	10.7	5.8
6	浙江动听 968 音乐调频	10.4	6.3
7	浙江私家车 107 城市之声	7.7	4.2
8	浙江民生资讯广播	5.3	3.0
9	FM106.8 经典汽车广播	5.1	2.4
10	浙江经济广播	4.0	2.2

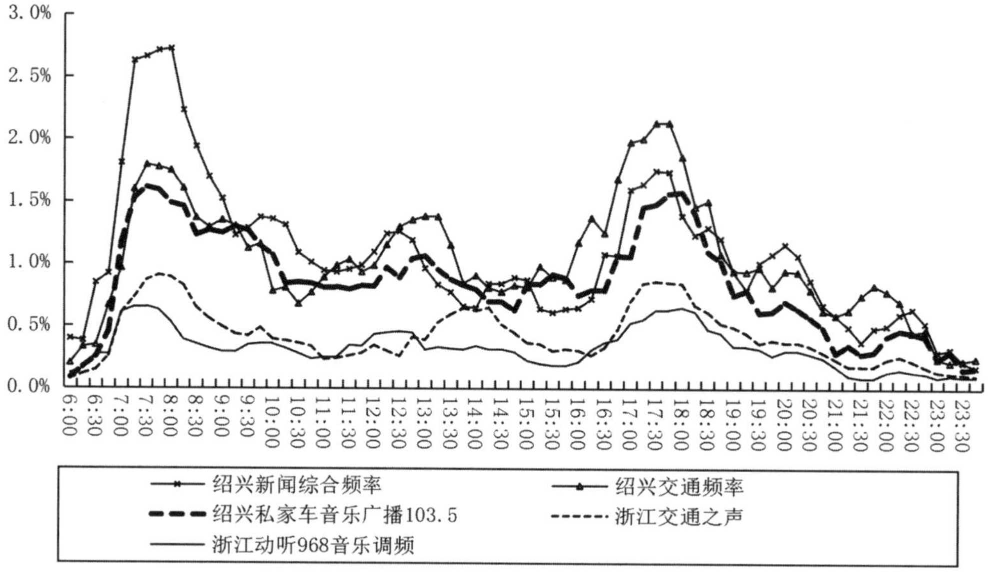

图1.47.1　绍兴地区主要电台的时段收听率-1

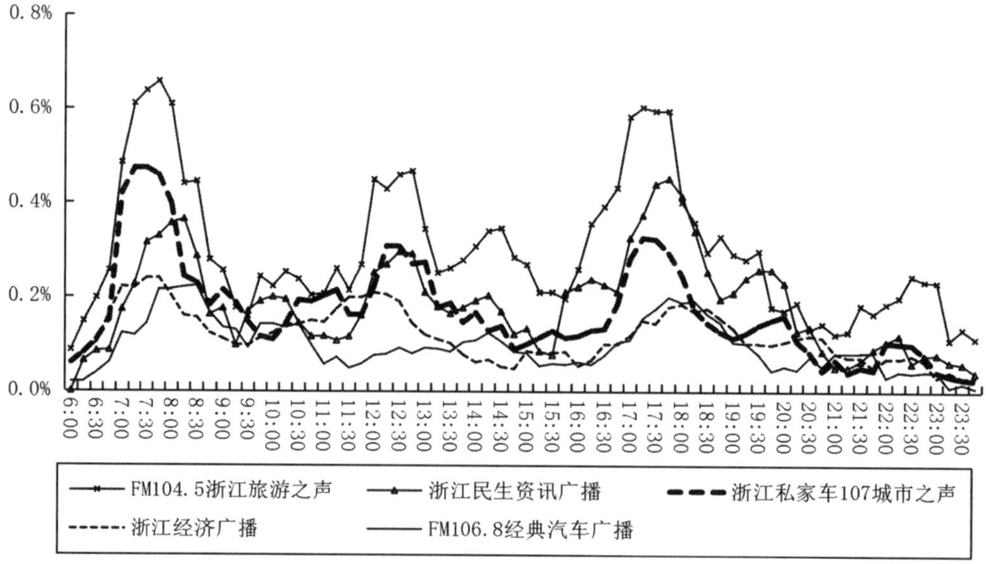

图1.47.2　绍兴地区主要电台的时段收听率-2

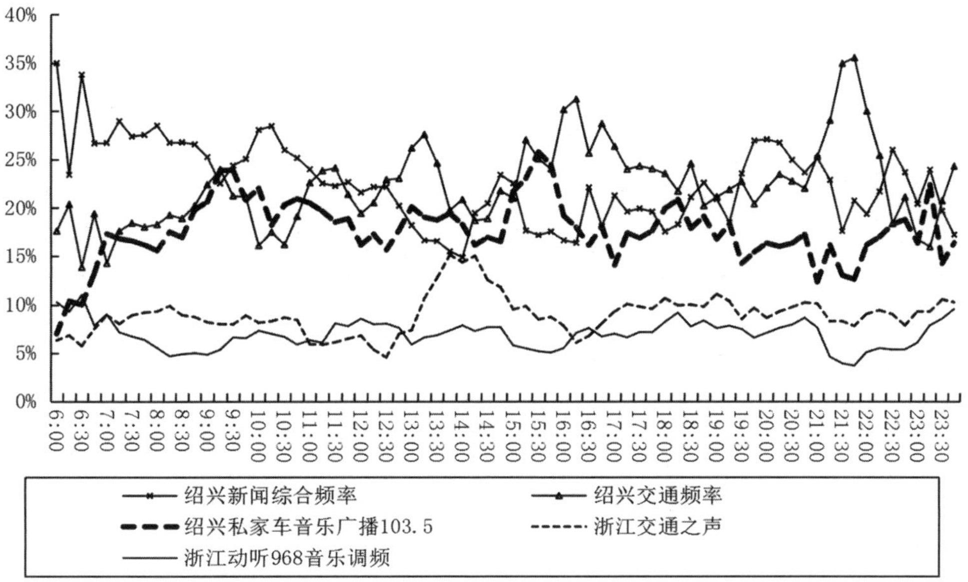

图1.47.3　绍兴地区主要电台的时段占有率-1

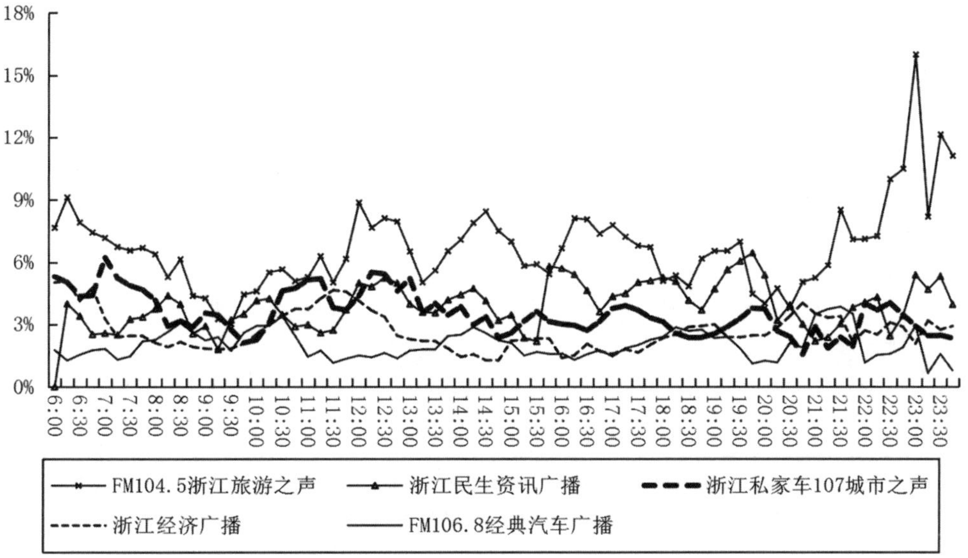

图1.47.4　绍兴地区主要电台的时段占有率-2

四十八、台州地区收听率数据

表1.48.1 台州地区主要电台频率的平均收听率和市场份额

排名	电台名称	平均收听率（%）	市场份额（%）
1	台州交通广播	1.95	24.1
2	台州综合广播	1.95	24.1
3	台州音乐广播	1.89	23.4
4	浙江动听968音乐调频	0.83	10.3
5	浙江私家车107城市之声	0.57	7.1
6	浙江民生资讯广播	0.31	3.8
7	浙江之声	0.25	3.1
8	浙江经济广播	0.21	2.6
9	中央广播电视总台中国之声	0.04	0.5
10	浙江交通之声	0.03	0.4

表1.48.2 台州地区主要电台频率的到达率和日到达率

排名	电台名称	到达率（%）	日到达率（%）
1	台州交通广播	39.7	14.3
2	台州综合广播	37.3	13.3
3	台州音乐广播	34.9	12.0
4	浙江私家车107城市之声	29.5	6.3
5	浙江之声	25.7	4.4
6	浙江动听968音乐调频	23.1	4.1
7	浙江交通之声	20.9	1.2
8	浙江经济广播	19.6	3.1
9	浙江民生资讯广播	18.1	2.2
10	中央广播电视总台中国之声	18.1	1.6

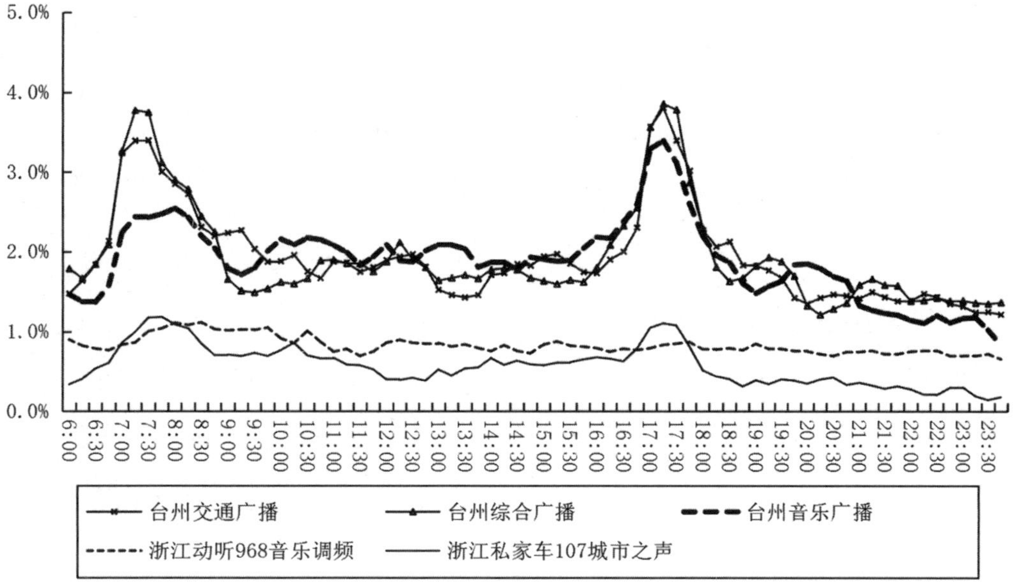

图1.48.1　台州地区主要电台的时段收听率-1

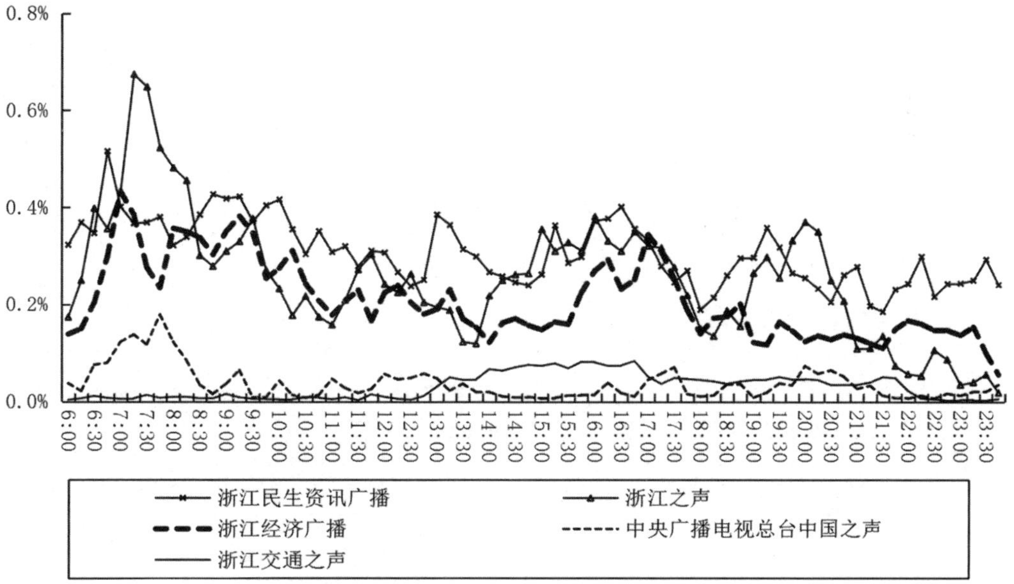

图1.48.2　台州地区主要电台的时段收听率-2

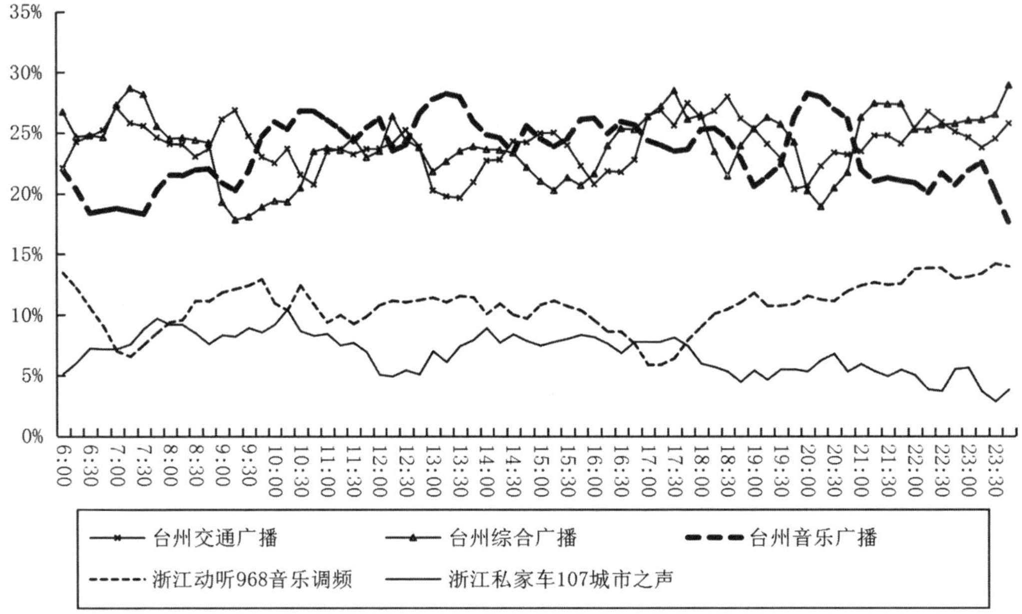

图1.48.3 台州地区主要电台的时段占有率-1

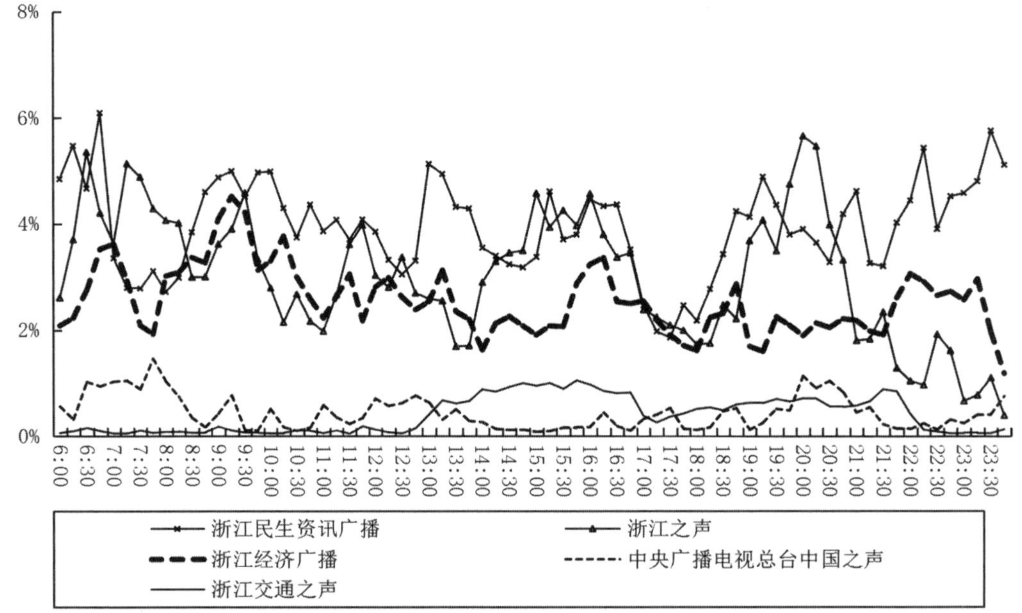

图1.48.4 台州地区主要电台的时段占有率-2

四十九、金华地区收听率数据

表1.49.1　金华地区主要电台频率的平均收听率和市场份额

排名	电台名称	平均收听率（%）	市场份额（%）
1	金华交通音乐广播	1.10	22.3
2	金华之声	0.69	14.0
3	金华音乐广播 FM101.4	0.50	10.2
4	金华阳光调频 FM102.2	0.48	9.7
5	浙江交通之声	0.42	8.5
6	浙江动听 968 音乐调频	0.31	6.2
7	浙江之声	0.28	5.6
8	浙江经济广播	0.25	5.1
9	中央广播电视总台中国之声	0.24	4.8
10	浙江民生资讯广播	0.21	4.4

表1.49.2　金华地区主要电台频率的到达率和日到达率

排名	电台名称	到达率（%）	日到达率（%）
1	金华交通音乐广播	30.2	12.0
2	金华音乐广播 FM101.4	25.9	8.3
3	金华阳光调频 FM102.2	22.4	8.1
4	金华之声	19.5	8.3
5	浙江交通之声	15.2	7.8
6	浙江动听 968 音乐调频	13.5	5.8
7	浙江之声	13.2	5.3
8	浙江经济广播	13.0	5.5
9	浙江民生资讯广播	12.9	5.1
10	中央广播电视总台中国之声	11.9	4.9

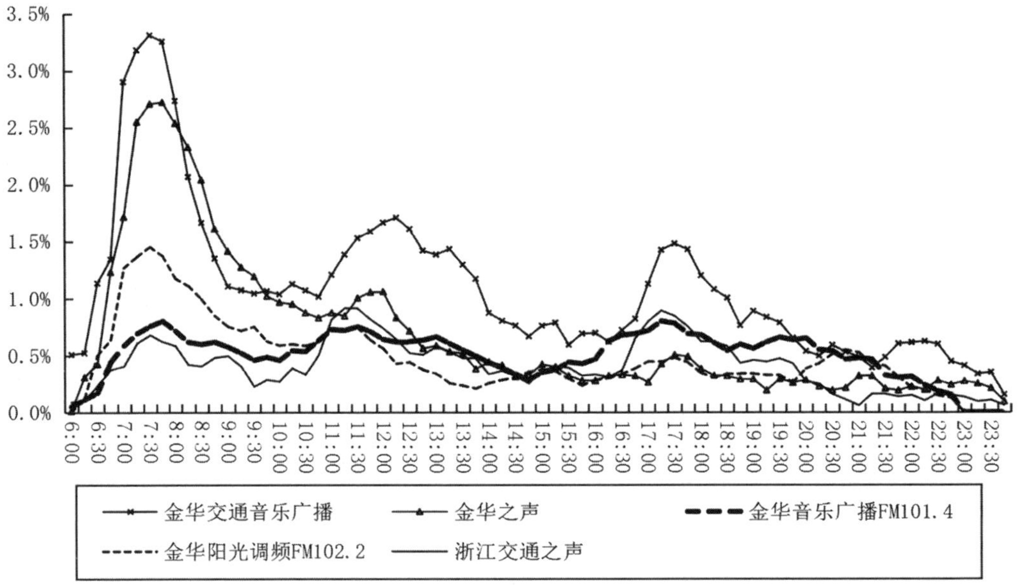

图1.49.1 金华地区主要电台的时段收听率-1

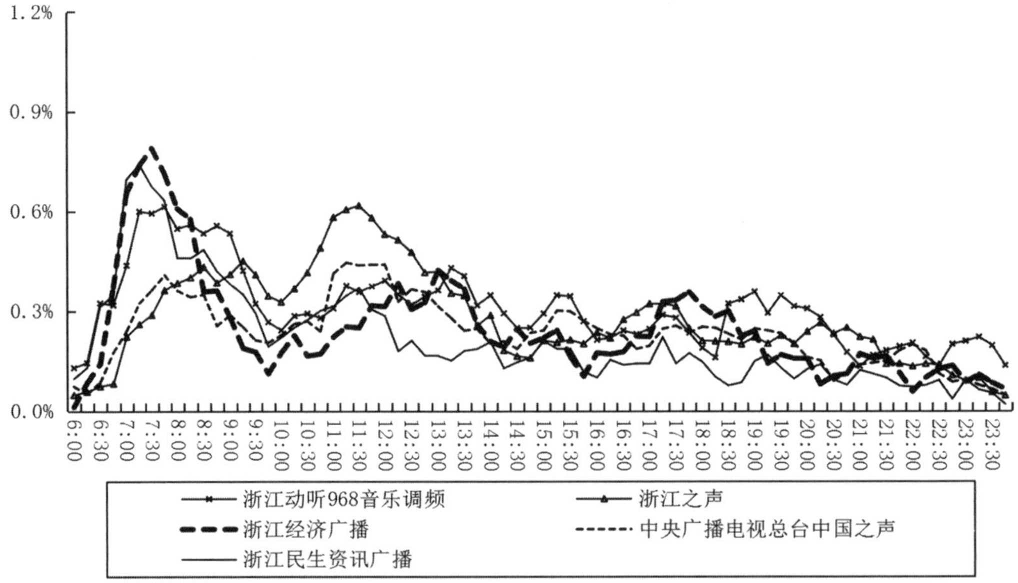

图1.49.2 金华地区主要电台的时段收听率-2

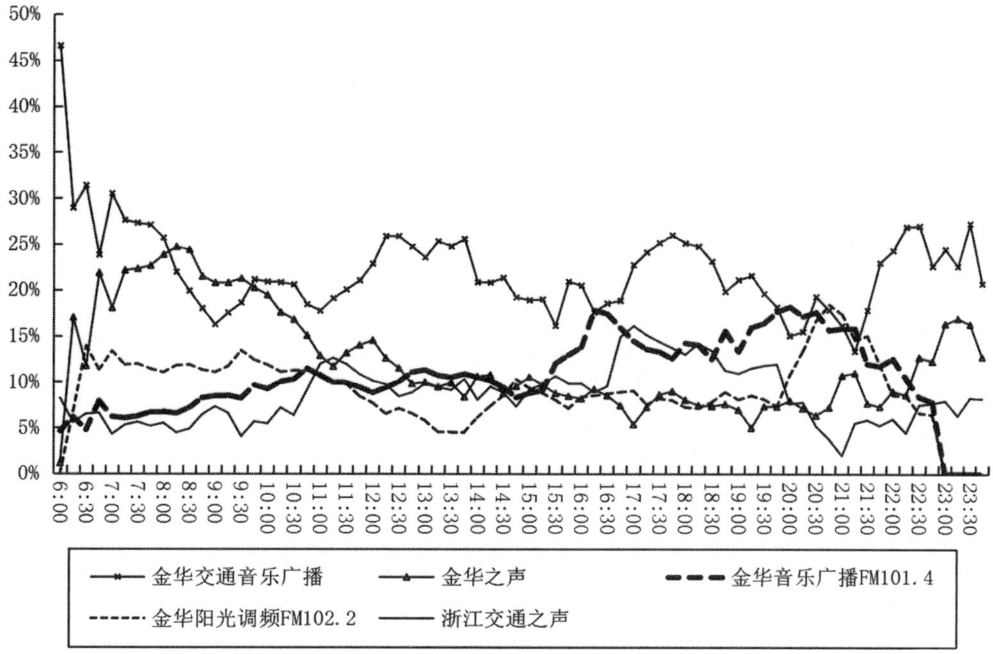

图1.49.3 金华地区主要电台的时段占有率-1

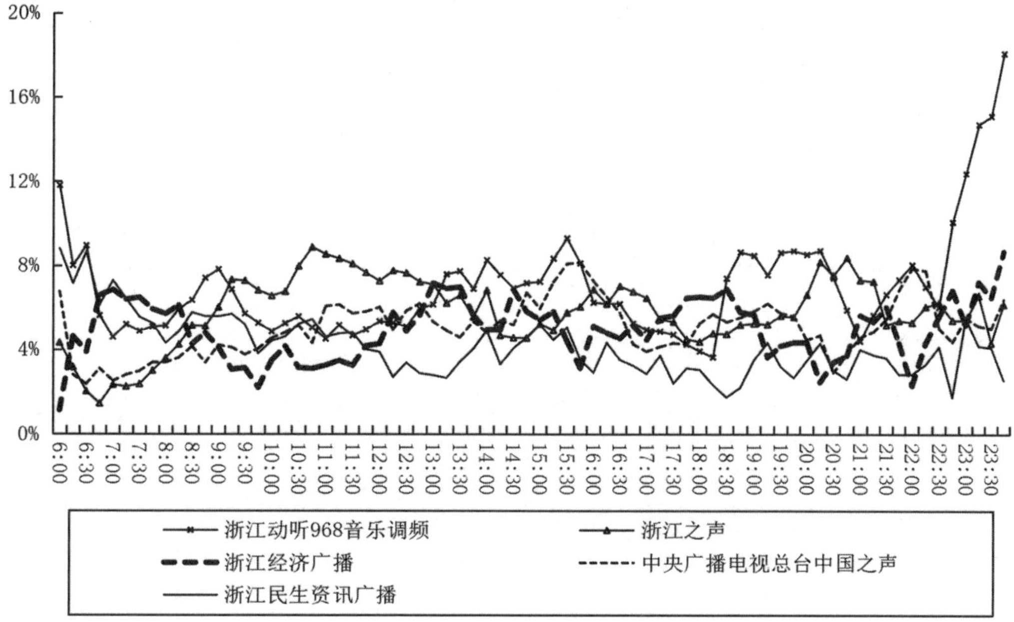

图1.49.4 金华地区主要电台的时段占有率-2

五十、义乌地区收听率数据

表1.50.1　义乌地区主要电台频率的平均收听率和市场份额

排名	电台名称	平均收听率（%）	市场份额（%）
1	义乌交通广播	1.36	28.6
2	义乌新闻广播	1.06	22.3
3	浙江交通之声	0.47	9.9
4	金华交通音乐广播	0.33	7.0
5	金华之声	0.27	5.8
6	浙江之声	0.25	5.3
7	中央广播电视总台中国之声	0.23	4.8
8	浙江民生资讯广播	0.17	3.6
9	浙江动听 968 音乐调频	0.16	3.3
10	金华音乐广播	0.13	2.7

表1.50.2　义乌地区主要电台频率的到达率和日到达率

排名	电台名称	到达率（%）	日到达率（%）
1	义乌交通广播	42.4	20.1
2	义乌新闻广播	36.0	16.3
3	浙江交通之声	20.9	8.4
4	金华交通音乐广播	18.3	5.6
5	中央广播电视总台中国之声	11.6	4.7
6	浙江动听 968 音乐调频	9.7	3.6
7	金华之声	9.4	3.7
8	浦江人民广播电台	8.9	3.1
9	浙江之声	8.8	3.8
10	浙江私家车 107 城市之声	8.0	3.1

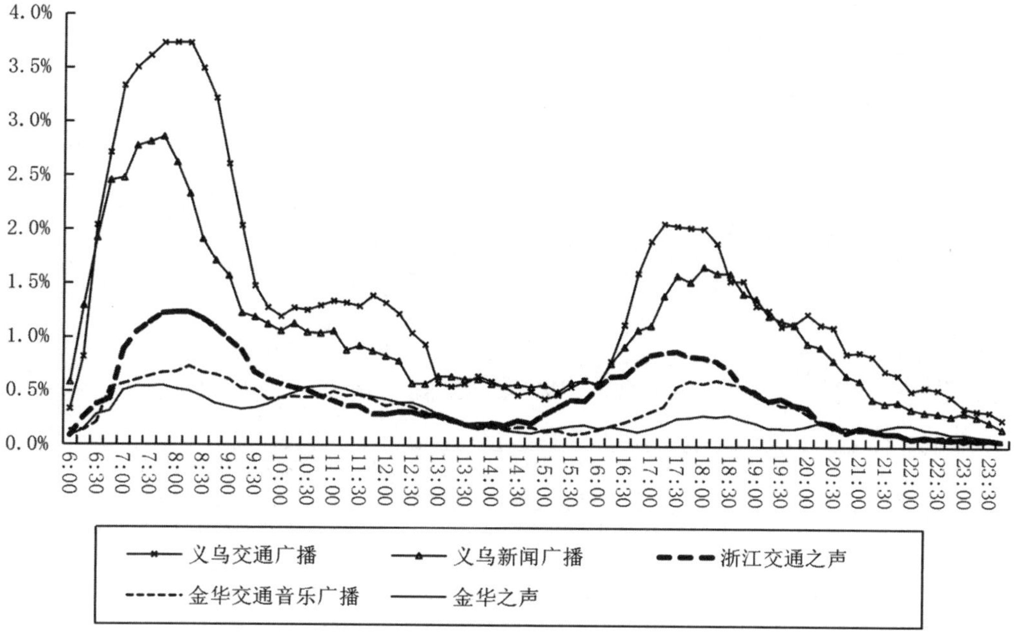

图1.50.1 义乌地区主要电台的时段收听率-1

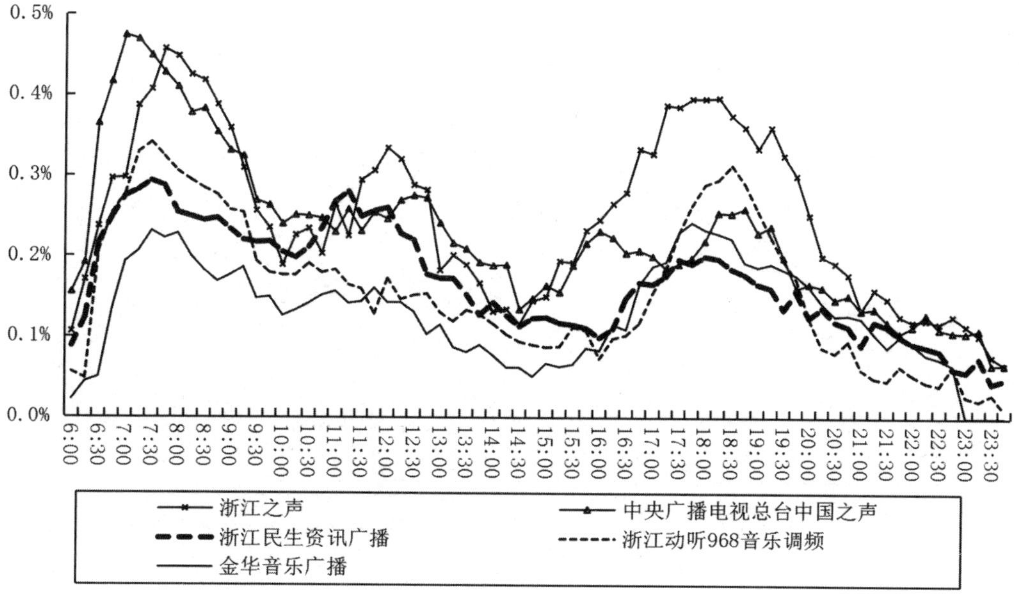

图1.50.2 义乌地区主要电台的时段收听率-2

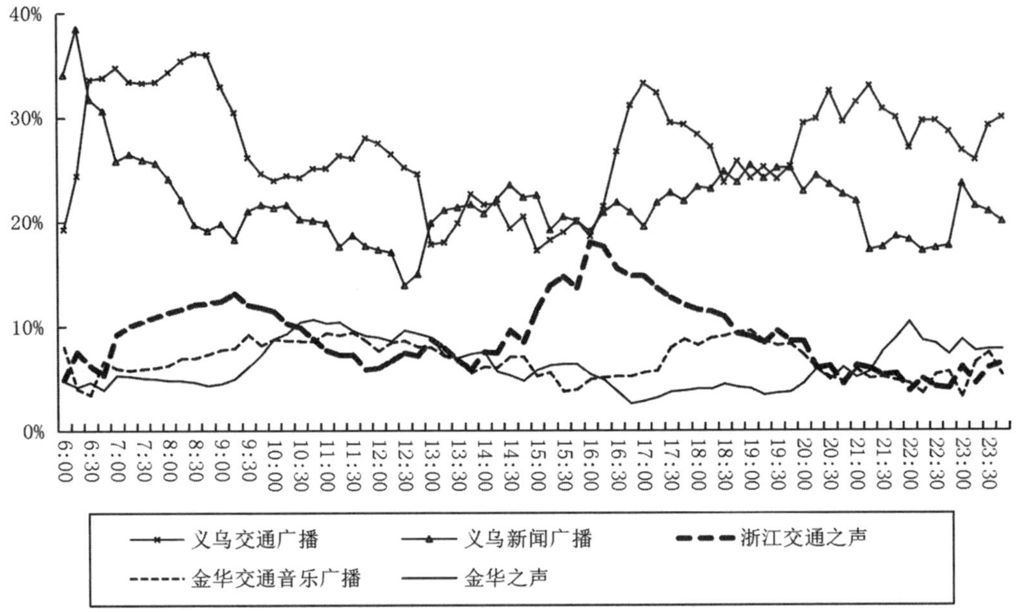

图1.50.3 义乌地区主要电台的时段占有率-1

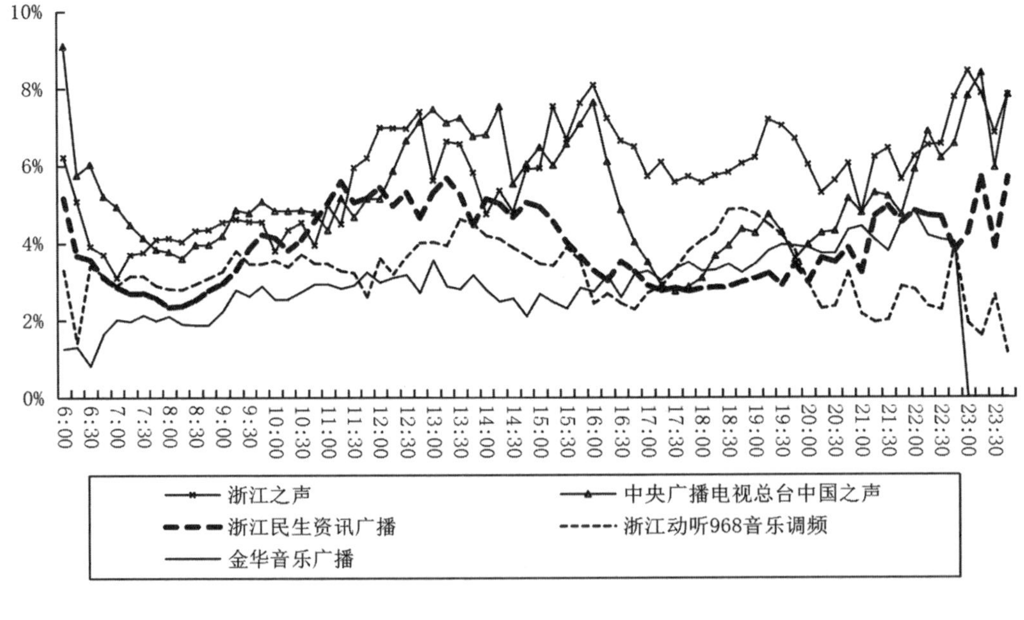

图1.50.4 义乌地区主要电台的时段占有率-2

五十一、泉州地区收听率数据

表1.51.1　泉州地区主要电台频率的平均收听率和市场份额

排名	电台名称	平均收听率（%）	市场份额（%）
1	904 交通之声	2.03	32.2
2	923 经济生活（私家车）广播	1.21	19.2
3	889 新闻综合广播	0.92	14.5
4	福建音乐广播	0.49	7.9
5	105.9 刺桐之声	0.44	7.0
6	福建交通广播	0.27	4.2
7	福建新闻综合广播	0.19	2.9
8	中央广播电视总台中国之声	0.18	2.8
9	经典 881music radio	0.14	2.2
10	福建经济广播	0.12	1.9

表1.51.2　泉州地区主要电台频率的到达率和日到达率

排名	电台名称	到达率（%）	日到达率（%）
1	904 交通之声	36.0	21.3
2	889 新闻综合广播	26.3	16.8
3	923 经济生活（私家车）广播	19.3	12.2
4	福建音乐广播	15.4	10.1
5	105.9 刺桐之声	15.2	10.0
6	福建交通广播	12.4	6.5
7	经典 881music radio	11.2	5.0
8	福建新闻综合广播	10.6	6.1
9	中央广播电视总台中国之声	8.9	5.1
10	福建经济广播	7.5	3.6

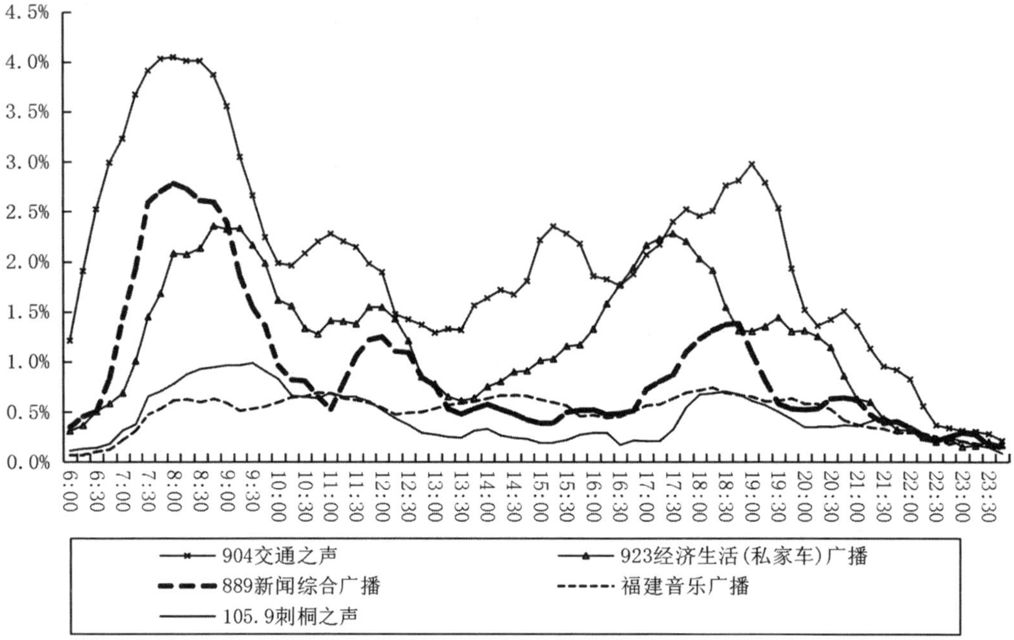

图1.51.1　泉州地区主要电台的时段收听率-1

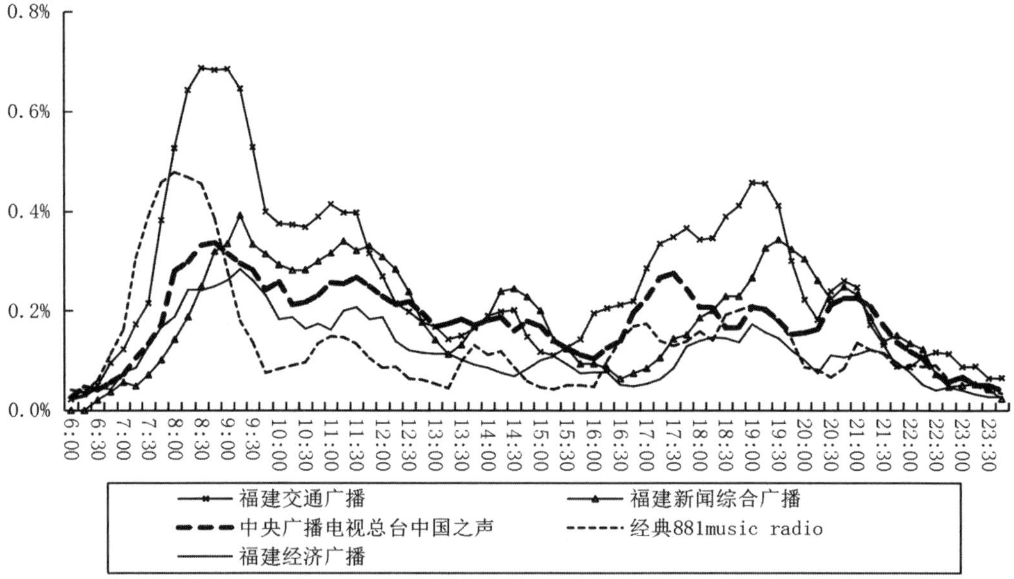

图1.51.2　泉州地区主要电台的时段收听率-2

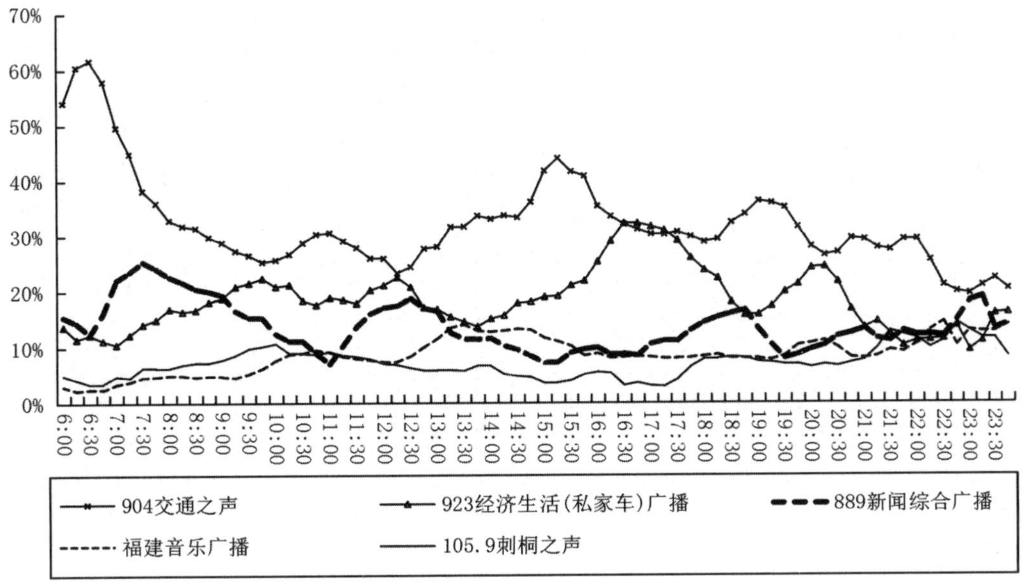

图1.51.3　泉州地区主要电台的时段占有率-1

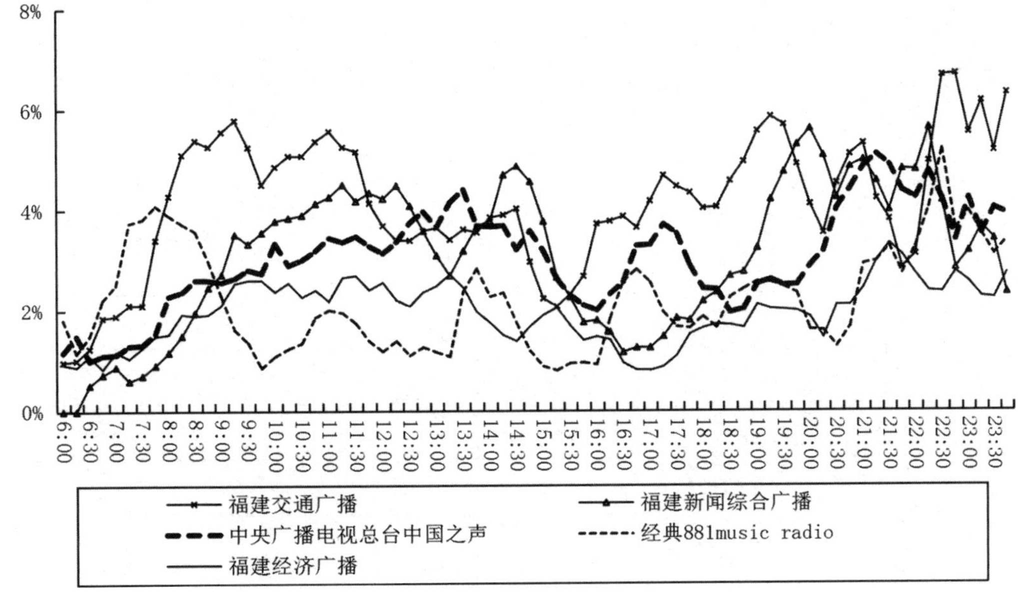

图1.51.4　泉州地区主要电台的时段占有率-2

五十二、湖州地区收听率数据

表1.52.1　湖州地区主要电台频率的平均收听率和市场份额

排名	电台名称	平均收听率（%）	市场份额（%）
1	湖州交通广播	0.86	21.1
2	湖州新闻综合频率	0.78	18.9
3	湖州交通音乐广播	0.67	16.4
4	浙江交通之声	0.60	14.7
5	浙江之声	0.29	7.1
6	浙江动听 968 音乐调频	0.21	5.2
7	浙江经济广播	0.19	4.7
8	FM104.5 浙江旅游之声	0.18	4.4
9	浙江民生资讯广播	0.11	2.7
10	中央广播电视总台中国之声	0.08	2.0

表1.52.2　湖州地区主要电台频率的到达率和日到达率

排名	电台名称	到达率（%）	日到达率（%）
1	湖州交通广播	27.6	8.6
2	湖州新闻综合频率	24.6	9.1
3	湖州交通音乐广播	17.5	8.9
4	浙江交通之声	14.6	6.9
5	浙江之声	10.5	5.3
6	浙江动听 968 音乐调频	9.0	4.3
7	浙江经济广播	8.1	3.7
8	FM104.5 浙江旅游之声	7.9	3.7
9	浙江民生资讯广播	6.2	2.3
10	中央广播电视总台中国之声	4.6	2.2

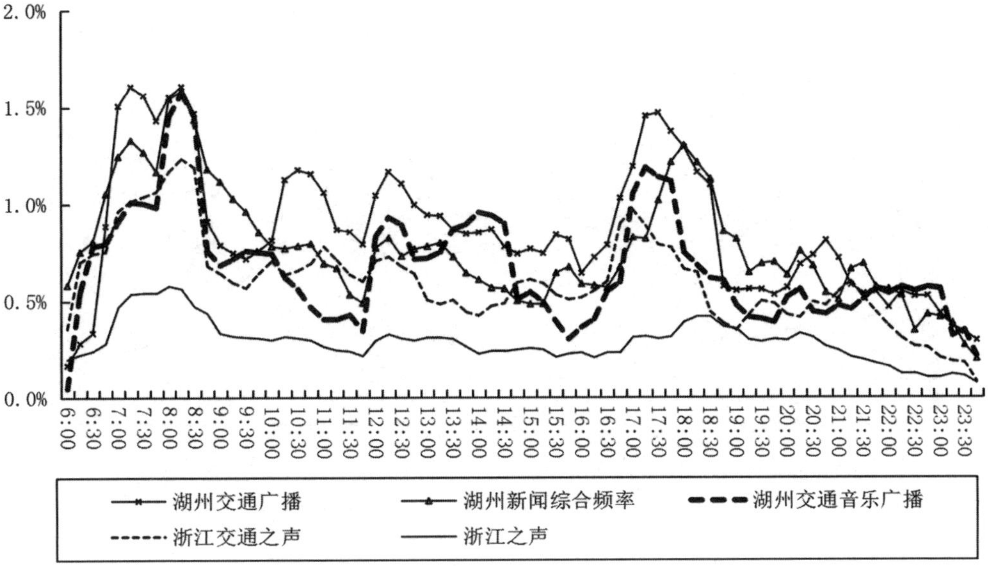

图1.52.1　湖州地区主要电台的时段收听率-1

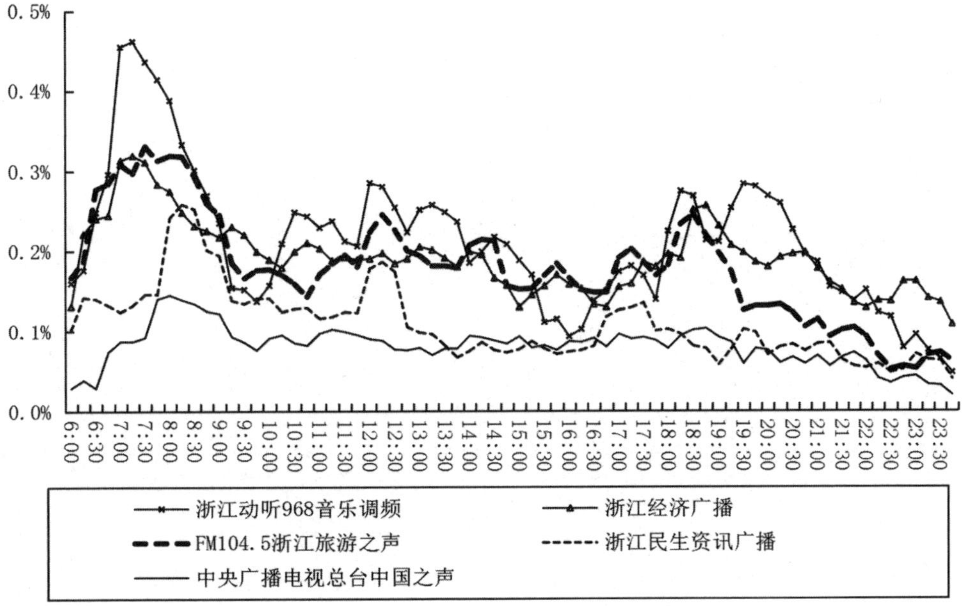

图1.52.2　湖州地区主要电台的时段收听率-2

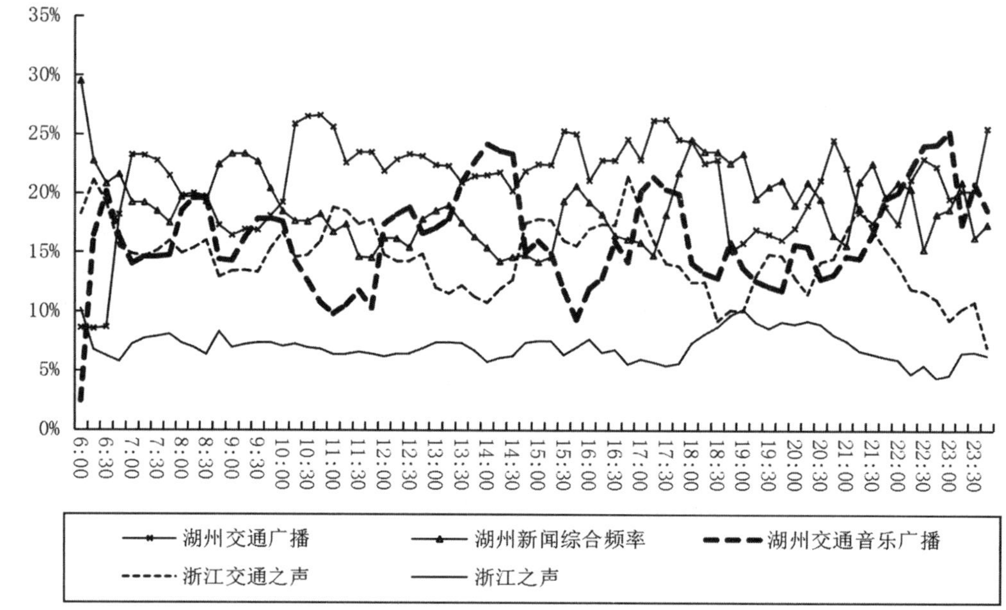

图1.52.3　湖州地区主要电台的时段占有率-1

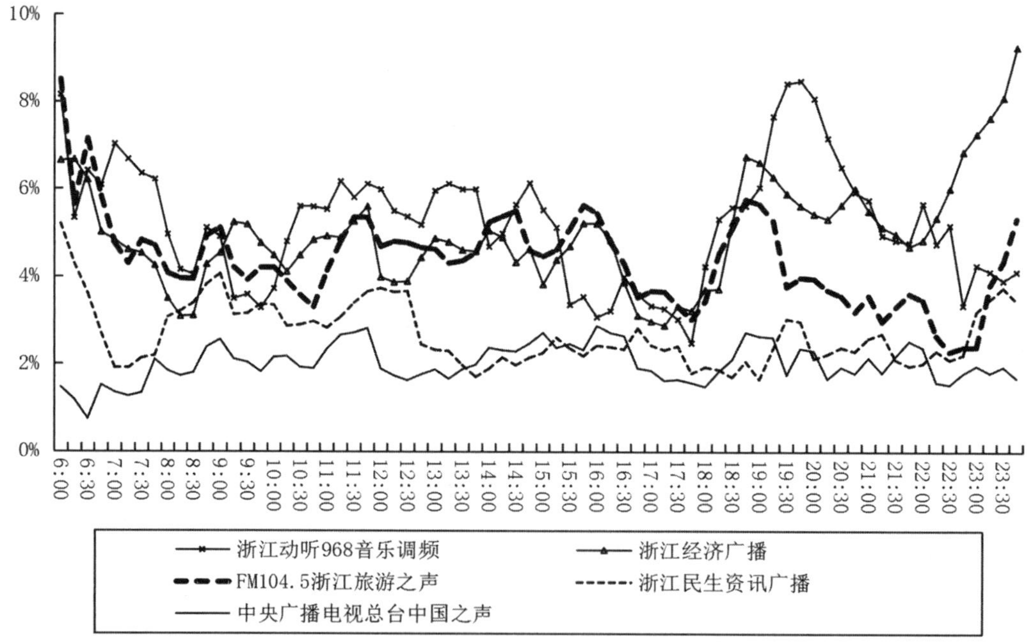

图1.52.4　湖州地区主要电台的时段占有率-2

五十三、韶关地区收听率数据

表1.53.1 韶关地区主要电台频率的平均收听率和市场份额

排名	电台名称	平均收听率（%）	市场份额（%）
1	韶关交通旅游广播	1.72	35.6
2	韶关新闻综合广播	1.64	33.8
3	广东广播电视台音乐之声	0.65	13.4
4	广东新闻广播	0.32	6.6
5	广东广播电视台珠江经济台	0.16	3.3
6	广东广播电视台股市广播	0.15	3.0
7	广东广播电视台交通之声	0.12	2.5
8	中央广播电视总台中国之声	0.08	1.6

表1.53.2 韶关地区主要电台频率的到达率和日到达率

排名	电台名称	到达率（%）	日到达率（%）
1	韶关交通旅游广播	34.9	11.4
2	韶关新闻综合广播	30.6	9.8
3	广东广播电视台音乐之声	22.5	9.2
4	广东新闻广播	14.7	5.7
5	广东广播电视台珠江经济台	9.5	3.0
6	中央广播电视总台中国之声	5.6	1.2
7	广东广播电视台交通之声	5.1	2.3
8	广东广播电视台股市广播	4.7	2.4

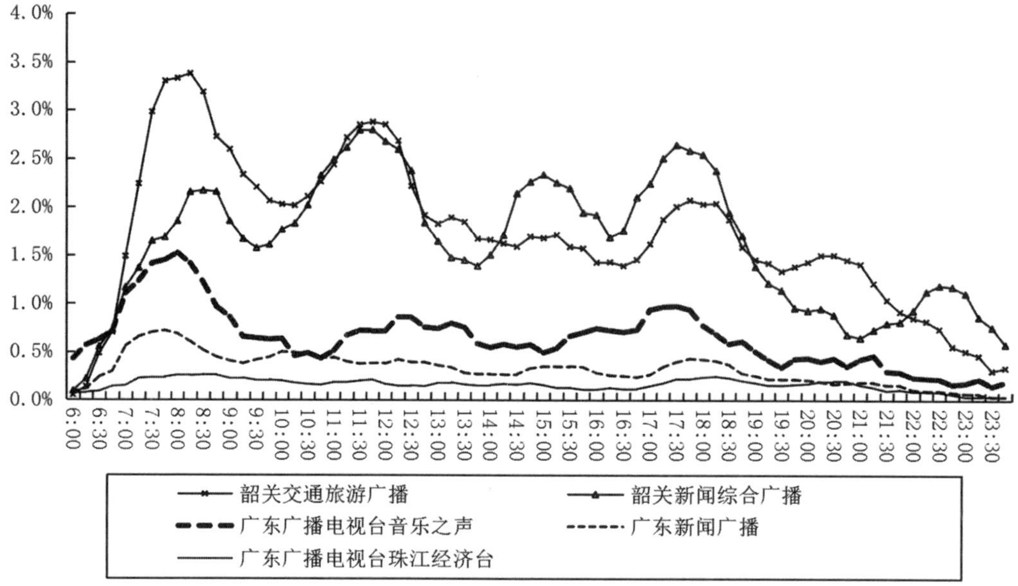

图1.53.1　韶关地区主要电台的时段收听率-1

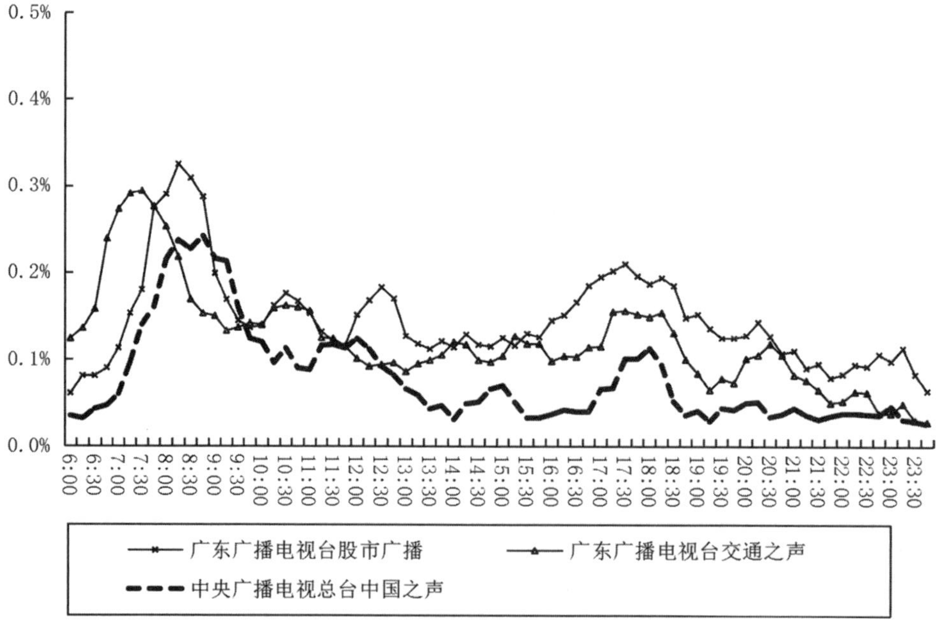

图1.53.2　韶关地区主要电台的时段收听率-2

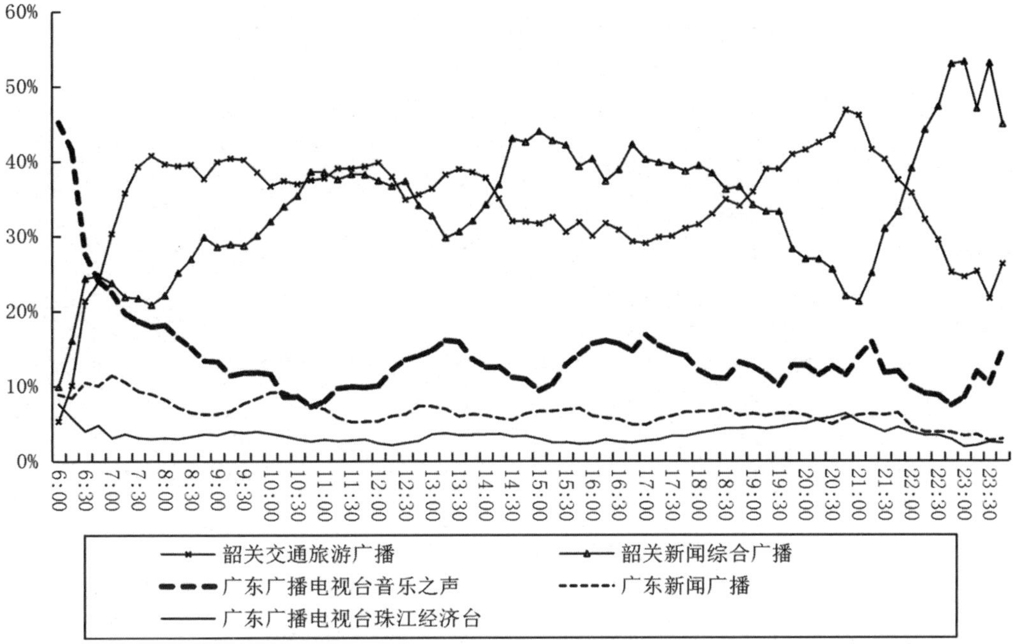

图1.53.3　韶关地区主要电台的时段占有率-1

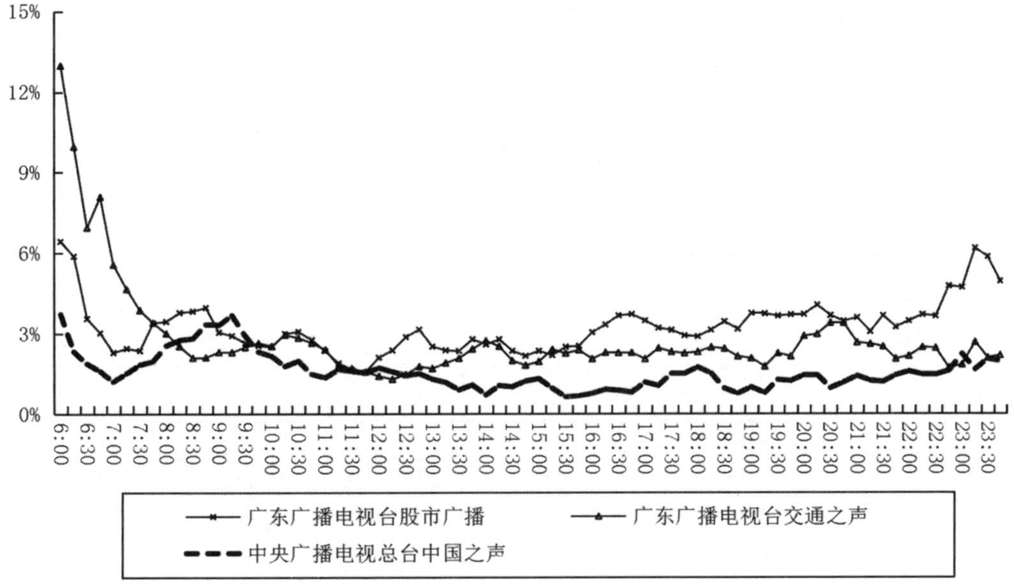

图1.53.4　韶关地区主要电台的时段占有率-2

五十四、清远地区收听率数据

表1.54.1 清远地区主要电台频率的平均收听率和市场份额

排名	电台名称	平均收听率（%）	市场份额（%）
1	978 清远农村广播	1.56	34.1
2	887 清远综合广播	1.46	31.9
3	959 清远交通音乐广播	0.33	7.3
4	广东新闻广播	0.21	4.5
5	广东广播电视台音乐之声	0.19	4.2
6	中央广播电视总台中国之声	0.18	4.0
7	广东广播电视台交通之声	0.16	3.5
8	广州交通广播	0.14	3.1
9	佛山人民广播电台三水广播	0.10	2.1
10	广东广播电视台股市广播	0.09	1.9

表1.54.2 清远地区主要电台频率的到达率和日到达率

排名	电台名称	到达率（%）	日到达率（%）
1	978 清远农村广播	38.6	15.6
2	887 清远综合广播	37.2	14.1
3	959 清远交通音乐广播	11.1	3.2
4	广东广播电视台交通之声	9.0	4.0
5	广州交通广播	8.9	3.8
6	广东新闻广播	7.8	4.1
7	中央广播电视总台中国之声	7.8	3.3
8	广东广播电视台音乐之声	6.4	3.3
9	广东广播电视台股市广播	5.1	1.9
10	佛山人民广播电台三水广播	4.7	1.0

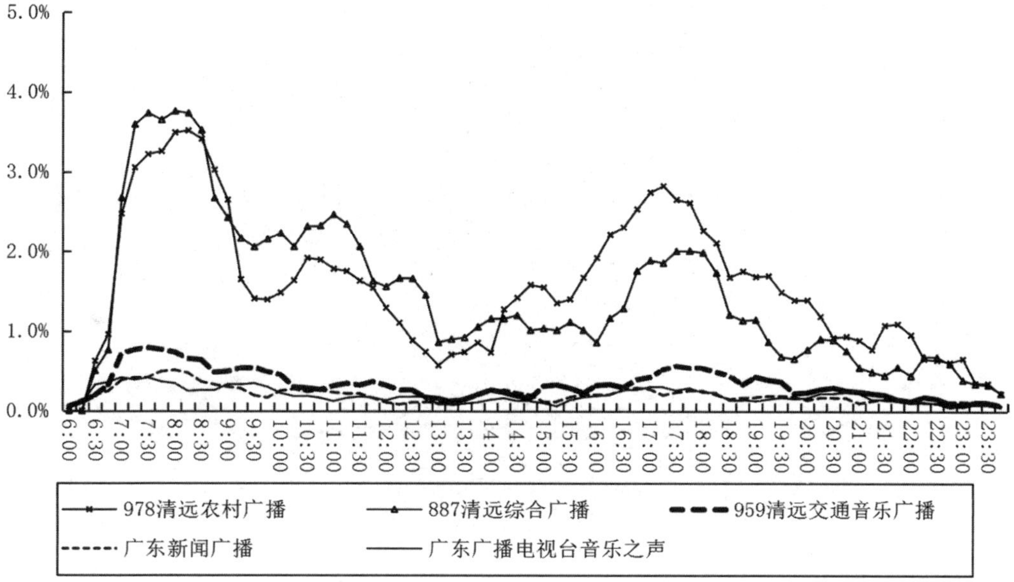

图1.54.1 清远地区主要电台的时段收听率-1

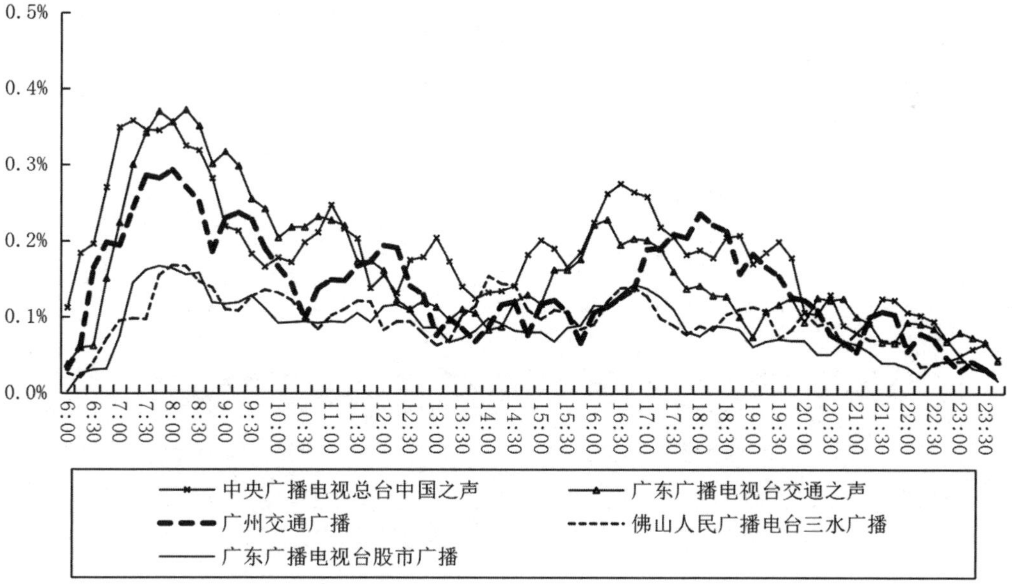

图1.54.2 清远地区主要电台的时段收听率-2

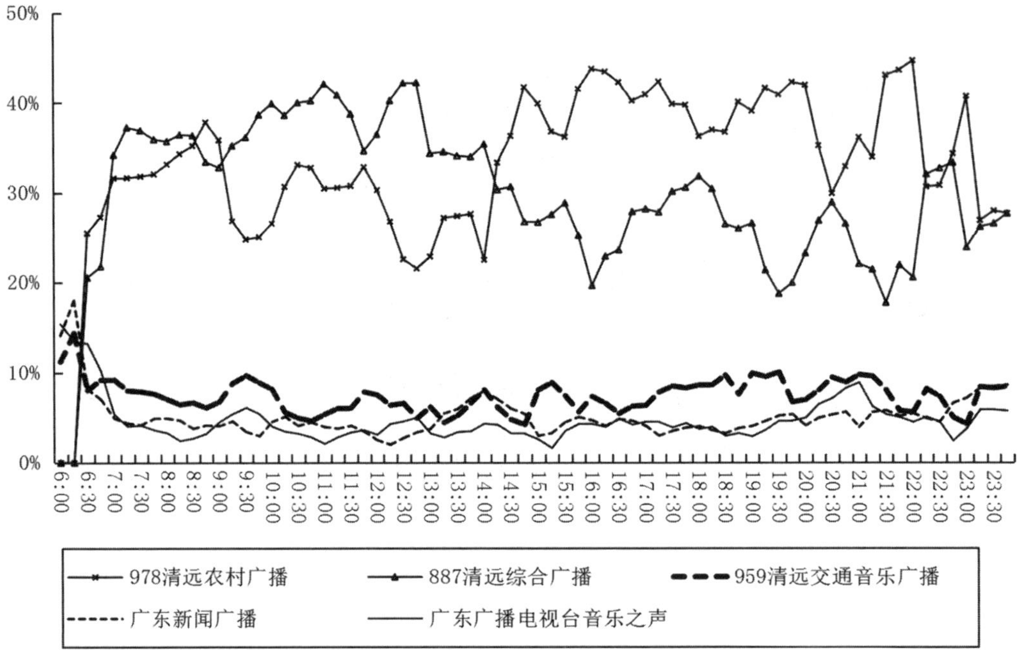

图1.54.3　清远地区主要电台的时段占有率-1

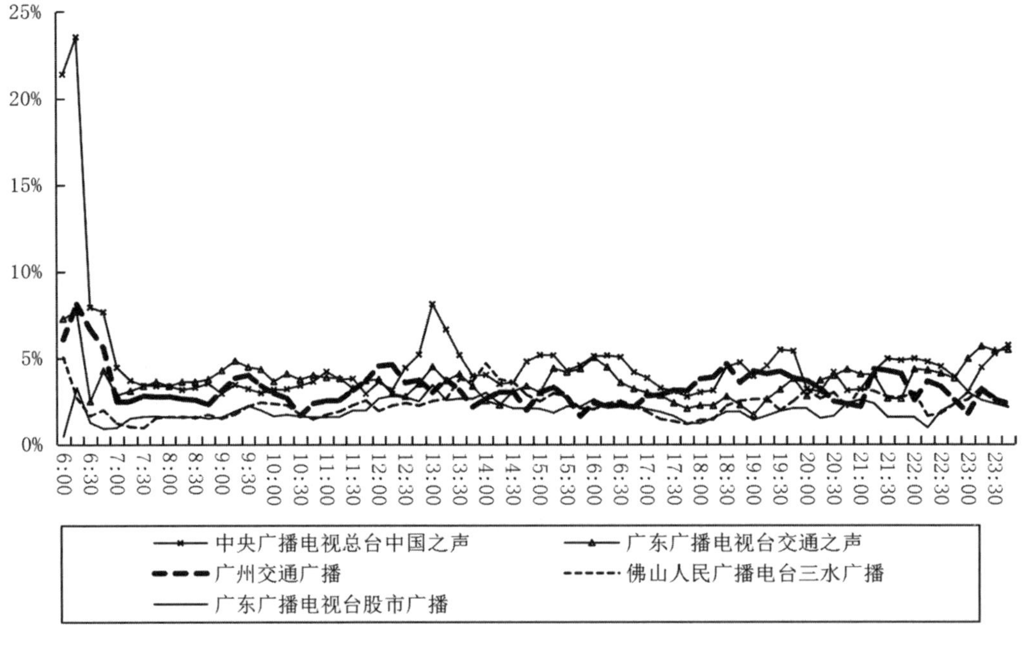

图1.54.4　清远地区主要电台的时段占有率-2

五十五、中山地区收听率数据

表1.55.1 中山地区主要电台频率的平均收听率和市场份额

排名	电台名称	平均收听率（%）	市场份额（%）
1	中山环保旅游之声	2.41	37.4
2	中山人民广播电台	2.17	33.6
3	中央广播电视总台中国之声	0.24	3.7
4	广东广播电视台交通之声	0.23	3.6
5	广东新闻广播	0.23	3.5
6	广东广播电视台音乐之声	0.21	3.3
7	广东广播电视台城市之声	0.16	2.5
8	江门旅游音乐频率	0.13	2.0
9	广东广播电视台南方生活广播	0.11	1.6
10	中央广播电视总台环球资讯广播	0.10	1.6

表1.55.2 中山地区主要电台频率的到达率和日到达率

排名	电台名称	到达率（%）	日到达率（%）
1	中山环保旅游之声	34.0	17.8
2	中山人民广播电台	30.3	13.8
3	广东广播电视台交通之声	12.7	5.8
4	广东广播电视台城市之声	11.3	5.3
5	广东广播电视台音乐之声	11.1	4.1
6	中央广播电视总台中国之声	10.9	6.9
7	江门旅游音乐频率	10.1	3.0
8	广东新闻广播	9.1	6.2
9	中央广播电视总台环球资讯广播	8.8	3.9
10	广东广播电视台珠江经济台	8.6	3.0

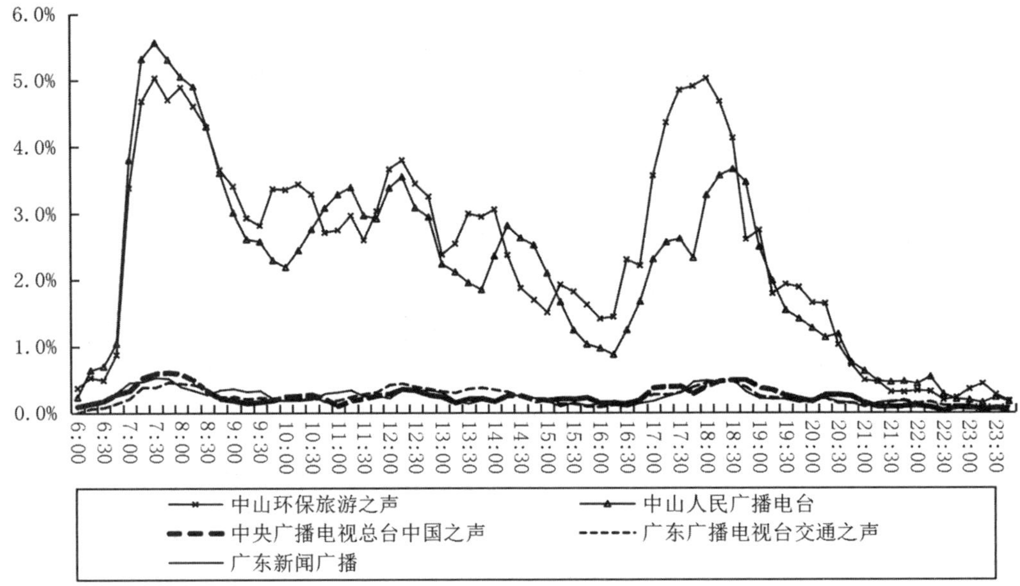

图1.55.1　中山地区主要电台的时段收听率-1

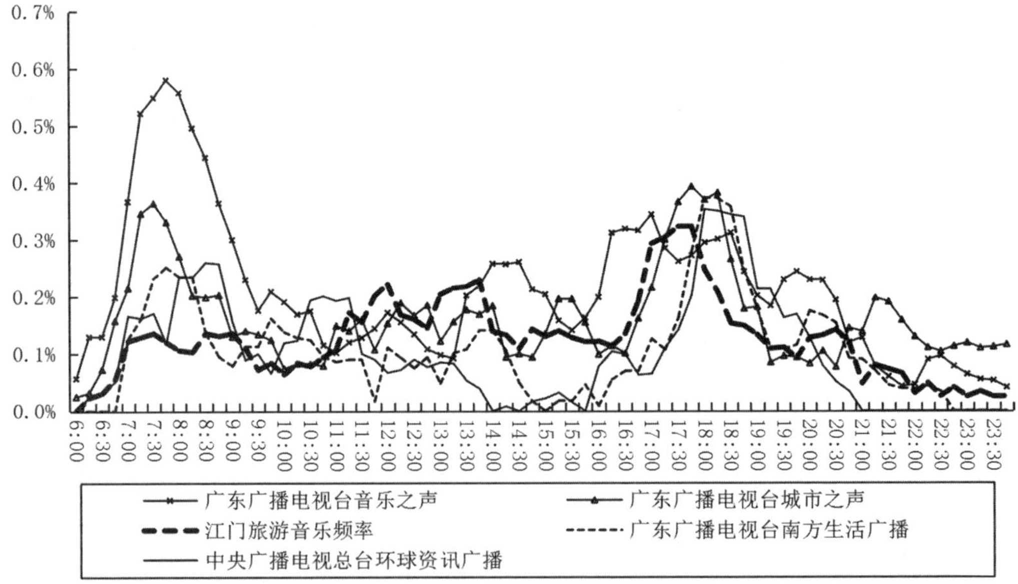

图1.55.2　中山地区主要电台的时段收听率-2

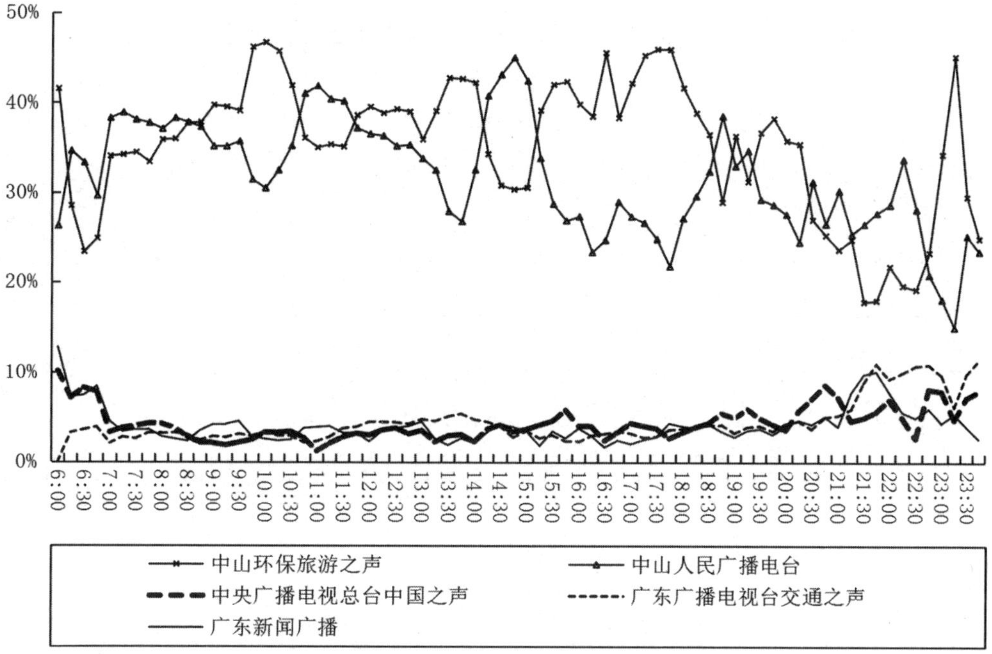

图1.55.3　中山地区主要电台的时段占有率-1

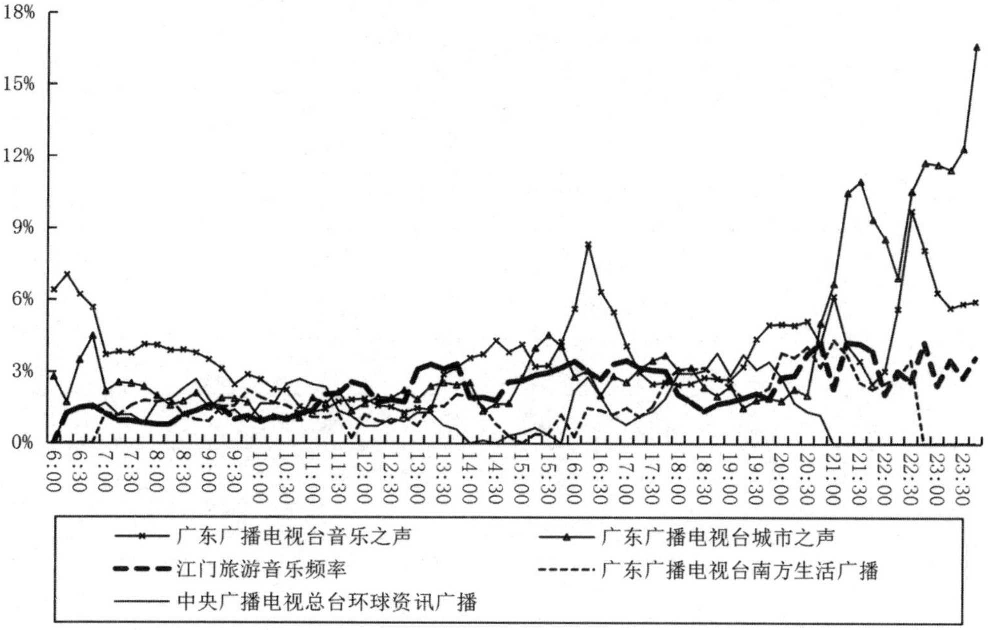

图1.55.4　中山地区主要电台的时段占有率-2

五十六、江门地区收听率数据

表1.56.1　江门地区主要电台频率的平均收听率和市场份额

排名	电台名称	平均收听率（%）	市场份额（%）
1	江门旅游音乐频率	2.52	36.2
2	江门新闻综合频率	2.35	33.9
3	中央广播电视总台中国之声	0.24	3.5
4	广东广播电视台音乐之声	0.23	3.2
5	中央广播电视总台经济之声	0.18	2.5
6	广东广播电视台交通之声	0.17	2.4
7	广东广播电视台珠江经济台	0.16	2.3
8	广东新闻广播	0.15	2.1
9	广东广播电视台文体广播	0.12	1.7
10	广州新闻电台	0.10	1.4

表1.56.2　江门地区主要电台频率的到达率和日到达率

排名	电台名称	到达率（%）	日到达率（%）
1	江门旅游音乐频率	39.3	20.5
2	江门新闻综合频率	35.2	17.2
3	广东广播电视台音乐之声	10.4	5.0
4	广东珠江经济台	8.9	3.8
5	中央广播电视总台中国之声	8.6	3.9
6	广东广播电视台交通之声	6.6	3.0
7	中央广播电视总台经济之声	6.1	2.2
8	台山人民广播电台	6.0	1.9
9	广东广播电视台城市之声	6.0	1.9
10	广东新闻广播	5.8	1.9

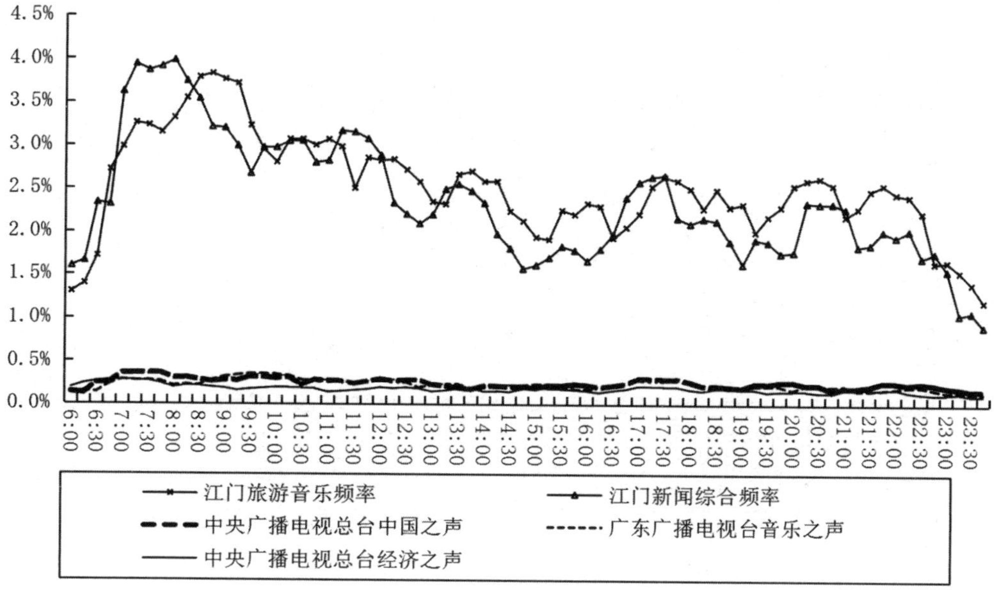

图1.56.1 江门地区主要电台的时段收听率-1

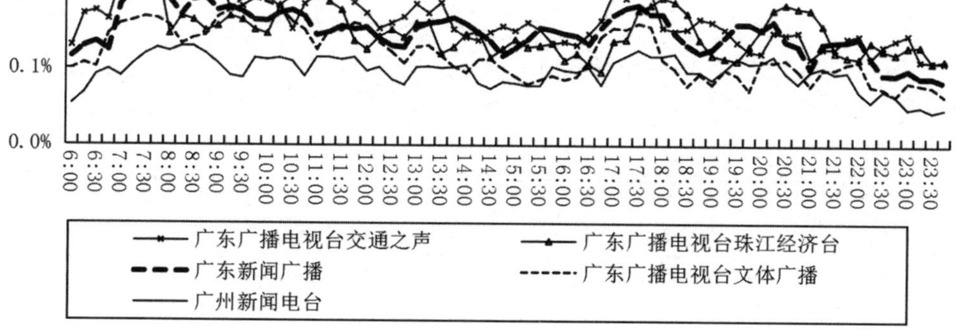

图1.56.2 江门地区主要电台的时段收听率-2

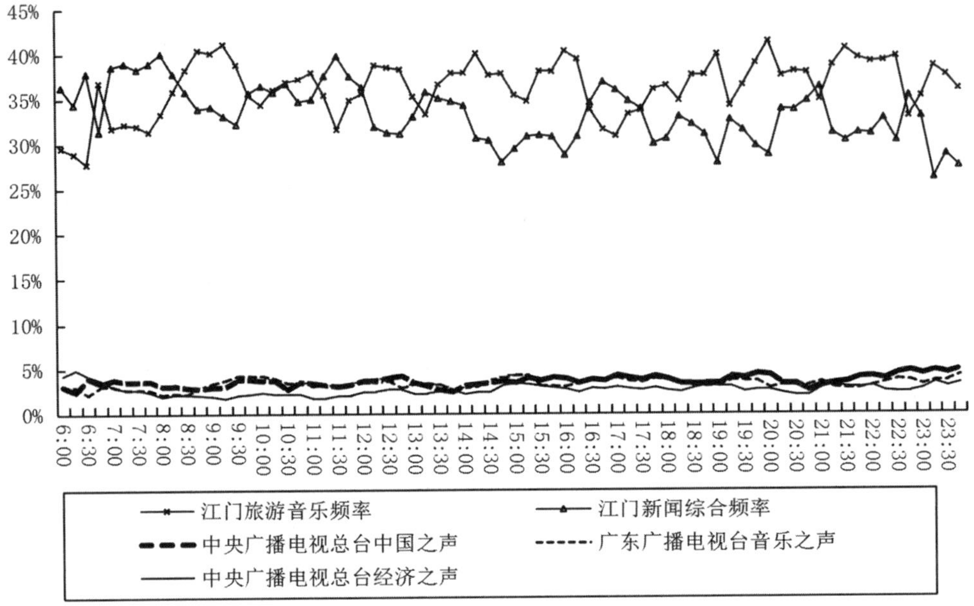

图1.56.3　江门地区主要电台的时段占有率-1

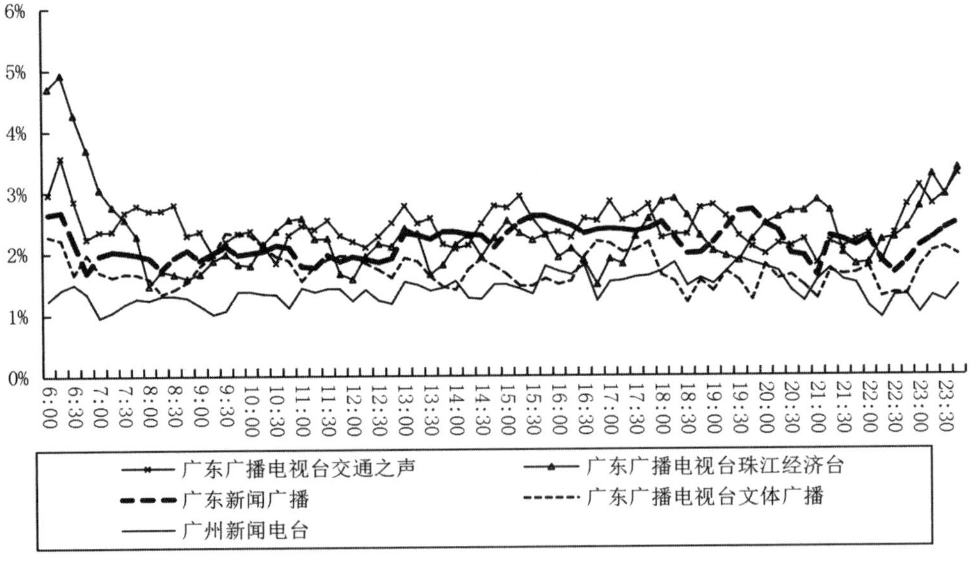

图1.56.4　江门地区主要电台的时段占有率-2

五十七、潮州地区收听率数据

表1.57.1　潮州地区主要电台频率的平均收听率和市场份额

排名	电台名称	平均收听率（%）	市场份额（%）
1	潮州交通音乐广播	2.27	32.4
2	潮州电台综合广播	2.03	28.9
3	潮州戏曲广播	1.59	22.6
4	广东广播电视台音乐之声	0.31	4.3
5	汕头广播电视台综合广播	0.18	2.6
6	中央广播电视总台中国之声	0.17	2.4
7	汕头广播电视台音乐广播	0.10	1.4
8	揭阳交通旅游广播	0.09	1.3
9	广东新闻广播	0.06	0.8
9	汕头广播电视台经济广播	0.06	0.8

表1.57.2　潮州地区主要电台频率的到达率和日到达率

排名	电台名称	到达率（%）	日到达率（%）
1	潮州交通音乐广播	41.7	30.2
2	潮州电台综合广播	34.2	23.1
3	潮州戏曲广播	25.4	16.7
4	广东广播电视台音乐之声	10.6	7.2
5	中央广播电视总台中国之声	6.8	4.8
6	广东新闻广播	6.3	2.0
7	汕头广播电视台综合广播	6.0	3.2
8	揭阳交通旅游广播	4.8	2.5
9	潮安电台	4.6	2.0
10	汕头广播电视台经济广播	4.6	1.4

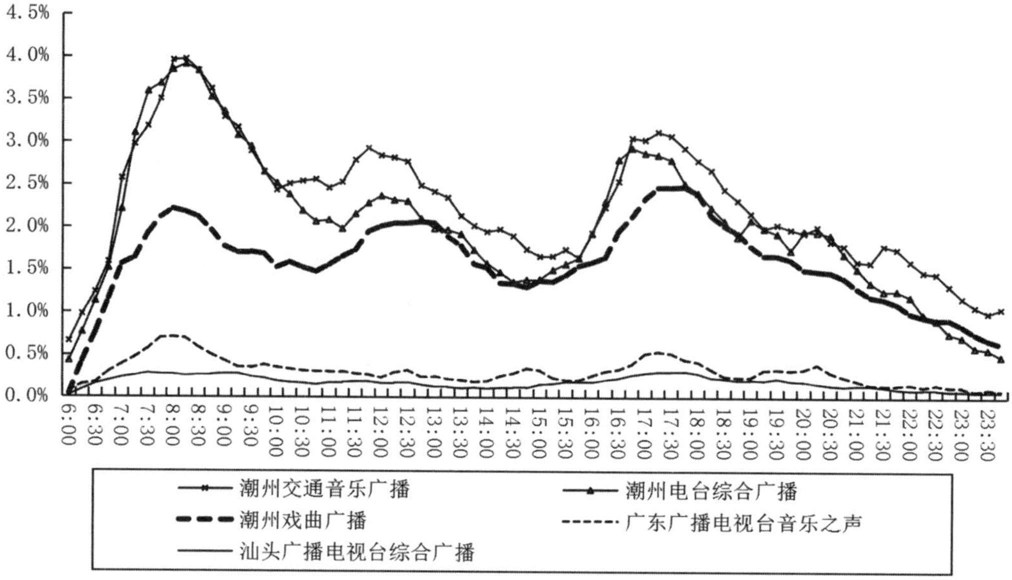

图1.57.1 潮州地区主要电台的时段收听率-1

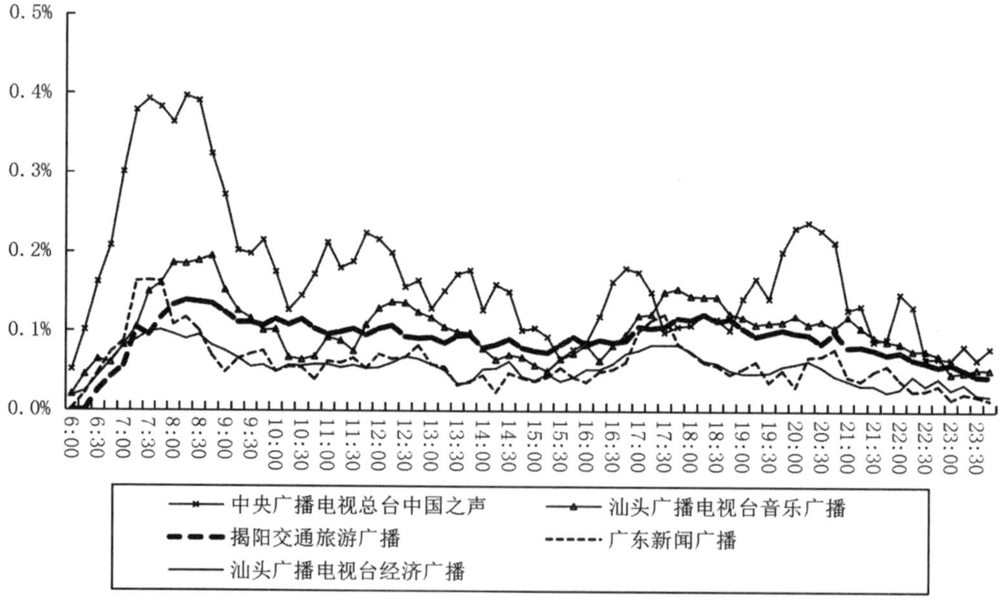

图1.57.2 潮州地区主要电台的时段收听率-2

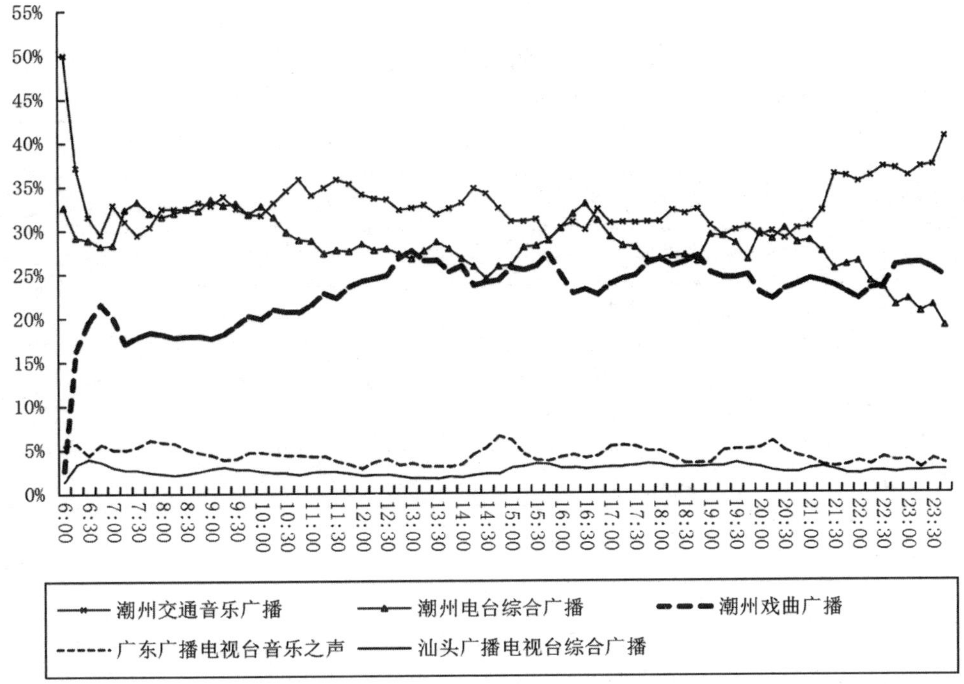

图1.57.3　潮州地区主要电台的时段占有率-1

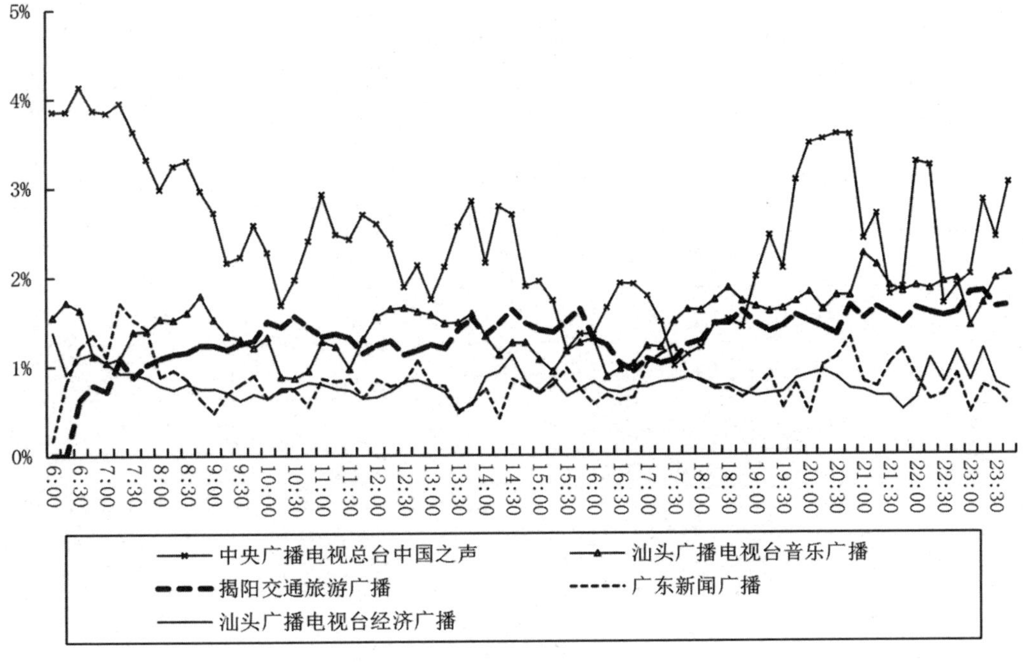

图1.57.4　潮州地区主要电台的时段占有率-2

五十八、惠州地区收听率数据

表1.58.1　惠州地区主要电台频率的平均收听率和市场份额

排名	电台名称	平均收听率（%）	市场份额（%）
1	惠州经济环保广播	1.67	25.7
2	惠州综合广播	1.62	24.8
3	惠州音乐广播	1.30	19.9
4	广东广播电视台音乐之声	0.54	8.2
5	广东广播电视台交通之声	0.32	4.9
6	中央广播电视总台中国之声	0.29	4.4
7	广东新闻广播	0.20	3.0
8	广东广播电视台文体广播	0.10	1.6
9	博罗人民广播电台	0.06	1.0
10	广东广播电视台南方生活广播	0.06	0.9

表1.58.2　惠州地区主要电台频率的到达率和日到达率

排名	电台名称	到达率（%）	日到达率（%）
1	惠州经济环保广播	37.4	14.9
2	惠州综合广播	36.7	13.6
3	惠州音乐广播	28.6	10.9
4	广东广播电视台音乐之声	16.9	7.1
5	广东广播电视台交通之声	11.1	4.8
6	中央广播电视总台中国之声	10.9	3.7
7	广东新闻广播	8.8	3.2
8	广东广播电视台城市之声	6.7	0.6
9	广东广播电视台文体广播	5.6	1.6
10	广东广播电视台南方生活广播	5.5	1.4

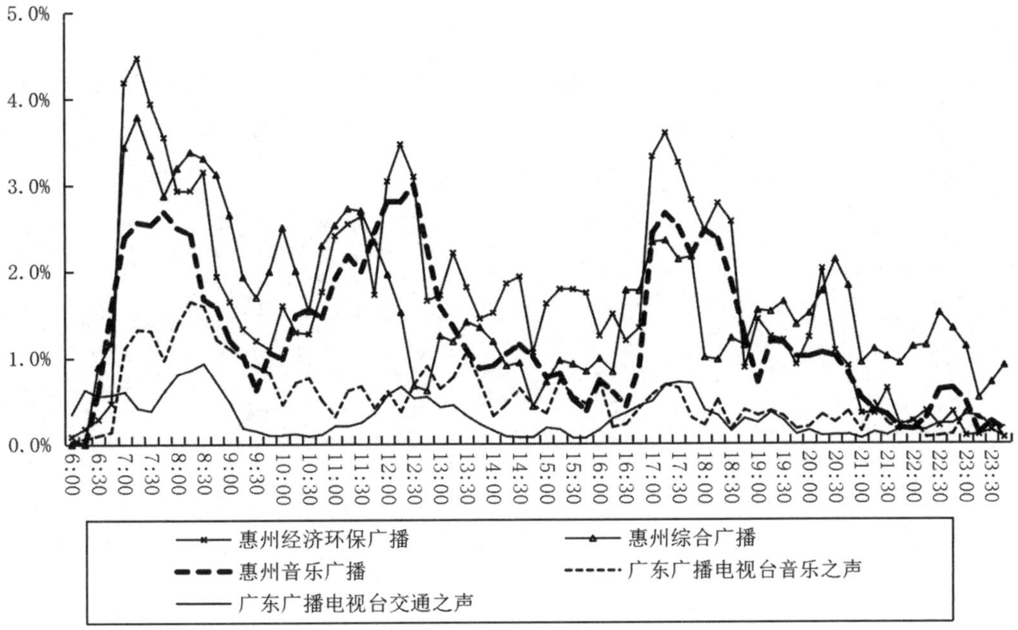

图1.58.1 惠州地区主要电台的时段收听率-1

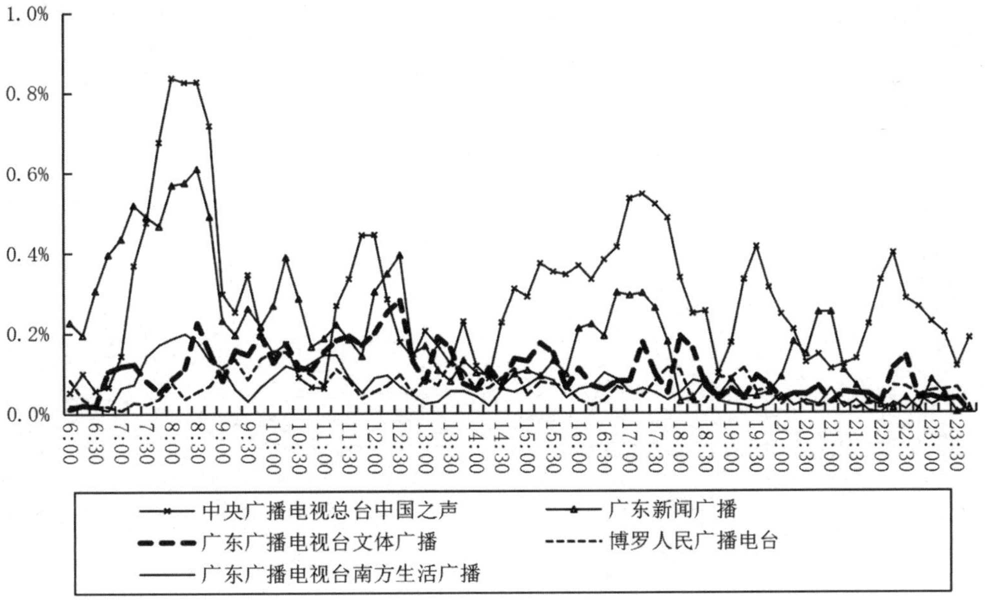

图1.58.2 惠州地区主要电台的时段收听率-2

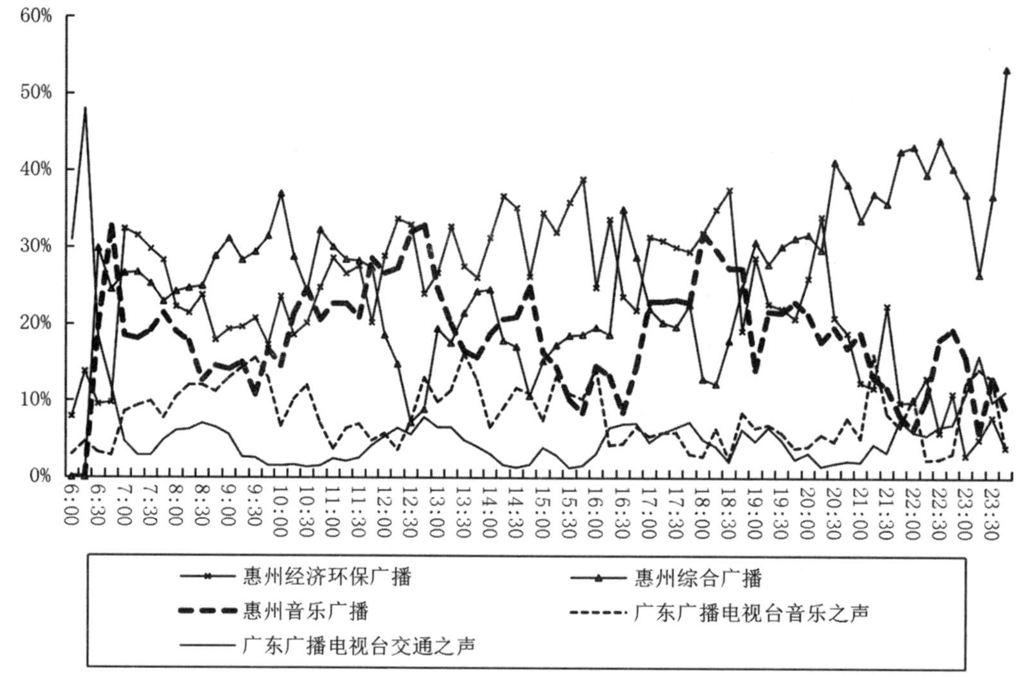

图1.58.3　惠州地区主要电台的时段占有率-1

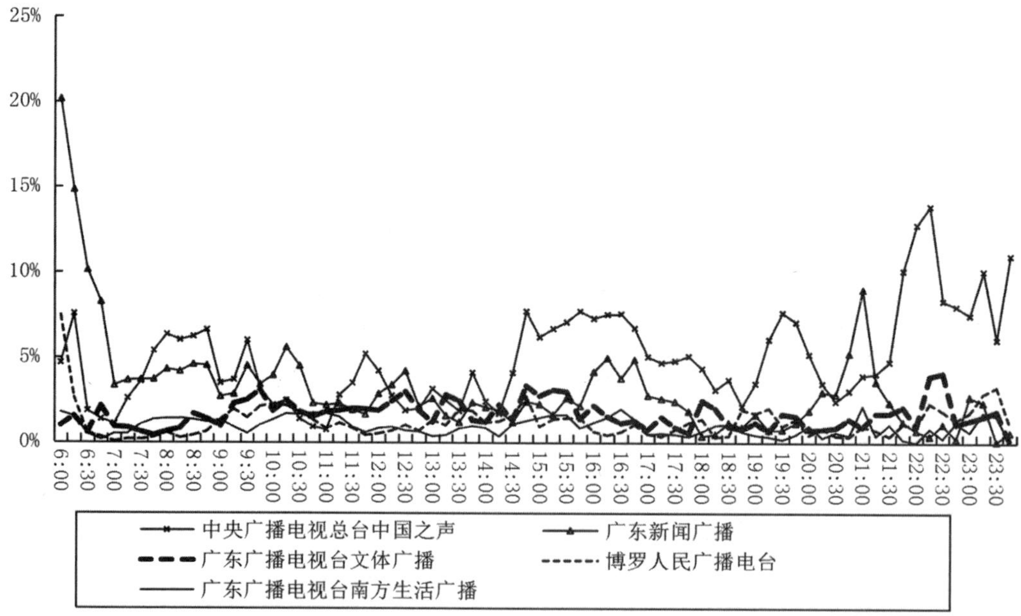

图1.58.4　惠州地区主要电台的时段占有率-2

五十九、东莞地区收听率数据

表1.59.1　东莞地区主要电台频率的平均收听率和市场份额

排名	电台名称	平均收听率（%）	市场份额（%）
1	东莞电台交通广播	1.94	30.1
2	东莞电台综合广播	1.86	28.9
3	东莞电台音乐广播	0.94	14.6
4	广东广播电视台交通之声	0.34	5.3
5	广东广播电视台音乐之声	0.16	2.4
6	中国国际电台劲曲调频	0.13	2.0
7	中央广播电视总台中国之声	0.12	1.8
8	广东广播电视台文体广播	0.11	1.6
9	广东新闻广播	0.10	1.6
10	广州新闻电台	0.08	1.2

表1.59.2　东莞地区主要电台频率的到达率和日到达率

排名	电台名称	到达率（%）	日到达率（%）
1	东莞电台综合广播	36.9	15.1
2	东莞电台交通广播	35.7	16.2
3	东莞电台音乐广播	21.4	9.4
4	广东广播电视台交通之声	13.8	6.4
5	广东广播电视台音乐之声	8.1	2.8
6	中国国际电台劲曲调频	7.6	2.5
7	广东广播电视台南方生活广播	7.6	1.8
8	广东新闻广播	7.0	2.8
9	广东广播电视台城市之声	6.8	2.0
10	广东珠江经济台	6.7	2.1

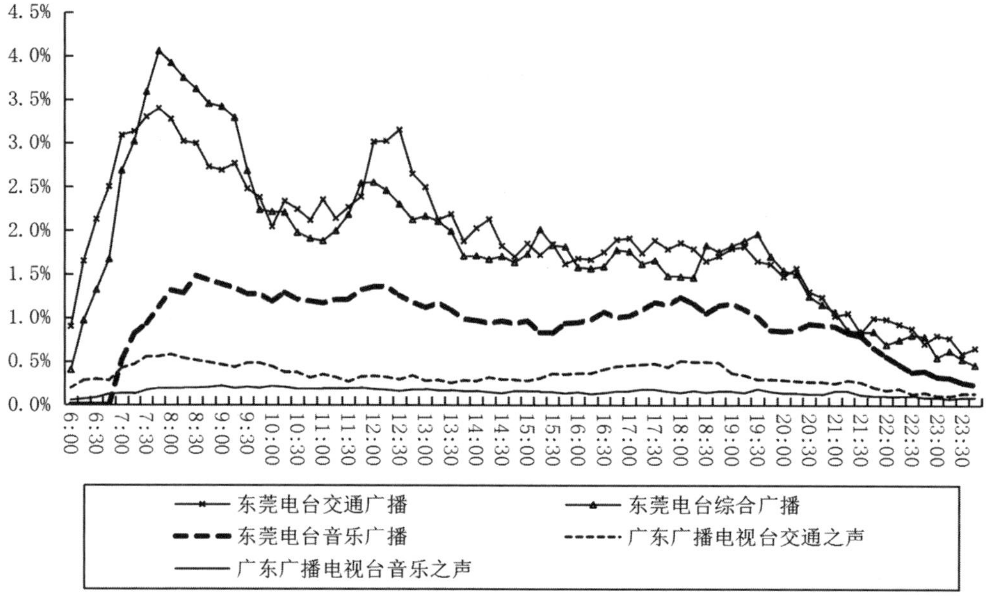

图1.59.1　东莞地区主要电台的时段收听率-1

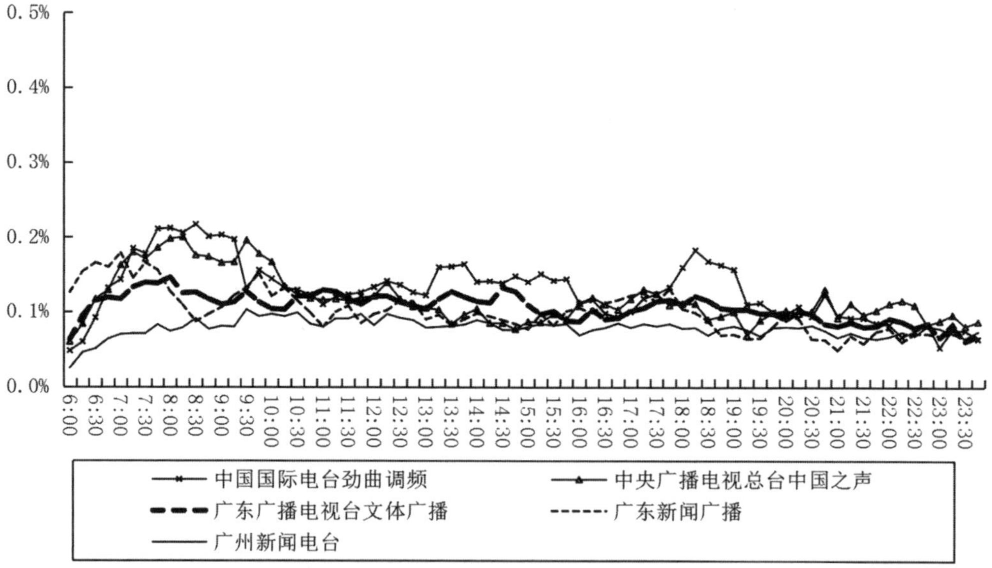

图1.59.2　东莞地区主要电台的时段收听率-2

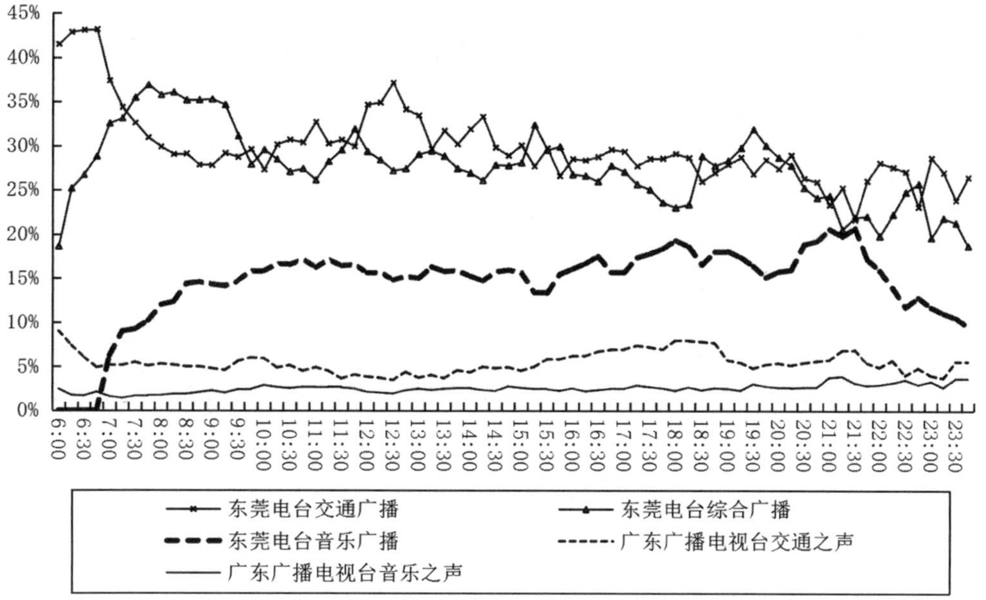

图1.59.3　东莞地区主要电台的时段占有率-1

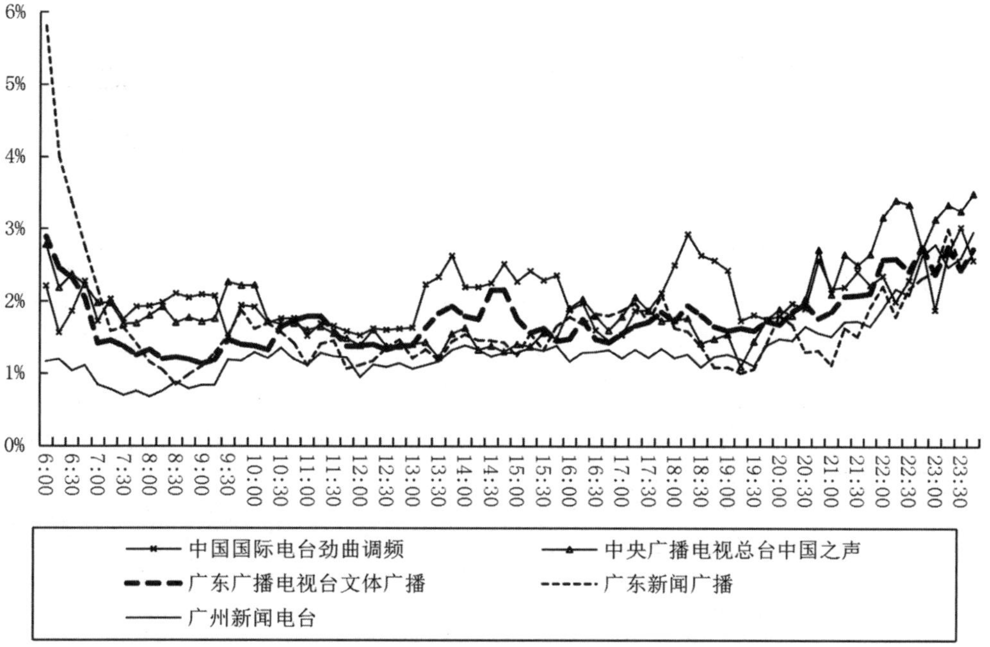

图1.59.4　东莞地区主要电台的时段占有率-2

六十、桂林地区收听率数据

表1.60.1　桂林地区主要电台频率的平均收听率和市场份额

排名	电台名称	平均收听率（%）	市场份额（%）
1	桂林旅游音乐广播	1.95	33.7
2	桂林综合广播	1.31	22.6
3	桂林生活广播	1.15	19.9
4	广西交通广播	0.29	5.0
5	广西文艺广播	0.26	4.4
6	广西私家车广播	0.24	4.2
7	广西新闻广播	0.24	4.1
8	广西经济广播	0.12	2.1
9	中央广播电视总台中国之声	0.08	1.3
10	中央广播电视总台经济之声	0.05	0.9

表1.60.2　桂林地区主要电台频率的到达率和日到达率

排名	电台名称	到达率（%）	日到达率（%）
1	桂林旅游音乐广播	48.8	14.5
2	桂林综合广播	34.1	5.4
3	桂林生活广播	27.2	3.5
4	广西文艺广播	21.1	2.3
5	广西交通广播	16.7	1.8
6	中央广播电视总台中国之声	13.9	1.2
7	广西新闻广播	13.3	1.4
8	广西私家车广播	12.7	1.1
9	广西经济广播	11.7	1.1
10	中央广播电视总台经济之声	5.9	0.4

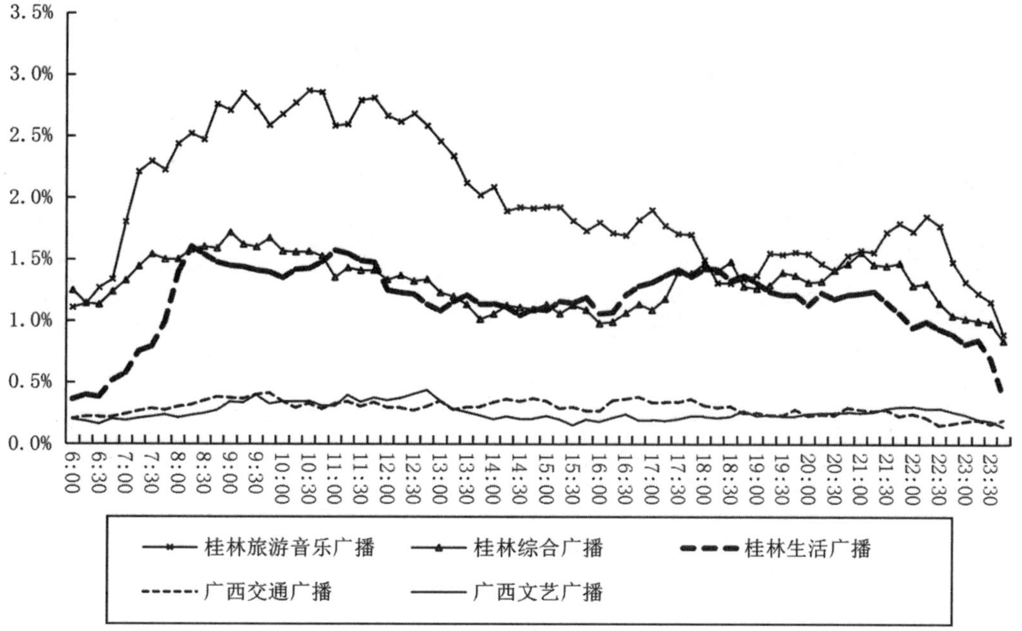

图1.60.1 桂林地区主要电台的时段收听率-1

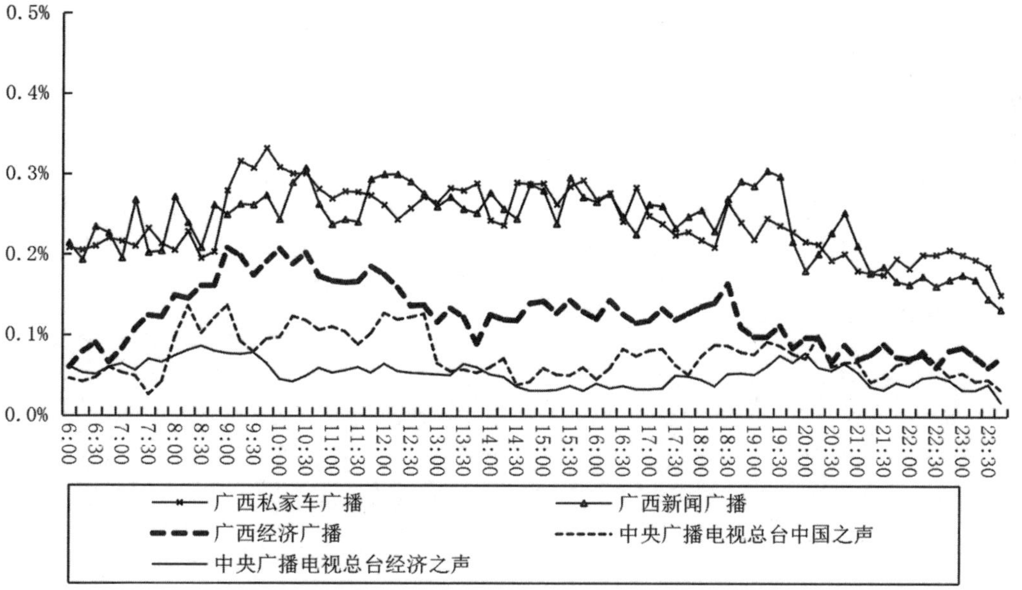

图1.60.2 桂林地区主要电台的时段收听率-2

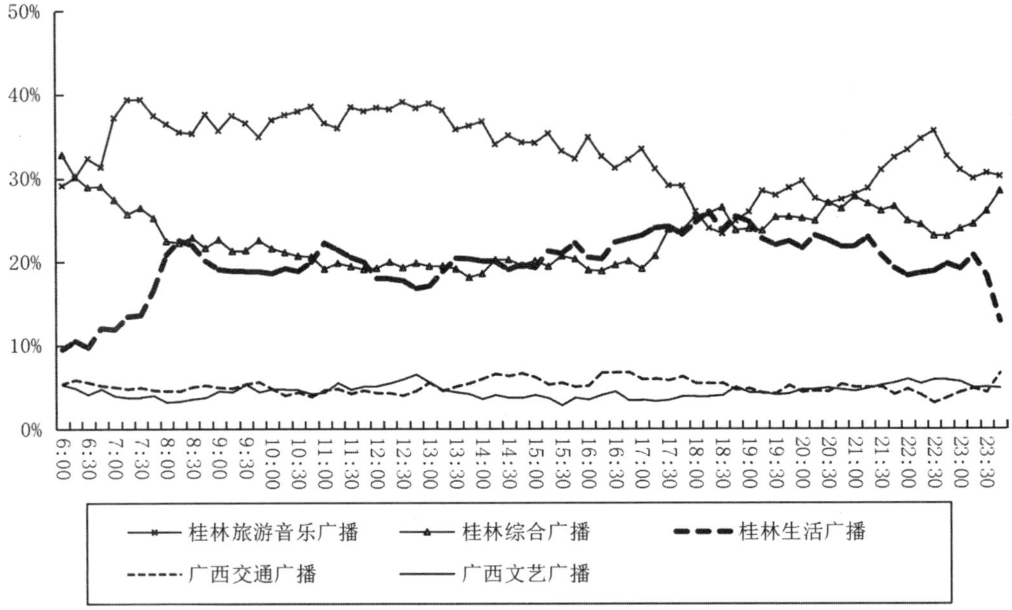

图1.60.3　桂林地区主要电台的时段占有率-1

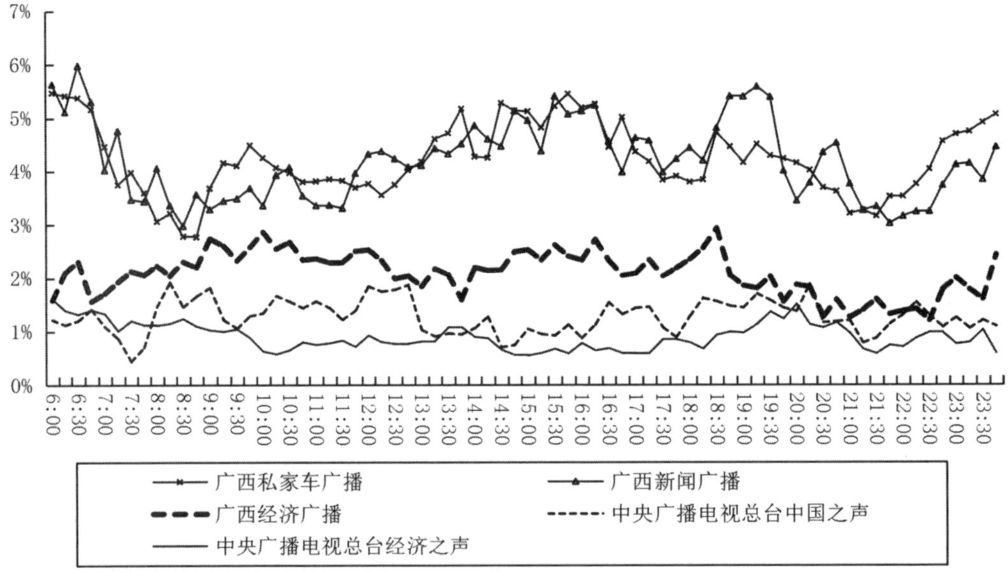

图1.60.4　桂林地区主要电台的时段占有率-2

第二部分　2020年广播融媒体云传播效果数据

一、2020年省级电台及城市电台融媒体云端在线收听

省级电台融媒体云端在线收听

表1.61.1　省级电台融媒体云听指数排名TOP10

排名	电台名称	云听指数（%）
1	上海电台	69.15
2	广东电台	65.27
3	河北电台	58.45
4	北京电台	55.31
5	江苏电台	45.98
6	浙江电台	25.70
7	吉林电台	19.92
8	黑龙江电台	19.42
9	陕西电台	18.77
10	四川电台	11.89

地区城市电台融媒体云端在线收听

表1.61.2　华北地区城市电台融媒体云听指数排名TOP10

排名	电台名称	云听指数（%）
1	太原电台	11.40
2	包头电台	4.59
3	邯郸电台	3.06
4	石家庄电台	2.73
5	赤峰电台	1.27
6	秦皇岛电台	1.17
7	通辽电台	0.71
8	保定电台	0.68
9	呼和浩特电台	0.66
10	运城电台	0.63

表1.61.3　东北地区城市电台融媒体云听指数排名TOP10

排名	电台名称	云听指数（%）
1	沈阳电台	23.79
2	哈尔滨电台	13.72
3	长春电台	7.20
4	大连电台	4.52
5	吉林市电台	1.55
6	延边电台	1.34
7	抚顺电台	1.05
8	丹东电台	0.76
9	朝阳电台	0.64
10	牡丹江电台	0.57

表1.61.4　西北地区城市电台融媒体云听指数排名TOP10

排名	电台名称	云听指数（%）
1	西安电台	2.09
2	咸阳电台	1.90
3	兰州电台	1.14
4	乌鲁木齐电台	1.05
5	伊犁电台	0.97
6	宝鸡电台	0.50
7	西宁电台	0.42
8	渭南电台	0.31
9	天水电台	0.25
10	安康电台	0.23

表1.61.5 华东地区城市电台融媒体云听指数排名TOP10

排名	电台名称	云听指数（%）
1	济南电台	13.75
2	杭州电台	11.15
3	青岛电台	9.14
4	苏州电台	8.93
5	南京电台	7.12
6	无锡电台	5.66
7	嘉兴电台	3.37
8	泉州电台	2.42
9	厦门电台	2.27
10	宁波电台	1.83
10	温州电台	1.83

表1.61.6 华南地区城市电台融媒体云听指数排名TOP10

排名	电台名称	云听指数（%）
1	佛山电台	17.66
2	广州电台	14.01
3	深圳电台	10.83
4	中山电台	3.90
5	江门电台	3.69
6	东莞电台	3.68
7	鹤山电台	3.51
8	潮州电台	3.29
9	珠海斗门电台	1.05
10	南宁电台	0.96

表1.61.7　华中地区城市电台融媒体云听指数排名TOP10

排名	电台名称	云听指数（%）
1	郑州电台	26.08
2	武汉电台	3.32
3	南阳电台	2.17
4	长沙电台	1.67
5	洛阳电台	1.18
6	襄阳电台	0.95
7	开封电台	0.54
8	新乡电台	0.35
9	荆州电台	0.28
10	十堰电台	0.24
10	焦作电台	0.24

表1.61.8　西南地区城市电台融媒体云听指数排名TOP10

排名	电台名称	云听指数（%）
1	成都电台	4.49
2	昆明电台	2.01
3	德阳电台	0.75
4	绵阳电台	0.44
5	贵阳电台	0.41
6	泸州电台	0.37
7	遵义电台	0.30
8	德宏电台	0.25
9	攀枝花电台	0.22
10	内江电台	0.21
10	红河电台	0.21

二、2020年全国广播频率融媒体云端在线收听

国家级广播频率融媒体云端在线收听

表1.62.1 国家级广播频率融媒体云听指数排名TOP10

排名	电台名称	云听指数（%）
1	中央广播电视总台中国之声	175.23
2	中央广播电视总台环球资讯广播	75.87
3	中央广播电视总台经济之声	72.01
4	中央广播电视总台音乐之声	14.55
5	中央广播电视总台中国交通广播	9.17
6	中央广播电视总台文艺之声	8.16
7	中央广播电视总台国际流行音乐广播	7.87
8	China Plus Radio	5.43
9	中央广播电视总台经典音乐广播	3.75
10	中央广播电视总台阅读之声	2.25

省级广播频率融媒体云端在线收听

表1.62.2 省级电台频率融媒体云听指数排名TOP10

排名	电台名称	云听指数（%）
1	河北综合广播	24.69
2	第一财经广播	20.39
3	河北音乐广播	18.32
4	江苏新闻广播	17.98
5	广东广播电视台股市广播	17.81
6	广东珠江经济台	17.22
7	北京新闻广播	16.80
8	北京交通广播	15.92
9	江苏经典流行音乐广播	12.94
10	上海流行音乐广播 动感101	12.40

地区城市电台频率融媒体云端在线收听

表1.62.3 华东地区城市电台频率融媒体云听指数排名TOP10

排名	电台名称	云听指数（%）
1	济南新闻广播	6.60
2	杭州交通经济广播	5.37
3	杭州人民广播电台西湖之声	4.32
4	青岛音乐体育广播摩登音乐调频	4.06
5	济南经济广播	3.62
6	苏州交通广播	3.00
7	苏州音乐广播	2.91
8	青岛综合广播	2.47
9	嘉兴交通经济频率	2.15
10	南京交通广播	1.99

表1.62.4 华南地区城市电台频率融媒体云听指数排名TOP10

排名	电台名称	云听指数（%）
1	深圳新闻频率	6.93
2	广州新闻电台	6.45
3	佛山人民广播电台综合广播	5.16
4	广州交通广播	4.18
5	佛山人民广播电台三水广播	3.96
6	佛山人民广播电台音乐广播	3.47
7	鹤山电台 FM104.7	3.51
8	佛山人民广播电台南海广播	3.30
9	中山环保旅游之声	3.15
10	江门旅游音乐频率	2.42

表1.62.5　华中地区城市电台频率融媒体云听指数排名TOP10

排名	电台名称	云听指数（%）
1	郑州经典 1079	17.72
2	郑州新闻广播	5.54
3	南阳综合频率	1.43
4	武汉新闻综合广播	1.11
5	武汉长江经济广播	1.09
6	郑州经济广播	1.05
7	长沙电台城市之声	0.84
8	郑州交通广播	0.71
9	武汉经典音乐广播	0.66
10	郑州音乐广播	0.54

表1.62.6　西南地区城市电台频率融媒体云听指数排名TOP10

排名	电台名称	云听指数（%）
1	成都电台 FM946	1.94
2	昆明汽车广播	1.26
3	成都经济广播	0.96
4	成都新闻广播	0.51
5	成都交通广播	0.49
6	德阳音乐交通广播	0.40
7	昆明综合广播	0.34
8	绵阳交通广播	0.30
9	成都唯一音乐频率	0.29
10	成都故事广播	0.27

表1.62.7　华北地区城市电台频率融媒体云听指数排名TOP10

排名	电台名称	云听指数（%）
1	太原广播电视台交通广播	4.82
2	太原广播电视台经济广播	3.03
3	邯郸新闻综合广播	2.49
4	太原广播电视台老年之声	2.09
5	包头汽车音乐广播	1.31
6	太原广播电视台综合广播	1.27
7	包头综合广播	1.18
8	石家庄广播电视台新闻广播	1.06
9	包头交通广播	0.88
10	石家庄广播电视台交通广播	0.84

表1.62.8　东北地区城市电台频率融媒体云听指数排名TOP10

排名	电台名称	云听指数（%）
1	沈阳新闻广播	11.17
2	沈阳都市广播	7.49
3	哈尔滨文艺广播	5.81
4	长春交通之声	5.19
5	哈尔滨音乐广播	4.71
6	沈阳交通广播	3.85
7	大连体育广播	3.26
8	哈尔滨交通广播	1.84
9	吉林市广播电视台经济广播	1.45
10	沈阳生活广播	1.31

表1.62.9 西北地区城市电台频率融媒体云听指数排名TOP10

排名	电台名称	云听指数（%）
1	咸阳人民广播电台 西咸之声	1.85
2	西安音乐广播	1.09
3	兰州新闻综合广播	0.88
4	西安交通旅游广播	0.60
5	乌鲁木齐广播电视台 1071 维语综合广播	0.35
6	伊犁维吾尔语新闻综合广播	0.33
7	西安新闻广播	0.32
8	伊犁哈萨克语新闻综合广播	0.31
9	乌鲁木齐广播电视台 97.4 交通广播	0.30
10	兰州交通音乐广播	0.25

全国各类广播频率融媒体云端在线收听

表1.62.10　新闻资讯类频率融媒体云听指数排名TOP10

排名	电台名称	云听指数（%）
1	中央广播电视总台中国之声	175.23
2	中央广播电视总台环球资讯广播	75.87
3	河北综合广播	24.69
4	江苏新闻广播	17.98
5	北京新闻广播	16.80
6	上海人民广播电台上海新闻广播	11.93
7	沈阳新闻广播	11.17
8	浙江之声	7.41
9	吉林新闻综合广播	7.16
10	深圳新闻频率	6.93

表1.62.11　音乐类频率融媒体云听指数排名TOP10

排名	电台名称	云听指数（%）
1	河北音乐广播	18.32
2	郑州经典 1079	17.72
3	中央广播电视总台音乐之声	14.55
4	江苏经典流行音乐广播	12.94
5	上海流行音乐广播 动感 101	12.40
6	中央广播电视总台国际流行音乐广播	7.87
7	上海人民广播电台经典金曲广播 LoveRadio 最爱调频	7.34
8	怀集音乐之声	6.55
9	广东广播电视台音乐之声	6.11
10	哈尔滨音乐广播	4.71

表1.62.12　交通/私家车类频率融媒体云听指数排名TOP10

排名	电台名称	云听指数（%）
1	北京交通广播	15.92
2	广东广播电视台交通之声	10.96
3	浙江交通之声	9.69
4	江苏交通广播网	9.39
5	中央广播电视总台中国交通广播	9.17
6	黑龙江交通广播	8.35
7	河北交通广播	8.32
8	杭州交通经济广播	5.37
9	长春交通之声	5.19
10	太原广播电视台交通广播	4.82

表1.62.13　经济类频率融媒体云听指数排名TOP10

排名	电台名称	云听指数（%）
1	中央广播电视总台经济之声	72.01
2	第一财经广播	20.39
3	广东广播电视台股市广播	17.81
4	广东珠江经济台	17.22
5	济南经济广播	3.62
6	太原广播电视台经济广播	3.03
7	山东广播电视台经济广播	2.45
8	四川财富广播	2.28
9	江苏财经广播	2.09
10	福建经济广播	1.53

表1.62.14　都市生活类频率融媒体云听指数排名TOP10

排名	电台名称	云听指数（%）
1	广东广播电视台文体广播	7.71
2	沈阳都市广播	7.49
3	黑龙江都市女性广播	5.63
4	吉林资讯广播	4.94
5	上海五星体育广播	4.18
6	佛山人民广播电台三水广播	3.96
7	北京体育广播	3.51
8	大连体育广播	3.26
9	河北旅游文化广播	2.99
10	FM104.5 浙江旅游之声	2.16

表1.62.15　文艺类频率融媒体云听指数排名TOP10

排名	电台名称	云听指数（%）
1	中央广播电视总台文艺之声	8.16
2	北京文艺广播	6.66
3	哈尔滨文艺广播	5.81
4	潮州戏曲广播	2.30
5	中央广播电视总台阅读之声	2.25
6	广西文艺广播 MusicRadio	1.58
7	北京长书广播	1.37
8	济南故事广播	1.28
9	北京故事广播	1.08
10	新疆维语文艺广播	1.00

三、2020年省级广播频率融媒体在微信微博的传播效果

表1.63.1 省级广播频率融媒体云迹综合指数（两微）TOP10

排名	电台名称	云迹指数 (%)
1	浙江交通之声	1059
2	安徽交通广播	831
3	河北交通广播	627
4	江苏交通广播网	518
5	黑龙江交通广播	453
6	新疆 949 交通广播	424
7	福建交通广播	398
8	福建都市生活广播	357
9	浙江之声	348
10	河南交通广播	346

表1.63.2 省级广播频率融媒体云交互综合指数（两微）TOP10

排名	电台名称	云交互指数 (%)
1	上海流行音乐广播 动感 101	5622
2	浙江交通之声	1694
3	安徽交通广播	1334
4	新疆 949 交通广播	1018
5	江苏交通广播网	826
6	河南交通广播	596
7	江苏新闻广播	565
8	陕西交通广播	470
9	天津交通广播	432
10	陕西 896 汽车调频广播	422

四、2020年主要广播频率融媒体云端在线收听（时段月均点击量数据）

表1.64.1　主要广播频率融媒体云端各时段月均点击量—1

单位：万

时段	中央广播电视总台中国之声	中央广播电视总台环球资讯广播	中央广播电视总台经济之声	河北综合广播	第一财经广播
0:00-0:30	186.0	221.4	42.6	47.1	9.9
0:30-1:00	103.8	66.6	23.1	20.1	5.1
1:00-1:30	78.0	48.6	16.2	17.7	3.9
1:30-2:00	56.7	37.2	12.0	13.5	3.0
2:00-2:30	46.8	36.3	10.8	10.5	2.4
2:30-3:00	37.8	33.0	8.7	9.0	2.1
3:00-3:30	37.5	33.6	8.1	9.0	2.1
3:30-4:00	36.9	34.5	8.1	9.0	2.1
4:00-4:30	43.2	39.9	11.4	15.9	2.4
4:30-5:00	48.0	50.1	14.4	17.7	2.7
5:00-5:30	81.3	82.8	26.1	51.9	4.5
5:30-6:00	160.2	114.3	76.2	60.0	7.8
6:00-6:30	455.1	164.7	125.1	73.5	22.5
6:30-7:00	1001.1	262.5	213.3	95.4	44.4
7:00-7:30	1268.7	411.3	305.4	117.9	102.9
7:30-8:00	1150.8	440.1	360.0	119.7	122.4
8:00-8:30	956.1	377.1	358.5	115.5	122.1
8:30-9:00	687.6	285.0	296.4	75.9	97.8
9:00-9:30	504.0	212.4	337.2	44.4	80.1
9:30-10:00	389.7	147.0	263.4	31.2	49.8
10:00-10:30	310.5	117.0	214.8	28.5	40.8
10:30-11:00	260.4	100.5	187.2	25.2	33.9

（续表）

时段	中央广播电视总台中国之声	中央广播电视总台环球资讯广播	中央广播电视总台经济之声	河北综合广播	第一财经广播
11:00-11:30	248.7	94.2	172.2	23.4	34.2
11:30-12:00	287.7	102.0	330.9	26.4	60.9
12:00-12:30	323.4	117.6	113.1	37.2	42.6
12:30-13:00	269.1	111.6	93.0	35.4	33.9
13:00-13:30	216.0	95.1	122.7	28.8	25.2
13:30-14:00	183.0	78.3	115.5	24.9	19.8
14:00-14:30	166.2	69.3	118.5	21.9	18.3
14:30-15:00	159.6	63.9	131.7	19.2	17.7
15:00-15:30	170.1	63.6	174.6	18.0	31.8
15:30-16:00	159.6	60.6	85.5	16.2	33.0
16:00-16:30	171.6	62.1	67.5	16.5	57.3
16:30-17:00	185.1	67.2	65.1	17.4	61.8
17:00-17:30	209.7	82.8	70.5	20.4	63.3
17:30-18:00	278.7	100.5	109.5	23.7	60.3
18:00-18:30	328.2	110.4	82.5	28.5	44.7
18:30-19:00	329.4	113.4	72.0	28.8	35.1
19:00-19:30	268.8	137.1	62.4	29.1	30.9
19:30-20:00	222.3	118.5	56.7	29.4	26.7
20:00-20:30	188.7	135.9	70.5	36.9	26.1
20:30-21:00	170.7	111.6	61.8	51.3	24.3
21:00-21:30	191.4	106.2	66.6	95.7	28.8
21:30-22:00	199.5	97.2	66.6	80.4	30.0
22:00-22:30	219.6	102.3	64.5	82.8	28.2
22:30-23:00	212.7	106.5	64.8	66.3	23.7
23:00-23:30	186.0	103.8	60.0	55.8	17.1
23:30-23:59	163.8	86.7	81.9	38.1	12.0

表1.64.2　主要广播频率融媒体云端各时段月均点击量—2

单位：万

时段	河北音乐广播	广东广播电视台股市广播	广东珠江经济台	江苏新闻广播	北京新闻广播
0:00-0:30	75.9	14.4	26.7	4.2	9.9
0:30-1:00	15.0	6.3	15.3	2.7	6.6
1:00-1:30	10.5	4.2	11.1	2.1	5.4
1:30-2:00	7.2	3.3	7.2	1.5	4.2
2:00-2:30	6.0	2.7	5.7	1.5	3.6
2:30-3:00	4.5	2.4	4.5	1.2	3.0
3:00-3:30	3.9	2.1	3.9	1.8	3.0
3:30-4:00	3.3	2.1	4.2	1.2	3.0
4:00-4:30	5.1	2.4	3.6	1.5	4.2
4:30-5:00	3.9	2.1	3.3	1.8	5.1
5:00-5:30	6.9	2.4	3.6	3.3	8.7
5:30-6:00	13.5	3.9	4.8	13.8	21.9
6:00-6:30	24.6	5.7	7.8	56.7	63.0
6:30-7:00	46.2	9.3	17.1	69.6	83.4
7:00-7:30	85.2	24.0	24.6	88.8	119.4
7:30-8:00	78.6	36.0	57.6	111.3	141.6
8:00-8:30	63.6	47.1	74.4	126.9	117.9
8:30-9:00	49.2	51.3	72.9	102.3	75.6
9:00-9:30	45.3	72.3	70.5	67.8	44.7
9:30-10:00	40.5	80.7	32.1	41.4	31.5
10:00-10:30	37.2	81.3	27.6	35.7	22.5
10:30-11:00	33.6	76.2	24.6	27.9	17.4
11:00-11:30	33.9	58.8	22.2	24.0	18.9

（续表）

时段	河北音乐广播	广东广播电视台股市广播	广东珠江经济台	江苏新闻广播	北京新闻广播
11:30-12:00	33.6	40.8	24.9	22.5	19.8
12:00-12:30	30.9	30.6	56.7	22.2	20.4
12:30-13:00	27.6	33.6	52.8	21.9	18.0
13:00-13:30	28.2	57.3	36.3	18.9	15.3
13:30-14:00	28.2	55.2	28.5	15.9	12.0
14:00-14:30	27.0	59.4	27.3	17.7	10.8
14:30-15:00	25.8	54.0	24.3	15.9	9.9
15:00-15:30	25.2	33.0	19.8	18.0	10.8
15:30-16:00	22.5	23.1	18.9	17.7	11.1
16:00-16:30	19.8	20.7	18.9	20.4	14.1
16:30-17:00	19.8	19.5	18.9	30.9	15.0
17:00-17:30	25.2	23.1	20.4	38.4	17.4
17:30-18:00	30.0	24.9	24.6	39.3	22.5
18:00-18:30	32.1	30.0	27.6	33.6	27.9
18:30-19:00	30.3	32.4	24.9	30.0	35.1
19:00-19:30	27.0	45.6	34.2	27.9	66.3
19:30-20:00	26.4	35.1	32.4	24.9	34.2
20:00-20:30	27.0	31.8	29.1	29.7	24.6
20:30-21:00	28.5	27.9	34.2	24.6	17.7
21:00-21:30	31.5	26.1	62.4	22.2	18.3
21:30-22:00	35.4	25.2	63.0	18.3	17.7
22:00-22:30	42.6	24.6	52.8	15.9	16.2
22:30-23:00	42.6	23.1	45.3	12.3	14.1
23:00-23:30	38.7	20.7	34.5	8.7	12.0
23:30-23:59	29.4	15.6	24.6	5.7	9.3

表1.64.3　主要广播频率融媒体云端各时段月均点击量—3

单位：万

时段	北京交通广播	中央广播电视总台音乐之声	上海流行音乐广播 动感101	江苏经典流行音乐广播	上海人民广播电台上海新闻广播
0:00-0:30	12.9	14.4	17.4	9.0	11.1
0:30-1:00	7.5	8.4	6.9	5.4	5.7
1:00-1:30	5.7	6.0	5.4	4.8	5.1
1:30-2:00	4.2	4.5	4.2	3.6	3.9
2:00-2:30	3.9	3.6	3.6	2.7	3.6
2:30-3:00	3.0	2.7	3.0	2.4	3.6
3:00-3:30	3.0	2.1	2.7	4.2	3.9
3:30-4:00	2.7	1.8	2.7	1.8	5.1
4:00-4:30	3.0	2.1	2.4	1.8	6.6
4:30-5:00	3.6	2.1	2.7	2.1	8.1
5:00-5:30	7.5	3.0	3.9	3.6	15.3
5:30-6:00	13.8	6.3	6.0	11.4	36.6
6:00-6:30	29.1	12.3	10.2	35.4	63.6
6:30-7:00	57.0	21.3	19.8	50.1	67.2
7:00-7:30	76.8	36.3	36.9	60.3	81.0
7:30-8:00	92.7	45.6	47.1	56.4	75.9
8:00-8:30	97.2	44.1	52.5	62.1	65.7
8:30-9:00	65.7	37.5	46.8	47.1	48.6
9:00-9:30	46.8	33.0	38.4	38.1	30.9
9:30-10:00	30.9	31.2	33.3	28.2	21.3
10:00-10:30	26.7	30.6	30.6	25.2	20.4
10:30-11:00	22.2	30.0	27.3	22.8	15.9
11:00-11:30	19.8	28.2	25.2	18.6	14.4
11:30-12:00	19.2	39.6	23.4	18.6	15.0

（续表）

时段	北京交通广播	中央广播电视总台音乐之声	上海流行音乐广播 动感 101	江苏经典流行音乐广播	上海人民广播电台上海新闻广播
12:00-12:30	18.6	24.9	22.2	17.4	15.0
12:30-13:00	17.4	24.0	22.5	17.7	13.2
13:00-13:30	19.2	24.6	21.9	17.1	12.6
13:30-14:00	23.1	25.2	21.3	17.4	10.8
14:00-14:30	21.3	25.8	21.6	18.6	10.8
14:30-15:00	18.9	24.3	21.3	18.0	9.9
15:00-15:30	17.4	24.3	21.3	19.2	10.5
15:30-16:00	17.7	24.3	21.6	18.6	8.7
16:00-16:30	20.4	24.3	21.3	18.3	8.4
16:30-17:00	21.3	26.1	24.9	19.8	9.9
17:00-17:30	35.1	26.7	25.8	22.8	12.0
17:30-18:00	41.1	42.6	27.9	26.7	18.6
18:00-18:30	41.7	29.1	27.0	24.9	24.9
18:30-19:00	36.3	27.6	23.7	23.1	19.5
19:00-19:30	33.0	26.7	21.6	21.6	14.1
19:30-20:00	25.5	25.5	20.4	20.7	10.2
20:00-20:30	24.0	26.7	20.4	21.9	10.5
20:30-21:00	20.7	26.1	19.2	21.0	9.9
21:00-21:30	20.4	26.7	21.9	19.2	11.4
21:30-22:00	21.0	27.6	21.0	16.2	12.9
22:00-22:30	23.4	25.2	20.4	13.8	13.8
22:30-23:00	21.3	23.4	17.7	12.0	12.9
23:00-23:30	17.7	19.8	14.4	10.5	10.5
23:30-23:59	13.5	23.7	11.1	8.7	7.5

表1.64.4 主要广播频率融媒体云端各时段月均点击量—4

单位：万

时段	广东广播电视台交通之声	浙江交通之声	中央广播电视总台中国交通广播	江苏交通广播网	河北交通广播
0:00-0:30	21.6	10.2	14.4	4.2	15.6
0:30-1:00	15.6	5.7	9.6	2.7	6.6
1:00-1:30	12.6	4.8	7.2	2.1	5.4
1:30-2:00	6.9	3.9	5.4	1.5	4.2
2:00-2:30	6.0	3.3	5.1	1.2	3.6
2:30-3:00	4.8	3.0	3.9	0.9	3.0
3:00-3:30	3.9	2.4	3.6	1.2	2.4
3:30-4:00	3.3	2.7	3.6	0.6	2.4
4:00-4:30	3.0	2.7	4.2	0.9	3.0
4:30-5:00	3.0	3.3	4.5	0.9	2.7
5:00-5:30	3.3	4.2	5.4	1.5	3.9
5:30-6:00	4.5	5.7	13.2	2.7	6.3
6:00-6:30	8.1	11.1	10.5	7.5	13.2
6:30-7:00	13.5	20.1	15.0	33.3	24.9
7:00-7:30	30.0	27.6	32.4	46.8	35.4
7:30-8:00	36.0	30.0	39.6	48.3	32.4
8:00-8:30	35.7	29.1	36.6	57.0	28.2
8:30-9:00	30.6	26.7	29.4	43.2	23.7
9:00-9:30	30.6	24.3	21.3	35.4	23.7
9:30-10:00	25.2	21.3	17.7	24.3	20.7
10:00-10:30	23.1	22.8	18.0	20.1	19.5
10:30-11:00	24.9	18.9	15.3	15.9	18.3
11:00-11:30	22.5	14.7	13.5	12.3	20.1

（续表）

时段	广东广播电视台交通之声	浙江交通之声	中央广播电视总台中国交通广播	江苏交通广播网	河北交通广播
11:30-12:00	20.1	13.8	17.7	12.0	20.4
12:00-12:30	17.4	15.9	12.0	12.3	21.0
12:30-13:00	15.3	17.4	12.3	12.3	17.7
13:00-13:30	14.7	24.9	12.3	13.5	15.0
13:30-14:00	16.2	21.0	12.6	13.8	12.3
14:00-14:30	16.8	19.5	12.9	12.9	11.7
14:30-15:00	17.4	20.4	13.2	11.7	11.7
15:00-15:30	18.3	37.8	14.7	20.7	12.9
15:30-16:00	18.6	31.5	14.4	17.1	12.0
16:00-16:30	18.3	25.5	13.5	13.8	15.0
16:30-17:00	17.7	23.1	14.1	14.1	15.0
17:00-17:30	19.2	22.8	14.7	21.6	14.4
17:30-18:00	21.3	22.5	21.0	24.0	15.6
18:00-18:30	27.3	21.0	15.0	20.1	15.6
18:30-19:00	21.6	18.3	14.1	15.6	15.0
19:00-19:30	19.2	16.8	12.3	12.3	15.3
19:30-20:00	17.4	15.6	12.0	10.5	14.4
20:00-20:30	16.5	16.2	14.4	11.7	12.0
20:30-21:00	15.6	15.6	14.4	10.8	10.5
21:00-21:30	18.0	15.3	22.8	10.2	11.1
21:30-22:00	17.7	14.4	21.0	8.7	11.1
22:00-22:30	19.8	13.2	16.8	10.5	11.4
22:30-23:00	21.0	11.7	15.0	9.6	11.4
23:00-23:30	21.3	10.5	14.4	7.5	12.0
23:30-23:59	20.1	8.4	17.7	5.1	9.0

表1.64.5　主要广播频率融媒体云端各时段月均点击量—5

单位：万

时段	中央广播电视总台文艺之声	广东广播电视台文体广播	上海人民广播电台经典金曲广播LoveRadio最爱调频	浙江之声	中央广播电视总台国际流行音乐广播
0:00-0:30	10.2	12.6	7.5	4.8	3.3
0:30-1:00	7.5	9.6	3.6	2.7	2.4
1:00-1:30	5.4	8.4	3.0	2.1	1.8
1:30-2:00	3.9	5.7	2.4	1.5	1.5
2:00-2:30	2.7	4.5	2.1	1.2	1.2
2:30-3:00	2.1	3.6	1.8	1.2	0.9
3:00-3:30	1.5	3.0	1.5	1.2	0.9
3:30-4:00	1.5	2.4	1.5	1.2	0.6
4:00-4:30	1.8	2.1	1.5	2.1	0.6
4:30-5:00	1.8	2.1	1.8	3.6	0.9
5:00-5:30	2.7	2.1	2.7	8.7	1.2
5:30-6:00	6.0	2.4	4.2	13.2	1.8
6:00-6:30	8.4	3.0	6.9	22.5	4.5
6:30-7:00	11.1	4.8	13.2	29.4	9.9
7:00-7:30	22.5	8.1	24.0	40.2	21.9
7:30-8:00	26.7	9.9	28.5	42.6	31.5
8:00-8:30	26.1	10.8	30.6	39.0	38.7
8:30-9:00	22.2	8.7	25.2	29.4	35.1
9:00-9:30	18.9	7.5	20.4	21.3	27.9
9:30-10:00	16.5	6.6	17.4	16.8	22.5
10:00-10:30	15.6	6.6	17.4	14.1	18.6
10:30-11:00	13.8	6.3	15.6	11.1	16.8
11:00-11:30	12.3	6.3	14.4	10.2	14.4
11:30-12:00	17.1	6.9	13.8	10.5	13.8

（续表）

时段	中央广播电视总台文艺之声	广东广播电视台文体广播	上海人民广播电台经典金曲广播LoveRadio最爱调频	浙江之声	中央广播电视总台国际流行音乐广播
12:00-12:30	11.4	20.1	14.4	11.1	12.9
12:30-13:00	10.8	17.1	13.8	10.5	12.3
13:00-13:30	12.3	17.1	14.1	10.2	11.7
13:30-14:00	11.4	14.7	13.2	9.6	12.0
14:00-14:30	9.3	13.5	13.8	9.3	12.0
14:30-15:00	8.1	12.3	12.9	9.3	12.0
15:00-15:30	9.0	12.6	13.8	9.6	12.3
15:30-16:00	8.7	11.7	13.2	9.0	12.6
16:00-16:30	10.2	11.4	13.8	9.3	13.8
16:30-17:00	11.7	12.0	15.9	9.9	15.0
17:00-17:30	20.4	14.1	17.7	12.9	18.9
17:30-18:00	35.7	21.0	17.7	14.4	21.6
18:00-18:30	21.6	52.8	15.6	14.4	21.0
18:30-19:00	19.8	42.3	13.5	12.9	18.0
19:00-19:30	17.1	27.6	12.9	11.7	14.7
19:30-20:00	14.4	21.3	12.6	10.5	12.9
20:00-20:30	13.8	19.8	12.9	10.2	11.7
20:30-21:00	13.2	17.4	13.5	9.3	10.2
21:00-21:30	15.3	15.9	13.8	9.9	9.6
21:30-22:00	16.5	15.3	12.6	9.6	8.7
22:00-22:30	17.7	15.6	11.7	9.3	7.5
22:30-23:00	15.9	15.0	9.9	8.4	6.0
23:00-23:30	12.3	14.7	7.8	6.3	4.8
23:30-23:59	11.1	12.0	5.7	4.5	3.6

表1.64.6　主要广播频率融媒体云端各时段月均点击量—6

单位：万

时段	吉林新闻综合广播	济南新闻广播	东广新闻台长三角之声	黑龙江都市女性广播	沈阳新闻广播
0:00-0:30	12.3	18.0	13.5	3.9	6.3
0:30-1:00	5.7	12.3	4.5	3.0	2.4
1:00-1:30	4.2	9.3	3.6	2.4	1.5
1:30-2:00	3.6	7.5	3.0	1.8	1.5
2:00-2:30	3.0	6.6	2.7	1.5	6.3
2:30-3:00	2.4	6.3	2.4	1.2	3.0
3:00-3:30	2.1	7.8	2.4	1.2	1.2
3:30-4:00	2.4	7.8	2.4	1.2	1.5
4:00-4:30	3.0	6.3	3.3	0.9	1.5
4:30-5:00	2.7	5.7	3.3	1.2	1.8
5:00-5:30	3.6	6.3	4.5	1.5	3.0
5:30-6:00	9.0	9.9	11.4	1.8	6.0
6:00-6:30	21.6	24.9	30.9	2.4	22.8
6:30-7:00	24.3	24.9	43.5	3.3	21.3
7:00-7:30	18.3	28.8	64.2	4.2	17.4
7:30-8:00	15.3	23.1	58.2	4.5	11.7
8:00-8:30	11.7	14.4	48.6	4.5	6.9
8:30-9:00	9.0	9.0	30.9	5.7	5.7
9:00-9:30	12.0	6.3	14.7	8.4	5.7
9:30-10:00	9.3	5.1	8.4	12.3	4.2
10:00-10:30	7.2	5.7	6.3	10.5	3.9
10:30-11:00	6.0	6.0	5.1	10.2	4.2
11:00-11:30	4.5	9.3	4.5	5.1	5.1
11:30-12:00	5.4	9.6	4.8	3.6	5.1
12:00-12:30	6.6	8.7	4.8	3.3	7.5
12:30-13:00	6.3	8.7	4.2	3.3	5.7

（续表）

时段	吉林新闻综合广播	济南新闻广播	东广新闻台长三角之声	黑龙江都市女性广播	沈阳新闻广播
13:00-13:30	5.1	11.7	3.6	3.3	3.9
13:30-14:00	4.5	11.7	3.0	3.3	3.6
14:00-14:30	4.2	7.5	3.0	3.3	3.6
14:30-15:00	3.9	4.8	2.7	3.3	3.9
15:00-15:30	3.9	4.5	2.7	5.1	3.9
15:30-16:00	3.9	3.9	2.7	7.5	3.0
16:00-16:30	3.9	5.4	3.0	11.7	2.7
16:30-17:00	4.2	6.9	3.6	49.8	2.7
17:00-17:30	4.8	7.2	4.5	77.4	3.0
17:30-18:00	5.4	7.5	5.1	69.0	3.0
18:00-18:30	6.0	7.5	5.4	19.5	3.3
18:30-19:00	9.0	5.7	5.1	10.2	2.7
19:00-19:30	29.4	4.5	5.4	6.0	3.3
19:30-20:00	30.3	4.2	3.9	5.1	3.6
20:00-20:30	33.3	5.7	3.9	3.9	5.7
20:30-21:00	18.6	6.3	3.6	3.9	12.3
21:00-21:30	20.1	10.2	5.1	4.2	44.1
21:30-22:00	35.7	20.7	6.3	4.8	39.9
22:00-22:30	33.6	26.7	7.8	5.4	29.7
22:30-23:00	24.3	25.8	7.5	5.4	11.7
23:00-23:30	14.7	17.1	6.6	5.4	6.9
23:30-23:59	9.3	13.2	5.1	4.5	4.8

广播融媒体云传播效果数据说明：

1. 广播融媒体云听风云榜数据来源于目前用户量较大的蜻蜓FM等网络音频平台，是这些网络音频平台电台网络直播收听状况的综合统计结果，广播电台自办APP不在统计之列。

2. 云听指数是针对频率在各平台的用户量、点击量、用户活跃度等指标综合计算的结果，更全面反映频率在“云端”的收听现状及动态趋势。

3. 云迹指数与云交互指数主要是广播频率在微信和微博端的融媒体传播效果表现。

4. 云传播效果数据包含国家级广播频率30套；全国省级电台30个、频率244套，微信号205个、微博号196个；全国城市电台449个、频率1005套。

5. 数据采集时间：2020年1月1日—12月31日

ANALYSIS 分析篇

守正创新，加速形成立体化传播生态

——2020年中国广播收听市场盘点

2020年疫情突然暴发，促使传统广播格局的裂变，随着传统广播与新媒体进一步的深度融合，广播媒体形成线下线上的立体传播生态圈，在不同终端积聚各自的用户，深耕自身用户的需求。

一、2020年广播接触率持续下滑

2020年新冠病毒疫情在全国持续影响，在“宅经济”的潮流下，人们对移动互联网的依赖性愈强。在疫情期间，82.8%的居民经常接触移动互联网，受车辆禁行的影响，经常接触广播的比例只有31.0%。受此影响，全年广播接触率较去年下滑1.8个百分点，全国广播听众规模是6.62亿，较去年减少2000万。

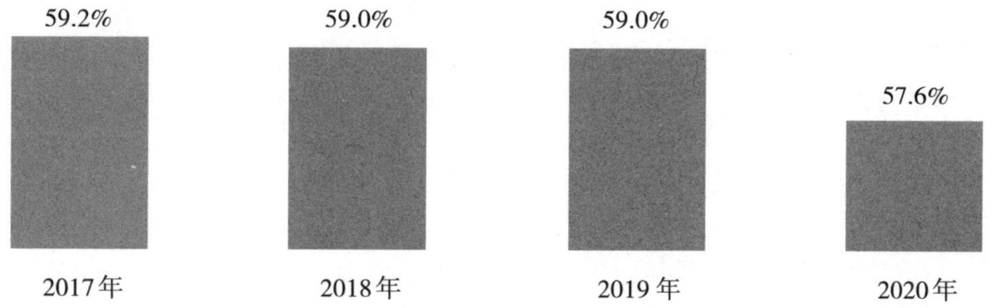

图2.1.1　2017—2020年广播接触率
数据来源：赛立信媒介研究，2017—2020年

2020年广播人均收听时长是63分钟，较2019年缩短了8分钟，人均收听时长的缩短，说明2020年受众在广播媒体上的整体花费量有所下滑。

二、“九〇后”“八〇后”是广播的主力收听人群

随着广播融媒体发展的逐步完善，越来越多的年轻人群成为广播听众的一员。数据显示，广播媒体吸引的新用户大多是25—44岁的人群。“七〇后”“八〇后”“九〇后”三个年代的听众累计超过75%的比例，其中“九〇后”和“八〇后”听众的占比

在逐步攀升。

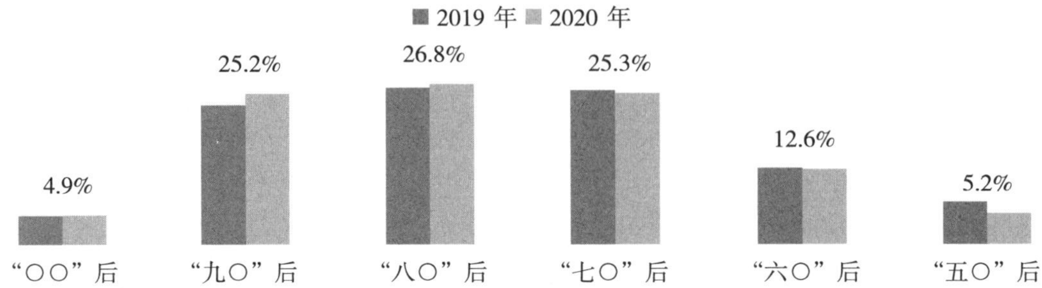

图2.1.2　广播用户的年龄构成
数据来源：赛立信媒介研究，2019—2020年

三、疫情期间，移动智能终端使用率逆袭

赛立信媒介研究在全国进行的后疫情时代消费者生活习惯调查数据显示，有更多广播用户在疫情期间选择手机上网收听广播，比例居首位。2020年春节期间，因疫情原因，车载收听量与去年同期相比下滑48.4%，但移动互联网云听平台的点击量则上升了26.2%，一改往年春节期间云听平台点击量低迷之势。

移动智能收听的占比连续三年不断攀升，车载收听的比例基本持平，传统收听则呈明显下滑之势，跌破20%。

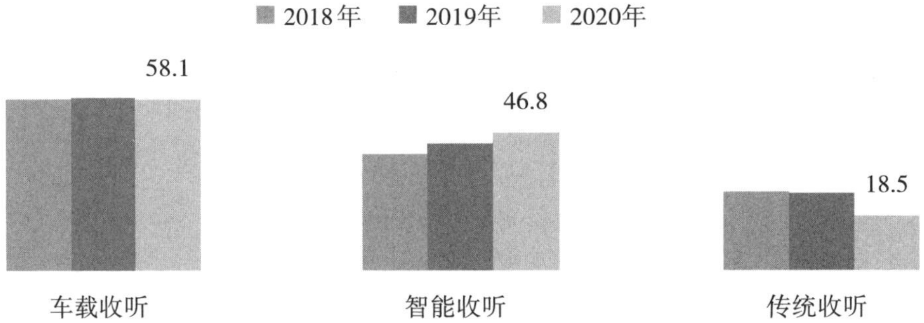

图2.1.3　2018—2020年广播各类收听终端选择率对比
数据来源：赛立信媒介研究，2018—2020年

在移动智能终端，蜻蜓FM、喜马拉雅等音频APP一直是广播在线音频直播流收听的主战场，使用广播电台自办APP收听电台直播的量级明显还不足以与音频聚合平台相抗衡。值得注意的是，车载智能音频APP的使用率已经超过10%，这一比率将会随着车联网普及率的提高持续提升。

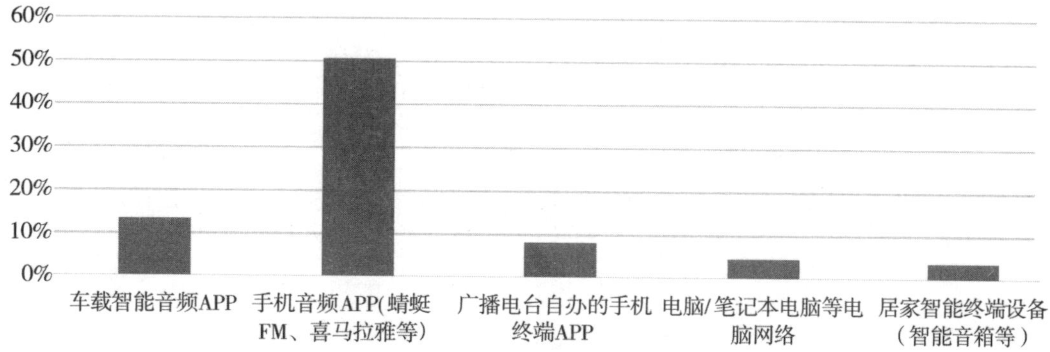

图2.1.4　2018—2020年广播各类收听终端选择率对比

数据来源：赛立信媒介研究，2018—2020年

四、碎片化收听，全天用户资源分布较为均衡

全天广播用户资源更加丰富的时段主要集中在早晚高峰即7：00—9：00、17：00—19：00之间，此外在其他时间段分别散布着不同类型的终端用户。较之往年，广播收听率在早晚高峰时段均有回落趋势，在中午12：00前后和15：00前后的收听资源也有所减少，上午和晚间部分时段有所增多，但不足以抑制整体收听水平的回落趋势。

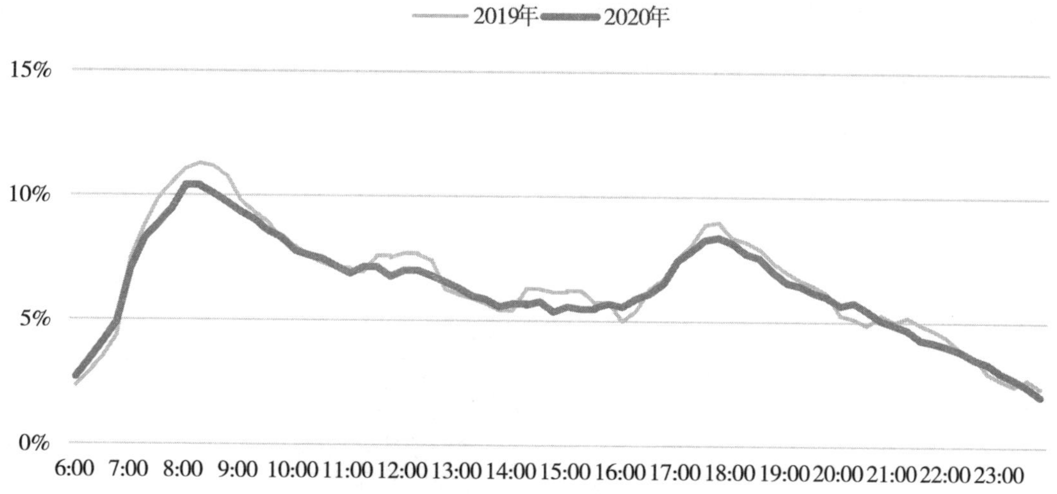

图2.1.5　2019—2020年广播全天时段收听率

数据来源：赛立信媒介研究，2019—2020年

广播在各终端细分市场的收听资源在时段分布上存在明显不同。传统终端用户更多集中在早上收听广播，对应的生活场景主要是早晨起床；车载收音系统和车联网用户因其收听场景主要在车上，对应的生活场景主要是上下班通勤路上；移动智能终端用户

在傍晚至晚间时段——相应的生活场景主要是下班路上及晚间用餐，同时在中午时段较其他类型终端也更显突出一些——相应的生活场景主要是午间用餐。

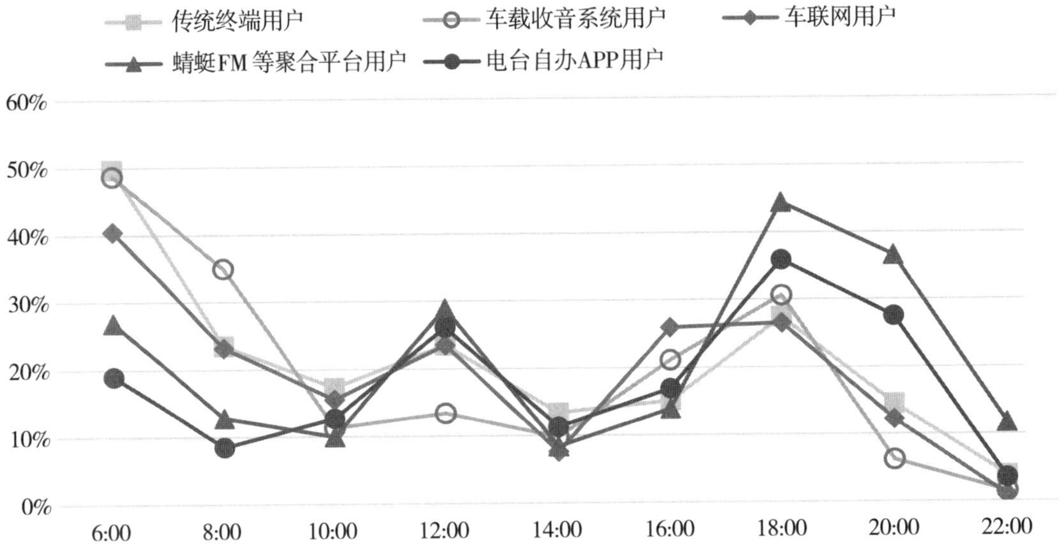

图2.1.6　2018—2020年广播各类收听终端选择率对比

数据来源：赛立信媒介研究，2018—2020年

五、央级和省级电台收听份额大幅攀升

2020年央级、省级和市县级电台三足鼎立，央级电台和省级电台市场份额近50%，在疫情期间，移动互联网虽然是居民接触最多的媒体，但依然有不少用户选择传统媒体，主要在于其信息发布的可信度更强，其间中央级和省级电台的权威性尤为突出，中央级电台的市场份额略超12%，较2019年上升1.9个百分点，创下近五年以来之最高值。

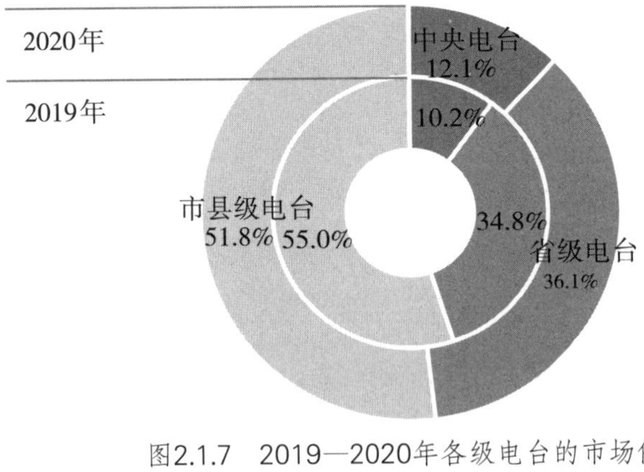

图2.1.7　2019—2020年各级电台的市场份额

数据来源：赛立信媒介研究，2019—2020年

中央电台的权威性在移动互联网端亦有突出体现。2020年中央电台在移动互联网云端①点击量高达36.4亿人次，较2019年上升29.6%，在疫情发生之后的上半年点击量同比增幅高达40.4%，在2月与4月的点击量增幅甚至超过50%。

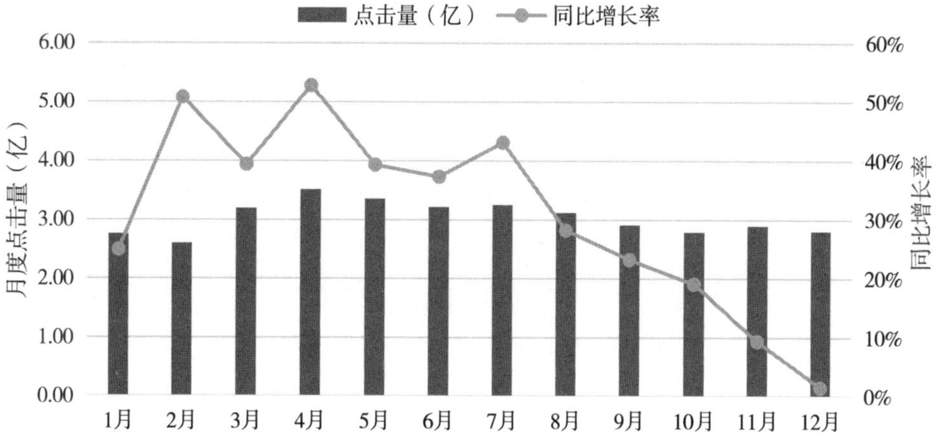

图2.1.8　2020年中央电台在各月的点击量及同比增长率

数据来源：赛立信媒介研究，2019—2020年

六、新闻广播表现突出，凸显权威性

2020年，广播用户选择的频率类型更为集中，交通广播的市场份额居首位，但较2019年略有下滑。音乐广播居次。新闻广播因疫情的原因在用户中的受欢迎程度有所提升，市场份额突破27%，达到近五年最高值。其他各类频率的市场份额较2019年多有减小。

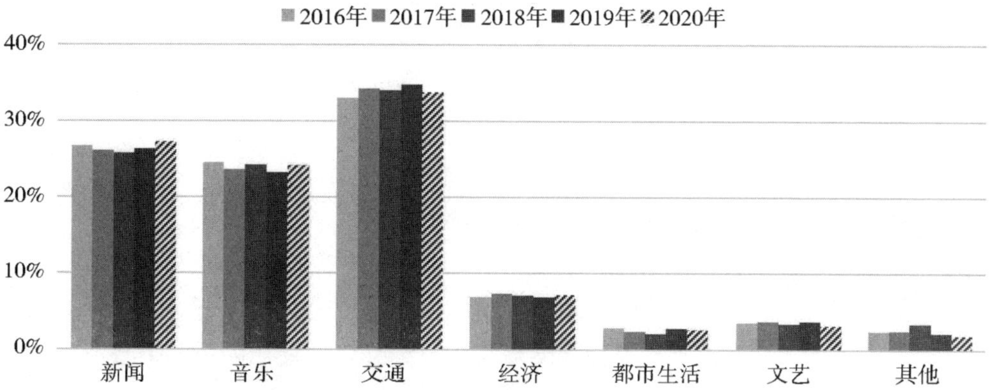

图2.1.9　2016—2020年各类频率的市场份额

数据来源：赛立信媒介研究，2016—2020年

① 移动互联网云端主要指蜻蜓 FM、喜马拉雅等用户量较大的音频聚合平台 APP 数据，电台自办 APP 暂不计算在内。

在不同的收听终端，新闻、音乐、交通依然是市场份额最大的频率类型，但在不同的终端各显优势——

（1）新闻类频率在传统收音机端及智能移动端的市场份额均超过30%，居所有频率之首位；

（2）交通频率在车载端的影响力依然最大，在车载收音系统的市场份额接近40%，在车载智能音频APP也拥有最多的收听资源；

（3）音乐频率在智能移动端的市场份额相对于在其他终端显得较大，均超过25%；

（4）经济频率在智能移动端音频聚合平台的收听表现更好，市场份额约达8.2%。

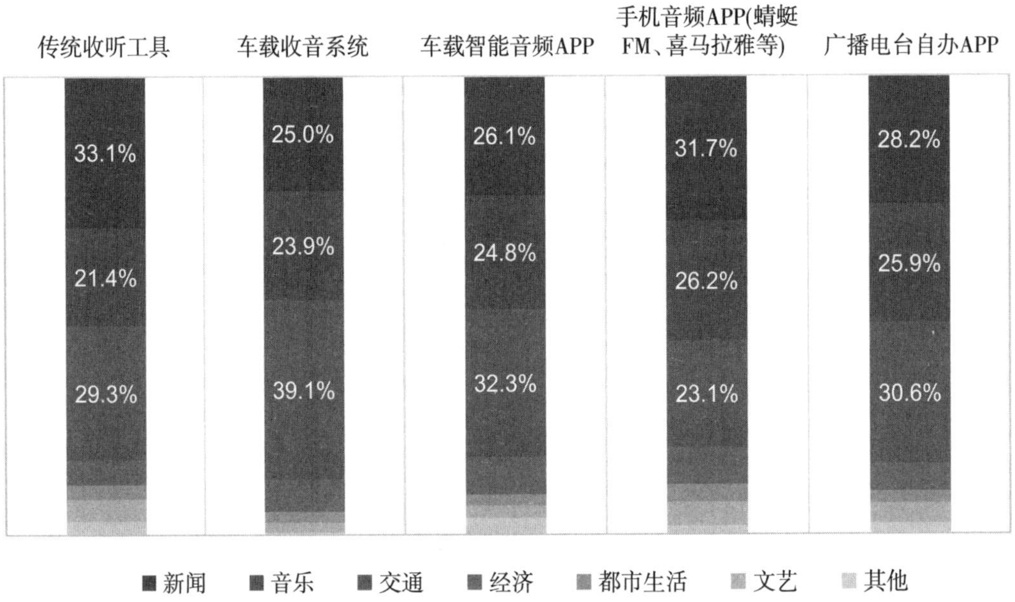

图2.1.10 各类频率在不同终端的市场份额

数据来源：赛立信媒介研究，2020年

七、内容为王，把握吸引耳朵的热点

传统广播与新媒体的深度融合，有效地将线下存量用户引流至线上，通过“内容+主播”增强IP热度，通过激活私域流量变现实现良性立体闭环。闭环的核心是“用户”与“内容”。分析用户在不同场景下收听的节目类型可以发现，各类节目均有自身的忠实用户，最终能否引起用户共鸣、引发热度，仍取决于节目的内容。各大广播电台在2020年继续推陈出新，针对全民抗击新冠肺炎疫情的立体呈现，疫情后响应经济提振的直播带货，围绕假日经济、区域经济领域重大事件而展开的大型专题报道、系列报道等，均有赖于高品质的内容生产而赢得听众及在线用户群的积极响应。

（梁毓琳）

2020年全国广播融媒体传播效果观察

2020年，受全球新冠疫情下人们出行及生活方式转变的影响，广播传统收听端的市场总量出现收缩，但传统广播与新媒体的深度融合，原来的传统收听终端、车载收听终端、智能收听终端三足鼎立的格局被打破，智能收听终端逐渐常态化。据赛立信的全国广播电台融媒体云传播效果数据显示，2020年广播媒体在融媒体云端的传播力在不断提升，本文从不同的角度盘点全国广播电台在融媒体云端的传播力。

一、2020年全国广播频率在融媒体云端累计点击量过百亿人次

数据显示，2020年全国广播融媒体云传播累计点击量为115.04亿人次，较2019年增长12.09亿，同比增幅达11.7%，疫情下，广播融媒体传播凭借其跨地域、多平台、即时性、个性化等优势获得了越来越多用户的青睐，传播影响力明显提升。

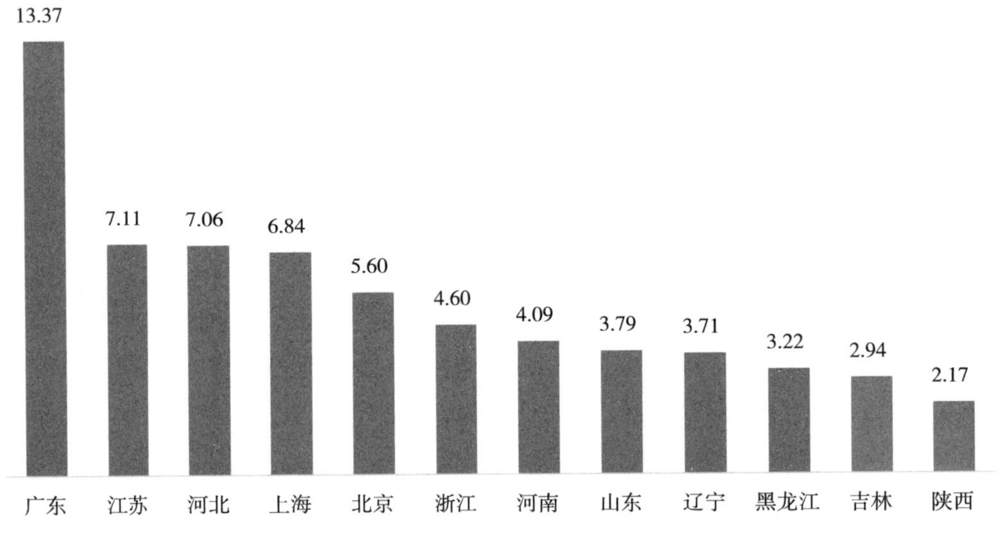

图2.2.1　全国各地区的广播融媒体云端累计点击量
数据来源：赛立信媒介研究广播融媒体云传播数据，2020年

分地区来看，东部沿海及华北经济发达地区的移动智能收听热度较高，其中广东地区用户的累计点击量达13.37亿人次，位列全国之首，其次是江苏、河北、上海和北京，累计点击量均超过5亿。

对比2019年，2020年广东地区的IP热度大大提升，累计点击量增长超过2亿，其次是河北地区，增长量过亿。此外，江苏、上海、北京、浙江和内蒙古地区的增长量亦均超过2000万。

从各级电台在融媒体云端点击量同比情况来看，2020年中央台和各省级台作为疫情防控宣传的主力军，广播融媒体发展的先行者，在融媒体平台传播上率先发力，通过打造疫情防控系列专栏、开设抗疫前线直播间等方式，成功吸引大批粉丝，云听点击量同比增长均达到3亿人次以上，电台在融媒体平台的传播影响力大幅增强。

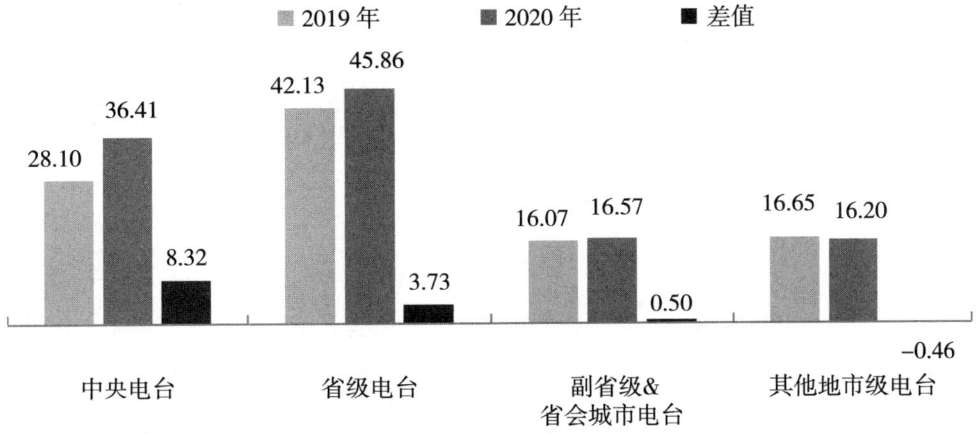

图2.2.2　全国各级电台在融媒体云端点击量同比情况（单位：亿）
数据来源：赛立信媒介研究广播融媒体云传播数据，2020年

纵观各类频率在融媒体云端的点击量，2020年新闻类频率在融媒体平台的收听表现有明显的提升，点击量同比提升达9.84亿人次，云收听表现继续在各类型频率中稳居第一，凸显新闻频率在媒体用户中的权威性。经济频率的点击量同比提升达到2.70亿人次，这主要是由于全球经济下行的情况下人们对于投资理财的兴趣有着明显提升。文艺类、都市生活类、音乐类、私家车类等娱乐休闲类频率云端点击量同比均出现了不同程度的下滑，主要是由于频率在2—4月疫情期间点击量明显减少之故。

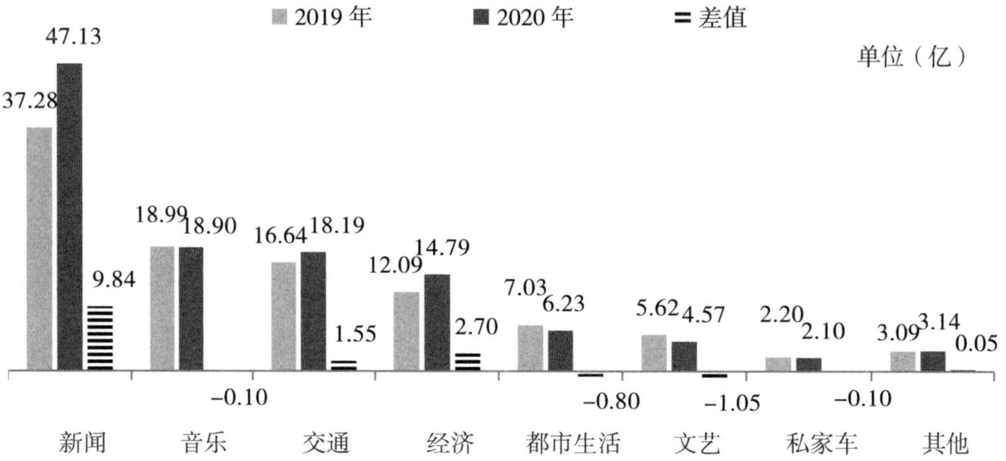

图2.2.3　全国各类频率云传播点击量同比情况

数据来源：赛立信媒介研究广播融媒体云传播数据，2020年

除了中央电台，省级电台在融媒体云端积聚的用户最多，2020年云端点击量最大的省级电台为上海电台和广东电台，全年累计点击量均超过6亿。另外，河北电台、北京电台、江苏电台和浙江电台2020年的点击量也都达到2亿人次以上，同样有着强劲的云传播影响力。

与2019年相比，2020年云端点击量提升较大的省级电台主要有广东电台和河北电台，点击量增长量过亿，上海电台、江苏电台、北京电台和浙江电台的点击量同比提升均超过2000万，云端传播力提升明显。

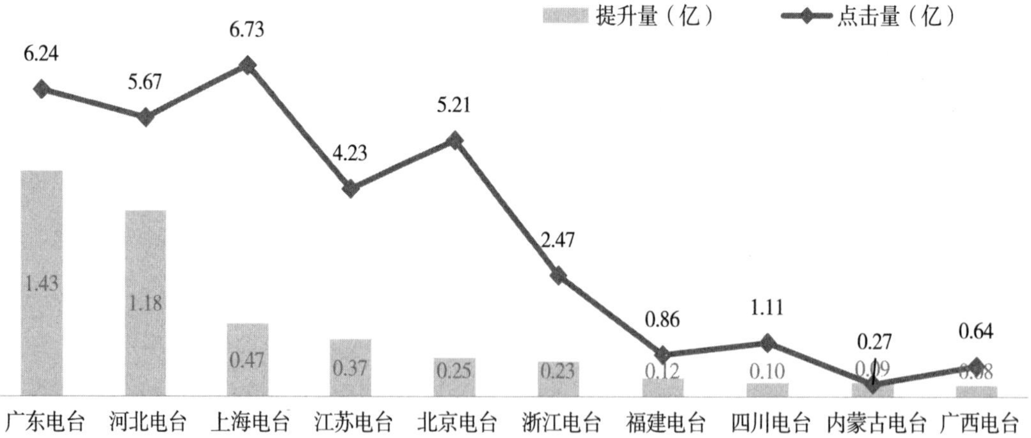

图2.2.4　云传播点击量同比上升较大的省级电台

数据来源：赛立信媒介研究广播融媒体云传播数据，2020年

二、广播媒体在“两微一条”的影响力在不断提升

随着移动互联网时代的深入发展，广播借助“两微一条”①等公域平台传递资讯、推送自制的融媒体产品，不断扩大广播融媒体产品的传播渠道，经过多年的耕耘努力，广播媒体在这些平台上的影响力也在不断提升。

2020年，全国省级电台广播媒体在“两微一条”全面发力，传播力越发强劲。数据显示，2020年全国省级电台广播媒体微信公众号②累计阅读量为27.36亿人次，较2019年增长11.14亿人次，同比增幅达68.7%；在看量也增长了0.03亿人次。在微博交互量为0.17亿人次，较2019年提升0.03亿人次，同比增幅为20.5%。在今日头条端传播力更是呈现出飞跃式增长，均实现了超两倍的增长量，累计阅读量从2019年31.78亿人次增长至2020年近百亿人次，互动量也增长至1.25亿人次。

表2.2.1　全国省级电台“两微一条”的传播效果　　单位：亿

客户端	指标	2019 年	2020 年	同比增幅
微信端	累计阅读量	16.22	27.36	68.7%
	在看量	0.05	0.08	52.8%
微博	交互量	0.14	0.17	20.5%
今日头条	累计阅读量	31.78	99.42	212.8%
	互动量	0.34	1.25	263.9%

数据来源：赛立信媒介研究，2019—2020年

2020年度全国省级电台微信公众号传播效果中，华东地区是综合表现最突出的地区，在三大平台上，获得关注度与互动量均远远高于其他片区，其中，在微信平台上在看量高达438.96万，累计阅读量超过13亿，同比增幅65.5%，在所有片区中增幅最高；在微博平台，华东地区获得915.9万的互动量，同比增加24万+，在所有地区中居首位；华中地区以325.8万互动量，与去年相比，增加174万互动量，在所有地区中增量最多，受疫情影响，尤其是武汉地区，各界关注度增加，各种“为武汉加油”等声音霸占微博各大热搜榜；在头条上，华东地区累计阅读量高达55.9亿，互动量达7678万。

① 两微一条：微信、微博、今日头条。
② 统计的省级电台微信公众号、微博和头条号分别是微信：231，微博：225，今日头条：90。

对比2020年全国省级电台“两微一条”各月份的云传播表现，在2、3月份疫情暴发期间，各省级广播电台肩负起疫情信息权威发布平台的角色，在“两微一条”平台积极发文，三大平台文章发布量在此期间均达到全年的峰值。

此外，在疫情暴发期间，听众出行受到限制，对微信新闻资讯的需求度则明显提高，各省级广播电台微信公众号的阅读量、在看量和爆款量在此期间均出现爆发性增长，微信公众号成为突发事件下各广播电台的第二战场。

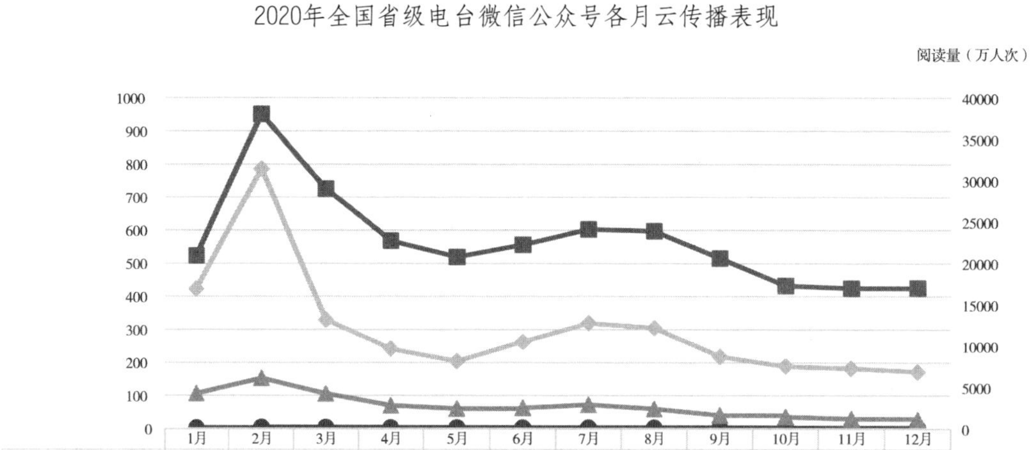

	1月	2月	3月	4月	5月	6月	7月	8月	9月	10月	11月	12月
发布量(万篇)	3.05	4.79	4.54	3.76	3.67	3.49	3.64	3.56	3.52	3.15	3.16	3.16
在看量(万人次)	106.38	152.35	106.12	70.37	60.85	63.10	72.53	60.06	40.80	36.12	30.15	26.80
爆款量(篇)	423	786	330	241	204	263	319	305	218	188	182	172
阅读量(万人次)	20909.96	38042.99	29035.32	22727.87	20763.02	22239.44	24110.60	23893.77	20604.15	17300.03	16987.33	17025.67

图2.2.5　2020年全国省级电台微信公众号各月云传播表现

数据来源：赛立信媒介研究广播融媒体云传播数据，2020年

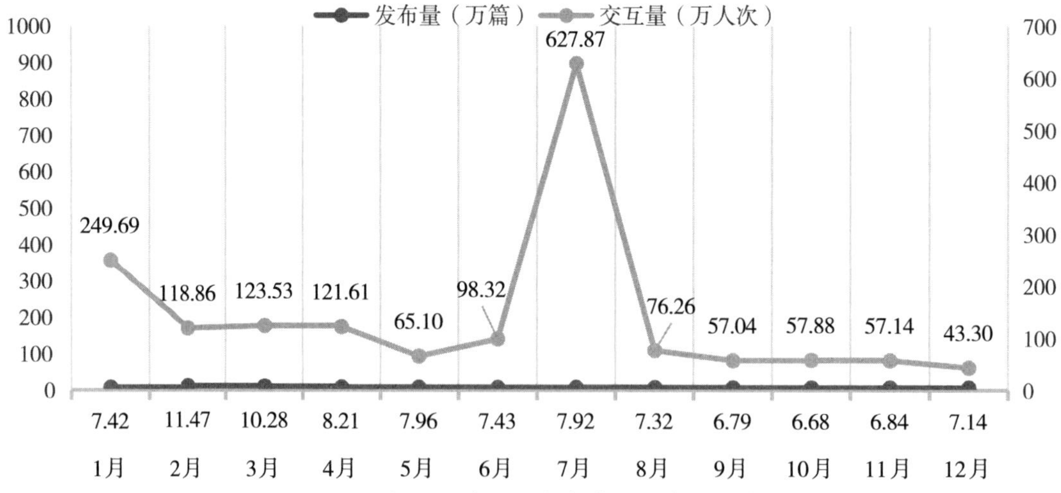

图2.2.6　2020年全国省级电台微博账号各月云传播表现

数据来源：赛立信媒介研究广播融媒体云传播数据，2020年

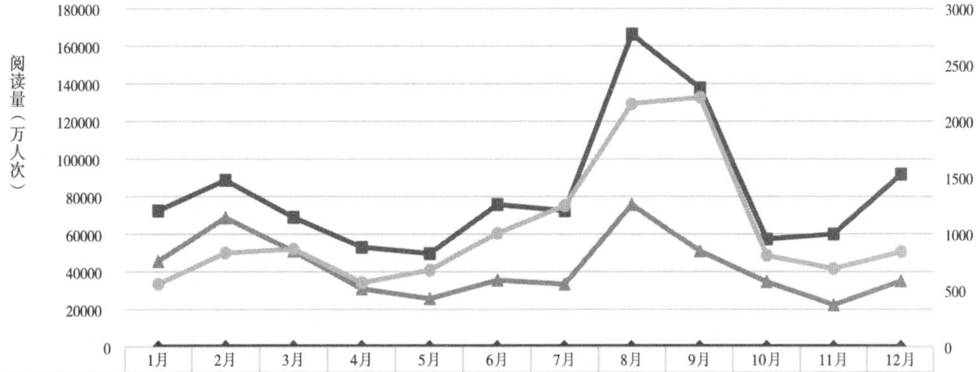

	1月	2月	3月	4月	5月	6月	7月	8月	9月	10月	11月	12月
阅读量(万人次)	72515.69	88731.54	68987.75	52980.55	49552.12	75794.97	72502.76	166315.04	137721.14	57280.78	60008.92	91850.51
发布量(万篇)	1.27	2.26	1.77	1.69	1.55	1.56	1.59	1.64	1.55	1.36	1.35	1.63
爆款量(篇)	758	1147	847	514	427	591	555	1263	847	575	371	583
互动量(万人次)	556.52	831.43	866.22	568.38	679.42	1007.93	1253.05	2154.09	2211.62	806.77	692.52	841.33

图2.2.7　2020年全国省级电台今日头条账号各月云传播表现

数据来源：赛立信媒介研究广播融媒体云传播数据，2020年

三、2020年广播媒体在“两微一条”上的爆款

随着传统广播与新媒体的深度融合，广播媒体在“两微一条”的传播力在不断加强，爆款作用不断。纵观三个平台的爆款，我们可以发现以下特点——

（1）在微信平台，交通频率的影响力较大，在我们监测的400多个频率中，62个频率有爆款，其中过半是交通频率的公众号，爆款推文量达5396篇，占比达95.8%，杭州交通918、FM93交通之声爆款文章过千，安徽交通广播、河北交通广播、黑龙江交通广播、江苏交通广播网、新疆949交通广播的爆款文章均过300。

（2）音乐频率在微博平台的互动较为活跃，动感101、广东电台的Music Radio音乐之声的话题都引起较为强烈的互动。其中动感101互动量过万的话题全年过100个。

（3）交通频率在头条号平台的传播力也相当不错，80个常规监测头条号中，拥有较多爆款的头条号多属于交通频率，楚天交通广播以近1500个爆款居首位，江苏交通广播网、山东交通广播、浙江城市之声、金鹰955的爆款超过300个。此外，一些省级新闻频率的头条号表现也相当不错，如福建新闻广播FM1036、浙江之声、湖北之声、吉林之声，爆款量均超过300。广播媒体不只体现声音的魅力，视频也受到不少网络用户的热捧，在头条号上，超过70%的爆款均是小视频或者直播，说明广播多样化的融媒体产品在用户中具有较强的影响力。

（4）“两微一条”平台的爆款多与新冠疫情有关，如下图所示，大家对疫情的相关报道有极高的关注度。动感101的“东方风云榜”在微信平台引起极大的热度，7月关于“东方风云榜”发博均引发过万的互动量。

图2.2.8 “两微一条”平台对疫情报道的关键词云图

表2.2.2 2020年度全国广播媒体云传播效果指数风云榜

频率名称	云听指数（%）	云迹指数（%）	云交互指数（%）	云传播效果指数（%）
中央广播电视总台中国之声	2102.79	429.34	5663.64	2563.94
上海流行音乐广播 动感 101	148.84	48.62	5621.79	1228.40
中央广播电视总台环球资讯广播	910.49	168.38	1627.78	942.63
杭州交通经济广播	64.49	1925.92	2479.72	826.75
中央广播电视总台文艺之声	97.91	30.72	2989.63	666.18
中央广播电视总台经济之声	864.09	84.53	61.21	586.58
浙江交通之声	116.22	1058.86	1693.71	573.11
中央广播电视总台音乐之声	174.61	44.67	2038.50	527.90
安徽交通广播	29.38	831.10	1334.24	410.61
江苏交通广播网	112.66	518.10	826.20	316.18
新疆 949 交通广播	53.46	424.48	1018.35	302.09
江苏新闻广播	215.71	238.78	564.86	289.00
河北综合广播	296.32	224.12	110.88	248.40
河北交通广播	99.82	626.68	416.24	242.13
北京交通广播	191.09	167.81	300.75	209.53

数据来源：赛立信媒介研究广播融媒体云传播数据，2020年

注：云传播效果指数包含云听指数、云迹指数、云交互指数，分别以65%、15%、20%的权重加权所得。

（梁毓琳 高 杰）

传播政声，倾听民声

——广播政务服务节目市场特点分析

广播政务服务节目，是伴随着我国服务型政府建设不断深入推进和民众政治参与意识不断提高而产生并逐步发展起来的，因其受众广泛、互动性强、关注度高，如今已成为政府与民众沟通交流、促进政府转变职能作风、监督党政部门工作的重要平台，深受社会各界的好评。

在此，我们尝试汇总了我司调研地区中主要电台频率的政务服务节目，向大家展示政务服务节目的收听数据，从数据角度揭示政务服务节目在广播市场中的表现和地位。

一、全国政务服务节目的市场表现概况

通过汇总赛立信在2019年11月—2020年2月全国主要城市的广播收听率调查数据，共整理出分布在62个城市电台的政务服务节目约388个。其中平均收听率最高的节目是大庆交通广播FM95.0的《四大帮办在行动》、大庆交通广播FM95.0《热线追踪》和《行风在线》。

纵观各政务服务节目在播出时段的排名，大部分政务服务节目的收听表现较好，能位居同时段节目的前十位。

表2.3.1　全国优秀政务服务节目收听情况汇总（TOP50）

地区	节目名称	起止时间	所属频率	平均收听率（%）	市场占有率（%）	同时段排名	播放时间
大庆	四大帮办在行动	8：00—9：00	大庆交通广播FM95.0	7.44	50.4	1	工作日
日照	热线追踪	7：30—8：15	日照广播综合频率	5.41	35.6	1	休息日
日照	行风在线	7：30—8：15	日照广播综合频率	4.22	30.5	2	工作日

（续表）

地区	节目名称	起止时间	所属频率	平均收听率（%）	市场占有率（%）	同时段排名	播放时间
丽水	百姓热线（直播版）	8：00—8：30	丽水总台新闻综合频率	3.78	35.1	1	工作日
淄博	律师说法	7：30—9：30	淄博电台交通文艺广播	3.77	29.3	1	休息日
潮州	民生在线	8：33—9：00	潮州电台综合广播	3.43	31.9	2	工作日
淄博	法眼看天下	7：30—8：30	淄博电台政务广播	3.43	28.2	1	休息日
温州	天天有说法	20：00—21：00	温州交通广播	3.39	35.7	1	工作日
长沙	交警直播室	11：00—12：00	湖南电台交通频道	3.37	38.0	1	工作日
中山	周五民声直播重播	8：00—9：00	中山台新锐 970	3.33	33.5	2	休息日
绍兴	行风热线	7：30—8：00	绍兴之声	3.33	25.6	1	工作日
潮州	转播民生直播室	7：50—8：30	潮州电台综合广播	3.29	29.6	2	工作日
常熟	法制红绿灯	12：30—13：30	常熟电台交通广播	3.28	46.3	2	工作日
江门	民生热线	11：00—12：00	江门新闻综合台	3.16	36.9	2	工作日
淄博	政风行风热线	8：00—9：00	淄博电台综合广播	3.15	24.4	2	休息日
江阴	江阴帮	9：00—10：00	江阴汽车广播	3.12	43.3	1	工作日
惠州	行风热线 天天在线	11：00—12：00	惠州综合广播	2.94	35.9	1	工作日
潮州	民生在线	12：07—12：30	潮州电台综合广播	2.93	30.6	2	工作日
惠州	行风热线面对面	11：00—12：00	惠州综合广播	2.92	34.7	2	工作日

（续表）

地区	节目名称	起止时间	所属频率	平均收听率（%）	市场占有率（%）	同时段排名	播放时间
中山	周五民声直播室	10：30—12：00	中山台新锐 968	2.87	36.6	1	工作日
徐州	行风热线	8：00—9：00	徐州新闻综合广播	2.82	29.5	2	工作日
丽水	百姓热线（重播）	8：00—8：30	丽水总台新闻综合频率	2.81	38.5	1	休息日
丽水	百姓热线（民生版）	8：00—8：30	丽水总台新闻综合频率	2.75	31.7	1	休息日
潮州	914 交通课堂 914 交通微提示	10：00—10：30	潮州电台交通音乐广播	2.72	32.1	2	工作日
常熟	政务直通车	7：30—8：00	常熟电台交通广播	2.71	26.4	3	休息日
梅州	民情反馈（周末）	11：00—12：00	梅州电台新闻台	2.67	37.3	1	休息日
潮州	交警在线	10：30—11：00	潮州电台交通音乐广播	2.66	33.3	3	工作日
海口	律师在线	8：00—9：30	海南电台新闻广播	2.62	24.8	2	休息日
台州	阳光热线	8：00—9：00	FM98.7 台州综合广播	2.62	24.1	2	工作日
常熟	法治会客厅	14：30—15：00	常熟电台交通广播	2.61	48.4	3	工作日
长沙	走基层《一封家书》	10：00—10：30	金鹰 955	2.61	19.1	2	休息日
淄博	消费面对面	15：00—16：00	淄博电台政务广播	2.58	25.0	2	工作日
淄博	直播 12345	10：00—11：00	淄博电台综合广播	2.57	21.5	1	工作日
潮州	学习贯彻习近平总书记视察广东重要讲话精神专题	13：04—13：09	潮州电台综合广播	2.56	29.5	1	工作日
大庆	行风热线	8：00—8：50	大庆综合广播 FM97.5	2.54	22.0	2	休息日

（续表）

地区	节目名称	起止时间	所属频率	平均收听率（%）	市场占有率（%）	同时段排名	播放时间
惠州	行风追踪	17：30—18：00	惠州综合广播	2.51	21.0	3	工作日
常熟	常广晚新闻　政务直通车	20：30—21：00	常熟电台交通广播	2.48	41.6	2	工作日
梅州	市民热线	11：00—12：00	梅州电台新闻台	2.41	38.7	2	工作日
金华	行风热线	8：00—8：30	金华之声 FM104.4	2.37	23.7	1	工作日
潮州	公益会客厅	11：04—11：30	潮州电台综合广播	2.36	30.0	5	工作日
大庆	行风热线	9：00—10：00	大庆综合广播 FM97.5	2.36	24.2	3	工作日
潮州	民生在线 + 江煜为你读诗	17：30—18：00	潮州电台戏曲广播	2.32	25.2	5	工作日
清远	行风热线	9：03—9：30	887 清远综合广播	2.30	33.2	1	工作日
阳泉	政风行风热线	7：30—9：00	阳泉新闻综合广播	2.28	22.8	3	工作日
青岛	交通热线	8：30—10：00	青岛交通广播 FM89.7	2.27	17.7	2	工作日
潮州	潮州政风	10：07—11：00	潮州电台综合广播	2.26	26.8	7	工作日
潮州	学习贯彻习近平总书记视察广东重要讲话精神	18：07—18：12	潮州电台综合广播	2.25	26.3	1	工作日
嘉兴	行风热线	12：00—12：30	嘉兴交通政务频率	2.22	33.5	1	工作日
梅州	行风热线	11：00—12：00	梅州电台新闻台	2.18	36.0	3	工作日
泉州	百姓热线	9：00—10：00	889 新闻综合广播	2.16	20.0	2	工作日

数据来源：赛立信媒介研究，2019年11月—2020年2月

注：1. 覆盖全省多个城市的省级电台播出的政务服务节目，只选取省会城市数据进行统计。
2. 中央电台各频率节目只选取在北京地区数据进行统计。
3. 由于篇幅所限，本部分仅展示前五十位节目的数据。

二、全国政务服务节目的特点

通过进一步分析这388个节目的所在区域、所属频率、播放时间、节目内容等信息，我们可以发现其政务服务节目有以下特点：

1. 政务服务节目较集中于华东、华南、华北、华中四个地区

在汇总的388个政务服务节目中：属于华东地区的有123个，占比约为31.7%，占比最高；属于华南地区的有78个，占比约为20.1%，占比位于第二；位居第三的是华北地区，有54个政务服务节目在本片区播出，占比约为13.9%；排名第四的是华中地区，有51个政务服务节目播出，占比约为13.1%；位居第五的是西北地区，共有34个政务服务节目，约占8.8%；位居第六的是西南地区，有33个政务服务节目播出，占比约为8.5%；最后是东北地区，有15个政务服务节目播出，占比约为3.9%。

表2.3.2　各地广播政务服务节目分布情况

单件：个

地区	数量	地区	数量
广东	56	福建	11
山东	55	四川	11
浙江	31	海南	10
内蒙古	25	山西	9
湖北	24	吉林	9
湖南	22	上海	8
江苏	18	贵州	8
河北	15	青海	7

数据来源：赛立信媒介研究，2019年11月—2020年2月

结合平均收听率来看，前五十位政务服务节目的平均收听率均超过2.15%，最高达7.44%。在这些收听优势的政务服务节目中：有23个节目属于华东地区，占比为46.0%；有21个节目属于华南地区，占比为42.0%。综上可知，华东和华南地区的政务服务节目不仅数量多，而且收听表现也较优异，说明这些地区听众和政府部门对政务服务节目都比较热情。

2. 政务服务节目播出时间集中在上午至午间

从政务服务节目的播出时间和时段排名来看，在工作日播出节目的有293个，休息

日播出的有95个，较多频率把广播政务服务节目作为日播的重点节目，说明这类节目在当地广播市场具有收听需求。

从播出时段来看，政务服务节目主要集中在上午至午间时段，超过50%的政务服务节目在8：00—14：00开播，除深夜时段外，其余时段播出的节目数量相对均衡。结合节目同时段排名来看，在8：00—12：00播出的政务服务节目中共有85个节目的排名位居前三位，占比为54.1%；在12：00—14：00播出的政务服务节目中共有23个节目的排名位居前三位，占比为41.8%。综上可知：上午时段的广播政务服务节目最契合听众收听时间需求，在这一时段播出的节目数量最多，且排名也最为靠前；其次是在中午时段，也较能激起听众的收听欲望。

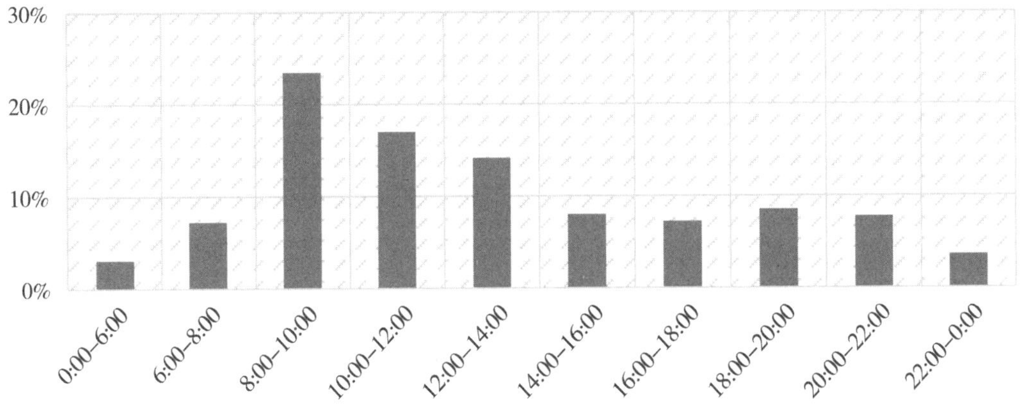

图2.3.1　政务服务节目播出时间分布

数据来源：赛立信媒介研究，2019年11月—2020年2月

3. 政务服务节目播出时长基本控制在90分钟以内

在汇总的388个广播政务服务节目中，节目播出时长基本都在90分钟以内，其中超过50%的节目时长在半小时到一小时，将近四分之一的节目时长在60—90分钟，15.2%的节目时长在30分钟以内，仅有9%的节目播出时长在90分钟以上。多数政务服务节目的内容不仅有政策法规传播，还有听众互动咨询和嘉宾解答问题，因此节目时长会相对长一些，但时间太长也容易造成听众疲惫。总的来看，单次播出时长在30分钟至90分钟是比较合适的。

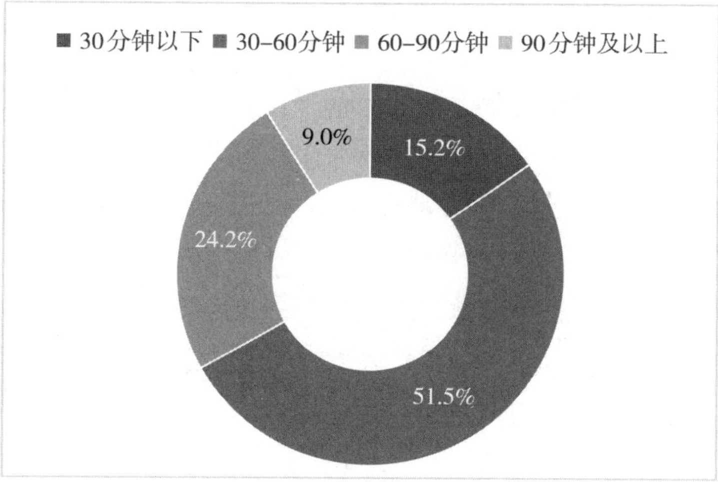

图2.3.2 政务服务节目的播放时长
数据来源：赛立信媒介研究，2019年11月—2020年2月

4. 政务服务节目主要在新闻类频率播出

在汇总的388个广播政务服务节目中，政务服务节目播出的频率主要是新闻类频率，其次是交通类、资讯类频率，其中将近60%的政务服务节目在新闻类频率播出。相较于其他频率，新闻类频率最能体现广播的公信力和权威性，且受众广泛，适合播出贴近实际、贴近生活、贴近群众的政务服务节目。

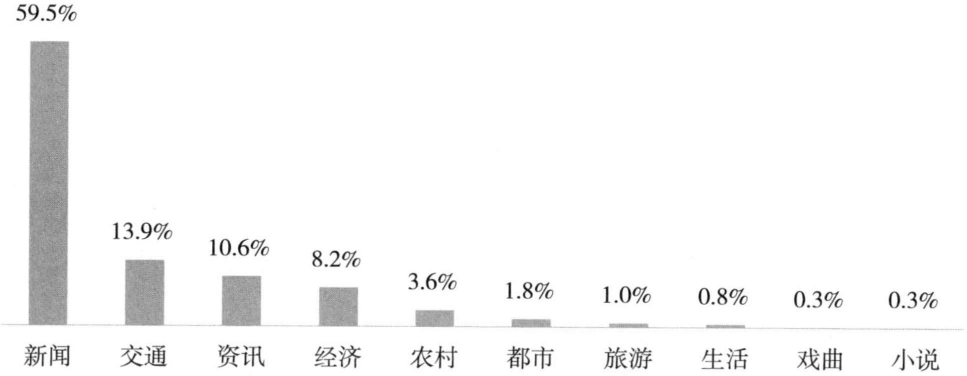

图2.3.3 政务服务节目播出的频率类型
数据来源：赛立信媒介研究，2019年11月—2020年2月

5. 政务服务节目的主要内容以政风行风和热线服务居多

结合前文的政务服务节目播出时段来看，在上午8：00—14：00为黄金时段，其中8：00—12：00时段播出的政务服务节目内容以政风行风和热线服务最多，其次是法律法规和政务其他等，12：00—14：00时段播出政务服务节目内容最多的是法律法规，最后是政风行风、热线服务和乡村发展。

总的来说，热线服务、政风行风和法律法规节目作为政务服务节目的主要内容，在全天大部分时段均可播出，警务服务节目更多在午间至下午播出，民生服务节目适合在早间和下午至晚间播出，乡村发展节目更多在午间播出，其他政务服务节目则多在上午和下午到晚间播出。

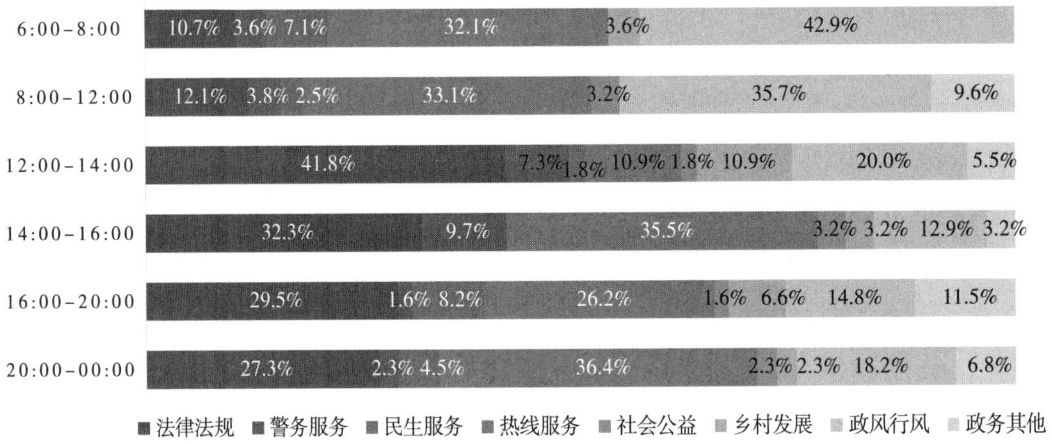

图2.3.4 不同时段播出政务服务节目的主要内容类型

数据来源：赛立信媒介研究，2019年11月—2020年2月

三、听众对政务服务节目的需求情况

根据赛立信2019年在全国主要城市进行的调查数据，我们可以了解到全国广播听众对政务服务节目的收听需求情况，希望能为各地电台政务服务节目的制作者提供一些经验。

1. 政务服务节目听众画像——中青年白领和个体工商户是主要听众群

从全国政务服务节目的主要听众群来看，男性听众略多于女性听众。年龄以25—44为主，占比达到五成半。再分别来看各类细分政务服务内容的听众构成。其中男性更喜欢听警务服务内容，女性则更喜欢收听政风行风内容。此外，喜欢收听警务服务内容的听众整体年龄最大，而喜欢收听法律法规内容的听众整体年龄最小。

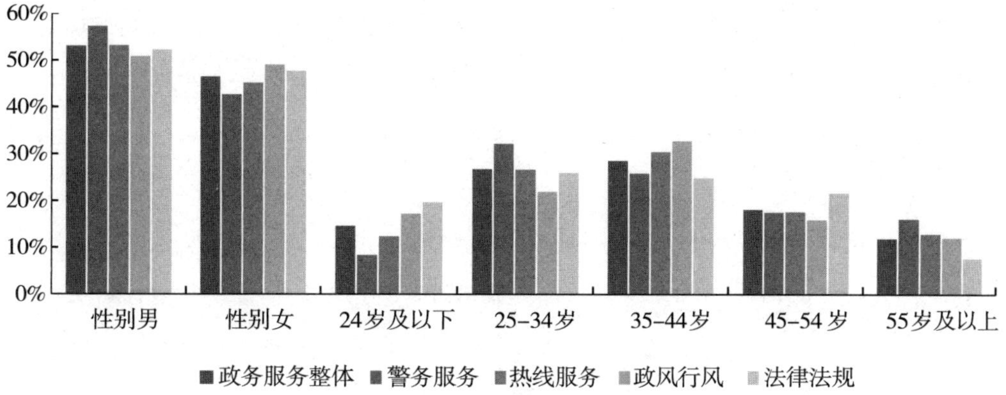

图2.3.5　全国政务服务节目主要听众构成（性别、年龄）
数据来源：赛立信媒介研究，2019年11月—2020年2月

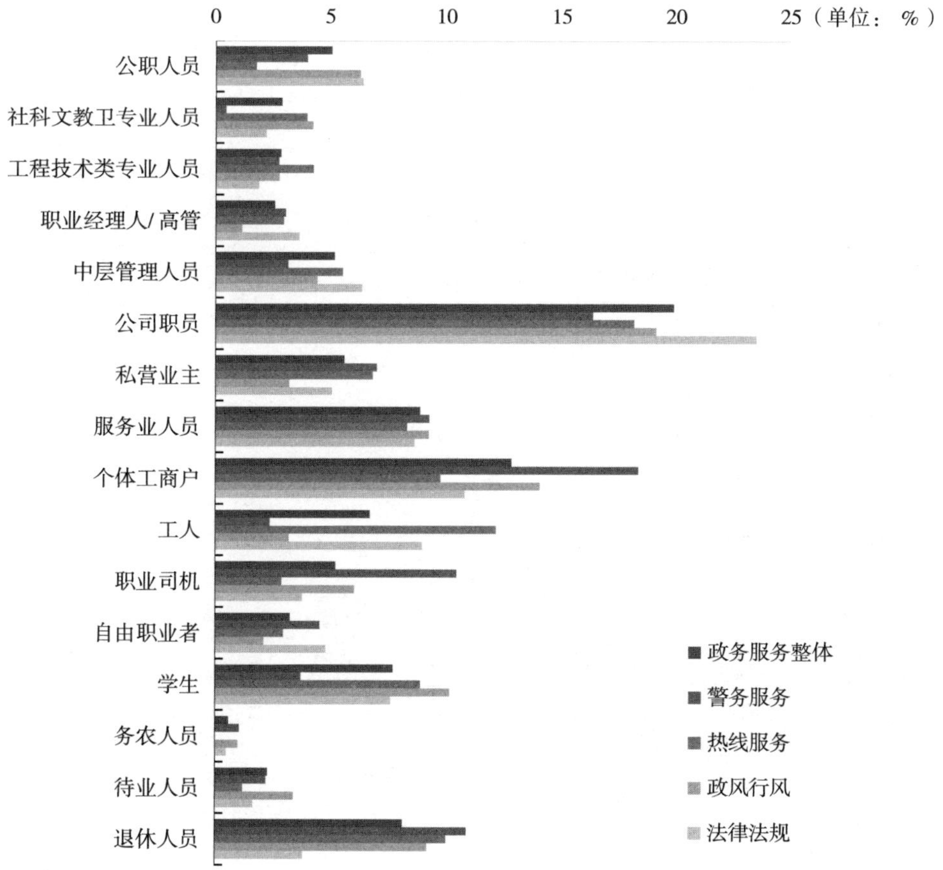

图2.3.6　全国政务服务节目主要听众构成（职业占比）
数据来源：赛立信媒介研究，2019年11月—2020年2月

从全国政务服务节目听众的主要职业来看，公司职员和个体工商户是政务服务节目最主要的听众群，其次是服务业人员、退休人员、学生和工人。再分别来看各类细分政务服务内容的听众职业构成，公司职员、中层管理人员、公职人员是收听法律法规内容占比最高的，这类听众普遍有着较高的法律意识，对法规内容的解读、法律法规的修改变更表现出更高的关注度；个体工商户、私营业主及退休人员则是收听警务服务内容占比最高的，这与此类听众日常的生活工作需求有关。此外，学生收听政风行风内容占比最高，工人收听热线服务内容占比最高，服务业人员收听警务服务和政风行风内容占比相近。

2.“法律法规”类政务服务节目内容最受听众喜爱

政务服务节目作为政府与百姓沟通的桥梁，一贯以来都受到听众的广泛关注和喜爱，其在节目的内容和形式上也是多种多样，从我司在全国的调查数据来看，“法律法规”“政风行风”“热线服务”和“警务服务”节目最受听众喜爱。其中对“法律法规”和“警务服务”的喜爱人数占比最高，说明听众法律意识的加强和与日常生活密切相关的交通民政警务服务信息日益提升的需求。而对“政风行风”“热线服务”的喜爱则反映出百姓参政议政和政务监督意识的不断增强。因此各地电台在制作政务服务节目的时候可以围着这几类的需求来进行。

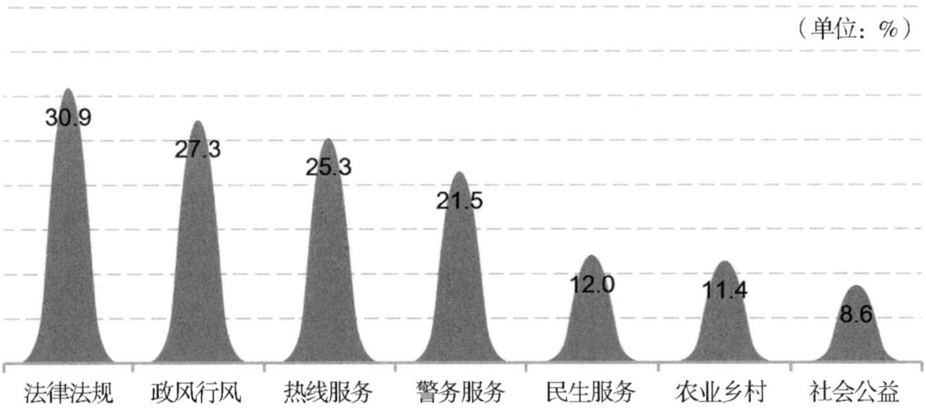

图2.3.7　听众喜欢收听的政务服务节目类型
数据来源：赛立信媒介研究，2019—2020年

3.听众最喜欢在热线服务节目中收听的内容

热线服务节目是占比最多的政务服务节目，也是听众较为喜爱的政务服务节目类

型。从调查数据来看，听众最喜欢参与的热线内容是 “在线评论”和“在线咨询”，其次是“提供线索”。这说明听众更希望在热线节目中发表自己的意见和了解自己不清楚的政务服务流程。由此可见，今后在热线服务节目中应该重点强调节目的服务作用，而不是投诉监督作用。

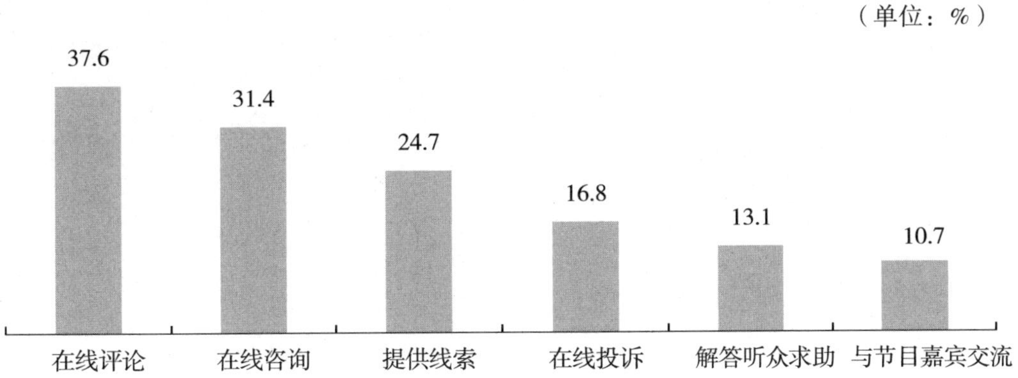

图2.3.8 听众喜欢收听的热线服务内容

数据来源：赛立信媒介研究，2019年

4. 听众希望参与热线互动的主要方式

从听众参与节目的形式来看，听众希望参与节目的最主要方式还是较为传统的拨打“热线电话”，其次是通过“微信”“短信”等方式参与节目，再次是“微博”与“QQ”，整体来看，虽然听众参与节目的方式较为多样，但传统的“热线电话”占比越来越低，“微信”“微博”“QQ”等互联网新媒体参与方式逐步成为主流。

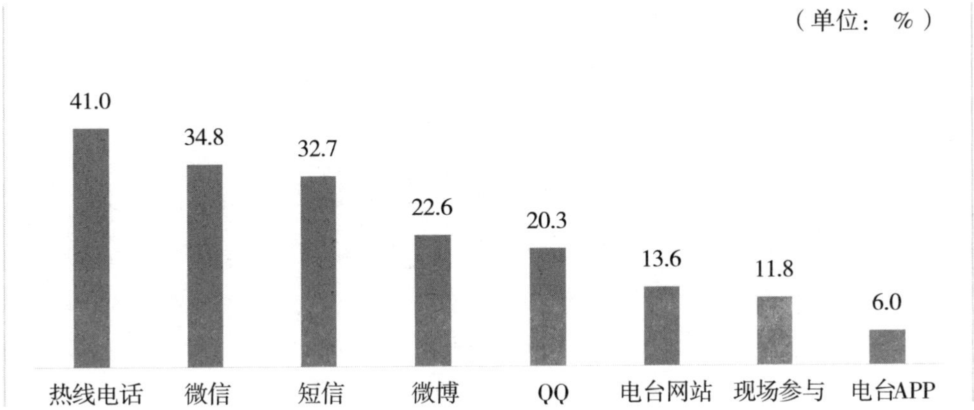

图2.3.9 听众参与热线互动的主要方式占比（%）

数据来源：赛立信媒介研究，2019—2020年总的来说，广播政务服务节目开设多年，始终践行“为百姓解难，替政府分忧”的原则，搭建起民众和政府沟通的桥梁，为实现政声与民声的良好互动做出积极贡献。在融媒体背景下，政务服务节目应整合多种媒介，拓展传播渠道，关注听众需求，创新节目内容及形式，以增强政务服务节目的竞争力，让政务服务节目更加入耳入心。

（罗剑锋　刘莲娣）

疫情笼罩下的广播媒体变化趋势

来势汹汹的新型冠状病毒肺炎疫情令各行各业受到了不同程度的冲击，而且对后疫情时期经济发展产生较为长远的影响。更为关键的是，此次疫情对人们的生活习惯和生活方式带来了长期影响。广播媒体在疫情的冲击下也发生了一系列的改变：收听市场发生明显变化，后疫情时期车载收听将出现报复性反弹，手机智能收听终端更加火热；疫情造成多行业广告投放量明显下滑，广播电台的广告收入在短期内会有明显减少；广播融媒体将实现纵深发展，将更加注重内容变现，近期风风火火的直播带货新玩法将助力广播业创新盈利模式。

本文将依据赛立信媒介研究全国广播收听率调查数据和广播融媒体云传播效果大数据等第一手素材，对2020年上半年全国广播市场的特点与变化趋势进行分析。

一、上半年广播媒体触达听众规模同比下滑

新冠肺炎在全球造成持续性影响，人们出行时间明显减少，大多形成两点一线的生活方式，居家成为人们娱乐休闲的主要场景，线下及到店消费的限制催生了“宅经济”，人们的消费模式在疫情期间发生了明显变化，触媒习惯也随之发生了改变。

“宅经济”带动着流量再次升温，互联网是人们在这期间最常接触的媒体。据极光（Aurora Mobile，NASDAQ：JG）发布《2020年Q1移动互联网行业数据研究报告》的数据显示，第一季度网民人均上网单日APP使用时长达6.7小时，同比去年同期增加了2.4小时。据2020年3月赛立信在全国范围内开展的“后疫情时代消费者生活行为调查”数据显示，疫情发生以来，互联网，特别是移动互联网，是最受人们欢迎的媒体平台，各类微信公众号对疫情的各个方面均做了充分深入的报道传播，人们在朋友圈、微信群获知各类疫情信息，微信已经成为疫情期间最多人的接触平台。抖音、快手等视频APP则是缓解情绪与压力最好的娱乐工具之一，是人们“宅家”最常选择的娱乐形式。总的来说，移动互联网是人们随时随地可接触的媒体，已经成为人们生活中不可或缺的一部分。但是，权威性依然是互联网的短板所在，电视、广播等媒体特别是中央级媒体，依旧是人们心目中更具权威性的信源。

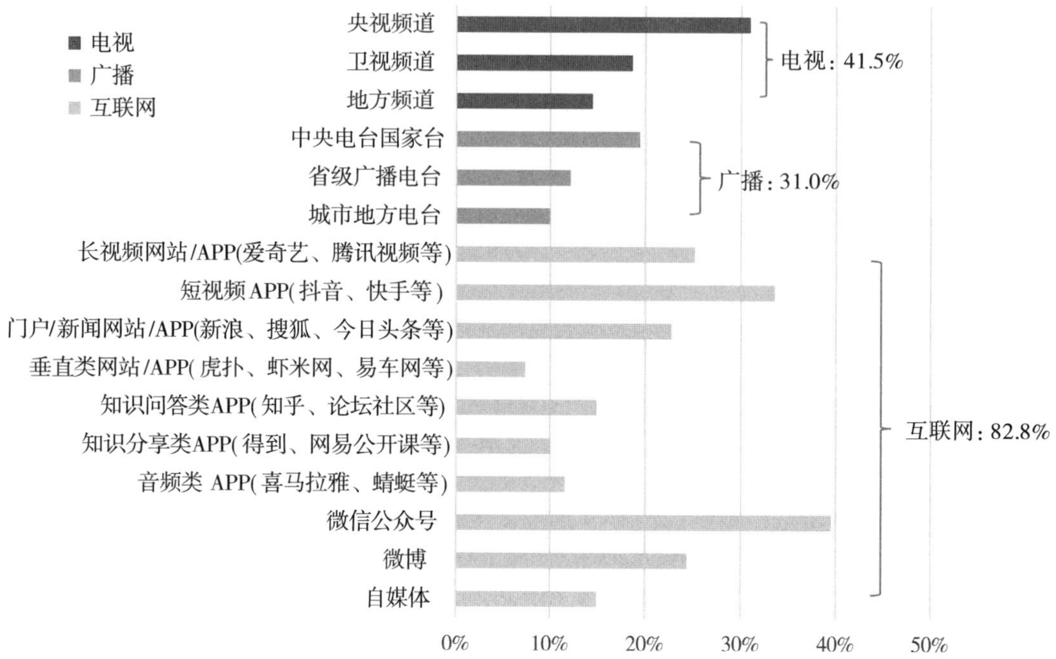

图2.4.1　居民在疫情期间经常接触的媒体

数据来源：后疫情时代消费者生活行为调查①，2020年3月

作为传统媒体的广播在今年1—5月的触达人群规模有所减小。赛立信在全国70多个城市的收听率调查数据显示，2020年上半年广播媒体的周活跃用户② 近2亿，同比去年减少了8.2%。尽管如此，因在移动互联网的影响日益扩大，广播媒体成功吸引了较大规模的在线用户。5月份全国媒体受众调查数据显示，广播媒体吸引的新用户超过60%是通过手机智能终端在线收听广播的，他们的年龄基本集中在25—44岁。

①“后疫情时代消费者生活行为调查”是由“中国广告协会”联合“中国中小商业企业协会”共同发起，中国广告协会广播电视分会承接，中广融信媒介咨询有限公司和赛立信媒介研究有限公司共同执行的，即针对后疫情时代半恢复下的居民生活进行了全网问卷调查，以全面了解后疫情时代居民的生活状态以及疫情对之后居民生活的影响，此次调研面向中国大陆地区居民，有效样本量是 3053。

② 周活跃用户指在过去一周内收听过广播的人群。

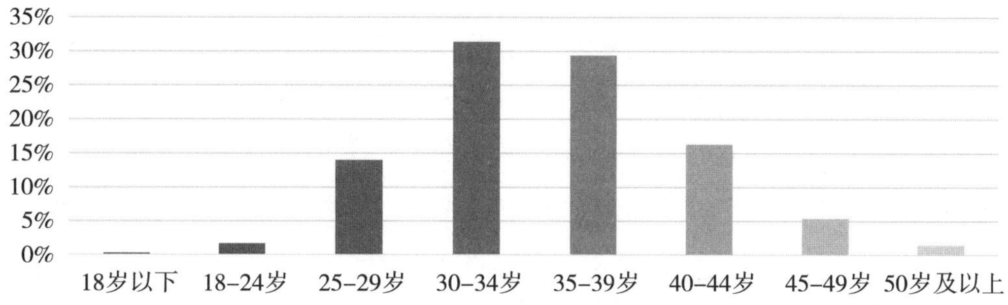

图2.4.2　近半年新增广播听众年龄分布
数据来源：媒体受众调查，2020年5月

二、疫情加速收听终端格局裂变

随着人们对移动互联网流量付费心态常态化，以及广播媒体在移动互联网平台的不断发展，移动智能收听终端的广播接触率日益见涨，传统收听终端的使用率跌破20%，车载收听终端的使用率整体有所回落。在5G技术的进一步推进以及疫情期间人们对手机移动互联网的依赖性进一步加强的情况下，原来的传统收听终端、车载收听终端、智能收听终端三足鼎立的格局已经被打破，传统收听市场进一步萎缩，智能手机、智能音箱等智能收听终端设备得到更加广泛的普及，智能收听终端的使用率提升。在疫情冲击下，此前三足鼎立的格局或将加速演变成以车载终端、智能收听终端为主，传统收听终端为辅的新格局。

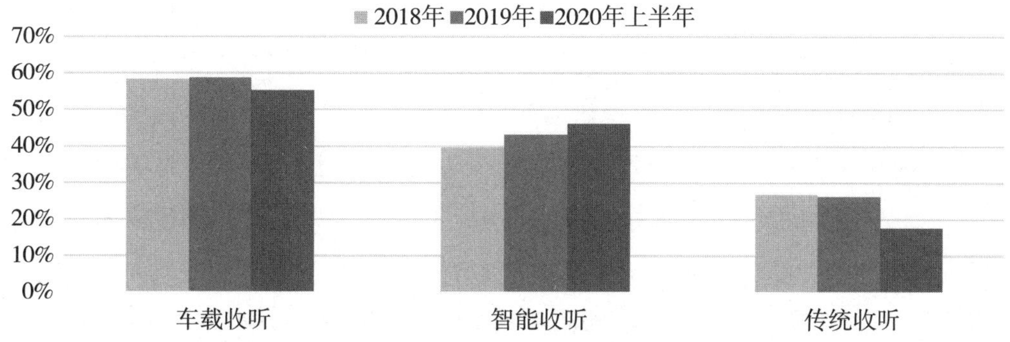

图2.4.3　近几年广播各类收听终端选择率对比（%）
数据来源：媒体受众调查，2018—2020年

历史数据显示，春节期间出行人员较多，车载收听在所有终端中占据主导位置，其他终端收听相对较少，其他终端的收听量也因春节放假期间更易受到其他媒体冲击而有所减少。但今年2月因疫情原因，各地出台的禁行令车载收听明显减少，今年春节（1月25日—2月1日）期间的车载收听量较去年春节（2月5日—2月12日）下滑48.4%。而更多的听众通过智能收听终端收听广播，疫情期间一个月的点击量较去年春节同期上升了26.15%，与去年月度均值持平。后疫情时代消费者生活行为调查数据显示，在疫情期间移动智能终端的使用率逆袭，是使用率最高的收听终端，尽显智能收听终端的重要性。

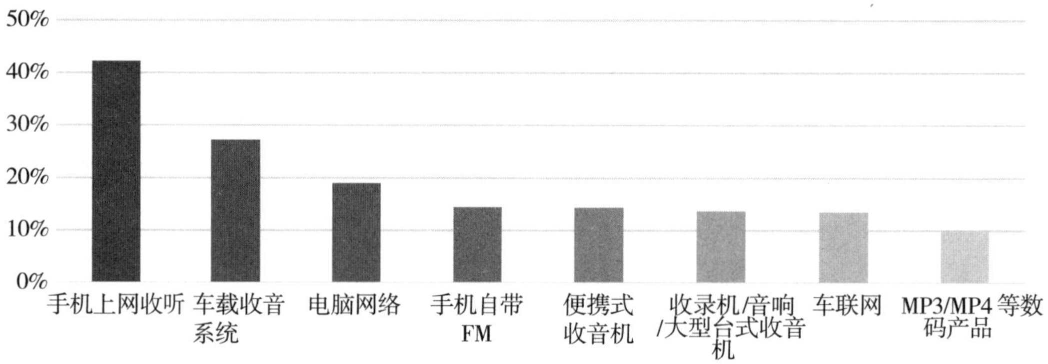

图2.4.4　广播听众在疫情期间收听广播的渠道
数据来源：后疫情时代消费者生活行为调查，2020年3月

三、汽车依然是广播主要收听场景

新冠病毒疫情导致人们对选择公共交通工具出行更为谨慎，私家车的需求度和使用率明显提高。如下图所示，大部分人认为私家车是疫情后出行方式的首选，超过80%的人认为家中拥有一辆私家车会更便利、安全性更强。全国乘用车市场信息联席会于近日公布了2020年5月的中国市场新车销量数据，5月国内乘用车总销量为160.9万辆，同比增长1.8%，虽然整体市场下行趋势明显，但乘用车销量实现了近两年以来除“国5、国6”交替期以外的首次正增长。 据高德地图大数据显示，进入4月以后，西安、深圳、无锡、广州等全国多个城市交通拥堵状况更甚于疫情前的常态。车载收听市场将在多种利好因素叠加之下，收听量显著增长，对广播总收听量的贡献率也得以明显提升。

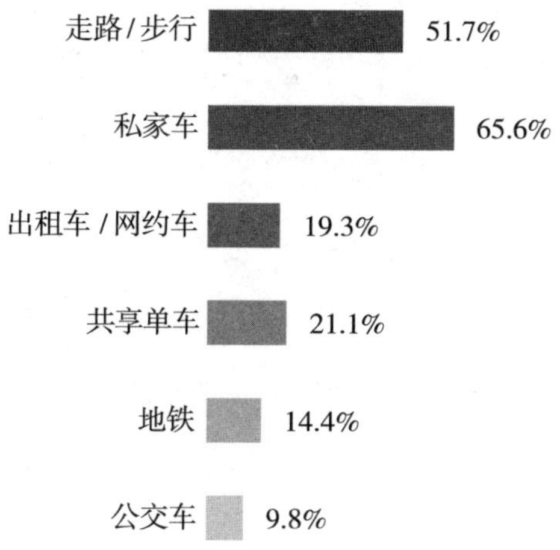

图2.4.5　疫情后，人们出行时更愿意选择的方式
数据来源：后疫情时代消费者生活行为调查，2020年3月

2020年上半年赛立信针对全国30城市车主的调查数据显示，超过90%的车主在车中有收听广播/音频的习惯。据此推算，车载场景下的广播媒体用户规模将超过5亿，继续成为广播媒体占比最大的用户群体。

车联网及移动互联网的普及令车主的收听习惯在逐步改变，具体表现为：

（1）车联网的使用率在上升。3月份后疫情时代消费者生活行为调查数据显示，车联网的使用率达13.5%，此后车联网的使用率将会继续攀升，车载音频市场将迎来加速发展时期。

（2）车主对车载流量付费的消费观念在改变。新一代车主对流量付费持开放式态度，今年的全国车主调查数据显示，绝大部分车主表示，若是提供有足够的吸引力的音频内容，他们愿意在收听音频时使用流量收听。可见，付费音频较以往时的市场接受度已经得以提升，广播媒体音频付费的难题将在一定程度上得到缓解。

（3）年轻车主更多会通过连接手机直播或点播收听广播节目。在流量包月泛滥的今天，有超过20%的年轻车主已经逐步习惯于在开车时用车载音箱收听手机音频APP。

综合来看，随着车主对流量付费观念的改变，更多车主会习惯收听在线音频，车主在车场景下选择的音频产品资源更为广泛，车载收听市场的竞争必将更加激烈。广播媒体要在此稳占一席之地，节目的内容生产更显重要。从车主的收听习惯来看，他们收听音频的时间在工作日时更多为上下班通勤时间，在休息日时多为休闲外出的路上，在内容选择方面除了交通信息以外，他们更关注各类新闻热点、本地焦点话题、音乐内容、财经资讯等，节目的资讯性、娱乐性与本地内容依然是吸引车主耳朵的关键点。

四、疫情加速广播融媒体产品在互联网云端的发展

“宅经济”也加速了广播融媒体产品在线上的人气聚集，据各大音频聚合平台APP公布的数据，喜马拉雅、蜻蜓FM等网络音频平台的用户量在疫情发生后均有所攀升，并且带动了广播频率的在线直播热度。赛立信广播融媒体云传播效果数据① 显示，今年1—5月广播频率在线直播的累计点击量近50亿，同比去年上升了24.3%，其中3—5月的月点击量均超过10亿。比较各月在线直播点击量增幅，2月的同比增幅最大，超过30%，3月以后广播频率在线直播的点击量同比均保持两位数的涨幅，上升势头依然延续。

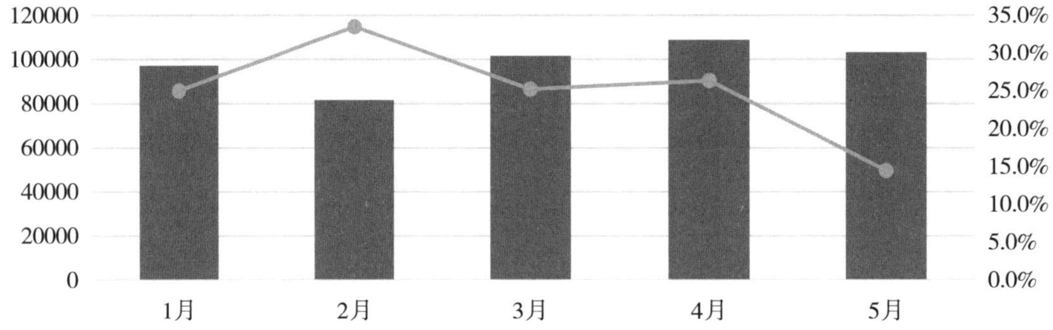

图2.4.6　2020年1—5月广播频率在线直播累计点击量（单位：万）
数据来源：赛立信广播融媒体云传播效果数据，2020年

广播频率在线收听成功打破了传统广播原有的地域限制，但中央电台在在线收听平台上的优势依然十分明显，增长幅度也更为惊人。1—5月，中央电台的累计点击量达15亿次，较去年同期的涨幅超过40%，在网络音频平台在线广播直播中占据超过30%的市场份额。2月份中央电台的累计点击量近2.6亿，较去年同期增幅超过50%，其中，中国之声点击量超过1.3亿，较去年同期增幅超过70%。可见，在重大事件发生时，中国之声依然是最具权威、最具公信力的广播媒体，并带动中央电台其他频率在互联网平

① 广播融媒体云传播效果数据之云听数据来源于目前用户量较大的蜻蜓、喜马拉雅、听伴等网络音频平台，本文分析的广播频率在线直播点击量均指广播频率在这些平台上的点击量，电台自办APP不在统计之列。

台积聚了更多人气与流量。

上海电台、北京电台、浙江电台、江苏电台、湖北电台等省级电台融媒体产品也不断发力，阿基米德、听听FM、喜欢听、大蓝鲸、九头鸟等APP，连同各自在“两微”等社交平台上的融媒体产品同步运营，发挥立体传播威力，大大提升省级电台在融媒体云端的影响力。赛立信的数据显示，今年1—5月省级电台的在线直播点击量同比去年上升了22.4%，其中2月份的升幅超过30%，3、4月也维持20%+的升幅。

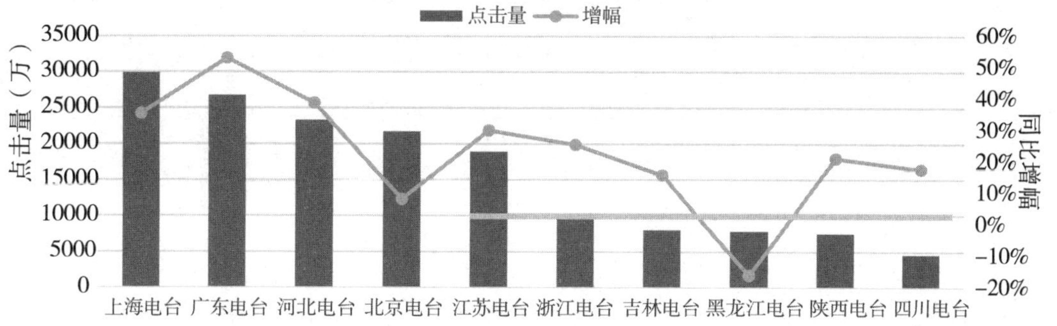

图2.4.7 省级头部电台1—5月累计点击量及同比增幅

数据来源：赛立信广播融媒体云传播效果数据，2020年

在移动互联网云端，用户的选择空间更大，节目内容的吸引力显得尤为重要，高质节目对听众的吸附力更强，频率影响力也将更大，逐步形成了寡头竞争的格局。在网络音频平台在线的1500多个广播频率中，超过80%的点击量集中在不到20%的电台频率中，竞争格局呈现二八定律，大部分的流量集中于几个影响力大的头部频率，流量的集中度相当明显，月均点击量过500万的头部频率的流量占比接近60%。

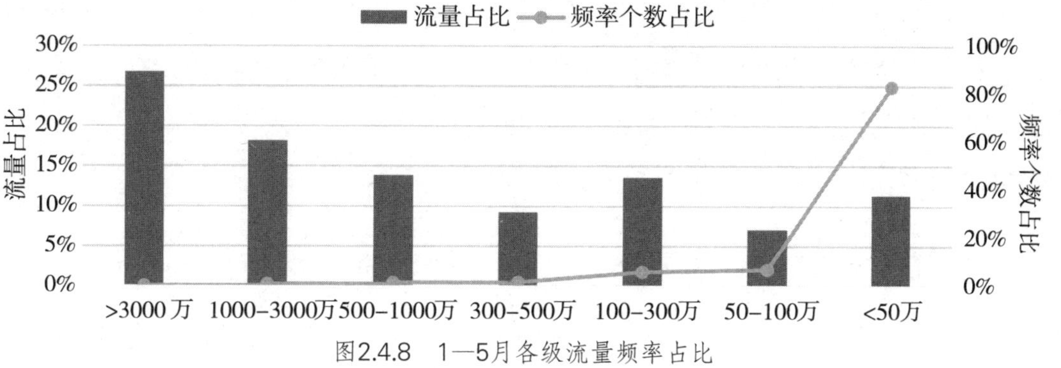

图2.4.8 1—5月各级流量频率占比

数据来源：赛立信广播融媒体云传播效果数据，2020年

省级电台发力带动了IP热度，月均点击量在500万+的头部频率中，属省级电台的有23个，较去年增加了2个，累计点击量达2.3亿，占省级电台总点击量的58%。其中，北京交通广播、上海动感101、江苏新闻广播、浙江交通广播、黑龙江都市女性广播、珠江经济台等强势频率在融媒体云端表现出色，通过线下引流到线上，再带动线上热点。而北京体育广播、第一财经、广东股市广播等特色频率用户黏性强，也带动不少用户在线上锁定这些频率。

广播节目的贴近性一直是吸引听众的重要因素，虽然互联网打破广播覆盖的区域界限，但本地化特点依然明显，线上直播的用户较多还是本地人群。省级与城市电台频率的用户较多还是当地的听众，当地听众占比大多在75%以上。可见，即使是云端在线直播，广播节目锁定的目标用户更多还是本地用户，因此节目内容接地气、解决当地民众之所急，依然是增强听众黏性的关键。

广播的媒体融合始发于在各大社交平台的吸粉，在广播融媒体的立体化传播中，“两微”是不可缺少的一环，建立自己的微信公众号与微博账号，通过社交平台实现零距离互动、提升用户黏性，不断扩大媒体影响力。上半年，广播在社交平台继续发力，特别是在微信平台，广播媒体采用文章、图片、音视频等方式向频率用户传递资讯、发起互动。赛立信广播融媒体云传播数据显示，省级200多个频率微信公众号在2020年1—5月的发文量累计达19.8万，累计阅读量达13.1亿，较去年同期翻了一倍，文章点赞量累计近500万，是去年同期的1.46倍。可见，广播媒体在社交平台的影响力得以明显增强。

省级频率微信公众号中，新闻类频率的累计阅读量和累计点赞量较去年同期分别上升了165%和241%，充分体现新闻频率在疫情期间及后疫期资讯报道的重要性。交通类频率的“两微”数据也比较亮眼，浙江电台的FM93交通之声、黑龙江交通广播、江苏交通广播网、北京交通广播、安徽交通广播等均是积聚大量人气的公众号，今年1—5月的累计阅读量、累计点赞量均分别提升了101%和156%。

五、传统广告投放量明显下滑，“直播带货”期待破局

受疫情猛烈冲击，2020年上半年广告市场宛若寒冬，互联网广告尚能保持小幅增长，传统媒体广告投放渠道则降幅显著，广告人纷纷发出“活下去”的呼声。

电视观众、广播听众、手机用户、消费者等各类型广告受众在上半年这个特殊的时期都更多地待在家里或工作场所，居家场景成为受众接触广告信息的主要场景，智能手机、电脑等互联网终端用户使用时长大大增加。“网络红人”“种草”“直播带货”概念迎来了风口期，吸引各方大力推动这种电商新业态，包括普及率较高的抖音、快手、淘宝、京东、拼多多、小红书，后入场但用户生态庞大的腾讯、微博，乃至养成“本地生活直播”的饿了么、美团点评均陆续开通了网络直播带货的端口。广播媒体在逐渐熟悉了视频直播、电商和融媒体APP的玩法以后，也开始试水网络直播带货。

从上半年直播带货的新观众接触情况可以看出来，这种新型交互消费场景的上升潜力在疫情期间被强力激发了出来。赛立信的调查显示，每周至少有4天观看直播带货的用户占全部用户的比例超过35%，其中最近一个月内才开始接触直播带货的用户高达40%以上。广播媒体凭借其自身拥有良好的媒体—受众关系这一天然优势，入局网络直播带货的“东风”业已具备。

据不完全统计，2020年2月至5月间，有16个省级电台频率和38个市级及以下电台频率开展了直播带货活动，其中江苏、广东和湖南地区的电台相对较为活跃。以广东区域的电台为例，广东珠江经济台在省商务厅指导下联合广东省家电商会和华南国美举办“520为爱拼了”超级直播购物狂欢活动，广东名嘴郑达、综艺大咖宋嘉其、影视演员彭新智携一众明星主播驻场力撑，在看点直播、京东、微信小程序、触电新闻APP、南方购物电视频道等多平台进行3个小时家电促销直播，累计销售额高达6000多万。佛山电台携手快手流量达人，联合八家禅城区超级品牌企业，进行3个小时不间断“禅城超级品牌日”电商系列专场直播，共吸引了262万人次围观，下单超3.1万笔，其中家装类定金订单超过1万笔；东莞电台从5月12—29日通过“电台直播 +‘知东莞’APP我行我秀视频直播”的方式，由声动104主持人直播的12场东莞品牌“种草”专场，累计观看人次达37万，带货总计超116万元。广播电台发挥本地媒体特色、推动本土企业品牌，也为消费者带来了实实在在的优惠，成为跨界合作活跃当地经济的典范。

除了促进本地城市经济恢复，各地广播电台还积极响应国家的“助农扶贫”号召，充分展现了作为主流媒体的社会责任感。特别是在重振湖北经济的时候，全国过百家主流媒体参与了“援鄂复苏计划”，利用旗下抖音、快手等视频直播账号开展“为湖北拼单”系列活动，推广湖北滞销的农特产品，雪中送炭，齐心帮助湖北的农副产业渡过难关。

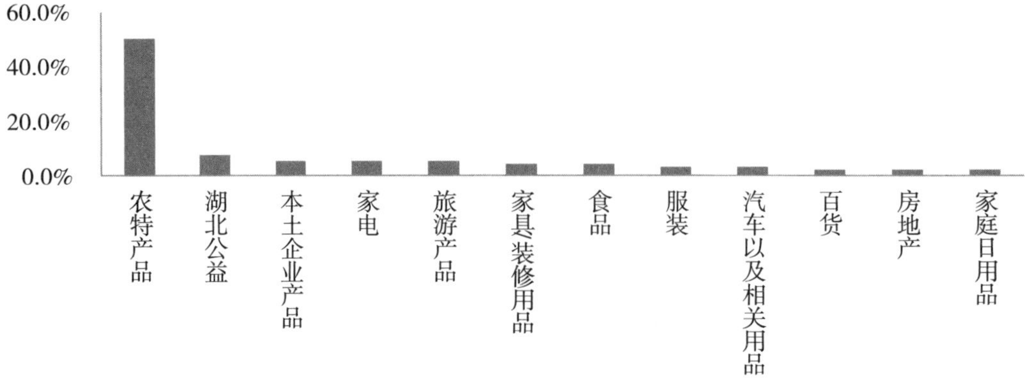

图2.4.9 电台直播带货的主要产品类型
数据来源：赛立信媒介研究，2020年2月—5月

从目前来看，一部分电台在摸索“直播带货”的转型道路上已经找到适合自己的操作模式，流量变现的尝试初见成效。但是，“直播带货”在一些业内人士看来已经到了度过风口期的临界点，广播媒体在“直播热”的时代大潮下需要加快建设融媒体矩阵的品牌效应，从扩大用户规模的初级阶段进入获取用户稳定时间资源的成熟阶段。

疫情危机在中国的影响已逐渐减弱，中国市场经济正快速复苏，广播媒体的生产与运营也将随之回到正轨。整合广播资源，持续推动广播电台全面发展，提升广播媒体在互联网时代的适应性，不断发掘广播在融媒体语境下的可行之路，依旧是广播媒体当下的发展重心所在。

（罗剑锋　刘莲娣）

“直播带货热”时代，探寻电台融媒发展新路径

近几年，直播行业随着互联网5G时代的到来进一步扩大规模，直播用户、平台不断增加，名为“直播带货”的新型线上销售模式悄然兴起。受2020年初的疫情影响，足不出户的“宅经济”大热，直播带货也因此成为焦点话题，不少广电媒体主持人也纷纷“下场”，做起带货直播。在此，我们汇总全国电台直播带货的资料，并通过后疫情时代直播带货市场调查，向大家展示电台直播带货情况，从数据角度揭示电台直播带货的现状、创收效果及未来发展。

一、后疫情时代下直播带货现状

1. 直播带货再次兴起，助力国民经济复苏

数据显示，各个平台中，淘宝/天猫直播带货最深入百姓生活，占比高达64.7%，超过40%的人看过京东、拼多多等购物APP的直播带货，4成至6成接触过抖音、快手等短视频APP直播带货。电商平台起步早，2017年已经开始开设直播间，短视频社交平台后来者居上，通过对商家的积极扶持及网购玩法的创新，将直播带货推向新高潮。如疫情期间，抖音推出“云逛街”计划，通过10亿直播流量扶持计划、小店入驻绿色通道等专项政策，助力门户商店开启线上经营；快手出台“暖春计划”，再加上各大购物平台联合直播平台，共同推出购物节优惠以及各种满减津贴，进一步推动直播带货走向新业态化。

另一方面，受疫情影响，直播带货与助力复工复产及扶贫乡村相结合，各地政府官员联合电台主持、电商主播在各大平台上直播安利，助力疫情后经济回暖的同时，还宣传了本土特色，助力乡村脱贫致富。

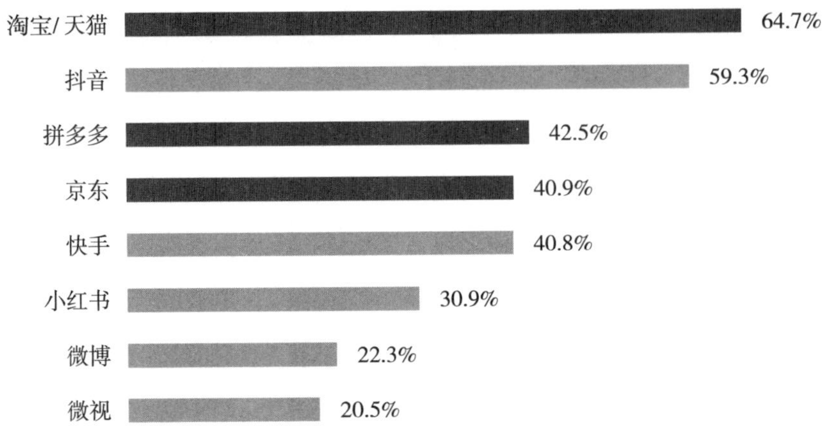

图2.5.1　大众接触过的直播带货平台

数据来源：赛立信媒介研究，后疫情时代直播带货市场调查，2020年5月

疫情期间，"宅经济"盛行，消费场景由实体消费转向线上消费，直播带货刺激了大众的消费欲望。数据显示，大部分的人表示第一次观看直播带货是在最近一个月，占比24.9%，侧面体现了疫情成为直播带货再次掀起热潮的催化剂。每天都看直播安利种草的用户占比超过15%，用户的热衷度大大促进带货销量。

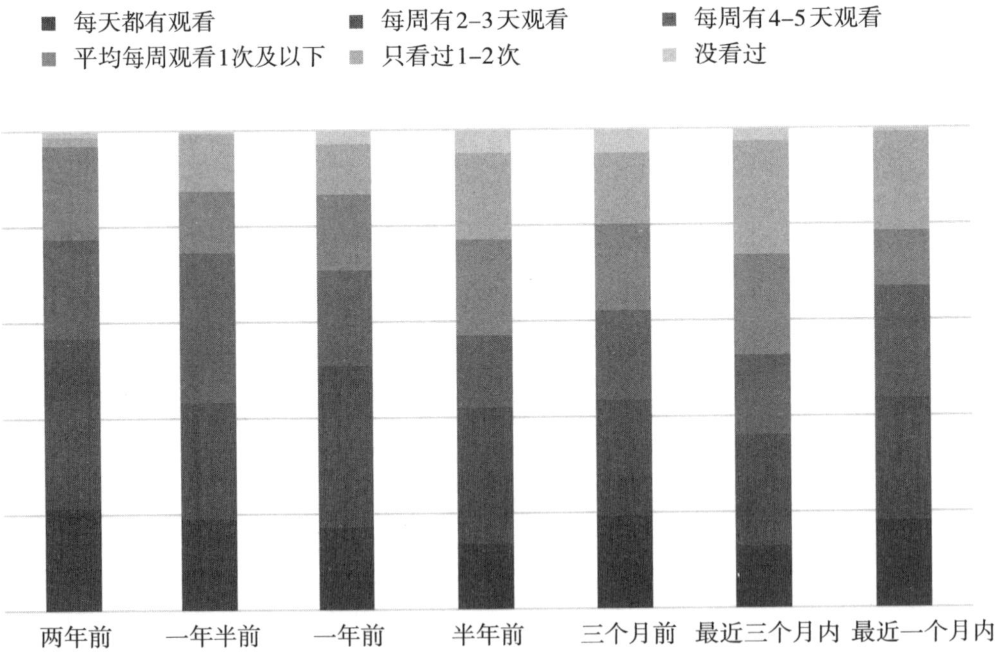

图2.5.2　大众首次观看直播带货的时间和最近一个月的观看频次

数据来源：赛立信媒介研究，后疫情时代直播带货市场调查，2020年5月

2. 网红明星齐来直播带货，粉丝流量鼎力相助

从数据看来，以李佳琦、薇娅为首的网红达人主播备受大众关注，李佳琦一句“OMG，买它”火遍网络，其次是商家自营主播和明星类主播，占比在40%左右。作为“新人”的企业家主播和电视/电台主持人凭借自身粉丝流量占据一席之地。引发用户关注的主播主要还是凭借其本身的粉丝流量，更多的用户会因为主播的红火而关注，因此提升主播本人的人气流量相当重要。

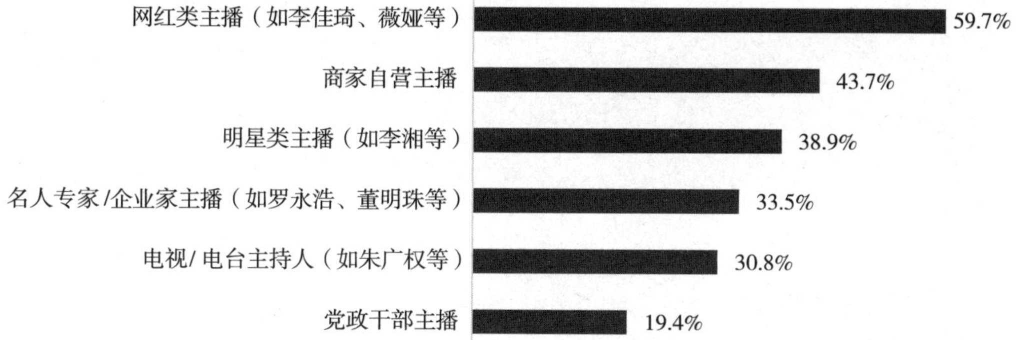

图2.5.3　大众在直播带货平台关注的主播类型

数据来源：赛立信媒介研究，后疫情时代直播带货市场调查，2020年5月

3. 快消品热销，农产品脱颖而出，高性价比刺激消费

即使在疫情期间，也无法阻止大家疯狂消费，衣服、食品和快消品是直播带货的热销产品，农产品也成了近期的人气黑马。

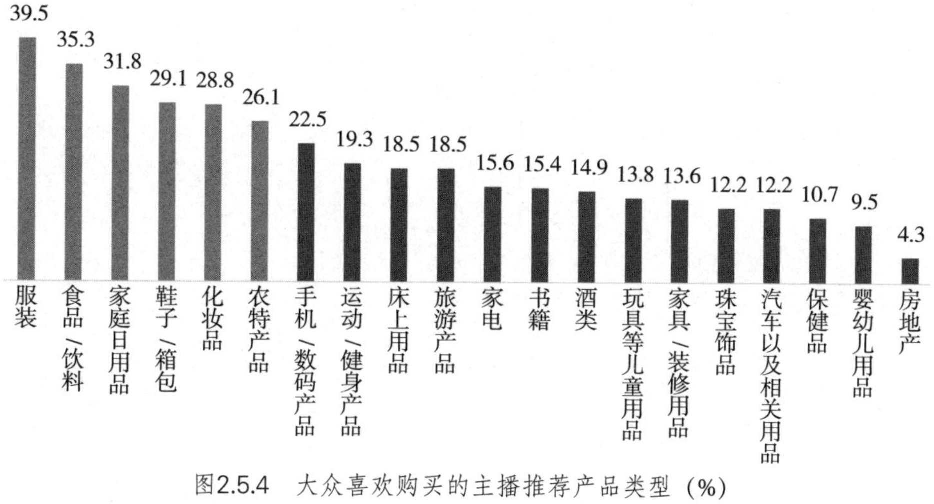

图2.5.4　大众喜欢购买的主播推荐产品类型（%）

数据来源：赛立信媒介研究，后疫情时代直播带货市场调查，2020年5月

面对主播直播推荐的产品，大部分用户表示愿意购买。最近有购买需求、直播期间下单购买折扣力度大、产品品牌形象好这三大方面是吸引用户购买直播种草商品的主要原因。为了进一步复苏经济，政府及各大电商平台发放消费券，外加直播间加购产品有各种满减加赠优惠，产品高性价比刺激用户消费。

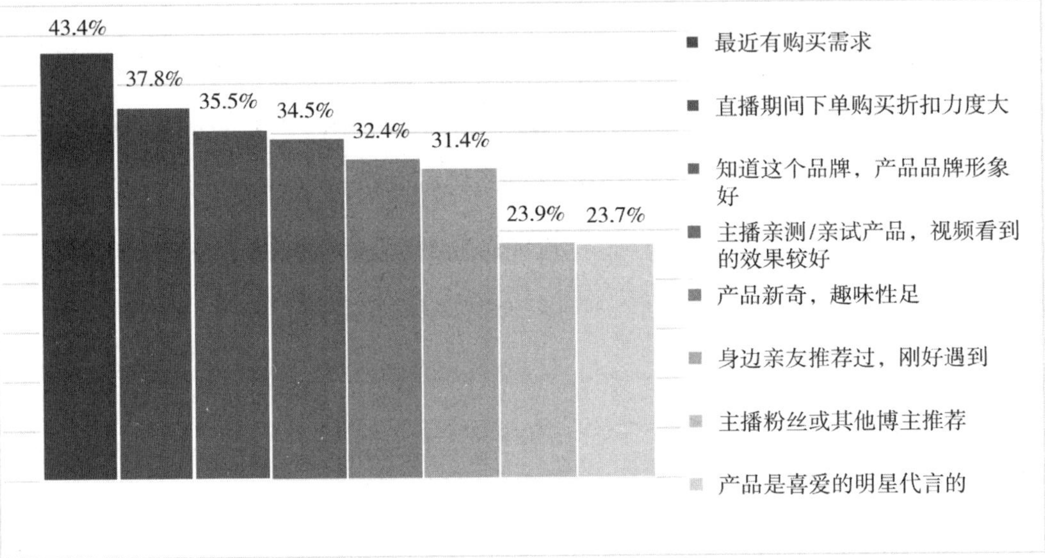

图2.5.5　大众愿意购买主播推荐产品的主要原因

数据来源：赛立信媒介研究，后疫情时代直播带货市场调查，2020年5月

二、全国主要电台频率直播带货概况①

1. 开展直播带货活动的电台主要集中于华东、华南、华中三个片区

根据汇总全国地区主要电台频率直播带货数据可见，目前开展直播带货活动的电台主要集中在华东、华南和华中三个片区，占比均超过15%，其中分别以江苏、广东和湖南片区为典型代表。

① 全国地区主要电台频率直播带货情况（除港澳台地区），统计时间为疫情期间（2020 年 2 月—5 月），约 16 个省级电台频率，38 个市级 / 县区级电台频率，统计数据不完全，仅供参考。

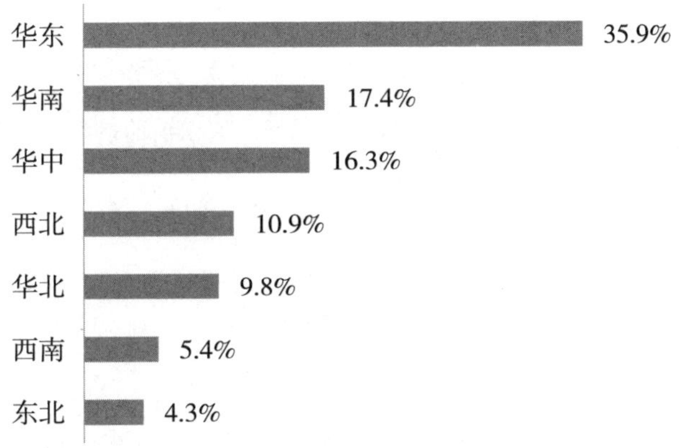

图2.5.6 中国七大区域主要电台频率直播带货分布情况
数据来源：赛立信媒介研究，后疫情时代直播带货市场调查，2020年2月—5月

2. 电台直播带货农特产品，刺激消费、助农增收

从数据来看，电台参与直播带货最主要是为了助力当地滞销农产品销售，振兴乡村。直播多以“政府官员+广电主持人”的形式进行，借助媒体与官方政府公信力，刺激当地消费。此外，为助力湖北经济复苏，抖音等平台携手全国上百家媒体参与“援鄂复苏计划”，各地主流媒体纷纷响应，开展“为湖北拼单”系列活动，将湖北农特产品推广至全国。

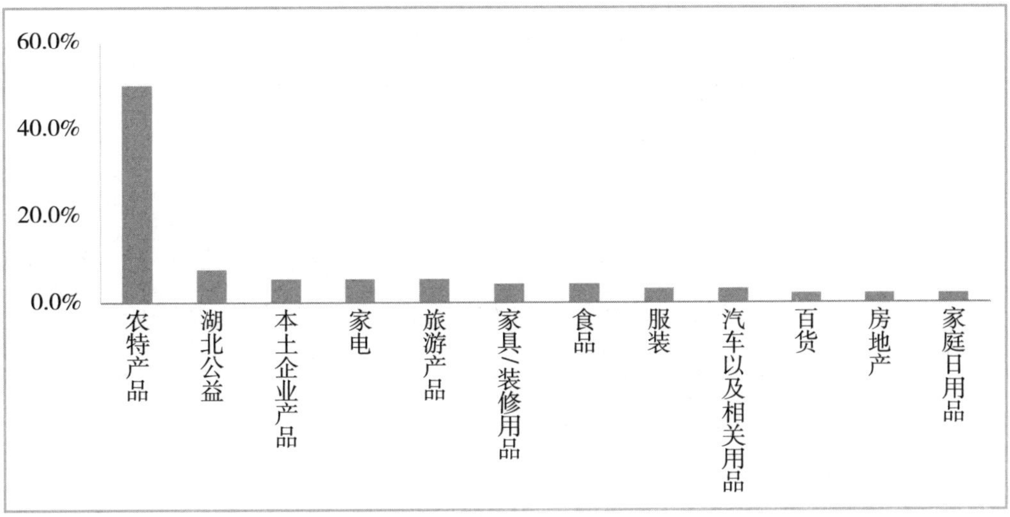

图2.5.7 电台直播带货的主要产品类型（%）
数据来源：赛立信媒介研究，后疫情时代直播带货市场调查，2020年2月—5月

3. 直播平台多样化，多平台联动直播

电台直播带货充分发挥了自身多渠道优势，大多采用多方联合直播的形式，直播平台多样化，抖音、快手、淘宝、京东等常见电商、短视频直播平台成为电台联合直播的首选，同时也充分利用微信公众号及小程序、微博、自营APP和其他电台网络直播等融媒体平台。

图2.5.8 电台直播带货的主要平台

数据来源：赛立信媒介研究，后疫情时代直播带货市场调查，2020年2月—5月

三、“直播带货热”时代，电台如何发展新路径？

1. 适应“直播带货热”潮流，发挥主流媒体优势

从数据来看，因为电台主持人的“形象”“口才”和“服务性”而购买电台主持人直播时安利产品的用户会产生更高的购买欲，“非常想购买”及“比较想购买”合计占比均超过70.0%，可以看出具备多年主持经验和专业知识的主持人在直播带货上有其优势所在，用户看“人”下单的可能性更大。电台主持本身代表传统媒体的权威性和公信力，身上自带“端庄、专业”等代名词，突然出现在直播间里以接地气的方式与网友互动，加之公众对电台主持人信任度较高，因此当在“种草”一些性价比高的商品时，消费者就不会像看电视购物一样产生心理抗拒。

综合来看，电台发展可顺应目前“直播带货”这股热风，以不同内容和方式来展现传统广播的魅力，借助直播带货这个机遇，将电台与新媒体更好融合，发挥主流媒体优势。

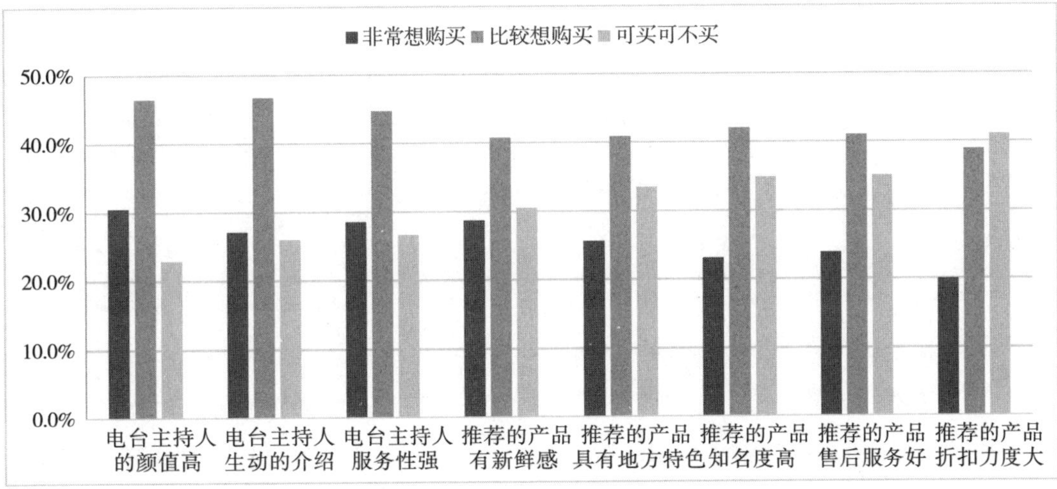

图2.5.9　影响大众购买电台主持人直播推荐产品的主要原因

数据来源：赛立信媒介研究，后疫情时代直播带货市场调查，2020年5月

2. 充分利用短视频社交平台流量扶持，为电台转型“造势”

吸引用户关注带货主播的原因主要是主播本身的知名度，更多用户因为主播火了或者其本身是明星网红而关注，占比均达50%，可见直播带货作为一种“粉丝经济”，依赖主播自带的粉丝流量助力。此外，被主播拍摄的短视频作品吸引进而关注直播带货的用户占比也超过四成，近几年短视频平台在直播方面的影响力甚至超过电商，拥有庞大的用户流量和强引流能力的短视频平台为电台带货赋能，有利于电台在探索转型路上积累流量和创新内容。带货直播的头部网红达人李佳绮也是通过在抖音发布的口红带货视频成功出圈，火遍全网，带货能力呈几何级增长。

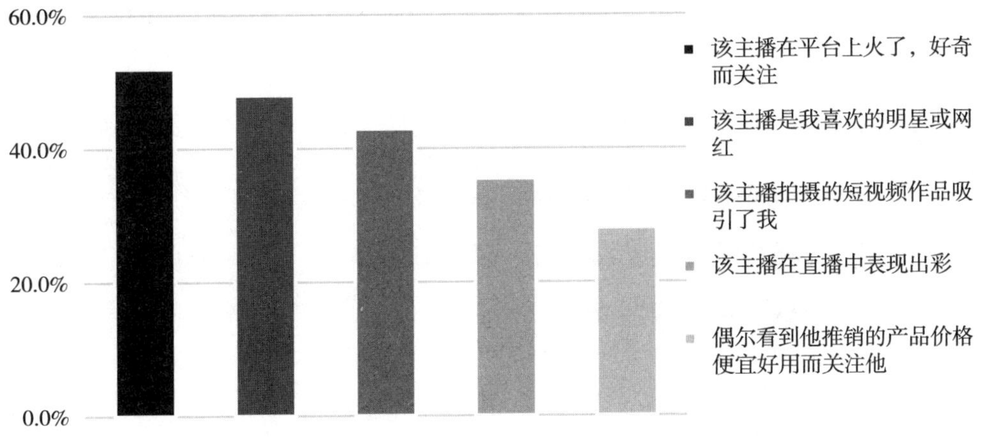

图2.5.10　大众在直播带货平台关注主播的主要原因

数据来源：赛立信媒介研究，后疫情时代直播带货市场调查，2020年5月

从数据来看，大部分用户希望电台在抖音、淘宝/天猫、电台直播平台、京东、快手等平台上进行直播带货。电台主持人通过在短视频社交平台积累人气流量，利用主播个人影响力扩大电台传播力。目前也有不少电台有所成效，比如广东电台音乐之声主持人林琳、肖敬源，抖音账号分别拥有500万和30万以上的粉丝，在众多广电主持人中影响力较为突出，他们主持的《天生快活人》在5月1日—5月8日进行了节目改版，在线广播与淘宝直播同步播出，林琳等音乐之声主持人进军淘宝，第一天开播半小时吸引8万+在线观看，成交订单过千单。

今年以来，大部分电台响应参与直播带货并非只为了赚取红利，更多是在探索“直播热”时代下电台融媒体发展的可能性，以及发挥作为主流媒体的社会责任感，促进经济快速回暖。从短期考虑，电台跨界直播带货是电台摸索转型之路的一次尝试，趁此机会为电台转型“造势”，通过“直播”可视化，将广播从“听”发展到“看”，扩大其影响力和增强用户黏性。

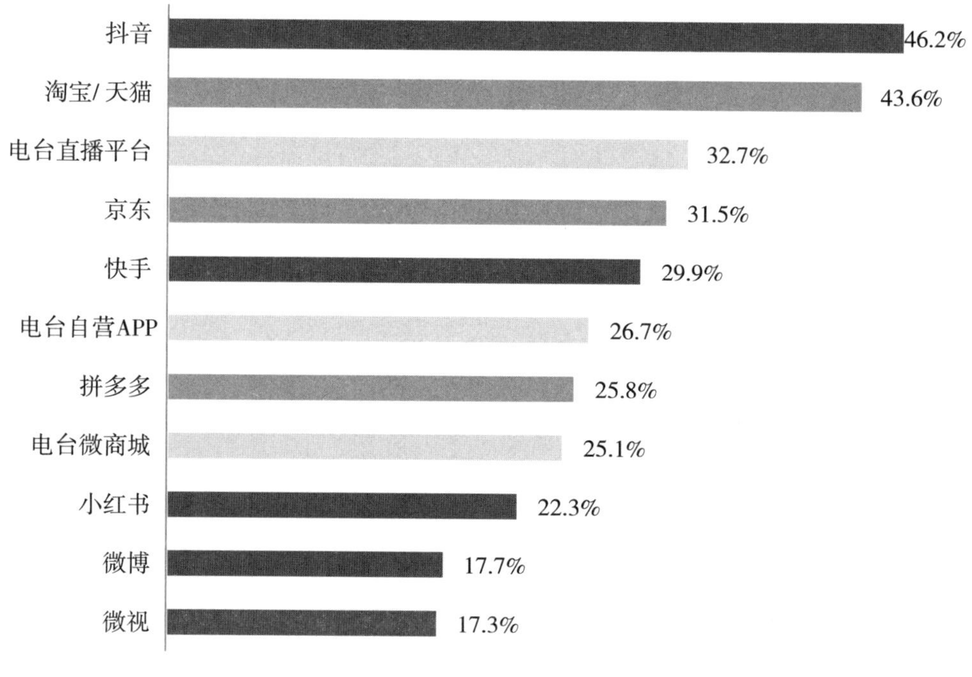

图2.5.11　大众认为电台主持人适合直播带货的平台
数据来源：赛立信媒介研究，后疫情时代直播带货市场调查，2020年5月

3. 多方力量联合，聚焦本土品牌，合作共赢

从全国各大广电直播带货的数据来看，直播带货除了扶贫以及助力湖北，还出现第三种趋势：以政府牵头，电台为传播媒介，主持人化身主播，为本土企业品牌发声，打造本土网红品牌，推广本土文化，其中济南电台、佛山电台、东莞电台效果较好。5月15日，由济南市商务局、济南广播电视台联合主办“济南制造　天下共享”——“乐享城市礼品·济南品牌”“云”展览展示会，3小时观看量突破160余万人次，助力济南打造直播经济总部基地，扶助济南企业在疫情特殊形势下更好发展，打造更多济南网红品牌。

而佛山和东莞较为相似，充分利用自家融媒体平台，与IP内容相结合。佛山电台携手快手流量达人，联合八家禅城超级品牌企业，进行3个小时不间断“禅城超级品牌日”电商系列专场直播，共吸引了262万人次围观，下单超3.1万笔，其中家装类定金订单超过1万笔；东莞电台从5月12—29日通过“电台直播 +‘知东莞’APP我行我秀视频直播”的方式，由声动104主持人直播的12场东莞品牌“种草”专场，累计观看人次高达37万，带货总计超116万元。由此看来，电台跨界直播带货同当地本土企业品牌联手是一个值得尝试的方向，充分利用自己融媒体平台，结合购物促销节日，以产品独特性、价格优势吸引消费者，推广本土企业品牌，促进当地消费。

总的来说，电台跨界直播带货是电台探索商业模式转型的新尝试，虽然电台直播带货销量目前尚比不上网红、明星，但作为“新人”，凭借自身知名度取得的成绩远远超过一些淘宝商家直播。电台可把握“直播带货”这股热风，利用多直播平台，积累用户流量，打造电台融媒体影响力，汇聚多方资源力量，借助品牌名气，提升电台广告营销价值。另外，通过“直播带货”积累经验，学以致用，创新节目内容，将广播与直播融合，打造全新的、可看可听的广播节目。

（李静静　吴秀兰）

融媒体时代，车载广播发展态势与未来畅想

据公安部交管局统计，截至2019年12月31日，全国汽车保有量已经达到2.6亿辆，与2018年底相比增加2122万辆、增幅达8.83%。其中，私家车（私人小微型载客汽车）保有量达2.07亿辆、首次突破2亿辆，近五年年均增长1966万辆。

在汽车销量突飞猛进以及广播融媒体高速发展的今天，车载广播① 该怎么发展是每一位广播人急需关注的问题，本文将深入探讨传统车载FM私家车听众和车载智能收听终端私家车听众的收听行为特点，并结合当今汽车音频技术发展的新趋势，以期为广播电台拓展私家车收听市场提供借鉴和思考。

一、私家车听众的特点

1. 私家车听众以男性居多，车载网络听众男性占比更为突出

私家车广播听众以男性居多，占比接近六成，其中车载FM听众男性占比为53.7%，车载网络听众男性占比更是达61.3%。整体来看，在私家车听众中，车载网络听众男性听众的占比优势更为明显。

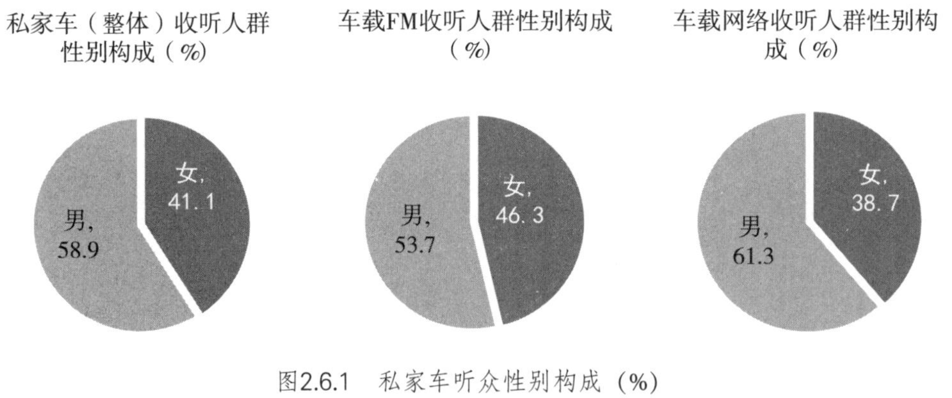

图2.6.1　私家车听众性别构成（%）
数据来源：赛立信广播收听习惯调研，2020年

① 本文提及的“车载广播”指的是，在行车场景中，车上人群通过车载FM收音机、智能车机系统、手机蓝牙连接等方式收听的广播电台节目音频资源集合。

2. 私家车听众以中青年居多，主要集中在25—54岁人群中

私家车听众在25—54岁人群中的收听表现较为突出，合计收听比例超过95%。其中25—34岁年龄段听众在车载FM听众中的占比更高，35—54岁年龄段听众则在车载网络听众中有更突出的占比情况。

3. 私家车听众含金量较高，中高收入人群居多

私家车听众中，月收入5000—7999元、8000—9999元、10000—14999元人群收听表现较为突出，所占比例均在25%以上。

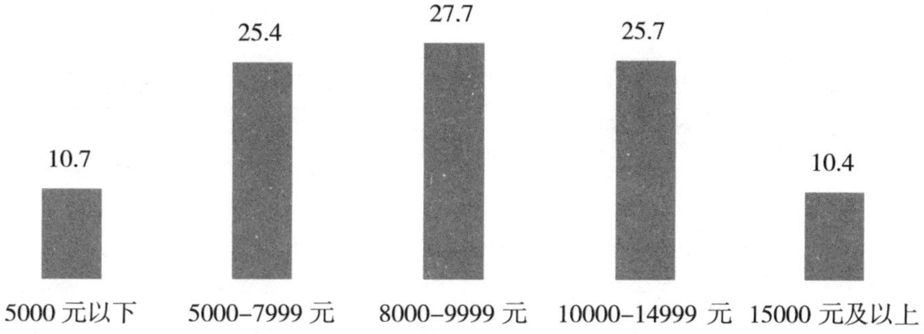

图2.6.2 私家车听众收入构成（%）
数据来源：赛立信广播收听习惯调研，2020年

4. 私家车听众收听频次高，收听时间长

数据显示，在私家车听众中，每天都听广播的车主占比超过三成，每周听5天的车主也超过20.0%，可见其广播收听频次高。收听时长方面，私家车听众单次收听广播的时长主要在30—59分钟之间，这一时长占比高达43.9%。

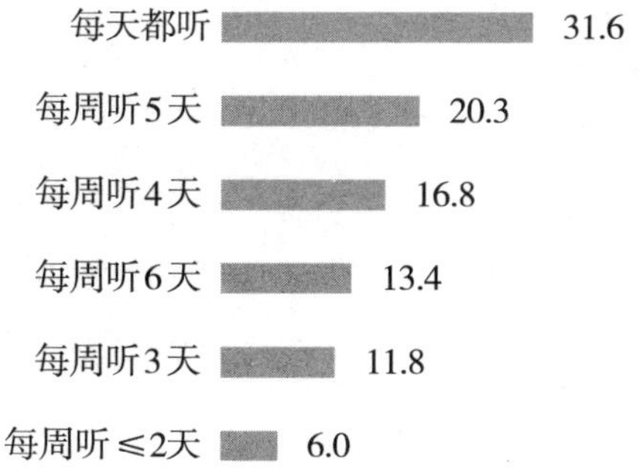

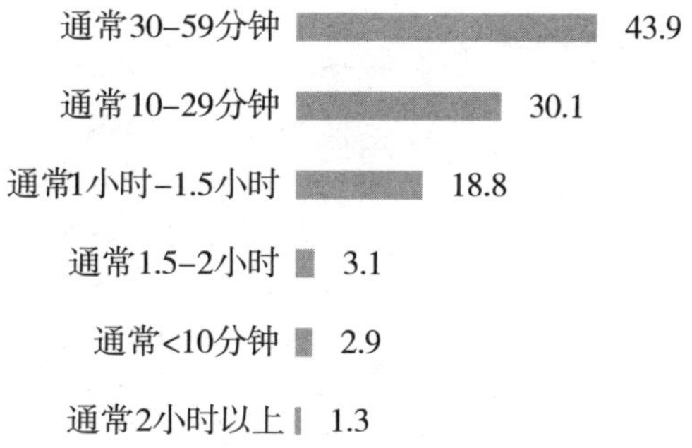

图2.6.3 私家车听众收听广播频次（%） 图2.6.4 私家车听众单次收听广播时长（%）
数据来源：赛立信广播收听习惯调研，2020年

二、融媒体背景下私家车听众媒体接触特点

1. 私家车听众中车载网络收听广播的听众占比不断提升

数据显示，与2019年相比，2020年私家车听众使用车载FM收听广播的听众占比呈现下滑的趋势，而使用车载网络收听的听众比例则有明显提升，其终端影响力不断增强，车载广播正向智能网络化发展。

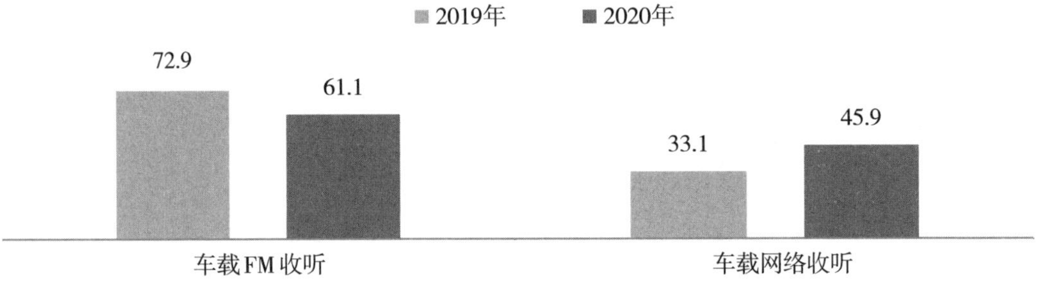

图2.6.5 私家车听众车上广播收听方式变化情况（%）

数据来源：赛立信2019年全国基础调查及2020年广播收听习惯调研，2019—2020年

2. 蜻蜓FM和喜马拉雅是私家车听众经常使用收听/收看广播电台直播的APP

在使用移动网络APP收听/收看广播电台直播的私家车听众中，超过70%的听众使用蜻蜓FM收听，其次使用喜马拉雅的听众占比也超过五成。另外，使用抖音、听伴、广播电视台自办APP、FM电台收音机或阿基米德收听/收看广播电台直播的听众也各占两成以上。

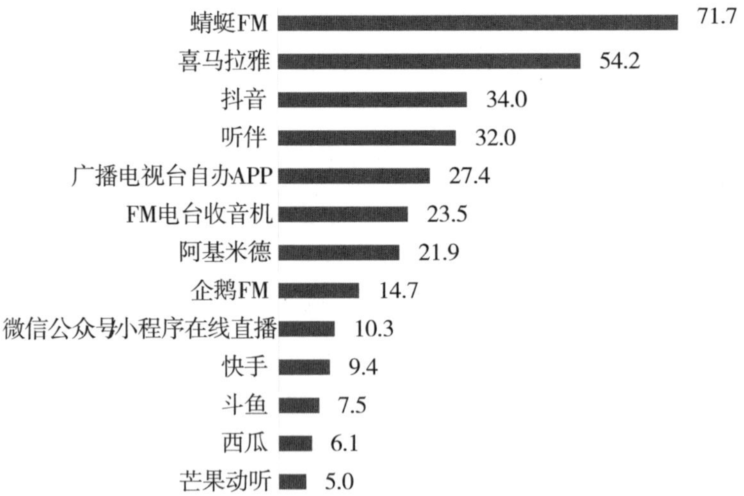

图2.6.6 私家车听众经常收听/收看广播电台直播的APP（%）

数据来源：赛立信广播收听习惯调研，2020年

3. 车载FM听众早高峰收听集中度高，车载网络听众晚高峰收听延续性强

私家车听众在早晚通勤高峰时段收听较为集中，其中车载FM听众早高峰时段收听占比突出，最高达41.6%，车载网络听众在晚高峰时段收听更为活跃，且高峰时段一直延伸至22时，收听延续性更强。

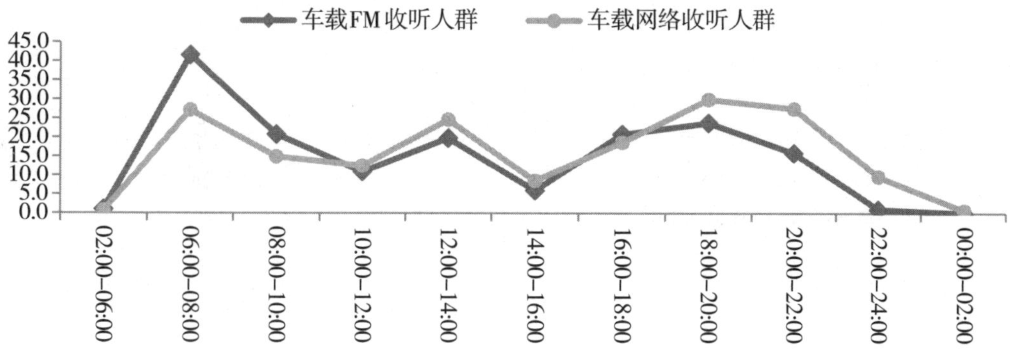

图2.6.7　私家车听众广播收听时间分布情况（%）
数据来源：赛立信广播收听习惯调研，2020年

4. 车载FM听众对各类资讯的需求度更高，车载网络听众休闲娱乐需求则更强

在节目内容的需求方面，私家车听众整体对于社会热点、音乐歌曲和国内时政的需求都比较高。从不同收听终端听众来看，车载FM听众对于获取交通信息、社会热点、汽车资讯等资讯内容的需求度明显高于车载网络听众。车载网络听众则对小说连播、旅游资讯、阅读/书籍等休闲娱乐内容有明显更高的收听倾向。

图2.6.8　车载FM听众喜爱的节目内容TOP10（%）　　图2.6.9　车载网络听众喜爱的节目内容TOP10（%）
数据来源：赛立信广播收听习惯调研，2020年

5. 车载FM听众钟爱交通类频率，车载网络听众则更青睐于音乐类频率

从听众喜爱收听的频率类型来看，私家车听众中，交通类、新闻综合类和音乐类频率是车载FM听众最喜爱的频率类型，听众占比都超过40%。车载网络听众则最喜欢音乐类频率，听众选择率达四成以上，其次是新闻综合类和都市生活类频率。整体来看，车载FM听众的频率选择更为集中，车载网络听众选择收听的频率类型则更为分散和多样化，且更偏向休闲娱乐类别频率。

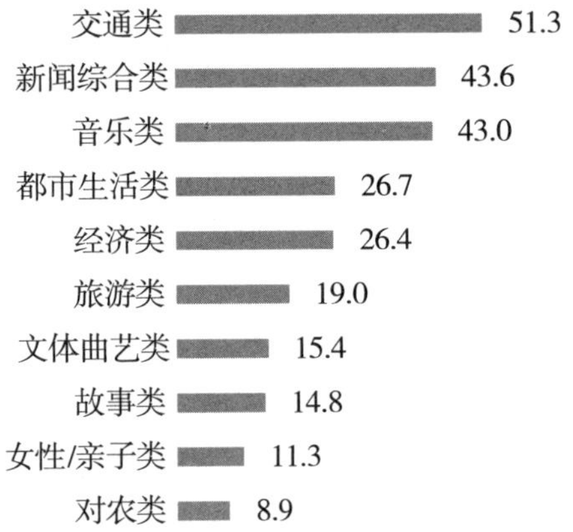

图2.6.10 车载FM听众喜爱的频率类型（%）

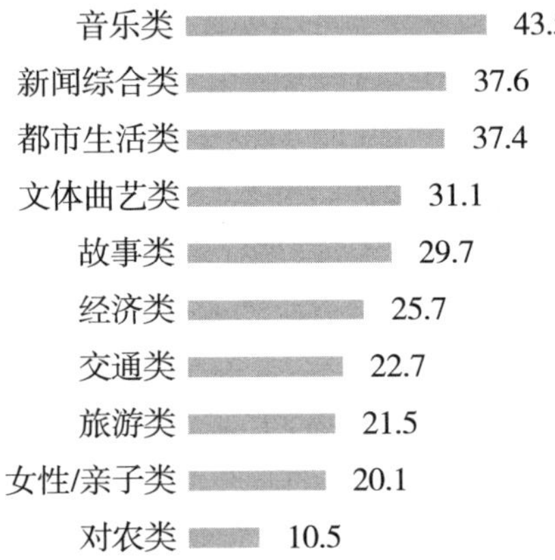

图2.6.11 车载网络听众喜爱的频率类型（%）

数据来源：赛立信广播收听习惯调研，2020年

三、畅想智能车机发展下的车载广播新方向

随着广播融媒体及智能车机系统、车联网等汽车音频技术的不断发展，车载广播收听方式亦逐渐走向智能网络化，作为传统媒体的广播如何借助这些新技术创造出自身发展、转型的新机遇，将决定各广播电台在未来的车载音频市场竞争中能否取得一席之位。本文将结合现有汽车音频技术发展的特点对车载广播未来发展的新方向做一些思考和展望。

1. 精准识别用户需求，内容个性化定制

进入互联网时代后，信息资讯总量呈爆发式增长，但人的“需求”是有限的，而接入互联网的智能车机就能起到为用户筛选信息的作用，根据车主的基础信息、时间信息、位置信息、兴趣信息以及社交信息等，帮助用户筛选他们想要的内容。

比如前面提到的，车载FM听众对于交通信息的需求度较高，如果该车主经常使用车载FM收听广播，智能车机就可以记录和识别，当下次车主在地图APP上规划导航时，智能车机将根据其实时定位向车主播报最新的路况信息。车主关注新闻热点资讯，智能车机也可以通过语音的方式向其推送热点新闻，或者优秀的新闻类频率等。同样的，车载网络听众的收听行为也可以被车机识别，在不同时段推荐不同频率的小说连播节目，既能充分满足听众的收听需求，也可以增加电台的点击量。未来，智能车机甚至可以通过面部识别的方式，获取用户的性别、年龄信息，向其推送相应的资讯，这样即使不同的人使用同一台车，也可以实现个性化定制。

2. 节目内容即时打赏，拓展广播盈利模式

与互联网音频客户端已实现内容付费的模式相比，传统广播受体制、技术、节目内容与形式等多方面因素影响，大多数还无法实现内容付费，但借助智能车机，或将能为这一局面带来改变。试想一下，如果车载听众通过智能车机上的电台APP收听广播时，碰到优秀的节目或者喜欢的主持人，只需说一声“我要打赏”，电台APP便可通过听众绑定的账号，自动对节目或者主持人送花、点赞等等，那么令传统广播实现即时内容变现，也就成为现实。且据数据显示，私家车听众中月收入8000元以上高收入的占比超过六成，相对来说私家车听众收入较高，其“打赏概率”甚至可能高于手机短视频APP用户的点赞打赏率，可以说是一片值得拓展的蓝海市场。此外，电台可以尝试优化主持人与电台的分成模式，让主持人也能通过打赏或内容付费得到收入提升，进而提高主持人对直播活动的积极性。

3. 为用户提供精准、深度服务，实现电台多渠道创收

服务类节目是电台节目类型中的重要组成部分，且节目服务形式多样，如邀请专家来为听众答疑解难，或以节目为桥梁，实现听众与听众之间的交流帮助等等，但这些服务形式大部分还只停留在节目当中，节目结束后便停止，难以提供持续、深度的服务。而借助智能车机，基于用户的大数据，电台可以更为便捷地整合用户资源、专家资源，实现更及时到位的内容分发。

如今新能源汽车逐渐普及，但充电难一直是广大司机头痛的问题，电台可以整合城市充电桩的位置信息、充电桩数量以及实时的使用情况，并像播报实时路况一样，播报各个充电网点的充电桩使用情况，给附近需要充电的司机提供信息。

又比如，数据显示25—34岁年龄段的私车听众占比在六成左右，这个年龄段正是适婚年龄，广播电台可以在其官方APP上开通相亲一角；又或者可以为听众量身定制、策划求婚和婚庆，制造电波姻缘等等，扩大传统广播电台节目策划和主持人的既有优势，又为电台的创收提供了更多可能性。

4. 用户互动升级，听众也可以制作节目内容

广播一直非常重视与听众互动，无论是早期的听众来信、热线电话，还是现在的微博、微信评论留言，广播一直都在用最便捷的方式与听众保持实时互动，而车联网时代，广播与听众将迎来全新的互动方式。

比如，广播电台可以向听众随时随地征集新闻线索，而听众只要向智能车机发出“我要爆料”的指令，智能语音系统就会自动识别用户的爆料内容并且上传到云端，成为广播媒体最及时的新闻线索。甚至，用户以后可以自己生成节目内容，自己听自己的作品，如听众在听新闻脱口秀类节目时对讨论的话题有自己的看法，可以直接向智能语音系统说出自己的看法，甚至是“内涵段子”，所谓“高手在民间”“评论区比正文好看”，这样可以大大丰富脱口秀节目的内容和可听性，也让全民参与制作广播内容成为一种可能。

5. 广告不再是“广告”，而正好是用户所需

目前除了互联网广告可以实现较为精准的投放以外，其余媒体的广告仍难以实现精准投放，正如广告界有一句名言：“我知道有一半的广告费是浪费掉的，但我不知道是哪一半被浪费了。”而车联网下的汽车空间里，这一问题则可以得到完美解决。

比如，借助车联网系统，可以基于用户的消费习惯、需求信息以及位置信息来投放广告，当目标用户驶入广告商设定的某一商圈范围的时候，用户将收到特定的广告信息或优惠券等，因此，广播电台基于大数据分析可与商家、广告主合作，广播广告的投放精准度或将得到大幅度提升，实现广告投放效益最大化。

6. 当无人驾驶时代来临，广播“声音”将发生转型

随着无人驾驶技术的不断发展，未来某一天，车主的双手、双眼、双耳将被完全解放，届时，车载收听的“伴随性”优势将面临危机。当无人驾驶时代来临，广播发展又该何去何从？ 未来的广播，可能将不再有发送者与接受者，而将大幅度应用声音识别技术，是形成一个声音的“分享圈”，进行信息的共享与情感的互动，针对不同时间空间与不同个体需求的个性化服务也许会成为趋势。如前文提到的面部识别、位置信息识别等，还可进一步升级为对用户交流信息、实时需求的智能识别，假如用户在微信聊天过程中，提到想去吃美食，装在智能车机上的电台APP便可向其介绍相应的餐厅；汽车油量少或者新能源汽车电量不足时，智能车机也可以向其推荐附近空闲的加油站或者充电站。如若广播完成这种智能化、个性化的转型，即使在无人驾驶普及时，广播仍可以独特的形式服务于用户。

总的来说，在科学技术的高速发展下，车载互联网、智能车机等新兴事物为广播媒体创造出了新平台、新场景，“声音”作为人类的一项重要感知，即使在汽车不断变革的新时代，仍然具有其不可替代性。而对广播媒体来说，在科技的迭代与冲击下，不断提升自身的技术与内容形式，顺应发展趋势进行改革与创新，方能令广播在时代的洪流中屹立不倒。

（高　杰　金凌云）

融媒体时代广播主持人角色的重新塑造

随着互联网尤其是移动互联网的发展，新媒体形态、新媒介渠道及平台不断出现，广播进入了一个全新的时代。广电人，特别是广播主持人，只有不断提升自我，重新塑造角色，才能自如地面对这个时代的变化。

中国人民大学新闻学院教授彭兰在《媒介融合方向下的四个关键变革》中说道："融媒体不再是单一落点、单一形态、单一平台的，而是在多平台上进行多落点、多形态的传播。"

一、什么是融媒体时代下的主持人

融媒体时代是指媒介融合形态的社会时代。把报纸、电视、广播、互联网站的作业有机结合，把传统媒体与新媒体的优势发挥到极致，使单一媒体的竞争力变为多媒体共同的竞争力，然后通过不同的媒介平台传播给受众。尽管融媒体时代广播传播方式发生了变革，但是主持人仍将最终成为融媒体时代的"主人"，媒体融合使传播形态愈加多样化，传播速度愈加即时化。利用网络将文字、图片、声音、视频等融于一体，在视听感觉上达到多样化，在传播渠道上实现多方位。融媒体时代让主持人的工作平台延伸到了网络、手机、移动互联网平台。

融媒体时代，传播方式具有以下3个显著特点：传播方式多样化、个体参与性增强、一专多能。

广播节目必须具备以上特点，才能实现真正的融媒体传播。

在2020年的爱心送考公益活动中，我们在交宣委的统一调度下，首次尝试采用直播形式，既有主持人现场描述，也有车友互动报料路况，微博及服务信息时时刷新；交通广播利用了广播的手段、电视的手段、互联网的手段等各种传播手段，实现声音、文字、图像全方位的报道，为广大车友服务。

而在这些融媒体传播过程中，广播主持人在节目之前要做大量前期准备——内容策划、资讯与编辑、音乐与音响的配合准备，还有直播过程中的话筒前的语言状态、调音台的控制、多台电脑的操作和转换，热线电话、微信平台、网络平台的同时关注，时间的控制与广告切入，以及节目之后的互动反馈——听众信息回复、微信微博的维护……在融媒体时代中，广播节目主持人不再是一个专业的“播报员”，也不再是一个单一的“话语者”，而是充分展现了独立、多面的形象，以不同的表现方式去完成不同的媒介角色。

二、多种角色塑造是融媒体时代对主持人的要求

新时代下，传统意义上的受众已经不仅仅是被动“接受”方了，他们可以通过各种线上平台发布信息、表达观点和意见等。在广播领域，听众从原来单纯的收听者，变身为集收听者、参与者和传播者于一身的用户。

大家知道，广播节目主持人依赖声音来塑造形象，主持人通过与节目的高度融合，实现了从节目主持人到节目代言人的角色转型。比如王惠、俊依的《901早班车》、小娟、王珏的《天天美食》，张湘主持的《精彩不塞车》，完全成为一位主持人表达新闻态度、完成节目观点的平台。对传统广播而言，有声语言是广播主持人传播信息的主要形式，而在融媒体时代，广播主持人还须同时操控多个媒体界面，通过不同的媒体渠道，以适合不同媒介的不同表现方式，将信息传播出去。同时，还要接收信息的反馈，完成信息的综合处理，就像一台电脑的“CPU”。阳泉交通广播目前主持人操控的就有：以网络对话的方式呈现的微信公众平台，高德地图提供的大数据路况，还有数字路况监控大屏，加上话筒广播信号的传播，一共四个界面。

在融媒体传播中，主持人的角色定位在不断地转换。在节目中的声音形象，如何用有声语言来塑造；在微博中的语言形象，如何用图文并茂的方式去呈现，越是介入到多种媒介中去，主持人就具有越多的社会角色，就越鲜活，拉近了与受众的距离。主持人在融媒体时代中凸显出多面、生动、人性化的立体形象。

三、融媒体时代广播主持人的角色重新塑造

中国传媒大学李红岩老师曾讲道：“新媒体来了，要面对，不要应对。”

新媒体的兴起和普及，使媒介竞争格局发生了巨变，移动互联网、云计算和数字音频技术正将广播媒体推向前所未有的发展高度，交通广播正处于新媒体的包围之中，面临严峻的挑战。交通广播的主要受众群体是驾车一族，他们除了接收即时路况信息以

外，对新闻资讯、音乐娱乐、都市时尚等节目也有强烈的需求，在听众综合性的信息收听需求面前，交通广播的短板凸显，诱发其他类型频率与交通广播的竞争。以往我们介绍交通广播的时候，总说它是一个专业化频率，以路况为先导，服务出行、服务交通，现在交通广播将逐步由专业化向“功能化”转变，功能是什么？路况、新闻、音乐。我们应该朝着这个方向进一步强化它的功能。

1. 作为主持人，要抓住机遇，运用新媒体手段积极推销自己并融入信息激增的时代。新媒体的出现为我们提供了良好的契机，有了更为广泛的交通信息的采集渠道，同时承担起“应急广播”的责任，这样我们就可以了解观众需求，拉近距离，增强互动性。以真诚、平等、人格化的传播方式、交流方式、互动方式去面对用户，才能赢得受众的欢迎和肯定。

融媒体时代，是传播媒介的技术革新，掌握各种传播技术，运用各种传播工具，是主持人生存与发展的必备条件。广播节目主持人在融媒体时代不再单一存在于话筒前，更出现在融媒体的每一个媒介当中。不同角色形象，不同媒介，主持人成为立体多面的角色。

2. 广播节目主持人要成为节目运营的主体。涉足节目运作的各方面，要参与节目策划、运作、管理和维护节目延伸出的各类融媒体平台（微信公众平台、节目官方微博、线下活动品牌等）。不仅要吸引听众，更要吸纳互联网用户，建立以节目主持人为中心的听众群、粉丝群，将听众转化为用户，将忠实听众转化为核心用户。

广播主持人的影响力从有声语言，延伸到话筒外的多种媒介。微博的互动、微信的推送、粉丝的管理、用户的维护，都是主持人在融媒体时代应当担当的工作内容。在线收听、单一渠道传播，已不能适应融媒体时代的要求。微信、微博等互动平台的发言，实际是主持人在不同媒介中对自身形象的塑造和维护，都成为主持人形象的一部分，成为融媒体时代主持人扩大影响力的重要手段。

3. 主持人需要具备过硬的应变能力。无论是在传统媒体还是融媒体的时代下，良好的表达能力和技巧是成为主持人的必要条件。表达能力是指在节目设定的场景与框架内，在这个过程中要控制好整个节目的节奏和规范，力求做到用词恰当，言简意赅，简洁到位。特别是在融媒体时代下，无论是广播还是电视节目都会受到更多的网民关注，而网民意识形态与认知的差异性会导致对节目的评论呈现多元的结果，需要主持人具备较强的信息整合和表达能力，能够择其重点进行有效的回应和表达。因为融媒体时代的主持人是媒介意志的体现者，是先进文化的传播者，更是媒介与受众之间的桥梁。

4. 把握好公共舆论的导向。融媒体时代主持人应当具有开阔的视野，丰厚的基本知识构成，能够成为受众与节目之间的信息传递者和沟通者。在互联网技术的催生下，信息的形态、信息的内容、信息的传播速度等发生了翻天覆地的变化，从而导致了社会公众思想的多元化，因此，新闻工作者特别是主持人要充分发挥与利用融媒体的优势，正确认识公共舆论的重要性，从思想上要进行客观的分析和论证，把握好舆论的引导方式、引导时间与导流区间，能够带领受众从盲目跟从的病态中走出来，正确认识事件的真相，缓和舆论的负面效应，增强舆论的正向效应。

5. 塑造融媒体思维，提升专业化能力。在传媒渠道变得多样化，信息来源日渐广泛的今天，主持人无疑是文化浪潮的先锋，提升业务水平、拓宽业务渠道变得无比重要，吸引受众的关键在于具有独特的个人特色，而这个特色的来源正是独特的思维模式。

在融媒体时代，创新才能创造生命力，但还需要捍卫“内容为王”，需要广播主持人在内容的专注与专业性上下功夫。人们更加需要的是“专家型”节目主持人提供专业性内容和服务。杭州交通广播总监董敏君说到，节目生产以“有用、有趣、有利”为原则，只有提供对用户有用的认知，而不是碎片化肤浅信息，才能够吸引用户对节目的关注，也才能够培养用户对节目的忠诚度，形成固定的用户群体。微博、微信给了公众发言的机会，听众、节目主持人在双重角色中互动，要了解当下民意的发展趋势和事件的发展动向，提高自身的传播能力和节目的品牌实力。另外，主持人作为一个公众人物，代表的是媒体的立场和公众利益，一定要时刻牢记发表微博时语言得当，事实准确，道德规范，并牢记自己加强舆论引导的社会责任。

（高　杰）

后疫情时期广播听众收听及生活消费行为洞察

新冠肺炎疫情在全球的持续蔓延，给人们的生产、生活、消费带来了巨大的影响。中国的疫情虽已好转，但全球一体化仍给我国的经济复苏带来了很大的不确定性，而经历过疫情的人们在生活、消费习惯上也必将潜移默化地受到影响。在此背景下，研究后疫情时期听众群体广播收听及生活消费行为的变化，是各大广播电台吸引听众资源和开展下一步广告营销工作的重要环节。本文将基于2020年3月由“中国广告协会”联合“中国中小商业企业协会”共同发起，中国广告协会广播电视分会承接，中广融信媒介咨询有限公司和赛立信媒介研究有限公司共同执行的“后疫情时代消费者生活行为调查”以及赛立信媒介研究广播收听率调查的结果，探讨后疫情时期广播听众群体的广播收听习惯及生活消费行为习惯。

一、后疫情时期广播听众收听习惯的变化

（一）后疫情时期，广播收听市场表现和活跃听众人数均逐渐回升①

赛立信调查数据显示，受疫情期间人们生活方式改变的影响，一线城市广播收听量和日活跃收听人数均出现较明显下滑，广播整体收听资源有所减少。但在疫情缓和后，随着企业复工复产，人们的生活逐渐恢复常态，一线城市的广播收听量和日活跃收听人数均呈现出回暖的趋势，广播到达率更是超越疫情前水平。

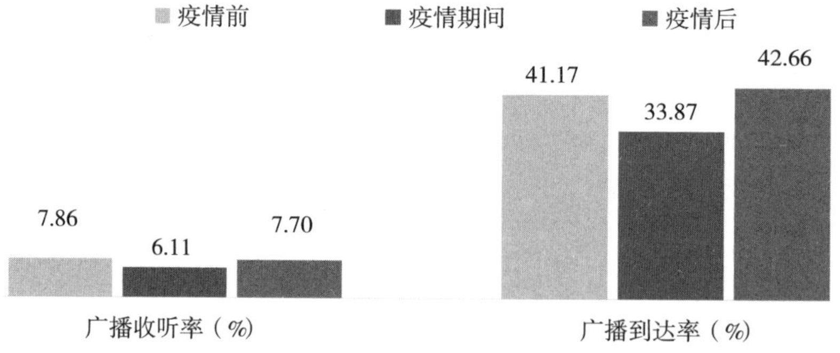

图2.8.1　疫情前后我国一线城市广播收听情况（%）

数据来源：赛立信媒介研究，北京、上海、广州、深圳地区广播收听率调查，2020年

① 此处“疫情前”指2020年1月1日—1月22日，“疫情期间”指武汉封城期间2020年1月23日—4月8日，“疫情后”指2020年4月9日—5月31日，下同。

（二）疫情对早晚高峰的收听影响仍在持续，非高峰时段开始回暖

从广播收听率全天的走势来看，疫情对一线城市早高峰（8：00—10：00）和晚高峰（17：00—19：00）时段的收听影响最大，这主要是因为疫情改变了人们外出出行的习惯，较大程度影响了移动听众的广播收听行为，且该影响在疫情后仍有持续的趋势，有待日后继续观察。另一方面，清晨、下午及深夜等非高峰时段的广播收听资源在疫情后均表现出回升的态势，受疫情的持续影响相对较少。

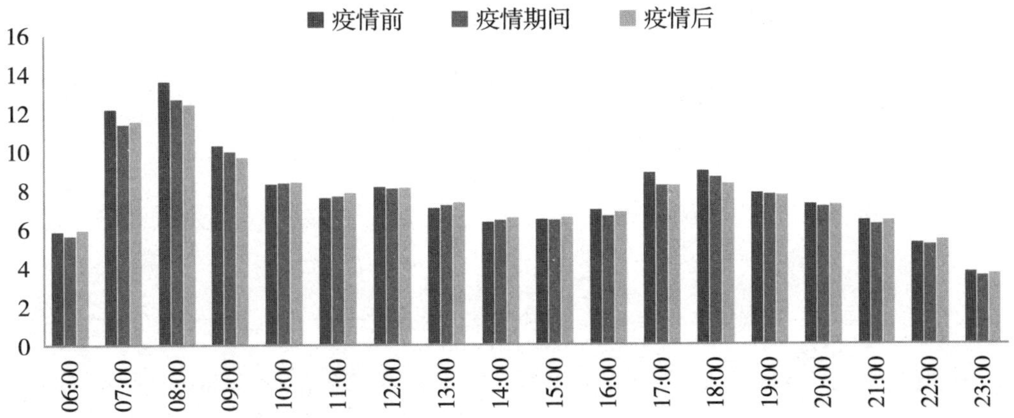

图2.8.2　疫情前后我国一线城市广播收听时段走势（%）
数据来源：赛立信媒介研究，北京、上海、广州、深圳地区广播收听率调查，2020年

（三）疫情下新闻类频率彰显权威，音乐类频率疫情后率先发力

疫情期间，一线城市新闻类频率发挥起权威信息发布平台的作用，在其他类型频率收听率都出现下滑的情况下实现收听量的增长，体现出突发事件环境下新闻广播的媒体公信力。到疫情过后，一线城市音乐类频率率先发力，收听表现出现较明显回升，此外，交通类频率和其他类型频率亦呈现反弹的趋势，但新闻类频率的收听表现则较疫情期间出现回落。

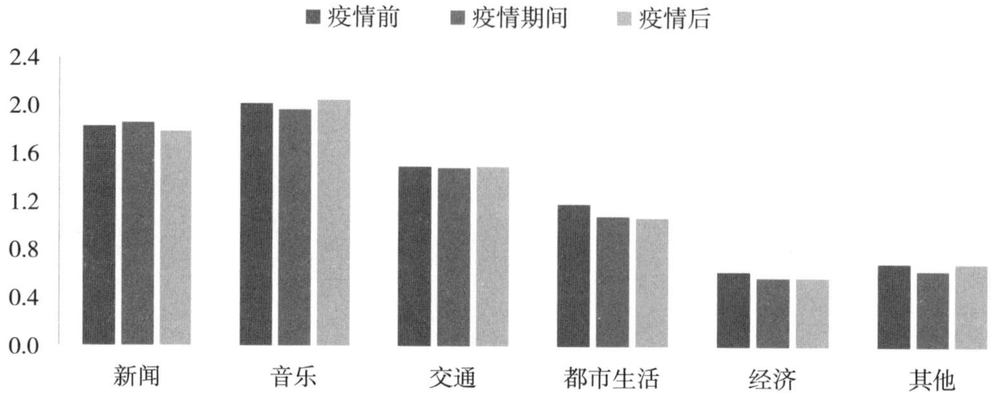

图2.8.3　疫情前后我国一线城市各类型频率收听量比较（%）

数据来源：赛立信媒介研究，北京、上海、广州、深圳地区广播收听率调查，2020年

二、后疫情时期广播听众生活消费习惯的变化

（一）疫情激发人们下厨的热情，食品安全健康成为广播听众普遍关注的问题

民以食为天，出于对自己和家人健康安全的考虑以及疫情防控管制的影响，疫情期间近九成受访的广播听众选择自己烧菜做饭来解决吃饭问题，人们纷纷解锁自己的做饭技能，化身家里的“中华小当家”。在家做饭热潮的兴起也带动了各类买菜APP的发展，疫情期间有46%受访的广播听众通过买菜APP网上订购食材，买菜APP成为除超市以外第二大买菜的渠道，可见疫情之下买菜APP收割了一大波流量红利，此前一直不温不火的生鲜电商平台在这特殊的时期里越来越广泛地走进老百姓家里。

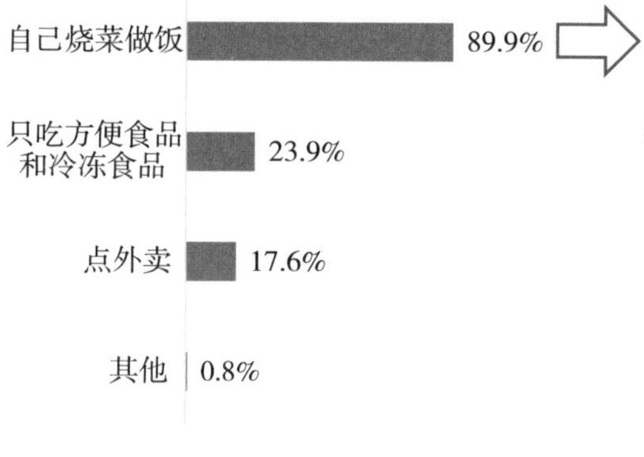

图2.8.4　疫情期间广播听众怎么解决吃饭问题

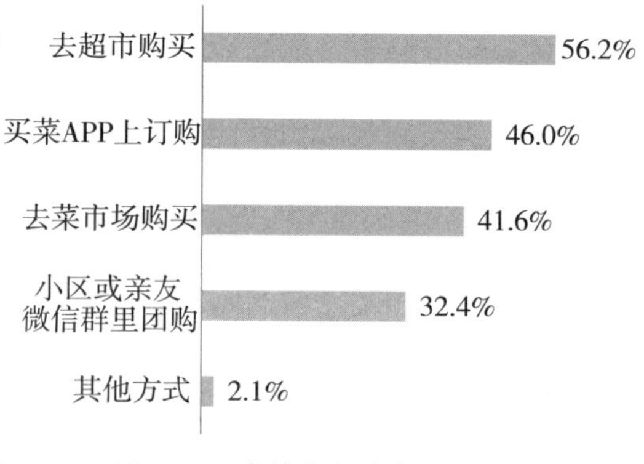

图2.8.5　疫情期间广播听众怎么买菜

数据来源：赛立信媒介研究，后疫情时代消费者生活行为调查，2020年

到疫情过后，超过七成以上的广播听众表示仍然会继续坚持在家做饭，认为这样比较卫生放心，可见“在家做饭”的热潮在未来一段时间仍会持续。在疫情后广播听众看重的饮食问题方面，食材的卫生和新鲜度是听众最关注的两个方面，听众选择率均达到30%以上，说明经历过疫情后食品安全健康问题在广播听众群体中得到了普遍的关注。

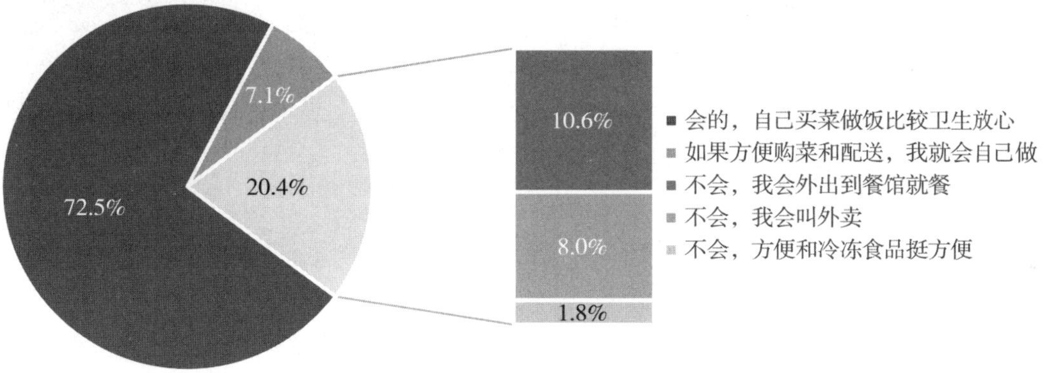

图2.8.6 疫情过后广播听众是否继续坚持在家做饭

数据来源：赛立信媒介研究，后疫情时代消费者生活行为调查，2020年

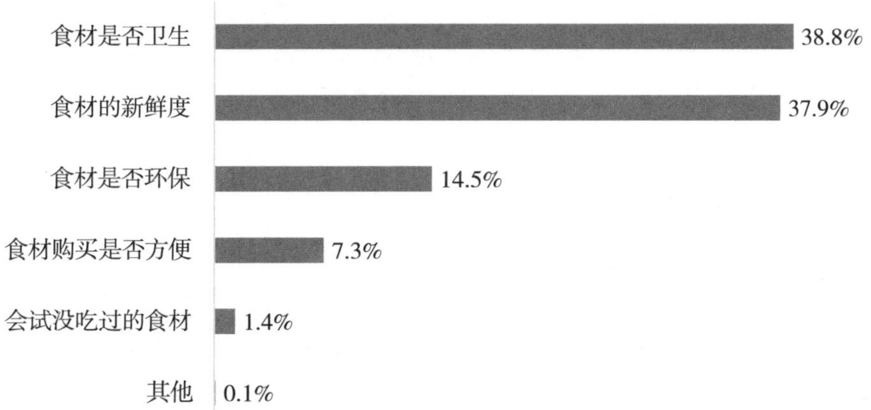

图2.8.7 疫情过后广播听众更看重的饮食方面

数据来源：赛立信媒介研究，后疫情时代消费者生活行为调查，2020年

（二）疫情下私家车取代公共交通工具成广播听众首选出行方式

在疫情期间交通出行方式的选择上，私家车是广播听众出行的首选，超过70%的听众认为自驾车出行更为安全。其次是自行车和共享单车，听众占比也都分别达到两成以

上。同时疫情也带动了广播听众对私家车的需求，在经历疫情后，超过85%受访的广播听众认为家中拥有私家车是有必要的，可见疫情一定程度带动了听众的购车需求。

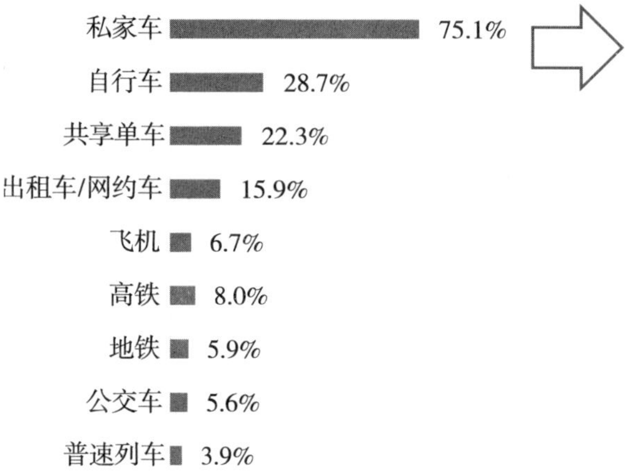

图2.8.8　疫情期间广播听众认为更安全的交通工具

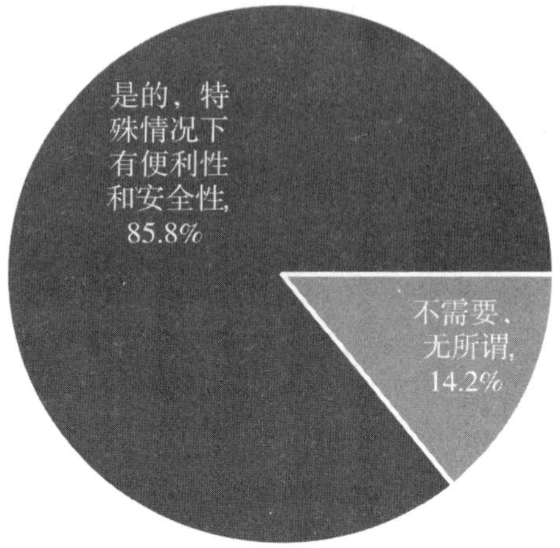

图2.8.9　经历疫情后广播听众认为家中拥有私家车是否必要

数据来源：赛立信媒介研究，后疫情时代消费者生活行为调查，2020年

从广播听众对疫情后的展望来看，接近七成受访的广播听众表示在疫情过后更愿意通过私家车出行，其次是走路/步行，选择率也超过半数。表示希望乘坐地铁或公交车出行的听众占比均不足20%。可见在未来一段时间内，听众对乘坐公共交通工具仍有一定的顾虑，私家车依然是他们出行的最主要方式，而驾车听众人数的增加也有望带动车载广播收听市场规模的扩大。

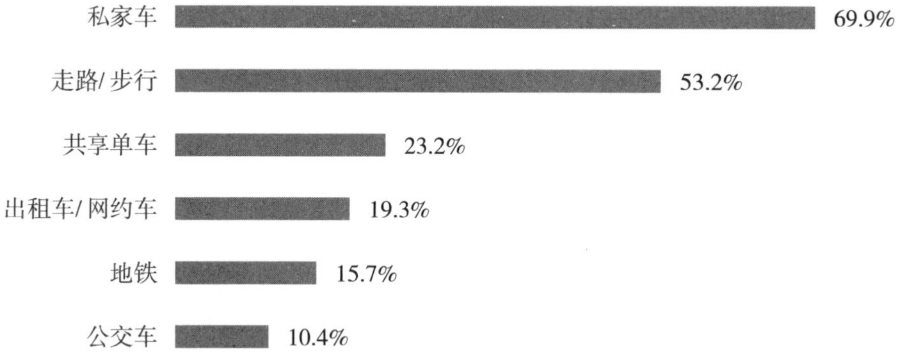

图2.8.10　疫情过后广播听众更愿意选择的出行方式

数据来源：赛立信媒介研究，后疫情时代消费者生活行为调查，2020年

（三）疫情促进“宅经济”发展，更多的广播听众接触到线上服务平台

在疫情时期“宅在家里就是为国家做贡献”的日子里，在线医疗、在线办公、在线课程等“宅经济”成为维系听众工作生活的必需品，得到了越来越多广播听众的使用。

疫情下，医疗健康是人们生活最直接的需求，调研显示，疫情期间有超过三成以上的广播听众曾经使用过在线医疗问诊服务，疫情时期医疗资源的紧缺以及外出就诊的风险促使越来越多的听众开始接触使用在线医疗服务。

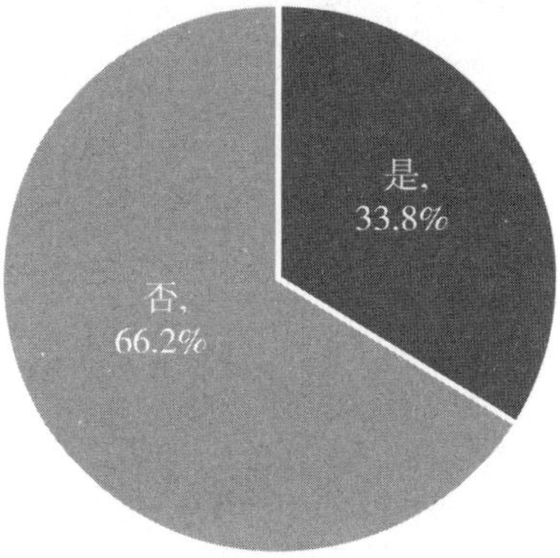

图2.8.11　疫情期间广播听众是否使用过在线医疗问诊

数据来源：赛立信媒介研究，后疫情时代消费者生活行为调查，2020年

疫情亦使众多企业在春节后的复工复产受到了影响，在线/远程办公成为企业在确保员工安全的前提下保障工作正常运转的首选。数据显示，在受访的广播听众中，超过66%以上的听众是在疫情期间首次使用线上/远程办公，可见疫情使在线/远程办公软件获得了前所未有的商机。从听众常用的线上/远程办公工具来看，微信依然是人们使用最多的在线办公软件，听众选择率超过六成。其次是钉钉、企业微信和腾讯会议，听众选择率也都超过20%。

此外，疫情还促进了在线教育课程的广泛使用。在学校停课期间，教育部提出“停课不停学”的指导意见，各大学校纷纷开展了线上课堂。数据显示，疫情期间60%以上广播听众使用过线上教育课程，其中给孩子使用的听众占比接近50%，给自己使用的比例也达到35.7%，说明疫情使在线教育在学校教学和企业培训中获得普遍使用。

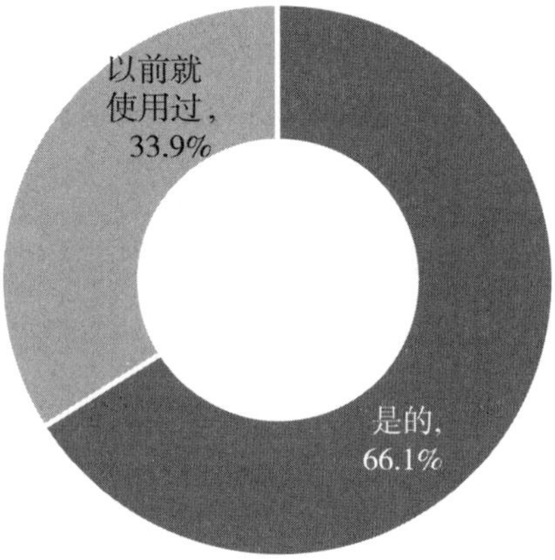

图2.8.12 广播听众是否在疫情期间才开始使用线上/远程办公

图2.8.13 广播听众常用的线上/远程办公工具

数据来源：赛立信媒介研究，后疫情时代消费者生活行为调查，2020年

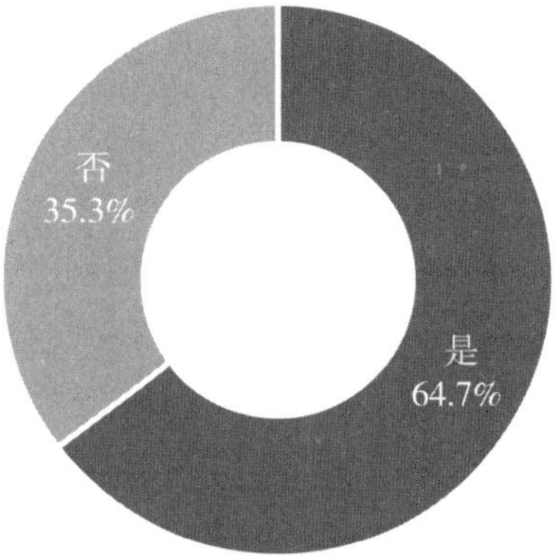

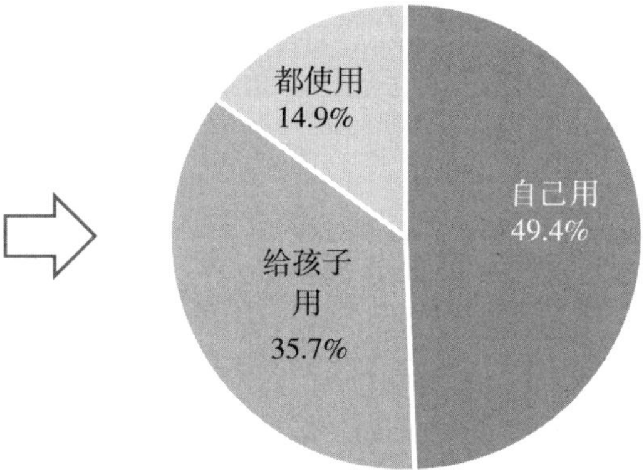

图2.8.14 疫情期间广播听众是否使用过线上教育课程

图2.8.15 广播听众使用线上教育课程的情况

数据来源：赛立信媒介研究，后疫情时代消费者生活行为调查，2020年

在疫情过后，超过半数受访听众表示会继续使用线上办公，此外，表示会继续使用线上买菜和线上教育课程的听众也各有40%以上，可以预期在听众群体中“宅经济”未来一段时期内仍能够保持良好的市场前景。

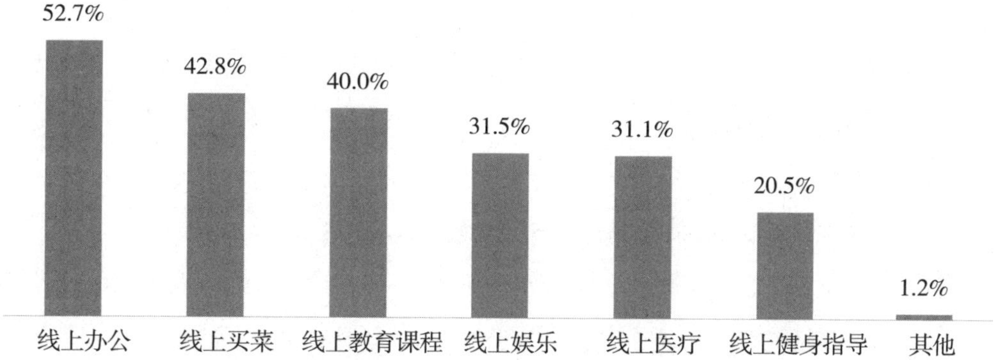

图2.8.16　疫情过后广播听众还会继续使用的线上工具

数据来源：赛立信媒介研究，后疫情时代消费者生活行为调查，2020年

（四）疫情影响下广播听众存储和购买保险的意识明显提升

疫情在世界各地的蔓延使全球金融市场巨幅动荡，趋于保守和稳健的银行储蓄和保险成为人们资产配置的优先选择。调研显示，在受访的广播听众中，26.8%的听众表示疫情使自身的储蓄意识得到了提升，感受到存储积蓄以备不时之需很重要。另外，超过七成的听众表示疫情过后会为自己和家人咨询/购买保险以规避突发事件所带来的风险，疫情对全球经济的影响大大促进了听众群体对购买保险保障的需求。

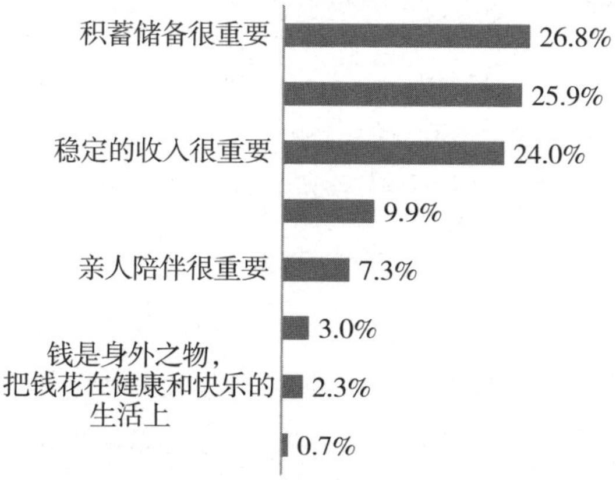

图2.8.17　疫情对广播听众未来生活态度的改变

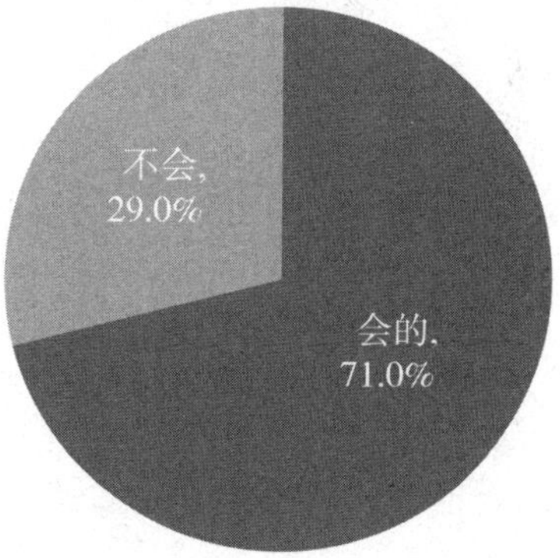

图2.8.18　疫情过后广播听众是否会咨询/购买保险

数据来源：赛立信媒介研究，后疫情时代消费者生活行为调查，2020年

三、后疫情时期广播行业发展的几点思考

从目前的情况来看，我国疫情已趋于稳定，各行业也都纷纷进入恢复发展的阶

段。对广播行业而言，抓住后疫情时期各行业市场的发展趋势以及广播听众收听习惯和生活消费习惯的变化是各广播电台抓住听众资源和规划下一步广告营销的必要工作。下面，笔者将结合后疫情时期广播听众的收听、生活消费习惯和国内一些电台节目的先进做法，对广播行业未来的发展做几点思考。

（一）发挥广播主流媒体影响力，助力企业复工复产实现互利共赢

疫情的影响使不少行业都受到了冲击且造成了损失，目前虽然大部分的行业都已经复工复产，但是经历过疫情的人们仍然会对外出消费存在各种顾虑。此时，广播电台可以发挥主流媒体的优势，积极充当企业和消费者之间的桥梁，助力企业复工复产以实现互利共赢。以深圳广播电台飞扬971推出的《美味乐翻天》节目“重拾美味，点赞餐饮”系列活动为例，这是一个由深圳广电集团广播中心联合深圳市商业联合会发起的活动，通过“节目+活动+互动”云试菜的模式，并利用广播、电视、移动互联网等全媒体平台进行直播分发，全面展现深圳餐饮行业在复工复产过程中的努力以及深圳餐饮美食的风采，广播媒体通过亲自探店试吃等方式来告诉消费者“餐厅是卫生安全的，菜肴是美味可口的”，让消费者重拾对外出就餐的信心和兴趣，从而恢复餐饮行业的消费活力。

（二）加快广播融媒体平台新生态的构建，实现电台的转型升级

疫情下被迫宅在家的日子里，新媒体凭借其跨地域、多平台、即时性、个性化等优势真正成为人们的“大众媒体”。不过在疫情期间，不少的广播电台也凭借自身构建的融媒体平台实现了媒体影响力的提升。例如，郑州交通广播在疫情期间利用新媒体平台成功地举办了河南第一场云端的诗会——“诗从郑州来，情向武汉聚”。活动现场虽没有一个观众，但是通过新媒体平台，网络上十几万人看到了这场为疫情创作的诗会，加上全国其他电台对这场节目的转播，郑州交通广播的知名度被彻底打响。不仅如此，新媒体平台也为广播电台节目的创新提供了更多的新思路，如疫情期间，佳木斯广播电视台借助新媒体成功实行了“广播+视频”的全新传播模式，在针对佳木斯市医疗队支援湖北孝感疫情的报道中，电台通过新媒体平台进行了可视化直播，在一个小时的直播中，全程记录了佳木斯市抗击疫情不同时段、不同的重点工作，也通过新媒体平台与听众更紧密互动。在系列直播“一个新冠肺炎患者的心声”中，节目获得了超过33万的点击量，同时微信公众平台发布信息389条，点击量超过6万。由此可见，新媒体为广播电台的创新和发展提供了更大的平台，加快推进广播媒体融合的步伐，加快新技术、新场景的应用，搭建广播融媒体平台的新生态，是实现广播电台转型升级、广播行业业态创新的大势所趋。

（三）紧贴“直播带货”热潮，探索广播电台盈利新模式

疫情期间人们无法外出逛街购物，因此催生了各种“无接触购物”的模式，而“直播带货”因其高人气的主播、直观的商品展示、专业的讲解和丰富的优惠活动成为时下最火爆的消费方式。一时间各行业的商家疯狂涌入，许多名人、明星、企业家也纷纷当起了带货主播。广播电台作为主流媒体拥有丰富的资源，同时自身也培养了一批优秀的主持人，完全有能力在“直播带货”的风口上分得一杯羹。在后疫情时期经济环境相对疲软、广告行业出现下行的情境下，广播主持人直播带货不失为广播电台探索盈利新模式的好方法。

2020年5月，为助力企业复工复产，激发民众消费热情，上海首次创办大规模消费节庆活动“五五购物节”。上海人民广播电台于“五五购物节”之际，发起“上海广播55位主持人助力五五购物节”活动，派出优秀主持人，连续6天，每天5小时，用直播带货的方式为“五五购物节”助力。平时“只闻其声，不见其人”的主持人走进直播间带货成为活动的最大亮点，听众粉丝通过直播间可以与主持人做近距离的互动，同时还可以了解到主持人更生活化的一面，这不仅能够扩大主持人的知名度，还能拉近主持人和听众间的距离，提升用户的黏性。另一方面，广播电台“领导干部+专业广播主持人”的带货组合拥有强大的公信力，打消了人们购物时的疑虑，使人们对带货的商品更加放心。在6天的直播带货活动里，主持人带货首日购买转换率就达到50%，第二天更是达到72%，6天直播共有85个品牌191个单品参与销售中。此外，通过直播，广播电台的抖音账号粉丝数、主持人微博粉丝数、所在频率的官方微信粉丝数都有很可观的增幅。可以看到，本次主持人带货活动对于电台和企业来说都是一个双赢的局面。

（高　杰）

疫情防控时期“网生代”收听习惯洞察

2020年注定是不平凡的一年，突如其来的新冠肺炎疫情给人们的生活习惯和生活方式带来了深刻的影响，受众媒介接触习惯和需求也产生了相应的变化。疫情防控期间，人们的出行时间明显减少，居家成为人们休闲娱乐的主要场景。就广播媒体而言，手机智能收听终端快速升温，成为听众收听电台直播或音频产品的重要渠道。

当代年轻人，尤其是“九〇后”和“〇〇后”，他们几乎是伴随网络时代成长起来的一代人，可以称之为“网生代”。本文力图聚焦“网生代”，通过调研数据揭示疫情防控期间他们通过手机智能收听终端收听电台直播或音频产品的行为习惯。

一、“网生代”疫情防控期间收听习惯

（一）绝大多数“机不离手”收听广播

赛立信调查数据显示，疫情防控期间，“网生代”出行时间明显减少，基本形成两点一线式的生活方式，他们中的大多数人都是通过手机智能收听终端收听电台直播。

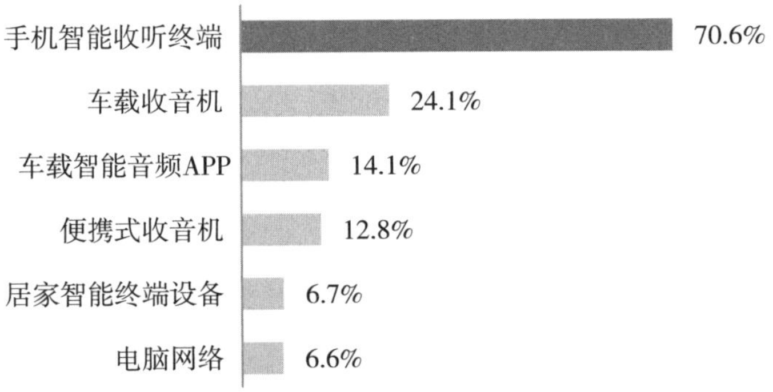

图2.9.1　疫情防控期间“网生代”收听广播的方式
数据来源：赛立信全国30个主要城市调查，2020年

（二）全天早午晚三次收听高峰，尤为偏爱晚高峰

从全天收听时段来看，无论是听众整体还是“网生代”，均在早午晚时段形成收听高峰。由于“网生代”大多需要早起上班或上学，因此早上收听广播的听众占比略高于整体水平；在中午时段，他们可以短暂休息，因而收听广播的人数也不少。不过，为

了让下午工作或学习拥有更饱满的精神状态，想必当中不少人会选择午休，因此相对整体来说，中午时段收听广播的占比低于整体水平。在18：00—22：00时段正值下班或是下课休息时间，“网生代”大多通过手机智能收听终端收听广播，以缓解一天工作或学习的疲劳，所以傍晚至晚上都是全天收听最高峰时段。

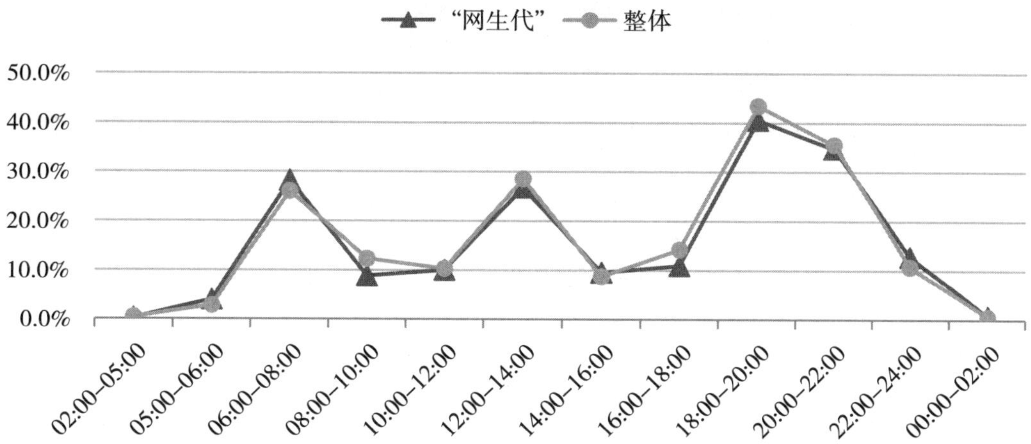

图2.9.2　疫情防控期间“网生代”使用移动智能收听终端收听广播的全天时段走势
数据来源：赛立信全国30个主要城市调查，2020年

（三）“打工人”群体收听更加碎片化，学生群体收听黏性强

从收听时长来看，无论是整体还是“网生代”，大部分听众收听时长都集中在10—90分钟以内，其中以30—60分钟居多。这给音频制作者带来了一个很好的启示，广播音频产品时长尽量控制在30—60分钟以内最能得到众多用户的青睐。通过对比发现，“网生代”在30分钟以内的收听时长占比高于整体，说明他们收听更加碎片化。这主要是跟“网生代”里的“打工人”群体有关，一般来说，他们除了正常上班以外，空闲时间更多呈现零散、不固定的状态，因此，在手机端收听广播时常也倾向于碎片化。而在收听时长1小时至两小时之间，“网生代”的占比也略高于整体，这主要是因为“网生代”中有不少学生听众，他们或是出于学习目的，或是出于放松娱乐，收听的持续时间相对更长，收听黏性也较强。

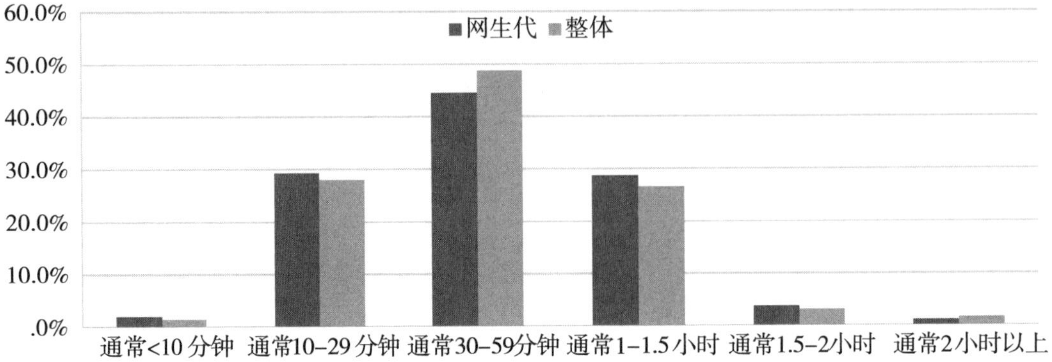

图2.9.3　疫情防控期间“网生代”收听广播时长

数据来源：赛立信全国30个主要城市调查，2020年

（四）在上下班或宅在家里时最常收听

从收听场景的层面看，上下班通勤路上是“网生代”通过手机智能收听终端收听广播的最主要场景，与全天收听高峰时段相呼应。但相较于整体，“网生代”在上下班通勤路上收听广播的比例略低，这是因为“网生代”主要由打工人和学生组成，他们早起上班/上学的时间几乎一致，所以“网生代”在上班通勤路上收听广播比例高于整体；但“网生代”中有不少在校学生，他们晚上往往需要在完成作业或结束晚自修后才会接触手机，所以在下班/放学高峰时段，他们收听广播的比例反而低于整体。除了工作学习时间以外，“网生代”更喜欢宅在家里，尤其是居家休闲或做家务的时候，会选择收听广播，以放松心情。同时，“网生代”则倾向于选择室内运动健身场所，一边强身健体，一边收听广播。

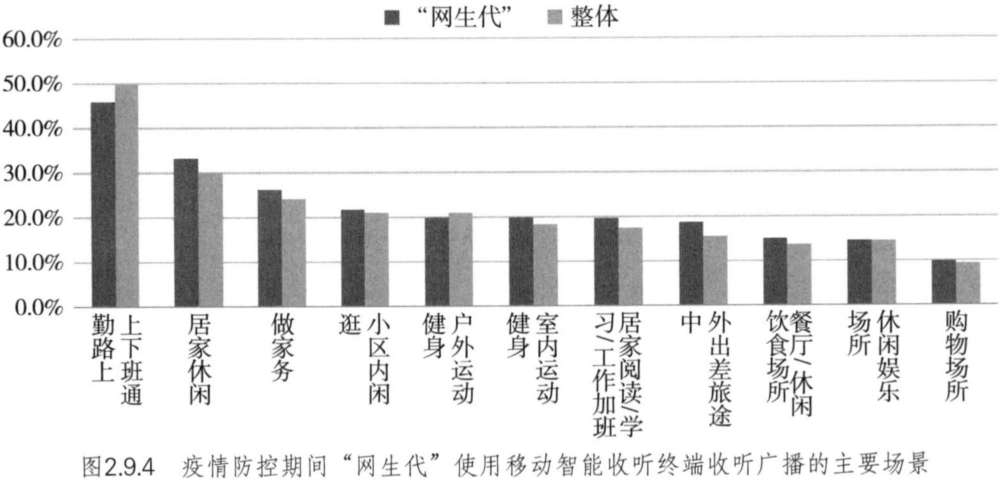

图2.9.4　疫情防控期间“网生代”使用移动智能收听终端收听广播的主要场景

数据来源：赛立信全国30个主要城市调查，2020年

（五）音乐歌曲是收听首选，文娱健身雨露均沾

从收听内容看，“网生代”收听广播最主要的目的是为了收听音乐歌曲，且音乐歌曲节目内容自身具有天然的优势——伴随性更强，在时间和空间被高度压缩的情况下，收听音乐歌曲也是释放压力最为有效的途径。其次，“网生代”也特别关注小说连播节目内容。可见，人们对精彩故事的喜爱永远不过时，且对于情感与想象力都同样丰富的年轻人来说，收听小说连播不失为一种放飞思绪、放松身心的好选择。同时，“网生代”也喜欢收听读书类、社会热点、娱乐资讯、相声小品等节目内容，原因可能是收听休闲娱乐类节目不需要投入过多的精力，适合上下班途中或者宅在家时收听。

相对于整体而言，“网生代”显而易见地更加喜欢音乐歌曲、小说连播等休闲娱乐类节目，但与此同时，相对整体“网生代”对国内时政、国际时政、文化科普、财经资讯等资讯信息类内容的收听率也更高。这说明“网生代”不仅仅是喜欢娱乐休闲的一代，他们对资讯信息的偏好也强于整体。

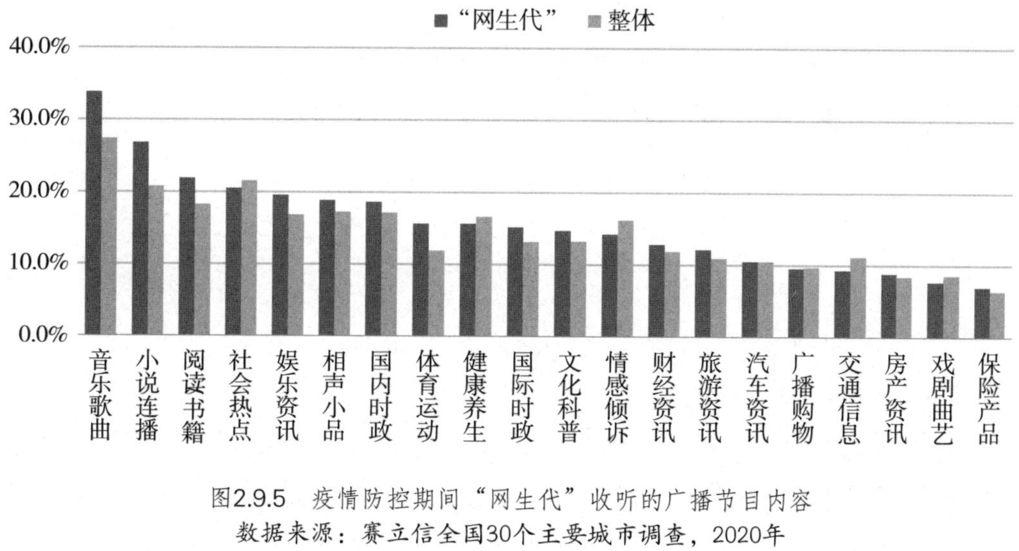

图2.9.5 疫情防控期间“网生代”收听的广播节目内容

数据来源：赛立信全国30个主要城市调查，2020年

二、音频产品如何黏住“网生代”

疫情防控期间，“网生代”的收听习惯悄然发生了变化，他们变得更倾向于通过手机智能收听终端收听广播，更喜欢宅在家里，内容喜好更为娱乐化。在当今这个移动互联网时代，“网生代”是移动音频产品不可忽视的重要听众群体。为此，打造符合

"网生代"收听习惯的移动音频产品，显得尤为关键。

（一）投其所好，重点打造知识、资讯、娱乐音频产品

"网生代"基本上由"打工人"和学生群体构成，他们基本形成了上下班、上学放学"两点一线"式生活，他们拥有更多需求去发展、学习自己的业余爱好，对能够提升自我、丰富眼界的内容有着一定的需求。因此，知识类的音频内容在"网生代"中也颇具潜力，已然成为他们进行学习的重要选择之一，打造知识性较强的音频产品，更能获得"网生代"的青睐。

而在资讯类内容方面，"网生代"并非不关心新闻资讯，只是他们更为关注社会热点和娱乐资讯。"网生代"在个性方面表现更为活跃，且大都追星追剧追综艺等等，处于网上冲浪最前沿的他们往往能第一时间关注社会热点事件和娱乐资讯，同时积极参与互动讨论。因此，有关社会热点事件或娱乐资讯的音频产品，也更适合活跃的"网生代"收听。

"网生代"肩负的工作或学业压力较大，收听音乐歌曲是他们用来放松心情的重要途径，且"网生代"多数爱玩、会玩，对各类新歌热曲有更高的敏感度。因此，具备一定趣味性与实时性的音乐内容是迎合他们收听兴趣的重要选项。

（二）用"短"而"精"的音频产品满足碎片化收听需求

"网生代"通过手机智能收听终端收听广播的最主要场景是上下班通勤路上，收听时长相对集中于30分钟以内，这意味着"网生代"中的"打工人"群体没有充足的时间可以安心收听广播。在上下班路途中，"打工人"群体换乘交通工具或是步行走路，随着空间位置的转换，他们的通勤时间呈现碎片化状态。因此，"短"音频产品更适合他们收听。另一方面，"网生代"对知识类节目内容较为关注，且收听时长也相对更久，这也提醒音频产品制作者需要在内容上精耕细作，打造精品，才能更有效地黏住"网生代"。因此，满足"网生代"碎片化收听需求且内容制作上精良的音频产品，更能在传播中大放异彩，成功俘获大批忠实"网生代"用户。

（三）基于移动智能终端打造音频交流社区

手机网络给在线互动交流提供了极大技术便利，使得用户可以充分表达个人的内心诉求。不过，就目前来说，移动智能终端广播在线直播基本都没有互动交流区，这不利于听众参与节目实时互动，同时也不利于增强听众在线收听的黏性。所谓评论区更精彩，对于思维较为活跃的“网生代”来说，增设互动交流区，同时考虑设置一些互动话题，再让节目主持人加以引导，更能激发他们在线收听和积极互动的意愿。

基于移动智能终端打造音频交流社区，可以给互动意愿更强烈的“网生代”带来更友好便捷的互动体验，既可以凸显音频传播的媒介特质，又可以增强用户互动体验效果，在线圈粉或可取得事半功倍的效果。

（郑业滨　龚咏舒）

助力后疫时期复工复产，广播媒体有奇招

疫情期间，广播通过策划、播送各类疫情防控报道和各类抗疫系列主题节目，媒体影响力得到进一步提升。而在疫情进入常态化防控的后疫情时期，电台在帮助各行各业恢复经营、生产、工作等方面的各种尝试，又为广播带来了新的挑战与探索新发展可能性的机会。

一、战疫宣传不松懈，助力常态化疫情防控

2020年2月国内疫情全面暴发，各行各业被迫停工停业，随着疫情防控取得优秀成效，一切逐渐回到正轨，但仍不能放松警惕，6—7月，北京、大连与乌鲁木齐等城市接连再新增新冠病毒感染者，警醒市民疫情安全防控工作仍不能松懈。

自各行各业逐步恢复生产以来，广播借助本身自带的媒体影响力和权威性，推出一系列“复工复产”主题公益广告、节目、专栏等，助力常态化疫情防控。各新闻广播发挥自身作为权威信息发布平台的优势，及时宣传复工复产防控知识，强化常态化安全防护意识，积极引导社会舆论走向，解读地方政府发布的各类复工复产政策，助力推进各行各业逐步恢复往日生活节奏。例如宁夏广播电视台在官方网站“万众一心　阻击疫情”专题下设“分区分级精准复工复产”专栏，发布了一系列复工复产政策解读、疫情防控科普知识等图文和短视频，助力宁夏各区精准复工复产，守住安全生产底线。广播作为主流媒体，在助力常态化疫情防控中发挥着重要的媒体影响力，满足了人们在后疫情时期的特殊内容需求，鼓舞并极大增强了广大市民的信心。

二、聚焦关键人群，减轻小微企业压力

在助力商家、企业的复工复产方面，多家广播电台凭借其构建的融媒体平台，多方联动媒体矩阵，充分利用各融媒体平台，为微小企业、商家提供“免单”广告扶持，发挥主流媒体担当，全力推动企业复工复产。如江源人民广播电台开办942信息站特别节目，推出公益信息广告扶持活动，为企业、商家提供一个可靠的宣传平台。自复工复产以来，江源人民广播电台为微小企业和商家发布公益宣传信息广告50余条，累计播

出1000余次。

正所谓“授人以鱼不如授人以渔”，惠州电台为了促进复工复产推出“广电免单季活动——2020助力小微企业复工复产项目”。电台邀请了项目策划人，为小微企业创业者进行免费培训，为小微企业解决“缺客户”“成本高”“竞争大”“互联网冲击”等难题，为他们免费定制“引流+截流”方案。不仅利用电台宣传资源为商家提高人气，还针对小微企业、商户制定营销宣传方案，鼓励商家发展线上线下经营。电台通过提供免费广告，一来获得企业与听众的双向好评，媒体影响力得到进一步提升，二来通过实践，为广播探索广告创收盈利新形式提供了思路。

此外，电台还积极联合企业，为缓和疫情带来的影响而做出努力。如济南电台联合医疗卫生部门、18家驻济企业成立“护航”爱心公益联盟，共同发起“你放心去一线　我为你守家园”爱心捐赠活动，统一购置蔬菜、水果、鸡蛋、牛奶等爱心物资，累计为山东大学齐鲁医院、山东大学第二医院、济南市卫健委所属14家医院驰援湖北抗疫情的281名医护人员的家属奉献爱心，累计开展服务1607人次。

三、依托全媒体平台，品牌栏目鼎力相助

在媒体融合越发紧密的当下，电台依托全媒体平台，以“媒体+服务”融合各界资源，帮助企业、商家等将内容分发至各大网络平台。如济南电台启动“鹊华通”济南网上公益服务平台，该平台聚合政务服务、企业优惠、金融扶持、人才招聘、品牌孵化五方面内容，联合市商务局、文旅局、工业和信息化局、大数据局共同发布“政府产业扶持计划”，推出百亿级的专项扶持资金、17项政策措施、500多项网上审批办事功能，10亿+网红流量助力企业复工复产。

不仅如此，部分电台试点“节目+服务”新模式，也为自身的节目内容创新探索出了新的发展方向。FM98.7福建广播都市生活频率的品牌栏目《朋友圈的逛吃逛吃》，在疫情前期，栏目组通过积极联系营业的各个餐饮商户，以外送美食为亮点，专门制作了节目和榜单，为不能外出消费的听友找到了美食消费出口。衡阳人民广播电台主持人前往实体店亲身体验了商家的环境、服务、菜品，为广大消费者分享自己的切身感受，还邀请了电台的粉丝来到现场参与互动，用网络直播的方式，向广大网友推荐美食，一个半小时的直播互动吸引了超过5000名线下粉丝围观。通过电台节目直播、融媒体平

台直播，主持人亲身体验打卡推荐，让观看者身临其境地感受食品、商家用餐环境，进一步提升商家知名度，刺激因疫情宅在家里两个月的民众消费。

江苏广播充分整合资源，积极策划各类线下线上活动，凭借电台口碑、人气，一方面吸引广大市民为本土品牌消费，一方面为人才就业创造机会。江苏广播与南京市六合区人民政府、南京旅游集团国展中心联合主办的“2020南京春季美食汇暨新消费生活夜市集”，集齐各类品牌农产品，还有南京大排档、芳婆糕团店、网红自嗨锅等数十家南京知名餐饮机构、老字号以及各类网红小吃，为老百姓提供新的消费体验和消费场景。

四川之声联合舟山经济广播、舟山综合广播，共同发起《一起助力，迎接春天》大型音频+视频直播公益行动，在返岗复工潮到来之际，整合资源，加快构建融媒体平台，充当解决用工难题的“电波红娘”。借助自身节目直播，通过线下展示、现场品鉴、线上云直播销售，全媒体、立体化、多渠道地展示本土餐饮美食、农副产品，帮助农民增收，振兴当地消费。

四、紧贴“直播带货”热潮，推动消费复苏

在疫情影响下人们“足不出户”期间，“直播带货”俨然成为时下最火爆的消费方式，广播电台也抓住直播经济的风口，发挥多年主持经验、优秀口才和反应能力的主持人资源，以“宣推+带货”的模式助力复工复产，发力推动消费复苏。合肥故事广播的17位主持人联手微店平台通过跨界直播的形式，助力电商战疫。为了让直播的效果达到最大化，电台不仅在节目时段进行了高频次的宣传，还调动了合肥市内大量优质的地面推广资源，涵盖热门商圈、地铁等人流密集的区域。直播开播前已经吸引了大量观众进行“预约观看”，并带动了数万名微店商家加入到助力湖北农产品的销售中，在长达4小时的直播里获得了不错的活动效果，帮助湖北商家售出20吨恩施小土豆、6万多份武汉热干面、172800只湖北小龙虾等。广播电台直播带货活动紧跟后疫情时代下“直播带货”热潮，开辟出电台整合资源新路径，也为探索新媒体与电商结合的新模式积累了经验与资源，为广播创收开辟新思路，可谓是达到了广播融媒体发展的“双赢”。

广播电台的“直播带货”除了以网红、主持人为主体展开，还形成了“领导干部

+主持人”模式，相较于前者，领导干部直播带货令人新鲜感倍增，充分吸引了网友目光。领导干部一改以往工作中严肃端庄的形象，化成亲切老乡“主播”，亦成为带货直播中的亮点，满足消费者的新鲜感。同时，领导干部代表的官方身份更容易给消费者认同感，乐于相信领导干部的带货质量，增加观众的购买意愿。吉林乡村广播四大主持人便与吉林省白山市靖宇县县长、副县长和乡镇党委书记一同开启“全国农产品直播扶贫行动”公益助农活动，推介当地特产并进行线上试吃、品质识别教学，直播带货活动从上午6点开播，截至当天下午4点，在线观看人数83万+，销售额超过12万，“领导干部+主持人”模式的带货效果不容小觑。

此外，疫情对文旅产业也造成了巨大的冲击，众多广播电台积极协助文旅产业复苏，拉动疫情后的文旅行业消费。如浙江交通之声、旅游之声联合推出的“直播+探店”形式活动《百城局长带你游浙江》，主持人和当地局长去到当地通过FM93浙江交通之声、浙江+APP、浙江交通之声直播平台和抖音平台介绍浙江文化、游玩攻略等，感受浙江文旅产品的精彩和魅力。杭州市举办“双千直播”大型活动，由文广集团旗下知名电台主持人、电视主持人及网红主播们共同组成“杭城最强主播天团”直播带货，千名演员文旅直播，将杭州农产品、特产、景区景点通过全媒体直播形式全方位推介，提高杭州文旅项目的关注度，促进消费，拉动杭州文旅经济。

面对着疫情对社会经济造成的损失，广播作为主流媒体，时刻不忘自身应尽的社会职责，发挥出广播媒体在公信力、影响力、传播力等方面最大的优势，将损失降到最小化，不仅以广播节目、广播广告等传统方式提供助力，还多方联动媒体矩阵，充分利用各融媒体平台，整合资源，共同拉动消费，可谓是“八仙过海各显神通”，用实际行动助力复工复产，尽显广播媒体的担当。

（李静静　刘绮雯）

当广播主持人化身“网红”

——关于浙江广播电台主持人张晓北走红的一些思考

随着互联网的高速发展，媒体传播的技术与途径都发生了极大的改变，新媒体时代已然到来，传统广播的发展面临着巨大的挑战。挑战大致来自三个方面：一是受众被新媒体平台分流；二是市场盈利空间缩窄；三是社会影响力不断减弱。与此同时，作为时代产物的“网红”应运而生，日益渗透到人们的生活当中，影响力与日俱增。所谓“网红”，一般是指网络红人，因为某个事件或者某个行为而被众多网民认识、关注从而走红的人，并且能够通过自己的影响力在新媒体平台上传播信息，可谓是互联网时代的“宠儿”。

对近年来在互联网平台不断探索转型的广播媒体而言，如果广播主持人当中也诞生了几位“网红”，对于广播电台的融媒体发展亦是十分有利的。本文将以浙江广播电台城市之声的主持人张晓北，因为与本田4s店销售经理据理力争，帮车主要回续保押金而在全网走红的事件为例展开思考。在新媒体时代，传统广播人是因何缘由才成为“网红”，又该怎样才能出现第二个“网红主持人张晓北”呢?

一、发挥专业素养优势，弘扬主流价值观

网红主播的高关注度使其在新媒体时代占据竞争优势，他们的行为和意见有着较大的示范性和影响力。但从专业素养方面来看，“意外诞生”的网红主播整体素质不高，一个优秀传播者应具备的控场能力、语言能力等专业技能均有所欠缺。相比之下，广播主持人普遍拥有丰富的直播经验和较好的气质形象，且普通话标准流利，思维清晰，临场应变能力好，这是广播主持人在进行直播时所具备的优势。

以浙江广播电台城市之声的主持人张晓北为例，当她接到听众投诉，代为致电4s店询问退还车主续保押金一事时，在电话接通之后迅速说明了自己的来意和身份，并同时告知节目正在直播的消息。当销售经理表示不知道国家相关规定且试图转移注意力的时候，她据理力争，始终强调国家的明文规定，并清晰表达自己的合理诉求，要求销售经理退还车主押金。在整个致电过程中，主持人张晓北表现出较高的专业素养，且在沟

通思维上逻辑分明，有理有据，即使面对销售经理傲慢无知的态度也能够随机应变，以良好的语言节奏与对方进行辩论，也因此吸引到了众多网友的关注和力挺。此外，她对国家相关法规的说明，也为观看者起到了科普作用，在直播“与强硬销售经理辩论”这一情景的同时，也宣传了相关法律法规，对弘扬主流价值观起到了推动作用。

尽管新媒体时代的到来为广播主持人带来了巨大的变化与挑战，但广播主持人自身的专业能力优势依旧大有“用武之地”。广播主持人应当积极发挥专业素养优势，向受众传播主流价值观，传递正能量，同时这也是成为“网红”的广播主持人必然要坚守的底线。

二、关注受众内心需求，多平台实时互动

在新媒体时代，受众有着充分的表达自由，借助互联网平台，他们个性化的心理倾向和自我表现的渴望得以纾解，营造出“全民发声”的现象，受众不再是被动地接受信息，而是自觉地去搜索、探究想要知道的内容。4s店拒绝退还续保押金这一类侵权、维权的事件，恰好是容易受到广大群众关注的问题。主持人张晓北在这一事件中成功帮助听众维权，正回应了受众迫切想要解决问题的心理，犀利的言语更是使得可能遭遇过类似事件的人群内心需求得到宣泄，达到“大快人心”的效果。

从维权事件得到受众广泛关注开始，主持人张晓北在抖音、微博等新媒体平台都实时更新了事件的动态，还原整个维权过程。与此同时，针对受众留言，她也进行了有选择性的回复，实时与受众进行互动交流。正是由于这一事件成功抓住了受众迫切关注的焦点，再辅以多个新媒体平台的实时更新与积极的互动交流，使得广播主持人协力维权事件爆火，主持人张晓北成功“出圈”，成为“网红”。在广播媒体持续进行互联网融合转型的当下，广播主持人更应积极拥抱新媒体，关注受众内心最真实的需求，增强互动交流，这也是成为网红主持人必备的条件。

三、贴近受众生活，展现真实面貌

许多网红主播之所以拥有极高的关注度，与他们的行为、言论贴近生活，展现出真实的个人形象有关，这一类内容很容易让受众产生心理共鸣。令广播主持人张晓北在网络平台走红的这场直播，正是拍摄了她真实的工作场景，将广播主持人的工作状态展

现在受众眼前。她良好的形象与气质，直白流畅的辩论，播控合一的状态，都是可能引起观众兴趣的魅力点。新媒体时代，这些自然真实的内容最能吸引受众的关注和追捧。除此之外，张晓北时不时会在个人微博账号点赞一些自己感兴趣的微博，内容圈定当代年轻人最为关注的吃喝玩乐领域，这让不少因事件而关注她的受众感到惊喜，表示她就像一个志同道合的朋友，从而进一步增进了与受众之间的联系。在当今新媒体内容接地气、平易近人的大环境之下，笔者认为，广播主持人亦可积极走进受众的生活，把最平凡、真实的一面呈现给大家，能够大大拉近自己与受众之间的距离，增强受众对自身的好感。

新媒体时代，传统广播也在积极进行互联网融合发展，广播主持人也应积极融入互联网语境，在坚决维护广播“四力”的前提下，多加关注受众的内心需求，接触并通过各种互联网平台与受众进行互动交流。诚然，“网红”的诞生存在许多偶然性，但其中亦存在着许多值得探索分析的规律，而这些规律，或许便将成为广播融媒体发展道路上的诀窍。

（郑业滨　甘会霞）

携手战“疫”系列之一　数说广播人在行动

2020年2月13日，是第九个世界广播日，这是属于广播媒体的节日，也是属于每一个广播人的节日。然而，如今正处于“疫”情肆虐、国难人危之际，我们每个人心中都怀揣着一份忧虑。自1月下旬以来，新型冠状病毒感染的肺炎疫情暴发，牵动着每一个国人的心，也吸引了世界的关注。各大广播电视台、广播电台、新媒体APP等单位第一时间开启了全面防疫战疫模式，关注疫情第一线，为在这样的特殊时期及时传递疫情信息，做好防疫防控宣传，各广播电台推出了众多与疫情相关的特别节目，内容涵盖百姓所关心的方方面面。非常时期，中国广播快速行动，让世界“听见”广播里的“中国力量”。

赛立信的数据显示，国家电台和各省、市电台的这些行动，都获得了国人很高的关注度，产生了很好的传播效果，中国广播人在抗击疫情的战争中发挥着主流媒体的举足轻重的作用。

一、防疫早响应，直击最前线

肺炎疫情来势汹汹，1月23日—24日，多个省份先后启动重大突发公共卫生事件一级响应，各广播电台也迅速反应，调整节目安排，播送抗击疫情特别报道，高度关注前线情况，开启应急措施，打响战疫防疫第一枪。

湖北广播电视台交通广播部中的楚天交通广播属于湖北省应急广播，最早开始播报相关报道，并连同交通广播部其他两个频率全天打造特别节目《万众一心，共抗疫情》，湖北之声于1月23日连同新闻广播部其他两个频率并机播送湖北之声应急直播节目和转播湖北卫视节目，全方位传递疫情与防疫信息，省各市、州、县广播电台均启动了应急功能，力求做到防疫讯息“村村响”，号召全民做好防疫措施，共同抗击疫情。赛立信的融媒体云传播效果数据显示，在春节期间，湖北电台的云端点击量大幅上升，春节七天（1月25日—1月31日）的累计点击量是184万+，较去年农历同期增长180%。进入2月以后，湖北电台的日点击量依然在不断攀升，较2019年同期涨幅均超过200%。

上海广播借助话匣子新媒体矩阵（APP、微信公众号、微博、抖音、头条号、阿基米德社区），从1月17日起，累计发布抗击疫情原发稿件量近千，总阅读量突破1000万。同时，上海新闻广播、上海交通广播、东广新闻台·长三角之声、五星体育广播推出联播防控新型冠状病毒感染肺炎疫情特别节目，于1月24日开始播出。在春节期间，上海新闻广播累计点击量达290万+，是去年同期的三倍，上海交通广播和五星体育广播较去年同期也有较大的提升。联播防控新型冠状病毒感染肺炎疫情特别节目，春节期间市场占有率为25.64%，云端点击量接近133万次，较2019年农历同期涨幅分别是26%、135%。春节后四台联播，节目市场占有率提升至42.01%，较2019年农历同期增长11%。

二、全平台广传播，融媒体显威力

得益于近年来广播融媒体的飞速发展，广播电台在以传统方式播送防疫战疫内容的同时，也将这些内容传递至各个新媒体平台。抗疫期间，无论在哪里，都有广播人活跃的身影。

浙江应急广播FM93交通之声便在融媒体防疫宣传方面做出了诸多亮眼的成果，浙江+APP在媒体自有平台中先后推出了全国疫情动态信息、浙江11地市疫情动态信息、疫情辟谣信息等13个实时动态专题，H5产品浙江省实时疫情信息平台，实时追踪并更新最权威最准确的疫情数据，在共享疫情信息、澄清谬误等方面做出了不小的贡献。同时，他们还借助“两微一端一抖”的新媒体矩阵发布超过400条抗击疫情主题的短视频，内容不仅限于前线疫情新闻，还涉及防疫知识普及、居家心理疏导等，获得群众的广泛好评。在1月23—31日，公众号推送的文章量达300多篇，是所有省级电台推文数量最多的频率，推文量超过100篇的省级频率中，平均阅读量也居首位。

上海广播以24小时“广播+融媒体”接力形式，依托新闻广播，率领旗下交通广播、东广新闻台·长三角之声、经典947等多个频率共同出击，多平台联动推出特色专题内容，如打造疫情特别版面，直播国家卫健委和上海市卫健委新闻发布会，由话匣子FM与早新闻共同推出专题《武汉口记》等，为群众输送多种多样的防疫战疫内容。

江苏新闻广播紧抓住“科学”主题，利用大家喜闻乐见的形式制作了丰富的新媒体产品，如从上百条谣言和真实防疫信息中筛选出10条，通过H5页面方式，邀请网友答题。这一举措不仅丰富了网友的防疫辟谣知识，还获得了200万+的数据，为重大疫情和公共事件的媒体融合报道提供了新的思路和解决办法。

南京广播电视台是中广联城市台广播新闻委员会会长单位，发起了“一首歌温暖一座城　百城联唱激情战疫”大行动，吹响百台创作联唱共同驰援战疫的集结号。全国各地城市台纷纷响应，百家电台同步发声，共同演绎宣传防疫、鼓气暖心的原创音乐作品，传递全国各地人民战胜疫情的信心和勇气。

三、用权威的声音，吹响战“疫”的号角

广播媒体作为最具权威性、最具影响力的主流媒体之一，在这样一个特殊时期更加发扬出了自身的能量。疫情暴发以来，众多广播电台都用自己的方式，在疫情新闻发布、舆论引导、防谣辟谣等方面做出举措。

中央广电总台中国之声自1月26日起播出《中国之声抗击疫情特别报道》，30日起每日分三个时段播送，关注前线疫情信息。此外，中国之声公众号还增加了“防疫寻人”模块，发布曾经有确诊患者乘坐过的车次、航班或渡轮，协助寻找同行者。

北京新闻广播也自1月24日起，在《新闻晨报新闻热线》《北京新闻》《整点快报》等多档节目中播出疫情动态和防控报道，全天各时段滚动播出疫情防控公益广告和歌曲，力求及时播报疫情资讯，提高群众防疫防控意识。

浙江之声采用“一头采集、多元形式、全渠道传播”的形态，持续向公众多维度输出信息，第一时间播报各类资讯、通知。在发布权威信息的同时，他们还挖掘了诸多抗击疫情一线的暖人故事，如记者采写的《武汉方舱医院，我们来了》《感恩“知恩者”》等原创报道，记录疫情期间点滴动人的故事，传递暖心正能量。

据赛立信融媒体云传播数据显示，自26日起，中国之声在融媒体云端的点击量每日都在攀升，1月26日至2月9日的累计点击量近7000万，其间日均点击量较1月上升7.7%，较去年春节期间上升了61.4%。北京新闻广播和浙江之声是全国云端点击量排名前列的新闻频率，北京新闻广播在1月24日至2月9日的累计点击量近600万，较2019年春节期间上升了31.1%；浙江之声在此期间的累计点击量近300万，较2019年春节期间的涨幅为33.4%。

四、身心同关注，隔离不隔爱

在倡导人们尽量不出门、注意居家隔离的同时，普及防疫知识，丰富百姓精神文化生活，及时进行心理疏导，都是重要的问题——身与心的健康，都要关注。为此，广播电台也打造了许多别出心裁的节目内容。

关注“身”健康方面，广播凭借在医疗保健类节目上的先天优势，联手名医名院，打造了诸多科普防疫知识的医疗类特别节目。如山东综合广播开设了“防控专家做客山东台”新闻访谈栏目；天津新闻广播与天津医科大学总医院合作开办的《空中问诊》热线特别节目；河南新闻广播《大医生来了》节目紧急策划了“抗击疫情，河南在行动”特别专题……

关注“心”健康方面，广播电台各出奇招，如湖南交通频道打造了疫情心理互动疏导节目《隔不断的爱》，为广大听众带来战疫期间的动人故事，传递温暖之声；天津生活广播也推出了《听萧然——抗击疫情，温暖守护》特别节目，连线心理和医护方面专家，就特殊时期公众心理进行疏导，答疑解惑。

不少电台还推出了 “音乐疗法”，用歌声温暖人心，传递力量。如湖北广播电视台音乐广播事业部旗下湖北爱乐广播、经典音乐广播、楚天音乐广播三套频率以“用音乐凝聚力量，用音乐传递温暖”为主基调，打造了一系列激励人心的战疫主题内容，如《战书》《武汉伢》等公益主题歌，《归途——蕲春县人民医院一位ICU护士的故事》（文首音频）等诗歌作品，将真情与大爱融入词曲，彰显音乐广播独有的能量。

江苏经典流行音乐广播和江苏音乐广播不仅播出了《最美逆行者》等十余首战疫公益歌曲，高频次的播出传递中国平安的美好祝愿，还特别准备了“宅家防疫特别歌单”，用音乐抚慰大众紧张的情绪，增添生活的灵感。

一方有难，八方关注。在这样一个特殊时期，广播人持续奋战，为人们带来众多及时、贴心的广播节目，向世界彰显中国广播的力量。中国广播人在这个特殊的时期，向世界广播日献礼！

加油武汉！加油湖北！加油中国！

（刘婉婷）

携手战"疫"系列之二　数说交通广播人在行动

新型冠状病毒感染的肺炎疫情暴发之际，为发挥主流媒体的传播力量，普及防疫防控知识，各类广播频率都在积极响应，但交通广播一直以来的主要收听人群——车载收听人群，受疫情影响车辆停开而大大流失，车载收听量大幅下滑。对此，交通广播人并没有气馁，毕竟人民群众能够自觉进行居家隔离，疫情得到有效控制，人人平安，这才是他们乐于看到的景象。

更何况，在这个融媒体高速发展的时代，传统收听可不再是广播媒体唯一的内容传播方式，为做好全方位防疫抗疫宣传，交通广播另辟蹊径，借助"两微一端"等平台让宣传效能最大化。

一、融媒传播放异彩

疫情发生后，中广联合会交通宣传委员会及时组织全国各地交通广播形成八大地区交通广播协作网，在各地区负责单位的组织协调下，通过及时准确的资讯更新、科学贴切的宣传方式、融合创新的传播渠道，正确引导舆论、稳定社会民心。很快，一个时效与真实相协调，新媒体与传统媒体相结合，公益与宣传同推进，自上而下、由点到面形成全国交通广播信息资源共享的强有力传播链运作起来了。各大交通广播电台不仅制作了多种抗击疫情特别节目，还打造出令人眼前一亮的文字、视频，通过丰富的传播途径，让抗疫防疫更贴近人们的生活。

楚天交通广播在2020年1月17日最早开始了疫情的相关报道，并连其他两个频率打造特别节目《抗疫情特别节目万众一心，共抗疫情》。后来，又推出原创全媒体报道《急救担架员——为受伤的城市负重前行》。中国之声《新闻晚高峰》播出了录音稿，新华社客户端、学习强国、荆楚网、腾讯网发布其新媒体稿件及视频。武汉交通广播记者深入一线采访的《武汉市第一医院45名医护人员组成的医疗队今天前往雷神山医院》视频在多平台播出，累计浏览量达9.4万并持续增长。

贵州交通广播在战"疫"的403个小时内，主持微博话题"众志成城　抗疫情"，总阅读量超500万；官方微信发布稿件115篇，总阅读数接近200万；"找到啦”APP“抗疫”专题发稿375篇，总阅读量超过60万。2月10日，贵州交通广播还通过“找到啦”APP联合北京华联综合超市、苏宁小店等商家打造 “战疫情，保菜篮”公益项目，为老百姓播送防疫期间关于“买菜”的那些事儿。

江苏交通广播网通过官方微信及时更新疫情防控权威消息，并与交通、交警等官方机构联动，2020年1月21日至2月10日推送与疫情相关文章450多篇，总阅读量超过3465万。此外，他们还以国家卫健委权威发布的内容为蓝本，制作了4集面向家长和孩子的免费有声课程《健康小卫士》，用生动有趣的形式讲解了多种防疫知识。

四川交通广播全天开设“众志成城抗击疫情”专栏，并推出抗击疫情特别节目《我们在一起》，其相关公众号于1月20日起便发布了疫情相关报道，如《壮士出川！四川首批138名医疗队员今日驰援湖北》《四川启动重大突发公共卫生事件一级响应》《四川紧急通知：禁止举办任何形式的群体性聚餐活动！》等推文，都取得了10万+阅读量的亮眼成果。

交通频率关于“抗疫”“防疫”“战疫”的大量推文，吸引了不少读者与粉丝。如下面这张关键词云图所示，“新增/确诊病例”“新型冠状病毒”“武汉直击”等均是微信公众号粉丝们所关注的焦点，急剧上升的阅读量体现出听众们对交通频率在这个平台上所发布资讯的关注及对服务的认可，交通广播的快捷性、权威性得到了良好的延伸。

图2.13.1　全国交通频率关键词云图
关键词云图是赛立信根据全国省级交通频率在微信公众号推文的阅读量整理制作
（数据统计时间2020年1月23日—2月2日）

二、危急时刻勇担当

全国各省市多数交通广播都属于应急广播范畴，如湖北的楚天交通广播、湖南交通频道等均是如此，他们随时准备着为特殊危难情况提供讯息交流保障。在这次战“疫”中，各交通/应急广播及时行动，担当起传递一线信息、做好防疫防控宣传的责任。

湖南省应急广播湖南交通频道从1月26日起，联合湖南NEWS938潇湘之声、全省村村响大喇叭、芒果动听推出了《防控疫情，从我做起》“村村响”特别节目，将防疫抗疫的信息传递至全省每一个角落。2月8日晚推出微视频《长沙·你会回来》，不到24小时，视频浏览量上万。

江苏应急广播第一时间启动应急报道，与金陵之声双频并机，结合春节特别节目，在既有关注疫情的基础上，打破原有节目版面，全天候大直播，滚动发布国家卫健委、江苏省卫健委等权威机构官方消息，采制、发布关于疫情防控等权威消息100余条。

云南交通频率也自1月26日起推出了“万众一心、众志成城、防控疫情——FM91.8防控新型冠状病毒感染的肺炎特别直播节目”，推出“疫情防控”专栏，全天及时、动态、滚动发布全国及云南省防控疫情的权威信息，平均每天发布信息不少于400余条，确保了重要信息、权威信息发布的全覆盖、无遗漏、广传播。

据赛立信融媒体云传播效果数据显示，从2020年1月24日—2月9日，所有省级交通频率在云端的在线直播累计点击量达4200万+，与去年春节期间（2月4日—20日）相比，累计点击量上升了32.5%。其中，北京交通广播、广东广播电视台交通之声、河北交通广播、江苏交通广播网、龙广交通台、浙江交通之声的点击量均在300万以上，较去年春节期间上升幅度在15%以上。此外，与去年春节相比，在线点击量翻了一倍的交通频率有楚天交通广播、广东广播电视台交通之声、贵州交通广播、河北交通广播、河南交通广播和内蒙古交通之声广播。

三、传递暖心正能量

传递一线疫情讯息的同时，各大交通广播电台还做出许多“暖心之举”，如邀请权威专家普及防疫防护知识，讲述一线故事，分享感动，用广播节目进行心理疏导等，用广播的正能量，帮助群众渡过难关。

北京交通广播在《一路畅通》节目中播出疫情防控特别企划，除密集播报每日疫情最新消息外，还特别设计防控话题，连线北京地坛医院感染中心主任医师蒋荣猛和武汉一线记者，普及防控知识，介绍武汉防控前线最新进展，用权威的声音，让百姓更放心。

浙江交通广播围绕“口罩使用”焦点问题开展了“废弃口罩不乱丢”公益活动，这项活动不仅通过广播、短视频、电子海报等方式，开展宣传，还走进杭州、温州等重点地区的社区、企事业单位等场所，通过设置废旧口罩回收桶、张贴宣传海报等手段，实现公益倡导。

重庆交通广播推出了“我们在一起，守护平安”的防疫特别节目，还开辟专栏，邀请奥运冠军李雪芮、世界冠军张亚雯，以及运动学、营养学、心理学各方面的专家入驻，给听众支招，从居家锻炼到居家饮食，再到心理疏导无一不全。此外，节目还对 “最美逆行者”重庆医疗队进行特别访谈，让更多听众感受他们用忠诚守护着的万家灯火。

携手战“疫”，广播人始终奋战在第一线，为及时传递疫情信息、普及防疫防控知识做出了不小的贡献。唯愿我们的国家早日度过灾难，届时，让我们再一起开着车，聊着天，听着广播，去游历祖国的大好河山。

（刘婉婷）

携手战“疫”系列之三　数说新闻广播人在行动

长久以来，广播媒体都担任着国家和人民的“信使”，以强化新闻宣传和引导社会舆论为己任，其中新闻类广播频率更是及时传递信息资讯的佼佼者。防疫抗疫期间，新闻广播人纷纷挺身而出，奋战在了新闻舆论第一线，通过多种多样的抗击疫情特别节目、丰富的融媒体传播渠道，在抗“疫”战场上做出许多耀眼的成果。

赛立信的数据表明，在今年春节期间，全国各地群众响应政府号召尽量居家，传统广播的线下收听显著减少，但各地的新闻广播频率普遍逆势而上收听率不降反升；而在线上新媒体端，新闻广播立体化传播效果十分明显，彰显其在突发事件中的主频道和权威性的价值。

一、传递声音的力量· 春节期间收听人数逆袭

新型冠状病毒来势汹汹，疫情信息成为媒体关注的焦点，各省市新闻广播也在第一时间做出反应，凭借着对疫情信息的及时报道与多种多样的防疫知识普及，成功获得众多听众的关注。同比2019年春节同期，多个新闻频率的收听人数及市场份额都有了不同程度的提升，可见新闻频率在防疫抗疫宣传方面所做的努力，得到了众多听众的认可。

北京新闻广播自1月28日起，在微信公众号推出“北京医疗队驰援武汉行采访日记系列”有声采访日记，发稿至今天已经推出21集，用一个个细节故事带领听众朋友感受这场没有硝烟的战“疫”。

广东新闻广播联合广东应急广播共同打造《心手相连，我们在一起》节目，对南方医院赴荆州医疗队进行系列报道；2月8日元宵节，在《流淌的歌声》节目中，主持人还特别呈现了广州新春音乐会、微广播剧、抗击疫情歌曲等系列内容，用电波传递力量，传递人们的美好祝愿。

重庆之声自1月23日起便推出了“2020战疫情特别报道”，全天分四大时段播出，内容涵盖权威的疫情防控播报、独家的专家面对面以及专业记者带来一线的消息等方方面面；贵州综合广播也打造了《众志成城抗疫情》特别节目，同时还在《现在关注》节

目中加入了疫情相关模块，实时更新内容。

据赛立信数据显示，2020年春节期间，多个省市新闻频率的收听人数、市场份额都出现增长，其中重庆之声春节期间市场份额接近20%，收听人数700万+，在当地的市场份额排名较去年春节跃升了一位；同比去年春节期间，四川之声FM98.1、广东新闻广播、云南新闻广播等频率的市场份额均上涨明显，涨幅分别是58.2%、47.9%、21.3%，在当地的排名均有所提升。

二、立体化传播·融媒实力显真章

各个新闻频率不仅通过一档档精准、及时的特别节目成功吸引了听众的关注，还借助融媒体渠道，用图文并茂、音视频结合等多种形式，让内容传播更为立体。而防疫防控期间“宅”在家中的人们，也拥有了更多的时间去浏览、点击这类内容。春节期间，许多新闻广播在融媒体端的表现都十分亮眼。

湖北作为受疫情影响最严重的地区，受到多方瞩目，湖北之声不负众望，及时出击，紧急推出“万众一心、众志成城，抗击新型冠状病毒感染的肺炎疫情”——《我们在一起》应急大直播。同时，湖北之声在微博、微信、头条、抖音、蜻蜓等多端口全线发力，各端累计发稿5000条次，总阅读量（播放量）10亿+。

云南新闻广播不仅推出了“众志成城，打赢疫情防控阻击战”特别直播，还开设了特别节目的“网友互动”板块，线上收集一些大众关心的问题，如“确诊病例的活动轨迹能否公开”“从外地回昆会不会被隔离”等，随后记者亲自带着问题采访有关部门，并在节目中给出权威解答，将节目线上线下相结合，互动调节，减少群众忧虑。

广州新闻广播与广州金曲音乐广播合力，将专业、权威的防疫知识制作成粤语和普通话等多个语言版本的宣传声带和广播情景剧，在广州1000多个村的6600多个大喇叭、600多辆流动宣传车播放。赛立信融媒体云传播数据显示，广州新闻广播在2月10日融媒体端点击量达15万+，居华南地区城市电台频率排名第一。

湖南NEWS938潇湘之声多角度出击，打造《复工新思维》，并通过喜马拉雅、蜻蜓FM等多渠道推出线上直播，为企业复工支招；内蒙古新闻广播在微信端推送的多篇疫情相关报道受到读者广泛好评，内容从权威报道、防疫科普短视频到抗疫大片作者独家采访等无一不全。

据赛立信融媒体云传播数据显示，2020年春节期间，全国省级新闻频率的融媒体云端累计点击量较去年春节期间提升了46.9%，说明新闻频率在突发事件的媒体资讯权威性十分显著。其中湖北之声作为备受关注的疫区一线媒体，累计点击量更是高达近250万，是2019年春节期间的3.5倍；内蒙古新闻广播、上海新闻广播、河南新闻广播、广东新闻广播等多个新闻频率的云端点击量与去年同期相比也都有较大幅度的增长。

从2020年1月24日至2月2日期间，省级新闻频率在微信公众号上的推文量近3500篇，仅次于交通频率。赛立信根据全国省级新闻频率在微信公众号推送内容整理制作了关键词云图，如图可见，“新增/确诊病例”、武汉及各个疫情较严重地区均是微信公众号粉丝们所关心的焦点。借助融媒体的不断发展，各大新闻频率的即时性、权威性得到进一步延伸。

图2.14.1　省级新闻频率关键词云图

关键词云图是赛立信根据全国省级交通频率在微信公众号推文的阅读量整理制作

（数据统计时间2020年1月23日—2月2日）

三、强化收听效果· 并机联播聚能量

为以更高的效率打造出更高质量的节目内容，湖北、上海等多个省市的新闻广播频率都选择了以并机联播的模式推出抗击疫情特别节目，集合多个频道的力量，共同制作优质的节目，并且，通过多频率联播的形式，也进一步提高了听众对疫情的关注度、警惕度，极大地强化了收听效果。

四川之声FM98.1、四川新闻广播FM106.1双频共同推出了《众志成城、抗击疫情特别报道——战“疫”之声》特别节目，同时，还在其他新闻节目中全天开设“众志成城战疫情”专栏，两套频率全天播出抗击疫情相关报道的时长相加长达13小时。据赛立信数据显示，并机节目在播出期间（1月27日—2月1日）的日活听众达175万+，较去年春节期间同时段上升了57.1%。四川之声FM98.1、四川新闻广播FM106.1两套频率在特别节目时段的收听率与市场占有率较去年春节同期都有了较大的提升，市场占有率分别上升了98.6%、28.7%。

战“疫”期间，广播人严阵以待，尽最大努力传递出最及时、准确、真实的抗击疫情资讯，而全国各地的新闻广播始终冲在最前面。非常时期，我们更需要新闻广播发挥主流媒体的作用，传递权威的声音。

加油武汉！加油湖北！加油中国！

本系列文章数据来源于赛立信广播融媒体云传播效果数据

数据说明：

1. 广播融媒体云传播效果之云听数据来源于目前用户量较大的蜻蜓FM等网络音频平台，是这些网络音频平台电台网络直播收听状况的综合统计结果，广播电台自办APP不在统计之列。聚合音频直播平台包括蜻蜓FM、喜马拉雅FM、听伴等。

2. 数据采集时间：2019—2020年。

（刘婉婷）

凝聚声音的力量，吹响战“疫”的号角

——数说上海广播抗疫进行时

自2020年1月中旬武汉发现新型冠状病毒肺炎案例后，伴随着春节假期出游、回乡潮，新型冠状病毒感染肺炎疫情迅速向全国扩散。武汉封城，浙江、广东、上海、北京等省市迅速启动重大突发公共卫生事件一级响应，疫情牵动着每一个中国人的心，控疫、防疫成为各级党政机关、企事业单位和居民社区最重要的工作和全国人民最为关注的话题。

在这样的一个特殊时期，广播作为主流媒体，在讯息传递、舆论引导、科普宣传等方面起着重要作用。面对突如其来的新冠疫情，东方广播中心全体总动员，深入贯彻落实党中央和上海市委、市政府的决策部署，以强烈的责任感、使命感，快速调整版面、聚合跨平台力量、多频率联合发声，加大正面引导力度，为打赢疫情防控阻击战凝聚强大合力。本文拟列举上海广播在战“疫”一个月来所做出的一系列抗击疫情特别举措，同时结合赛立信的收听率数据和融媒体数据来分析这些举措所产生的传播效果，立体化展示上海广播在重大事件发生时所展现出来的巨大能量。非常时期，上海广播人全力以赴，更彰显主流媒体的担当。

一、第一反应，直击战“疫”前沿，广播媒体凸显及时性、权威性

疫情暴发正是春节期间，但上海启动一级响应机制后，上海广播第一时间做出反应：大版面聚焦疫情动态，“7×24”小时信息流凝聚全民关注。多路记者连日奋战，蹲点医院、隔离点、车站机场、高速道口、社区管控、民生保障等，从多个方向打出“组合拳”，多组调研采访的录音报道，全方位报道防控疫情的进展和成效。

上海新闻广播高度关注抗“疫”进展，广播早新闻等重点时段以大版面聚焦疫情，开设《坚决遏制新型冠状病毒感染的肺炎疫情，全力做好防控工作专题报道》《武汉日记》等专栏，经过一次次调整与策划，关于疫情防控的报道从最初的20分钟，不断扩版，现已达到了80%版面，全天各档直播节目及整点新闻第一时间插播最新消息或接入记者连线，打造全天候信息流，及时权威发声，鼓舞斗志、稳定舆情。

援鄂医疗队是上海广播关注的重点，从第一批上海援鄂医疗队出发，上海广播便开始了持续追踪报道，前线记者第一时间记录下关于上海医疗队、武汉战“疫”以及各方凝聚抗击疫情的情况，用最快速度传回并制作成录音报道、图文消息等进行推送，实时传递一线的声音。早新闻与话匣子FM共同推出的《武汉日记》，由身在武汉市金银潭医院的上海医疗队队员带来每日前线见闻和感悟，让上海听众和网友近距离感受上海与武汉并肩决战疫情的时刻，也让广播的力量更加深入人心。

上海广播及上海新闻广播的“声”势彰显着广播媒体的权威性，赛立信的数据显示，从2020年1月24日至2月23日期间，上海电台的听众接近800万，日活听众达470万+，在移动互联网云端的累计点击量达5000万+，日均点击量超过160万，在全国所有省级电台中居首位。上海新闻广播资讯的及时性与全面性令其获赞“抗击疫情的战‘疫’广播电台”，上海新闻广播在战“疫”报道一个月（1月24日—2月23日）的听众达400万+，较上年春节期间的同期收听人数上升了62.9%，在上海地区的市场份额上升了20.2%，在移动互联网云端的累计点击量达1000万+，增长了近一倍，在所有省级频率中居第九位，并且进入省级新闻频率TOP5之列。用户积极关注、收听、点击和参与互动，充分体现出他们对上海新闻广播资讯权威性、及时性的认可。

二、并机联动，发出战“疫”最强音，提升上海第一资讯形象

疫情出现后，上海广播排兵布阵，积极策划抗击疫情宣传报道。上海新闻广播、上海交通广播、东广新闻台·长三角之声、五星体育广播迅速调整版面，跨部门联动发声，从1月24日起，每天上午9点推出三小时特别节目《防控新型冠状病毒感染肺炎疫情特别节目》；1月27日起，上海新闻广播、东广新闻台长三角之声、五星体育广播联播特别版面节目《活过100岁》《今晚》也接连登场。借助并机联播的方式，上海广播以更高的速率打造出了版面信息量大、信源权威的优质特别节目，聚力展现上海广播的速度和温度。

这种特殊时期大幅打破原有版面、以防疫抗疫报道为优先的联播形式，不仅大幅提升了听众对疫情信息的关注度、警惕度，还为联播频率的收听效果提升起到带动作用。据赛立信的数据显示，上午九时的《防控新型冠状病毒感染肺炎疫情特别节目》在战“疫”期间（1月24日—2月23日）的日活听众达162万，较去年春节期间的同期上升

了12.3%，节目的市场占有率达42.8%，上升了14.6%。上海新闻广播、东广新闻台·长三角之声和五星体育广播在这一时间段的收听率与占有率均有不同程度的提升，升幅均超过20%；晚上七时的《今晚》自直击疫情状况以来，日活听众超过100万，市场占有率达44.0%，较去年春节期间的同期分别上升了13.1%和29.7%。并机联动，同时带动了联播频率在该时段的收听表现，以上海新闻广播、东广新闻台·长三角之声及五星体育广播为例，三个频率在上午9：00—12：00和傍晚5：00—6：30的收听率和市场占有率较去年春节同期的上升幅度均超过20%。战“疫”的最强音，吸引着众多听众的耳朵，牵动着他们的心，同时在上海市民脑海中越发强化了上海电台“第一资讯”的形象。

特殊时期，互联网是人们获取信息的重要渠道，网络平台同步传递战“疫”的声音，上海广播立体化传播取得了显著的成效。赛立信提供的融媒体云传播效果数据显示，多档并机节目在网络的点击量均在逐步攀升，《防控新型冠状病毒感染肺炎疫情特别节目》在疫情报道一个月（1月27日—2月23日）的在线点击量达330万，《今晚》的在线点击量是115万，两个并机节目较去年春节期间的同时段相比，点击量增长了一倍左右，其中上海新闻广播在特别节目时段的点击量是去年春节期间的3—4倍。

三、矩阵传播，战“疫”宣传无死角，融媒体传播显成效

时下优先选择通过网络获取信息的人越来越多，网络平台的战“疫”宣传不可忽视。而广播得益于融媒体的发展，近年来也逐渐在网络平台拥有了越来越高的影响力。在这次的媒体战“疫”中，上海广播通过多个互联网渠道同步推送疫情相关动态，取得许多耀眼的成绩，让主流媒体的能量进一步延伸，也充分展示了上海广播融媒体发展的巨大成效。

上海广播借助APP、微信公众号、微博、抖音、头条号等新媒体矩阵传播渠道进一步深化防疫防控宣传，跟进疫情动态信息，这些内容获得了十分出彩的点击量、阅读量。赛立信的数据显示，从1月24日—2月16日期间，上海电台大多微信公众号的文章阅读量成倍增加，“上海人民广播电台”微信公众号的累计阅读量是30万+，环比前1个月同期上升了7倍，在省级电台所有微信公众号中排名跃升了25位。“上海交通广播”“上海新闻广播”“长三角之声”等微信公众号推文的平均阅读量均是成倍

增长。

上海广播旗下两大新媒体平台阿基米德、话匣子APP纷纷发力，在首页首屏开设专题，以图文、音视频等多样形式生动、及时、全面报道疫情，打造全天候信息流。截至2月5日，阿基米德平台发布各类消息近7000条/篇，图文直播64个，专题40个，视频报道114个，浏览总量超过1000万，广播融媒体的发展卓有成效。

此外，上海新闻广播、阿基米德、话匣子客户端每天同步音视频、图文直播国家卫健委和上海卫健委新闻发布会，以公开透明的信息引领舆论走向，主动回应社会关切，减少质疑恐慌。这些举措取得了良好的收听效果，据赛立信数据显示，上海广播各网络终端的点击量在转播新闻发布会集中时段均有明显的增长。

值得一提的是，上海广播为彰显本地属性特点，推出了诸多服务本地居民的疫情防控内容。阿基米德联动上海40多个街镇，共同发起系列报道《一线战“疫”日记，来自上海社区的报告》，构建社区网络电台，关注防控重点，反馈社区需求，呈现基层防疫故事，该报道已覆盖上海11个区。话匣子APP通过移动直播、短视频、长图的方式直击第一现场，加大对“防疫在社区”的报道力度。1月17日以来，话匣子新媒体矩阵（APP、微信公众号、微博、抖音、头条号、阿基米德社区）发布抗击疫情原发稿件量近1200篇，总阅读量突破1400万。此外，他们还对短视频二次加工，在抖音号等平台进行推送，内容涵盖疫情防控、政策措施、知识普及、一线感人故事等，近45条短视频累计获得点击量2700万+。

四、贴心关怀，传递声音的温暖，凸显广播节目的服务性

广播媒体在医疗民生类节目和服务方面一直以来有着良好的资源优势和受众优势，当疫情出现后，上海广播各档民生类专题节目也立足专业特色，形成疫情防控集群效应。如上海新闻广播联播的《活过100岁》、899都市广播《名医坐堂》邀请医学专家做客节目，就听众关心的问题逐一进行解读，澄清社会上各种与疫情相关的谣言。其中，《活过100岁》还在阿基米德社区辟出“空中问诊”专栏，邀请专家在线解答听众提问。通过权威的防疫知识科普，消除群众恐慌心理，充分发挥广播媒体的服务性。据赛立信的数据显示，在抗击疫情内容集中报道的一个月中，《活过100岁》这档联播节目收听率合计2.35%，市场占有率达到36.87%，较2019年春节期间的同期涨幅接近

20%，网端点击量超过100万次，增长100%。可见，上海广播在促进防疫知识普及方面获得了良好的传播效果，充分体现广播节目的服务性。

此外，关注群众心理健康，缓解人们可能出现的焦虑、压抑等心理问题，也是广播服务性的重要内容。为此，上海广播采取了一系列举措，如动感101推出公益歌曲《光》MV，鼓舞人心，传递正能量；大受好评的短视频《宅到不敢穿上牛仔裤？十点，打开广播，广播操做起来》，用受众喜闻乐见、接地气的形式推出广播体操视频，引导市民在家运动、强身健体。同时，上海广播也不忘关心奋战在疫情一线的白衣战士，为缓解一线医护人员的焦虑、压力，阿基米德与上海人民广播电台联手上海市精神卫生中心等推出《守护天使电台——医护版》，提供及时、专业的心理疏导，用广播提供贴心关怀，传递声音的温暖。

新冠病毒疫情无情，广播媒体有温度。上海广播人牢记使命，及时为公众提供可靠的信息资讯服务，正确引导舆论，全力以赴稳定民心，在抗“疫”战场上发挥出声音的力量，彰显出广播作为主流媒体的权威声音，以及广播人的担当和使命感。

（尚　红）

APPENDIX 附录篇

附录一　图表索引

说明：本索引分图和表两类，其中包括结构图、柱状图、曲线图和比例图等，共计284幅，表格175张。索引以页码先后为排序，其内容按图表序号、标题、页码顺序排列。

一、表名称

二、图名称

附录二　全国广播媒体标准编码

地区	电台名称	频率名称	频率频点 FM/AM	标准编码
北京	中央广播电视总台（央广）	中国之声	FM106.1	100001
			AM639	100041
		经济之声	FM96.6	100003
		音乐之声	FM90	100002
		经典音乐广播	FM101.8	100004
		台海之声	FM102.3	100024
			AM549	100006
		神州之声	FM106.2	100007
			AM684	100045
		大湾区之声	FM101.2	100008
			AM1215	100046
		香港之声	FM87.8	100009
			AM675	100056
		民族之声	AM1143	100042
		文艺之声	FM106.6	100005
		老年之声	AM1053	100044
		藏语广播	FM109.8	100010
			AM1098	100047
		阅读之声	AM747	100048
		维语广播	FM90.6	100011
			AM1089	100049
		中国乡村之声	AM720	100050
		哈语广播	AM1008	100053
			FM90.1	100020
		轻松调频	FM91.5	100012
		劲曲调频	FM88.7	100014
		环球资讯广播	FM90.5	100015
		中国交通广播	FM99.6	100019

（续表）

地区	电台名称	频率名称	频率频点 FM/AM	标准编码
北京	北京人民广播电台	新闻广播	FM100.6	110001
			AM828	110044
		音乐广播	FM97.4	110004
		交通广播	FM103.9	110005
		文艺广播	FM87.6	110006
		故事广播	FM95.4	110011
			AM603	110041
		体育广播	FM102.5	110003
		外语广播	FM92.3	110012
			AM774	110042
		城市副中心广播	FM107.7	110014
		京津冀之声	FM100.6	110015
		城市广播	FM107.3	110002
			AM1026	110045
		青年广播	FM98.2	110013
			AM927	110043
天津	天津广播电视台	新闻广播	FM97.2	120001
			AM909	120041
		交通广播	FM106.8	120003
		经济广播	FM101.4	120004
			AM1071	120043
		生活广播	FM91.1	120005
			AM1386	120044
		文艺广播	FM104.6	120006
			AM1008	120045
		相声广播	FM92.1	120008
			AM567	120046
		滨海广播	FM87.8	120002
			AM747	120042
		小说广播	AM666	120047
		音乐广播	FM99	120007
		经典音乐广播	FM88.5	120010

（续表）

地区	电台名称	频率名称	频率频点 FM/AM	标准编码
河北	河北人民广播电台	音乐广播	FM102.4	130006
河北	河北人民广播电台	综合广播	FM104.3	130001
河北	河北人民广播电台	综合广播	AM1278	130041
河北	河北人民广播电台	文艺广播	FM90.7	130004
河北	河北人民广播电台	文艺广播	AM900	130043
河北	河北人民广播电台	生活广播	FM89	130005
河北	河北人民广播电台	生活广播	AM783	130044
河北	河北人民广播电台	农民广播	FM98.1	130007
河北	河北人民广播电台	农民广播	AM558	130045
河北	河北人民广播电台	旅游文化广播	AM603/AM1521	130046
河北	河北人民广播电台	旅游文化广播	FM100.3	130008
河北	河北人民广播电台	故事广播	FM107.9	130002
河北	河北人民广播电台	故事广播	AM1125	130042
河北	河北人民广播电台	交通广播	FM99.2	130003
河北	河北人民广播电台	汽车音乐广播	FM102.9	130009
河北	石家庄广播电视台	音乐广播	FM106.7	130101
河北	石家庄广播电视台	新闻广播	FM88.2	130102
河北	石家庄广播电视台	新闻广播	AM882	130141
河北	石家庄广播电视台	经济广播	FM100.9	130104
河北	石家庄广播电视台	经济广播	AM1431	130143
河北	石家庄广播电视台	交通广播	FM94.6	130105
河北	石家庄广播电视台	农村广播	AM1251	130142
河北	石家庄广播电视台	农村广播	FM91.5	130103
河北	保定广播电视台	交通广播	AM747	130643
河北	保定广播电视台	交通广播	FM104.8	130603
河北	保定广播电视台	城市服务广播	FM101.6	130604
河北	保定广播电视台	经济广播	AM1017	130642
河北	保定广播电视台	经济广播	FM99.7	130602
河北	保定广播电视台	新闻广播	AM1467	130641
河北	保定广播电视台	新闻广播	FM93.7	130601

（续表）

地区	电台名称	频率名称	频率频点 FM/AM	标准编码
河北	沧州广播电视台	新闻广播	AM1557	130941
			FM97.0	130901
		音乐广播	FM103.6	130903
		交通广播	FM93.8	130902
			AM1206	130943
	承德广播电视台	交通文艺广播	FM97.6	130802
		旅游音乐广播	FM100.6	130803
		新闻综合广播	FM89.1	130801
	邯郸广播电视台	邯郸戏曲曲艺广播	FM100.3	130407
		邯郸交通音乐广播	FM106.8	130403
			AM1008	130442
		邯郸经济文艺广播	FM102.8	130402
			AM1206	130444
		邯郸新闻综合广播	FM96.4	130401
			AM963	130441
	衡水广播电视台	综合广播	AM954	131141
			FM101.9	131101
		交通广播	FM92.5	131102
		文艺广播	FM96.1	131103
	廊坊广播电视台	长书频率	AM585	131043
			FM100.3	131003
		飞扬 105	FM105	131002
			AM1521	131042
		畅行 951	FM95.1	131001
			AM846	131041
	秦皇岛人民广播电视台	生活广播	FM92.4	130305
		新闻综合广播	FM89.1	130306
			AM990	130341
		私家车广播	FM103.8	130302
		音乐广播	FM97.3	130303
		交通广播	FM100.4	130304

（续表）

地区	电台名称	频率名称	频率频点 FM/AM	标准编码
河北	唐山广播电视台	新闻综合广播	FM91.7	130201
			AM684	130241
		经济生活广播	FM95.5	130202
			AM801	130242
		音乐广播	FM94.0	130203
		交通文艺广播	FM96.8	130204
			AM1143	130244
		小说娱乐广播	FM103.6	130205
			AM900	130243
	邢台广播电视台	新闻广播	AM1188	130541
			FM90.3	130501
		经济生活广播	AM927	130542
			FM89.6	130502
		交通音乐广播	FM91.7/FM99.7	130503
	张家口广播电视台	交通广播	FM100	130703
			AM900	130742
		107.4 新闻综合广播	FM107.4	130701
		品味 986 音乐广播	FM98.6	130702
		农业经济广播	FM104.3	130704
山西	山西广播电视台	经济广播	FM95.8	140002
		健康之声广播	FM105.9	140005
		综合广播	AM819	140041
			FM90.4	140001
		音乐广播	FM94.0	140006
		农村广播	AM603	140042
		交通广播	FM88.0	140004
		故事广播	FM88.6	140007
	太原广播电视台	文艺广播	FM101.5	140003
		综合广播	FM91.2	140101
			AM1422	140141
		交通广播	FM107.0	140102

（续表）

地区	电台名称	频率名称	频率频点 FM/AM	标准编码
山西	太原广播电视台	经济广播	FM104.4	140103
		老年之声	FM97.5	140105
		音乐广播	FM102.6	140104
	大同广播电台	交通广播	FM99.6	140202
		新闻综合广播	FM103.8	140201
		经济文艺广播	FM98.7	140205
	运城人民广播电台	交通文艺广播	FM101.9	140802
		新闻综合广播	FM104.2	140801
	晋城人民广播电台	交通广播	FM93.5	140501
		新闻综合广播	FM107.2	140502
		农村广播	FM106.3	140503
	忻州人民广播电台	交通广播	FM96.1	140901
		旅游文艺广播	FM106.2	140902
		新闻综合广播	FM105.7	140903
	朔州广播电视台	朔州之声	FM100.9	140601
		朔州交通之声	FM93.7	140603
		农村广播	FM95.7	140604
	临汾人民广播电台	综合广播	FM95.1	141001
		交通文艺广播	FM88.9	141002
		音乐广播	FM94.6	141003
	吕梁人民广播电台	综合广播	FM105.8	141101
		音乐广播	FM94.4	141103
		交通广播	FM90.5	141102
	长治广播电视台	新闻综合广播	FM94.9	140401
		顶尖音乐	FM90.6	140402
		交通广播	FM104.1	140403
	阳泉市广播电视台	交通广播	FM90.1	140302
		最爱音乐台	FM93.1	140303
		新闻综合广播	FM102.7	140301
			AM1485	140341
	晋中广播电视台	新闻综合广播	FM103.4	140701

（续表）

地区	电台名称	频率名称	频率频点 FM/AM	标准编码
山西	晋中广播电视台	新闻综合广播	AM1530	140741
		交通文艺广播	FM92.1	140702
内蒙古	内蒙古广播电视台	新闻广播	FM95	150002
		新闻综合广播	FM89	150003
			AM675	150041
		交通之声广播	FM105.6	150004
		经济生活广播	FM101.4	150005
		农村牧区广播绿野之声	FM91.9	150008
		蒙古语广播	FM95.9	150001
			AM1458	150042
		评书曲艺广播	FM102.8	150007
		音乐之声广播	FM93.6	150006
	巴彦淖尔市广播电视台	文艺生活广播	FM97.7	150802
		新闻综合广播	FM107	150801
			AM1152	150841
		交通广播	FM95.8	150803
	赤峰广播电视台	农村牧区广播	FM102.4	150404
			AM900	150443
		综合广播	FM95.8	150403
			AM1143	150442
		交通广播	FM101.8	150402
		蒙语综合广播	FM89.4	150401
			AM1440	150441
	鄂尔多斯广播电视台	曲艺评书广播	FM97.3	150604
		汉语新闻综合广播	FM89.6/FM93.1	150602
			AM936	150642
		蒙古语新闻综合广播	FM93.5/FM106.4	150601
			AM603	150641
		文体交通广播	FM100.8/FM102.1	150603

（续表）

地区	电台名称	频率名称	频率频点 FM/AM	标准编码
内蒙古	包头广播电视台	文艺广播	FM98.1	150205
		汽车音乐广播	FM100.1	150204
		交通广播	FM89.2	150202
		蒙语广播	FM105.9	150203
		新闻综合广播	FM94.9	150201
	呼伦贝尔广播电视台	汉语综合广播	FM99.9/FM100/FM105.9	150702
			AM603	150742
		交通文艺广播	FM104.6	150703
		蒙语综合广播	FM97.3	150701
			AM954	150741
	通辽广播电视台	交通文艺广播	FM91.3	150504
			AM1233	150543
		科尔沁之声	FM93.7	150502
			AM1350	150542
		汉语综合广播	FM97.2	150501
			AM702	150541
	乌海广播电视台	新闻综合广播	FM97.7	150301
			AM855	150341
		蒙语综合广播	FM104.2	150303
		交通音乐广播	FM99.2	150302
	乌兰察布广播电视台	交通文艺广播	FM92.3/FM94.3	150904
		汉语新闻综合广播	FM93.3	150903
			AM702	150942
		蒙古语广播	FM105.3	150901
			AM1521	150941
	托克托县人民广播电台	云中之声广播	FM106.1	150106
辽宁	辽宁广播电视台	综合广播	FM102.9	210001
			AM1089	210041
		乡村广播	FM96.9	210005

（续表）

地区	电台名称	频率名称	频率频点 FM/AM	标准编码
辽宁	辽宁广播电视台	乡村广播	AM927	210044
		文艺广播	FM95.9/FM101.8	210003
			AM1053	210043
		经济广播	FM89.5/FM88.8	210002
			AM999	210042
		交通广播	FM97.5	210004
	沈阳广播电视台	交通广播	FM98.6	210007
		都市广播	FM92.1/AM1341	210008
		新闻广播	FM104.5/AM792	210006
		生活广播	FM103.4/FM90.4/AM882	210010
	大连广播电视台	新闻广播	FM103.3	210202
		财经广播	FM93.1	210203
		体育广播	FM105.7	210204
		交通广播	FM100.8	210205
		少儿广播	FM106.7	210206
		都市广播	FM99.1	210207
		新城乡广播	FM95.6	210208
	鞍山广播电视台	交通广播	FM99.5	210303
			AM1458	210343
		经济广播	FM89.7	210302
			AM1071	210342
		音乐广播	FM87.9	210304
		综合广播	FM101	210301
			AM954	210341
	海城广播电视台	交通娱乐广播	FM106.9	210306
	本溪人民广播电台	经济广播	FM107.4	210502
			AM900	210542
		新闻综合台	FM94.0	210501
			AM1296	210541
		生活广播	FM96.4	210503
		评书故事台	FM104.1	210504

（续表）

地区	电台名称	频率名称	频率频点 FM/AM	标准编码
辽宁	锦州人民广播电台	交通广播	FM100.3	210703
		新闻广播	AM666	210741
		经济广播	FM96.6	210702
	抚顺广播电视台	交通广播	FM106.1	210403
			AM747	210442
		新闻广播	FM93	210401
			AM684	210441
		音乐广播	FM90.1	210402
	营口广播电视台	经济广播	FM89	210802
			AM747	210842
		交通广播	FM95.1	210803
			AM1143	210843
		综合广播	FM106.2	210801
			AM1026	210841
吉林	吉林广播电视台	旅游广播	FM103.3	220008
		健康娱乐广播	FM101.9	220007
		交通广播	FM103.8	220002
		经济广播	FM95.3	220003
			AM846	220042
		乡村广播	FM97.6	220004
		新闻综合广播	FM91.6	220001
			AM738	220041
		音乐广播	FM92.7	220005
		资讯广播	FM100.1	220006
		教育广播	FM96.3	220009
	长春人民广播电台	都市音乐广播	FM106.3	220106
		交通之声	FM96.8	220103
		摩登 900 潮流音乐调频	FM90.0	220102
			AM1332	220142
		新闻广播	FM88.9	220101
			AM900	220141

（续表）

地区	电台名称	频率名称	频率频点 FM/AM	标准编码
吉林	长春人民广播电台	UFM88.0	FM88.0	220105
		经济广播	FM99.6	220104
			AM585	220143
黑龙江	黑龙江广播电视台	龙广青苹果之声	FM99.3	230005
		朝鲜语广播（龙广北大荒之声）	FM103.5	230007
			AM873	230044
		龙广乡村台	AM945	230043
			FM103.5	230043
		龙广爱家频道	FM97	230006
		龙广音乐台	FM95.8	230003
		龙广私家车频道	FM104.5	230002
		龙广交通台	FM99.8	230004
		龙广新闻台	FM94.6	230001
			AM621	230041
		龙广都市女性台	FM102.1	230042
	哈尔滨广播电视台	音乐广播	FM90.9	230105
		经济广播	FM88.9	230104
		交通广播	FM92.5	230103
		文艺广播	FM98.4	230102
		新闻广播	FM90.4	230101
			AM837	230141
		古典音乐广播	FM102.6	230108
	大庆新闻传媒集团	长书音乐广播	FM90.9	230603
		综合广播	FM97.5	230601
		交通广播	FM95.0	230602
	齐齐哈尔广播电视台	综合广播	FM87.8	230201
			AM1197	230241
		交通广播	FM94.1	230202
		生活文艺广播	FM89.4	230203
			AM693	230242
		乡村广播	FM102.7	230204

（续表）

地区	电台名称	频率名称	频率频点 FM/AM	标准编码
黑龙江	齐齐哈尔广播电视台	乡村广播	AM585	230243
	鸡西人民广播电台	交通广播	FM95.9	230301
		新闻综合广播	FM94.5	230302
		文艺广播	FM96.8	230303
	鹤岗人民广播电台	新闻综合广播	FM97.2	230401
		生活广播	FM93.3	230403
		交通文艺广播	FM106.1	230402
	双鸭山人民广播电台	新闻广播	FM103.2	230501
			AM1179	230541
		交通文艺广播	FM99.5	230502
		长书广播	FM88.6	230503
	伊春人民广播电台	交通生活广播	FM98.5	230702
		人民广播	FM92.4	230703
			AM909	230741
	佳木斯市人民广播电台	新闻综合广播	FM101.7	230801
		经济生活广播	FM96	230802
		交通文艺广播	FM98.0	230803
	黑河人民广播电台	综合广播	FM103.8	231101
	绥化人民广播电台	交通广播	FM97	231202
		音乐广播	FM97.4	231203
	七台河人民广播电台	新闻综合广播	FM89.1	230902
			AM1062	230941
		交通广播	AM1062	230903
	牡丹江人民广播电台	新闻广播	FM100.7	231001
			AM684	231041
		生活广播	FM91.6	231002
			AM1476	231042
		交通广播	FM98.2	231003
上海	上海广播电视台	第一财经广播	FM97.7	310008
			AM1422	310045
		五星体育广播	FM94	310009

（续表）

地区	电台名称	频率名称	频率频点 FM/AM	标准编码
上海	上海广播电视台	上海故事广播	FM107.2	310007
		经典 947	FM94.7	310010
		上海交通广播	FM105.7	310003
			AM648	310043
		流行音乐广播 [动感 101]	FM101.7	310005
		上海戏曲广播	FM97.2	310011
			AM1197	310046
		浦江之声	AM1422	310047
		长三角之声	FM89.9	310002
			AM792	310042
		经典金曲广播 [LOVE RADIO]	FM103.7	310006
		爱乐 KFM981 数字音乐广播	KFM981	310012
		上海新闻广播	FM93.4	310001
			AM990	310041
	宝山人民广播电台	宝山人民广播电台	FM96.2	310113
	崇明人民广播电台	崇明人民广播电台	FM102.5	310214
	奉贤人民广播电台	奉贤人民广播电台	FM95.9	310115
	嘉定人民广播电台	嘉定人民广播电台	FM100.3	310116
	金山人民广播电台	金山人民广播电台	FM105.1	310117
	闵行人民广播电台	闵行人民广播电台	FM102.7	310118
	浦东人民广播电台	沸点 100 音乐电台	FM100.1	310119
		东上海之声	FM106.5	310120
	青浦人民广播电台	青浦人民广播电台	FM106.7	310121
	松江人民广播电台	松江人民广播电台	FM100.9	310122
江苏	江苏广播电视总台	新闻综合广播	AM702	320041
		新闻广播	FM93.7	320001
		财经广播	FM95.2	320006
			AM585	320043

（续表）

地区	电台名称	频率名称	频率频点 FM/AM	标准编码
江苏	江苏广播电视总台	音乐广播	FM89.7	320004
		经典流行音乐广播	FM97.5	320005
		交通广播网	FM101.1	320003
		文艺广播	FM91.4	320007
			AM1053	320045
		健康广播	FM100.5	320008
			AM846	320042
		故事广播	FM104.9	320044
			AM1206	320044
		金陵之声	FM99.7	320002
	南京广播电视集团	新闻广播	AM1008	320143
			FM106.9	320101
		交通广播	FM102.4	320102
		经济广播	AM900	320141
			FM98.1	320109
		音乐广播	FM105.8	320103
		城市管理广播	AM1170	320142
			FM96.6	320107
		体育广播	FM104.3	320104
	无锡广播电视台	新闻综合广播	AM1161	320241
			FM93.7	320206
		经济广播	FM104	320202
		音乐广播	FM91.4	320203
		交通广播	FM106.9	320204
		梁溪之声广播	FM92.6	320201
		都市生活广播	FM88.1	320205
	盐城广播电视总台	新闻频率	FM91.5	320901
			AM1026	320941
		交通频率	FM105.3	320902
		经典频率	FM88.2	320903
		音乐频率	FM98.0	320904

（续表）

地区	电台名称	频率名称	频率频点 FM/AM	标准编码
江苏	江阴人民广播电台	澎湃 907	FM90.7	320207
		手机音悦台	AM1386	320244
	张家港市融媒体中心（传媒集团）	新闻广播	FM95.9	320508
			AM1098	320547
		交通广播	FM102	320509
		音乐广播	FM98.1	320510
			AM1521	320548
	扬州广播电视总台	经济音乐广播	FM94.9	321001
			AM1521	321043
		交通广播	FM103.5	321002
			AM1521	321043
		新闻广播	FM98.5	321003
			AM1179	321041
		健康生活广播	FM96.7	321004
		江都广播	FM100.7	321007
	徐州人民广播电台	新闻综合广播	FM93.0	320301
		交通广播	FM103.3	320302
		音乐广播	FM91.9	320304
		农村广播	FM105	320307
	常州广播电视台	新闻综合广播	FM103.4	320401
			AM846	320441
		经济广播	FM105.2	320402
			AM1098	320442
		交通广播	FM90	320404
			AM747	320444
		音乐广播	FM93.5	320403
			AM927	320443
	苏州广播电视台	综合广播	FM91.1	320501
		交通经济广播	FM104.8	320502
		都市音乐广播	FM102.8	320503
		生活广播	FM96.5	320505

（续表）

地区	电台名称	频率名称	频率频点 FM/AM	标准编码
江苏	苏州广播电视台	戏曲广播	AM846	320542
		儿童广播	FM95.7	320516
		老年广播	AM1521	320543
	南通人民广播电台	综合广播	FM97.0	320601
			AM1233	320641
		交通广播	FM92.9	320604
			AM1170	320643
		生活广播	FM91.8	320603
		经济广播	FM106.1	320610
	连云港广播电视台	新闻广播	FM102.1	320701
			AM1458	320741
		新农村广播	AM1251	320742
			FM90.2	320702
		交通广播	FM92.7	320703
	淮安广播电视台	新闻综合频率	FM94.1	320801
			AM801	320841
		经济生活频率	FM105.0	320802
			AM1251	320842
		交通文艺频率	FM94.9	320804
		汽车音乐频率	FM104.2	320803
	淮安区人民广播电台	经典音乐	FM99.2	320805
	淮阴区人民广播电台	私家车广播	FM100.6	320806
	镇江文化广电产业集团	镇江人民广播电台104	FM104	321101
		镇江人民广播电台905	FM90.5	321104
		镇江人民广播电台 94	AM1224	321141
		镇江人民广播电台1027	FM102.7	321106
			AM900	321142
		镇江人民广播电台963	FM96.3	321103

（续表）

地区	电台名称	频率名称	频率频点 FM/AM	标准编码
江苏	镇江文化广电产业集团	镇江人民广播电台888	FM88.8	321102
	泰州广播电视台	综合广播	AM1341	321241
			FM103.7	321201
		文艺广播	AM927	321242
			FM97.3	321203
		交通广播	AM1098	321243
			FM92.1	321202
	宿迁人民广播电台	交通广播	FM101.9	321303
		新农村广播	FM105.5	321304
		新闻广播	FM92.1	321301
	浦口人民广播电台	南京城市调频	FM93.9	320110
	南京市栖霞区广播电视台	炫动 106.6 调频广播	FM106.6	320118
	雨花人民广播电台	雨花人民广播电台	FM96.6	320111
	江宁人民广播电台	南京心动 885	FM88.5	320112
	六合人民广播电台	MY FM103.5	FM103.5	320113
	溧水人民广播电台	溧水人民广播电台	FM92.3	320114
	高淳人民广播电台	高淳人民广播电台	FM92.0/FM102.3	320115
	宜兴市广播电视台	新闻综合频率	FM96.1	320208
	武进人民广播电台	武进人民广播电台	FM88.6	320406
	溧阳人民广播电台	溧阳人民广播电台	FM97.2	320407
	金坛人民广播电台	金坛人民广播电台	FM89.0	320408
	常熟广播电视台	常熟新闻交通广播	FM100.8	320507
			AM1116	320546
	昆山市广播电视台	新闻交通频率	FM88.9	320512
	吴江区广播电视台	交通音乐广播	FM89.1	320513
	太仓人民广播电台	太仓人民广播电台	FM96.7	320514
	海安人民广播电台	海安人民广播电台	FM88.8	320606
	如东人民广播电台	如东新闻综合广播	FM89.6	320607
	如皋人民广播电台	如皋汽车广播	FM98.3	320608

（续表）

地区	电台名称	频率名称	频率频点 FM/AM	标准编码
江苏	海门市广播电视台	交通音乐台	FM100.6	320609
	仪征市广播电视台	仪征人民广播电台	FM94.3	321005
	高邮市广播电视台	高邮人民广播电台	FM92.4	321006
	镇江市润州区广播电视台	润州人民广播电台	FM100.3	321107
	丹徒人民广播电台	丹徒人民广播电台	FM102.7	321108
	丹阳人民广播电台	丹阳人民广播电台	FM97.9	321109
	扬中人民广播电台	扬中人民广播电台	FM105.6	321110
	句容人民广播电台	句容人民广播电台	FM91.7	321111
	靖江市广播电视台	交通音乐广播	FM102.4	321204
	姜郾人民广播电台	姜郾人民广播电台	FM91.6	321205
	宿豫人民广播电台	爱心广播	FM106.3	321302
	大厂人民广播电台	大厂人民广播电台	FM102.0	320116
浙江	浙江广播电视集团	浙江之声	FM88.0/FM101.6	330001
			AM810	330041
		FM95 经济广播	FM95	330002
		动听 968 音乐调频	FM96.8	330003
		新锐 988 浙江新闻广播	FM98.8	330008
		FM99.6 民生资讯广播	FM99.6	330004
		交通之声	FM93.0	330005
		104.5 旅游之声	FM104.5	330006
		私家车 107 城市之声	FM107.0	330007
	杭州文广集团	交通经济广播	FM91.8	330102
		西湖之声	FM105.4	330103
		杭州之声	FM89.0	330101
		AM954 杭州人民广播综合频率	AM954	330141
		杭州城市资讯广播	FM90.7	330109
	温州广播电视传媒集团	温州新闻综合广播	FM94.9	330301
			AM666	330341

（续表）

地区	电台名称	频率名称	频率频点 FM/AM	标准编码
浙江	温州广播电视传媒集团	温州交通广播	FM103.9	330304
		温州私家车音乐广播	FM100.3	330303
		温州经济生活广播	FM88.8	330302
			AM801	330342
		温广调频 93.8	FM93.8	330305
	乐清市人民广播电台	乐清电台	FM99.5	330308
	永嘉广电	永嘉人民广播电台	FM102.2	330307
	台州广播电影电视集团（总台）	综合广播	FM98.7/FM87.5	331001
		交通广播	FM102.7	331002
		台州音乐广播	FM100.1	331003
	嘉兴广播电视集团	新闻综合频率	FM104.1	330401
			AM1107	330441
		交通经济频率	FM92.2	330402
		音乐生活频率	FM88.2	330403
	湖州市新闻传媒中心	新闻综合广播	FM105	330501
			AM873	330541
		交通文艺频率	FM98.5	330502
		交通经济频率	FM103.5	330503
	德清县广播电视台	德清电台	FM106.5	330505
	丽水市广播电视总台	交通音乐频率	FM106.9	331102
		新闻综合频率	AM711	331141
			FM94	331101
		新农村频率	FM88.3	331103
	宁波广播电视集团	新闻综合广播	FM92.0	330201
			AM1323	330244
		经济广播	FM102.9	330202
			AM711	330242
		音乐广播	FM98.6	330205
		交通广播	FM93.9	330203
			AM612	330241
		老少广播	FM90.4	330204

（续表）

地区	电台名称	频率名称	频率频点 FM/AM	标准编码
浙江	鄞州区广播电视台	Love Radio	FM105.2	330214
	镇海区新闻中心	FM100.1 PLAY FM	FM100.1	330206
		FM104.7 NICE FM	FM104.7	330207
	绍兴市新闻传媒中心	新闻综合频率	FM93.6	330601
			AM738	330641
		交通频率	FM94.1	330602
		FM103.5 绍兴私家车音乐广播	FM103.5	330603
	柯桥区广播电视总台	经典汽车广播	FM106.8	330606
	金华广播电视台	金华之声 FM104.4	FM104.4	330701
		音乐广播 FM101.4	FM101.4	330703
		金华交通音乐广播 FM94.2	FM94.2	330702
		阳光调频 FM102.2	FM102.2	330707
	衢州广电传媒集团	新闻综合频率	FM105.3	330801
		交通音乐频率	FM97.5	330802
	舟山广播电视台	新闻综合广播	FM99.8	330901
			AM684	330941
		交通经济广播	FM97	330902
			AM1098	330942
		文艺广播	FM91	330903
	北仑人民广播电台	1008 可乐台	FM100.8	330213
	萧山人民广播电台	萧山人民广播电台	FM107.9	330105
	桐庐人民广播电台	桐庐人民广播电台	FM92.8	330106
	富阳人民广播电台	富阳人民广播电台	FM100.4	330107
	临安人民广播电台	临安人民广播电台	FM96.4	330108
	象山人民广播电台	象山人民广播电台	FM107.3	330208
	宁海人民广播电台	宁海人民广播电台	FM93.9	330209
	余姚人民广播电台	余姚人民广播电台	FM96.6	330210
	慈溪人民广播电台	慈溪人民广播电台	FM106.4	330211
	奉化人民广播电台	奉化人民广播电台	FM99.4	330212

（续表）

地区	电台名称	频率名称	频率频点 FM/AM	标准编码
浙江	瑞安人民广播电台	瑞安人民广播电台	FM91.0	330306
	嘉善人民广播电台	嘉善人民广播电台	FM99.3	330404
	海盐人民广播电台	海盐人民广播电台	FM106.0	330405
	海宁人民广播电台	海宁人民广播电台	FM96.0	330406
	平湖人民广播电台	平湖人民广播电台	FM90.6	330407
	桐乡人民广播电台	桐乡人民广播电台	FM97.1	330408
	长兴人民广播电台	长兴人民广播电台	FM97.1	330504
	越城人民广播电台	越城人民广播电台	FM89.7	330604
	上虞人民广播电台	上虞人民广播电台	FM89.7	330605
	浦江人民广播电台	浦江人民广播电台	FM105.7	330704
	兰溪人民广播电台	兰溪人民广播电台	FM94.8	330705
	义乌市融媒体中心	义乌交通广播	FM95.5	330708
		义乌新闻广播	FM106.2	330706
	江山人民广播电台	江山人民广播电台	FM102.6	330803
	椒江人民广播站	椒江人民广播站	FM88.9	331004
	黄岩人民广播电台	黄岩人民广播电台	FM95.7	331005
	天台人民广播电台	天台人民广播电台	FM102.3	331006
安徽	安徽广播电视台	新闻综合广播	FM103.6	340001
			AM936	340041
		音乐广播	FM89.5	340003
		经济广播	FM97.1	340002
		生活广播	FM105.5	340004
		交通广播	FM90.8	340005
		农村广播	FM95.5	340006
		小说评书广播	AM1395	340007
		旅游广播高速之声	FM106.5	340009
	合肥广播电视台	新闻综合广播	FM91.5	340101
		交通广播	FM102.6	340102
		汽车音乐广播	FM87.6	340104
		故事广播	FM98.8	340105
		yes radio881	FM88.1	340109

（续表）

地区	电台名称	频率名称	频率频点 FM/AM	标准编码
安徽	芜湖广播电视台	新闻综合广播	FM100.4	340201
		交通经济广播	FM96.3	340203
		音乐故事广播	FM98.2	340202
	蚌埠广播电视台	新闻广播	FM107.9	340301
		经济广播 104.2	FM104.2	340302
		交通广播	FM98.4	340303
	淮南广播电视台	新闻综合广播	FM101.8	340401
		交通文艺广播	FM97.9	340402
		音乐故事广播	FM104.9	340403
	马鞍山广播电视台	新闻广播	FM105.1	340501
		交通广播	FM100.4	340502
		音乐广播	FM95.4	340503
	淮北广播电视台	新闻广播	FM94.9	340601
		交通广播	FM100.4	340603
	铜陵广播电视台	交通生活广播	FM88.7	340702
		新闻综合广播	FM92.4	340701
		音乐故事广播	FM92.4	340703
	安庆广播电视台	新闻综合广播	FM90.3	340801
		交通音乐广播	FM97.7	340802
	黄山广播电视台	新闻综合广播	FM93.3	341001
		交通旅游广播	FM100.4	341002
	滁州广播电视台	新闻综合广播	FM95.0	341101
		交通音乐广播	FM105.4	341102
		文艺故事广播	FM97.0	341103
	阜阳广播电视台	经济广播	FM94.1	341202
		交通广播	FM90.0	341203
		综合广播	FM91.6	341201
	宿州人民广播电台	新闻综合广播	FM100.8	341301
		文艺广播	FM96.1	341302
		交通音乐广播	FM107.3	341303

（续表）

地区	电台名称	频率名称	频率频点 FM/AM	标准编码
安徽	六安广播电视台	新闻综合广播	FM102.1	341501
		交通音乐广播	FM96.4	341502
	亳州广播电视台	新闻综合广播	FM88.2	341601
		交通音乐广播	FM107.2	341602
	池州广播电视台	交通旅游广播	FM96.6	341703
		新闻综合广播	FM98.1	341701
	宣城广播电视台	新闻综合广播	FM100.6	341801
		交通文艺广播	FM106.1	341802
	五河人民广播电台	五河人民广播电台	FM93.3	340304
	明光人民广播电台	明光人民广播电台	FM105.0	341104
	贵池人民广播电台	贵池人民广播电台	FM98.1	341702
	泗县人民广播电台	泗县人民广播电台	FM99.5	341305
福建	福建省广播影视集团	新闻综合广播	FM103.6	350001
		经济广播	FM96.1	350002
		音乐广播	FM91.3	350004
		交通应急广播	FM100.7	350003
		都市生活广播（私家车广播）	FM98.7	350005
		东南广播	AM585	350043
		文艺广播	FM88.3	350006
	福州广播电视台	畅行 876	FM87.6	350104
		新闻广播	FM94.4	350101
		893 音乐广播	FM89.3	350103
		左海之声	FM90.1	350102
	厦门广播电视集团	新闻广播	FM99.6	350201
		经济交通广播	FM107	350202
		音乐广播	FM90.9	350203
		闽南之声广播	FM101.2	350204
		旅游广播	FM94.0	350205
	莆田人民广播电台	新闻综合广播	FM93.7	350301
		音乐交通广播	FM103	350302

（续表）

地区	电台名称	频率名称	频率频点 FM/AM	标准编码
福建	三明人民广播电台	新闻综合广播	FM97.5/FM103.4	350401
		都市生活广播	FM105.6	350402
	泉州广播电视台	新闻综合广播	FM88.9	350501
		交通广播	FM90.4	350502
		经济生活广播	FM92.3	350503
		刺桐之声广播	FM105.9	350504
	漳州人民广播电台	综合广播	FM96.2/FM89.6	350601
		交通广播	FM92.7/FM96.6	350602
	中国华艺广播电台	中国华艺广播电台	FM107.1	350105
			MW873/SW4830/SW6185	350191
	海峡之声广播电台	汽车生活广播	FM90.6	350107
		新闻广播	AM666	350141
		都市阳光调频	FM99.6	350106
		闽南话广播	AM783	350142
		综合广播	FM97.9	350108
	长泰人民广播电台	长泰人民广播电台	FM97.3	350603
	南平人民广播电台	新闻综合广播	FM88.8	350701
		城市生活广播	FM95.1	350702
	龙岩人民广播电台	综合广播	FM92.5/FM106	350801
		旅游之声	FM94.6/FM93.5	350802
	宁德人民广播电台	新闻综合频道	FM101.7	350901
		交通旅游广播	FM93.3	350902
江西	江西广播电视台	新闻广播	FM104.4	360001
			AM729	360041
		都市广播	FM106.5	360002
		音乐广播	FM103.4	360003
		交通广播	FM105.4	360004
		农村广播（绿色之声）	FM98.5	360005
		民生广播	FM101.9	360006
		旅游广播	FM97.4	360007

（续表）

地区	电台名称	频率名称	频率频点 FM/AM	标准编码
江西	江西广播电视台	财经广播	FM99.2	360008
		故事广播	FM96.9	360009
	南昌广播电视台	新闻广播	FM91.7	360101
		交通广播	FM95.1	360102
		经济生活广播	FM89.7	360103
	景德镇人民广播电台	新闻综合频率	FM96.5	360201
		瓷都交通音乐广播	FM106.2	360202
	萍乡人民广播电台	新闻综合广播	FM96.8/FM106.8	360302
		交通文艺广播	FM99.3	360301
	九江广播电视台	新闻广播	FM90.0	360401
		交通广播	FM88.4	360403
		文化旅游广播	FM101.7	340410
		赣北之声	FM94.2	360404
	新余人民广播电台	经济交通广播	FM96.2	360503
		综合广播	FM94.0	360501
	鹰潭人民广播电台	交通音乐广播	FM103.2	360602
		新闻综合频率	FM104.8	360601
	赣州人民广播电台	新闻广播	FM93.7	360701
		交通广播	FM99.2	360703
		音乐广播	FM94.5	360702
	吉安人民广播电台	交通广播动感 100.6	FM100.6	360802
		井冈之声	FM95.6/FM102.1	360801
	宜春市广播电视台	新闻综合广播	FM101.1	360901
		交通音乐广播	FM87.9	360902
	抚州人民广播电台	新闻综合频率	FM96.4/FM101.3	361001
		交通音乐频率	FM95.5	361002
	上饶人民广播电台	新闻综合广播	FM93.4	361101
		音乐交通广播	FM96.6/FM95.9	361102
山东	山东广播电视台	综合广播	FM97.1	370001
			AM918	370041
		经济广播	FM96.0	370002
			AM594	370042

（续表）

地区	电台名称	频率名称	频率频点 FM/AM	标准编码
山东	山东广播电视台	文艺广播	FM97.5	370004
		经典音乐广播	FM105.0	370005
		交通广播	FM101.1	370006
		乡村广播	FM91.9	370007
			AM1251	370043
		音乐广播	FM99.1	370008
		体育休闲广播	FM102.1	370009
	济南广播电视台	新闻广播	FM105.8	370116
		经济广播	FM90.9	370102
		音乐广播	FM88.7	370105
		交通广播	FM103.1	370103
		故事广播	FM104.3	370106
		936 私家车广播（文艺广播）	FM93.6	370107
	平阴广播电视台	平阴广播电视台	FM96.2	370109
	长清区广播电台	长清区广播电台	107.2	370108
	济阳县广播电视台	济阳县广播电视台	FM99.7	370110
	商河人民广播电台	商河人民广播电台	FM88	370111
	青岛市广播电视台	新闻综合广播	FM107.6/FM103.6	370201
			AM1377	370241
		经济广播	FM102.9/FM87.9	370203
		交通广播	FM89.7	370205
			AM91.0	370243
		音乐体育广播	FM91.5	370206
		文艺广播	FM96.4	370204
		音乐体育广播摩登音乐调频	FM105.8	370217
		故事广播	FM95.2/FM89.2	370207
	黄岛区广播电视台	西海岸城市生活广播	FM92.6	370216
		西海岸交通广播	FM95.7	370211
	即墨人民广播电台	即墨人民广播电台	FM101.7	370209

（续表）

地区	电台名称	频率名称	频率频点 FM/AM	标准编码
山东	阳城人民广播电台	阳城人民广播电台	FM94.0	370210
	胶南人民广播电台	胶南人民广播电台	FM95.6	370220
	崂山人民广播电台	崂山人民广播电台	FM102	370212
	胶州人民广播电台	胶州人民广播电台	FM106.8	370213
	莱西人民广播电台	莱西人民广播电台	FM100.7	370214
	莱阳人民广播电台	莱阳人民广播电台	FM107.4	370606
	莱州人民广播电台	莱州人民广播电台	FM92.7	370607
	烟台广播电视台	综合广播	FM101	370601
			AM1314	370641
		音乐广播	FM105.9	370602
			AM801	370642
		交通广播	FM103	370603
	栖霞人民广播电台	果都之声	FM97.1	370609
	龙口人民广播电台	龙口人民广播电台	FM101.6	370610
	招远人民广播电台	招远人民广播电台	FM88.8	370611
	海阳人民广播电台	海阳人民广播电台	FM94.8	370612
	博兴人民广播电台	博兴人民广播电台	FM96.3	371605
	博山人民广播电台	博山人民广播电台	FM104.1	370305
	临淄人民广播电台	新闻综合广播	FM97.3	370306
		音乐广播	FM91.8	370307
	枣庄广播电视台	新闻综合广播	FM99.0	370401
		交通文艺广播	FM105.2	370403
		生活娱乐广播	FM101.4	370404
		音乐广播	FM100.6	370402
	东营广播电视台	新闻广播	FM91.0	370501
		经济广播	FM105.3	370502
		交通音乐广播	FM98.4	370503
	济宁广播电视台	济宁综合广播	FM101.8	370801
		济宁交通文艺广播	FM104.2	370803
		济宁生活广播	FM107.0	370804

（续表）

地区	电台名称	频率名称	频率频点 FM/AM	标准编码
山东	济宁中区人民广播电台	中区音乐台	FM107	370805
	任城人民广播电台	任城人民广播电台	FM105.5	370806
	兖州市人民广播电台	兖州市人民广播电台	FM104.7	370807
	泗水县人民广播电台	泗水县人民广播电台	FM105.6	370808
	汶上县人民广播电台	汶上县人民广播电台	FM94.5	370809
	微山县人民广播电台	微山县人民广播电台	FM96.3	370811
	邹城市人民广播电台	邹城市人民广播电台	FM96.1	370812
	金乡县人民广播电台	金乡县人民广播电台	FM104.5	370813
	嘉祥县人民广播电台	嘉祥县人民广播电台	FM95.5	370814
	鱼台县人民广播电台	鱼台县人民广播电台	FM98.5	370815
	梁山县人民广播电台	梁山县人民广播电台	FM105.7	370816
	寿光人民广播电台	交通音乐广播	FM105.6	370712
		新闻故事广播	FM106.4	370711
	昌邑人民广播电台	昌邑人民广播电台	FM103.6	370717
	诸城人民广播电台	诸城人民广播电台	FM99.8	370715
	高密人民广播电台	凤凰新闻故事广播	FM95.5	370718
		凤凰音乐广播	FM93.6	370719
	昌乐人民广播电台	昌乐人民广播电台	FM92.0	370714
	泰安广播电视台	旅游广播	FM90.1	370903
		交通广播	FM91.7	370902
		新闻广播	FM93.4	370901
	威海广播电视台	新闻综合广播	FM105.1/FM107.3	371001
		交通广播	FM102.2/FM95.0	371003
		音乐广播	FM90.7/FM88.3	371002
	日照广播电视台	广播综合频道	FM95	371101
			AM1449	371141
		广播交通生活频道	FM87.9	371102
			AM747	371142
		广播音乐频道	FM93.4	371103
	莱芜人民广播电台	综合广播	FM97.4	371201

（续表）

地区	电台名称	频率名称	频率频点 FM/AM	标准编码
山东	临沂广播电视台	新闻综合广播	FM97.6	371301
		交通旅游广播	FM89.9	371303
		经济广播	FM101	371304
	德州广播电视台	综合广播	FM104.1	371401
		交通音乐广播	FM97.9	371403
		文艺广播	FM92.9	371404
	德州学院广播	心动调频	FM86	371406
	齐河人民广播电台	齐河人民广播电台	FM88.2	371409
	临邑人民广播电台	临邑人民广播电台	FM92.1	371408
	乐陵人民广播电台	乐陵人民广播电台	FM93.4	371414
	陵县人民广播电台	陵县人民广播电台	FM99.6	371410
	平原人民广播电台	平原人民广播电台	FM96.5	371411
	武城人民广播电台	武城人民广播电台	FM96.7	371413
	夏津人民广播电台	夏津人民广播电台	FM98.6	371412
	禹城人民广播电台	禹城人民广播电台	FM103.5	371415
	宁津人民广播电台	宁津人民广播电台	FM95.2	371407
	聊城市广播电视台	综合广播	FM96.8	371501
		经济广播	FM92.4	371502
		交通广播	FM99.4	371503
	滨州广播电视台	新闻广播	FM95.7	371601
			AM864	371641
		交通广播	FM93.1	371603
		文艺广播	FM105.7	371604
	邹平人民广播电台	新闻交通频道	FM95.7	371606
		故事音乐频道	FM103.3	371607
	菏泽广播电视台	新闻广播	FM93.9	371701
		音乐广播	FM89.1	371702
		交通广播	FM94.8	371703
	平度人民广播电台	平度之声	FM101.1	370215
	广饶人民广播电台	新闻综合频率	FM103.9	370504
	蓬莱人民广播电台	新闻综合频率	FM101.9	370608

（续表）

地区	电台名称	频率名称	频率频点 FM/AM	标准编码
山东	临朐人民广播电台	新闻综合频道	FM102.3	370707
		交通音乐频道	FM100.6	370708
	安丘人民广播电台	综合频率	FM89.2	370709
	青州人民广播电台	新闻综合频率	FM95.4	370710
	曲阜人民广播电台	新闻综合频率	FM98.4	370810
			AM1341	370841
	桓台人民广播电台	快乐调频	FM93.7	370308
河南	河南广播电视台	新闻广播	FM95.5	410001
			FM102.3	410002
			AM657	410041
		经济广播	FM103.2	410003
			AM972	410042
		音乐广播	FM88.1	410006
		交通广播	FM104.1	410004
		戏曲广播	FM97.6	410005
			AM1143	410043
		农村广播	FM107.4	410007
			AM846	410044
		教育广播	FM106.6	410010
		流行音乐广播	FM90.0	410008
		旅游广播	FM99.9	410009
			AM900	410045
		信息广播	FM105.6	410011
			AM603	410046
	郑州人民广播电台	新闻综合广播	FM98.8	410101
			AM549	410141
		经济生活广播	FM93.1	410102
			AM711	410142
		文化娱乐广播	FM91.8	410103
			AM1008	410143
		交通广播	FM91.2	410105

（续表）

地区	电台名称	频率名称	频率频点 FM/AM	标准编码
河南	郑州人民广播电台	音乐广播	FM94.4	410106
		经典 1079	FM107.9	410107
	开封广播电视台	综合广播	FM101.4	410201
		经济广播	FM100.2	410202
		交通旅游广播	FM105.1	410203
	洛阳广播电视台	综合广播	FM88.1	410301
		音乐广播	FM106.5	410306
		交通广播	FM92.7	410302
	平顶山广播电视台	新闻综合广播	FM98.9	410404
		经济广播	FM105.8	410401
		文艺广播	FM99.6	410402
		交通广播	FM96.4	410403
	安阳广播电视台	新闻广播	FM94.2	410501
		交通广播	FM89.0	410502
		汽车音乐广播	FM100.8	410503
	鹤壁广播电视台	综合广播	FM100.3	410601
		经济广播	FM99.4	410602
	新乡广播电视台	交通广播	FM99.1	410702
		新闻综合广播	FM92.9	410701
	焦作广播电视台	新闻综合广播	AFM96.3	410841
		都市音乐广播	FM99.5	410804
		交通旅游广播	FM89.4	410801
	濮阳广播电视台	新闻综合广播	FM100.1	410902
		交通广播	FM89.5	410901
	许昌广播电视台	交通广播	FM92.6	411001
		新闻广播	FM102	411004
	漯河广播电视台	综合广播	FM89	411101
		交通广播	FM106.7	411102
	三门峡广播电视台	三门峡人民广播电台	FM98.9	411201
	南阳广播电视台	新闻广播	FM104.2	411301
		城市广播	FM93.6	411302

（续表）

地区	电台名称	频率名称	频率频点 FM/AM	标准编码
河南	南阳广播电视台	交通广播	FM97.7	411304
	商丘广播电视台	综合广播	FM89.0	411441
		交通广播	FM100.7	411442
	信阳广播电视台	音乐广播	FM105.4	411503
		交通广播	FM99.6	411504
		综合广播	FM89.0	411541
	周口广播电视台	新闻广播	FM98.3	411641
		交通广播	FM89.3	411601
		音乐广播	FM96.0	411642
	驻马店广播电视台	综合广播	AM810	411702
		经济广播	FM102.4	411701
	新密人民广播电台	新密人民广播电台	FM93.0	410108
	沁阳人民广播电台	沁阳人民广播电台	FM104.9	410803
	巩义人民广播电台	巩义人民广播电台	FM98.2/FM107.5	410109
湖北	湖北广播电视总台	湖北之声	FM104.6	420001
			AM774/AM1404	420041
		湖北经济广播	FM99.8	420003
		湖北资讯广播	AM1179	420042
			FM105.2	420010
		楚天交通广播	FM92.7	420002
		湖北城市之声	FM107.8	420006
		湖北生活广播	FM96.6	420007
		楚天音乐广播	FM105.8	420004
		湖北经典音乐广播	FM103.8	420005
		湖北亲子广播	FM102.6	420008
		湖北农村广播	FM91.2	420009
	武汉广播电视台	经典音乐广播	FM101.8	420103
		长江经济广播	FM100.6	420102
		交通广播	FM89.6	420104
		新闻综合广播	FM88.4	420101

（续表）

地区	电台名称	频率名称	频率频点 FM/AM	标准编码
湖北	武汉广播电视台	动感 936 新锐流行音乐广播	FM93.6	420105
	黄石广播电视台	新闻广播	FM101.2	420201
		交通经济广播	FM103.3	420202
		汽车广播	FM106.8	420203
	十堰广播电视台	综合广播	FM94.1	420302
		旅游生活广播	FM92.0	420305
		音乐交通广播	FM101.9	420303
	宜昌三峡广播电视总台	新闻综合广播	FM95.6	420501
		交通广播	FM105.9	420502
		音乐生活广播	FM100.6	420503
	夷陵区人民广播电台	夷陵区人民广播电台	FM93.0	420508
	襄阳广播电视台	交通音乐广播	FM89.0	420604
		襄阳综合广播	FM104.0	420601
	鄂州广播电影电视局	新闻频率	FM94.0	420701
	荆门广播电视台	荆门之声	FM89.7	420806
		交通音乐广播	FM105.7	420805
	钟祥人民广播电台	钟祥人民广播电台	FM98	420804
	孝感广播电视台	新闻综合广播	FM91.8	420901
		交通音乐广播	FM87.7	420902
	荆州广播电视台	年代 963 音乐广播	FM96.3	421004
		荆州之声	FM97.2	421001
		田园之声	FM98.4	421008
		901 汽车广播	FM90.1	421003
	黄冈广播电视台	交通音乐广播	FM91.4	421101
		新闻综合广播	FM107.6	421102
	咸宁广播电视台	新闻广播	FM88.1	421201
		交通广播	FM95.9	421202
	随州人民广播电台	交通电台	FM96.2	421301
		新闻电台	AM1008	421341
	丹江口人民广播电台	新闻综合频率	FM92.5	420304

（续表）

<table>
<tr><th>地区</th><th>电台名称</th><th>频率名称</th><th>频率频点 FM/AM</th><th>标准编码</th></tr>
<tr><td rowspan="10">湖北</td><td rowspan="2">老河口人民广播电台</td><td rowspan="2">老河口人民广播电台</td><td>FM102.3</td><td>420605</td></tr>
<tr><td>AM1476</td><td>420642</td></tr>
<tr><td>应城人民广播电台</td><td>应城人民广播电台</td><td>FM100.2</td><td>420903</td></tr>
<tr><td>石首人民广播电台</td><td>石首人民广播电台</td><td>FM100.0</td><td>421005</td></tr>
<tr><td>麻城人民广播电台</td><td>教育音乐台</td><td>FM105.1</td><td>421103</td></tr>
<tr><td>赤壁人民广播电台</td><td>赤壁人民广播电台</td><td>FM103.9</td><td>421203</td></tr>
<tr><td>广水人民广播电台</td><td>广水人民广播电台</td><td>FM88.0/FM89.2</td><td>421302</td></tr>
<tr><td>仙桃人民广播电台</td><td>仙桃人民广播电台</td><td>FM90.4</td><td>429001</td></tr>
<tr><td>潜江人民广播电台</td><td>潜江人民广播电台</td><td>FM88.4</td><td>429002</td></tr>
<tr><td rowspan="22">湖南</td><td rowspan="10">湖南人民广播电台</td><td>交通广播</td><td>FM91.8</td><td>430001</td></tr>
<tr><td>音乐之声</td><td>FM89.3</td><td>430002</td></tr>
<tr><td>综合广播</td><td>FM102.8</td><td>430003</td></tr>
<tr><td rowspan="2">经济广播</td><td rowspan="2">FM90.1</td><td>430004</td></tr>
<tr><td>430041</td></tr>
<tr><td>文艺广播</td><td>FM97.5</td><td>430005</td></tr>
<tr><td rowspan="2">潇湘之声</td><td rowspan="2">FM93.8</td><td>430006</td></tr>
<tr><td>430042</td></tr>
<tr><td>旅游广播</td><td>FM106.9</td><td>430007</td></tr>
<tr><td>金鹰之声</td><td>FM95.5</td><td>430009</td></tr>
<tr><td rowspan="4">长沙广播电视台</td><td>新闻广播</td><td>FM105.0</td><td>430103</td></tr>
<tr><td>交通广播</td><td>FM106.1</td><td>430102</td></tr>
<tr><td>城市之声</td><td>FM101.7</td><td>430101</td></tr>
<tr><td>经济广播</td><td>FM88.6</td><td>430108</td></tr>
<tr><td>湖南快乐 1045 电台</td><td>快乐 1045 电台</td><td>FM104.5</td><td>430107</td></tr>
<tr><td rowspan="2">株洲广播电视台</td><td>新闻广播</td><td>FM101.2</td><td>430202</td></tr>
<tr><td>交通广播</td><td>FM98.4</td><td>430201</td></tr>
<tr><td rowspan="2">湘潭广播电视台</td><td>交通广播</td><td>FM104.2</td><td>430301</td></tr>
<tr><td>新闻综合广播</td><td>FM88.2</td><td>430302</td></tr>
<tr><td>韶山人民广播电台</td><td>韶山之声幸福 999</td><td>FM99.9</td><td>430303</td></tr>
<tr><td rowspan="2">衡阳广播电视台</td><td>综合广播</td><td>FM98.9</td><td>430401</td></tr>
<tr><td>交通经济广播</td><td>FM101.8</td><td>430402</td></tr>
</table>

（续表）

地区	电台名称	频率名称	频率频点 FM/AM	标准编码
湖南	邵阳广播电视台	交通频率	FM95.4	430502
		音乐频率	FM92.8	430501
	岳阳广播电视台	新闻广播	FM104.1	430602
		经济广播	FM104.5	430604
		交通广播	FM98.1	430601
	常德广播电视台	音乐广播	FM93.1	430702
		交通广播	FM97.1	430701
	鼎城广播电视台	鼎广电台	FM106.8	430703
	张家界人民广播电台	新闻综合广播	FM93.2	430801
	益阳广播电视台	益阳之声	FM99.7	430901
		交通广播	FM88.1	430902
	郴州广播电视台	交通旅游广播	FM102.8	431001
		综合广播	FM99.2	431003
	永州广播电视台	永州电台活力调频	FM94.8	431103
	怀化广播电视台	综合广播	FM107.6	431202
		交通广播	FM103.8	431201
	娄底广播电视台	综合广播	FM107.2	431301
		交通广播	FM96.3	431302
	长沙县人民广播电台	星空调频	FM102.2	430104
	浏阳人民广播电台	交通生活频道	FM99.5	430105
广东	广东广播电视台	新闻广播	FM91.4	440001
			AM648	440041
		珠江经济台	FM97.4	440002
			AM1062	440045
		音乐之声	FM99.3/FM93.9	440003
		交通之声	FM105.2	440006
		文体广播	FM107.7	440007
			AM612	440046
		城市之声	FM103.6	440004
		南方生活广播	FM93.6	440005
			AM999	440042

（续表）

地区	电台名称	频率名称	频率频点 FM/AM	标准编码
广东	广州广播电视台	股市广播	FM95.3	440008
		南粤之声	FM105.7	440009
		新闻资讯广播	FM96.2	440101
		金曲音乐广播	FM102.7	440102
		青少年广播	FM88	440104
			AM1170	440141
		交通广播	FM106.1	440103
	深圳广播电影电视集团	新闻频率	FM89.8	440301
		音乐频率	FM97.1	440302
		交通频率	FM106.2	440303
		生活频率	FM94.2	440304
	宝安区广播电台	缤纷 1043	FM104.3	440305
	韶关广播电视台	综合广播	FM105.7	440202
		交通旅游广播	FM97.5	440201
	佛山人民广播电台	南海广播	FM92.4	440603
		高明广播	FM88.3	440606
		三水广播	FM90.6	440605
		顺德广播	FM90.1	440604
		音乐广播	FM98.5	440602
		综合广播	FM94.6	440601
	江门市广播电视台	江门人民广播电台	FM100.2	440702
		江门旅游之声	FM93.3	440701
	珠海人民广播电台	综合广播	FM95.1	440401
		环保经济广播	FM87.5	440402
		百岛之声	FM91.5	440403
	珠海市斗门区融媒体中心（珠海市斗门区广播电视台）	斗门电台	FM92.8	440404
	中山广播电视台	新闻综合广播	FM96.7	442001
		环保旅游之声	FM88.8	442002
	惠州市广播电视台	新闻综合广播	FM100.0	441301

（续表）

地区	电台名称	频率名称	频率频点 FM/AM	标准编码
广东	惠州市广播电视台	经济环保广播	FM98.8	441302
		音乐广播	FM90.7	441306
	梅州广播电视台	综合广播	FM94.8	441401
		交通广播	FM105.8	441402
	东莞广播电视台	综合广播	FM100.8	441901
		交通广播	FM107.5	441902
		音乐广播	FM104	441903
	潮安县广播电视台	潮安电台	FM98.3	445105
	梅县区广播电视台	私家车 940	FM103.9	441403
	潮州广播电视台	综合广播	FM94.0	445101
		戏曲广播	FM103.1	445102
		交通音乐广播	FM91.4	445103
	饶平人民广播电视台	饶平人民广播电台	FM89.3	445106
	潮阳广播电视台	潮阳电台	FM105	440504
	普宁人民广播电台	普宁电台	FM102.8	445206
	汕头人民广播电台	经济广播	FM102.0	440501
		音乐广播	FM102.5	440502
		综合广播	FM107.2	440503
	澄海人民广播电台	澄海电台	FM100.5	440505
	揭阳广播电视台	综合广播	FM103.9	445201
		农业广播	FM106.5	445202
		交通旅游广播	FM95.2	445203
	揭东人民广播电台	揭东人民广播电台	FM100.2	445204
	揭西人民广播电台	揭西人民广播电台	FM103.2	445205
	肇庆市广播电视台	综合广播	FM92.9	441201
		金曲广播畅行 949	FM94.9	441202
	四会广播电视台	四会电台	FM100.9	441204
	湛江市广播电视台	新闻综合频率	FM98.1	440801
		经济频率	FM95.1	440803
		交通音乐频率	FM102.1	440802
	茂名人民广播电台	农村之声	FM106.1	440901

（续表）

地区	电台名称	频率名称	频率频点 FM/AM	标准编码
广东	茂名人民广播电台	交通广播	FM93.5	440904
		综合广播	FM101.1	440902
	汕尾广播电视台	综合频道	FM103.5	441501
		农村广播	FM91.3	441502
	河源广播电视台	综合广播	FM91.1	441601
		旅游广播	FM97.8	441602
	阳江广播电视台	综合广播	FM91.6	441701
		旅游环保广播	FM89.5	441702
	清远广播电视台	FM88.7 清远新闻综合广播	FM88.7	441801
		FM97.8 清远农村广播	FM97.8	441802
		清远交通音乐广播	FM95.9	441803
	云浮人民广播电台	综合广播	FM100.6	445301
		交通音乐广播	FM96.4	445302
	番禺区广播电视台	番禺电台	FM101.7	440105
	花都广播电视台	花都电台	FM100.5	440106
	乐昌人民广播电台	乐昌人民广播电台	FM101.1	440203
	新会广播电视台	新会人民广播电台	FM98.3	440703
	台山广播电视台	台山人民广播电台	FM90.4	440704
	开平广播电视台	飞扬 956	FM95.6	440705
	鹤山广播电视台	鹤山电台	FM104.7	440706
	恩平人民广播电台	恩平电台	FM97.7	440707
	广东电台遂溪台	遂溪电台	FM104.8	440804
	化州人民广播电台	化州人民广播电台	FM105.5	440903
	高要人民广播电台	高要电台	FM105.9	441203
	惠阳人民广播电台	惠阳电台	FM99.5	441303
	博罗县广播电视台	博罗广播电台	FM107.3	441304
	惠东县广播电视台	惠东人民广播电台	FM96.1	441305
广西	广西广播电视台	综合广播	FM91.0	450001
			AM792	450041
		交通广播	FM100.3	450005

（续表）

地区	电台名称	频率名称	频率频点 FM/AM	标准编码
广西	广西广播电视台	文艺广播	FM95.0	450003
		教育广播	FM93.0	450004
		经济广播	FM97.0	450002
		北部湾之声	FM96.4	450006
			SW5050/SW9820	450091
		旅游广播	FM 104	450007
	南宁广播电视台	综合广播（990 新闻台）	FM99.0	450101
		交通音乐广播（1074 交通台）	FM107.4	450102
		乡村生活广播（经典 1049）	FM104.9	450104
		故事广播（动感 895）	FM89.5	450103
	桂林广播电视台	综合广播	FM97.7	450301
		旅游音乐广播	FM88.3	450302
		生活广播	FM91.2	450303
	柳州市广播电视台	综合广播	FM102.9	450201
		交通广播	FM99.10	450202
		乡村生活广播	FM105.9	450203
	梧州人民广播电台	新闻综合频率	FM100.8	450401
		交通音乐之声	FM107.5	450402
	北海人民广播电台	新闻综合广播	FM93.5	450501
		交通音乐广播	FM99.1	450502
	防城港人民广播电台	交通广播	FM101.9	450601
	钦州人民广播电台	综合广播	FM98.6	450701
		交通音乐广播	FM88.9	450702
	贵港人民广播电台	贵港金曲	FM101.9	450801
	玉林人民广播电台	综合广播	FM97.8	450901
		交通音乐广播	FM99.2	450902
	百色市广播电视台	新闻综合广播	FM105.2	451001

（续表）

地区	电台名称	频率名称	频率频点 FM/AM	标准编码
广西	百色市广播电视台	音乐频率	FM87.6	451002
	贺州人民广播电台	新闻综合广播	FM92.1	451101
		交通广播	FM88.2	451102
	河池人民广播电台	新闻综合广播	FM98.7	451201
	来宾人民广播电台	桂中之声	FM103.5	451301
	崇左人民广播电台	城市之声	FM97.2	451401
	桂平人民广播电台	综合广播	FM100.5	450802
重庆	重庆广播电视台	重庆之声	FM96.8	500001
			AM1314	500041
		经济频率	FM101.5/FM105.6	500002
		音乐广播	FM88.1/FM94.3	500004
		交通广播	FM95.5	500003
		都市广播私家车 938	FM93.8	500005
		文艺广播	FM103.5	500006
四川	四川广播电视台	四川之声	FM98.1	510007
		四川新闻频率	FM106.1	510006
		财富广播	FM94.0	510003
		岷江音乐	FM95.5	510004
		交通广播	FM101.7	510005
		文艺广播	FM90.0	510008
		城市之音	FM102.6	510001
		天府之声私家车广播	FM92.5	510010
	成都市广播电视台	新闻广播	FM99.8	510101
		经济广播	FM105.6	510103
		交通广播	FM91.4	510102
		文化休闲广播经典 946	FM94.6	510104
		故事广播	FM88.2	510109
	自贡人民广播电台	文化旅游广播	FM90.8	510301
		综合广播	FM97.7	510302
		交通广播	FM90.2	510303

（续表）

地区	电台名称	频率名称	频率频点 FM/AM	标准编码
四川	攀枝花广播电视台	综合广播	FM88.5	510401
		对农广播	FM91.0	510402
	泸州人民广播电台	FM97.0 泸州新闻广播	FM97.0	510501
		FM104.6 泸州交通广播	FM104.6	510502
		FM103.8 泸州音乐广播	FM103.8	510503
	德阳市广播电视台	经济生活广播	FM95.9	510602
		综合广播	FM99.0	510603
	绵阳市广播电视台	故事广播	FM96.7	510701
		音乐广播	FM91.2	510703
		交通广播	FM103.3	510702
	广元广播电视台	新闻综合广播	FM102.7	510801
		交通旅游广播	FM104.8	510802
	遂宁市广播电视台	综合广播	FM99.7	510901
		交通音乐	FM87.8	510902
		交通旅游	FM106.5	510903
	内江市广播电视台	综合广播	FM93.4	511001
		交通广播	FM102.7	511003
	乐山广播电视台	新闻综合频率	FM102.8	511101
		音乐交通频率	FM100.5	511102
	南充市广播电视台	综合广播	FM100.4/FM97.5	511301
			AM747	511341
		交通音乐频率	FM91.5	511302
	眉山人民广播电台	交通音乐广播	FM93.1	511402
		综合广播	FM90.8	511401
	宜宾广播电视台	新闻综合广播	FM107.0	511501
		音乐广播	FM104.2	511502
		交通广播	FM105.9	511506
	广安广播电视台	交通旅游广播	FM101.2	511601
	达州广播电视台	新闻综合广播	FM102.2	511701

（续表）

地区	电台名称	频率名称	频率频点 FM/AM	标准编码
四川	达州广播电视台	交通音乐广播	FM102.9	511702
	雅安人民广播电台	新闻综合频率	FM87.9	511801
		电台熊猫频率	FM104.7	511802
	巴中人民广播电台	新闻综合广播	FM88.5	511901
		交通旅游广播	FM94.0	511902
	资阳人民广播电台	新闻综合频率交通广播	FM103.5	512001
	涪陵人民广播电台	涪陵人民广播电台	FM101.1/FM103.4	500101
	江津广播电视台	综合广播	FM106.7	500102
	永川广播电视台	音乐广播	FM93.2	500012
		永川之声	FM100.7	500104
	凉山人民广播电台	综合广播	FM95.8	513401
海南	海南广播电视台	海南交通广播	FM100.0/FM100.3/	460003
			FM98.5/FM89.3/FM90.3/FM88.1/FM98.0	
		新闻广播	FM88.6/FM93.2/FM96.2M	460001
			AM95.4/AM111.6/	460041
			AM110.7	
		国际旅游岛之声	FM103.8/FM99.0/FM106.8/FM95.0/FM103/FM107.2	460002
		音乐广播	FM94.5/FM91.6/	460004
			FM91.3/FM91.4/FM107.0	
		民生广播	FM92.2/FM101/FM107.6	460005
	海口广播电视台	海口综合广播	FM101.8	460101
		海口音乐广播	FM91.6	460102
		海口旅游交通广播	FM95.4	460103

（续表）

地区	电台名称	频率名称	频率频点 FM/AM	标准编码
海南	三亚广播电视台	三亚之声旅游广播	FM103.8	460203
		天涯之声	FM104.6	460201
贵州	贵州广播电视台	综合广播	FM94.6	520001
			AM765	520041
		经济广播	FM98.9	520002
		音乐广播	FM91.6	520003
		都市广播	FM106.2	520005
		交通广播	FM95.2	520004
		旅游广播	FM97.2	520006
		故事广播	FM90.0	520007
	贵阳广播电视台	新闻综合广播	FM88.9	520101
			AM999	520141
		交通广播	FM102.7	520102
		都市女性广播	FM104.0	520103
		旅游生活广播	FM90.9	520104
	毕节广播电视台	交通音乐广播	FM98.0	520501
	凯里人民广播电台	凯里人民广播电台	FM93.0	522601
	铜仁市广播电视台	新闻综合广播	FM103.6	520601
		交通旅游广播	FM90.7	520602
	兴义人民广播电台	新闻综合广播	FM93.9	522303
	黔西南广播电视台	综合广播	FM107.9	522301
		交通旅游广播	FM88.3	522302
	黔南广播电视台	交通旅游广播	FM93.3	522703
		黔南广播	FM98.0	522704
	六盘水广播电视台	综合广播	FM102.1	520201
		交通广播	FM93.8	520202
	遵义人民广播电台	综合广播	FM89.8	520301
		交通文艺广播	FM94.1	520303
		旅游生活广播	FM88.0	520305
	安顺人民广播电台	交通广播	FM102.9	520402
		新闻综合广播	FM105.9	520401

（续表）

地区	电台名称	频率名称	频率频点 FM/AM	标准编码
贵州	七星关区广播电视台	七星关综合广播	FM91.2	520502
云南	云南广播电视台	新闻广播	AM576	530042
			FM105.8	530001
		香格里拉之声旅游广播	FM99	530006
		私家车广播 FM88.7	FM88.7	530002
		音乐广播	FM97	530003
		教育广播	FM100	530004
		交通广播	FM91.8	530005
		国际广播	FM101.7	530007
	昆明广播电视台	文艺旅游广播	FM102.8	530102
		综合广播	FM100.8	530101
		汽车音乐广播	FM95.4	530103
		老年广播	FM105	530104
	曲靖人民广播电台	综合广播	FM104	530302
		交通广播	FM91.0	530301
	玉溪人民广播电台	新闻综合广播	FM102.4	530401
		交通旅游广播	FM87.7	530441
	保山人民广播电台	新闻综合频率	FM98.7	530501
	昭通人民广播电台	新闻综合广播	FM97.5	530601
		交通旅游广播	FM94.1	530602
	丽江市广播电视台	综合广播	FM106.2	530702
		旅游交通广播	FM106.0	530701
	普洱广播电视台	普洱新闻综合广播	FM106.9	530801
		普洱交通广播	FM102.5	530802
	临沧人民广播电台	临沧之声	FM106	530901
	楚雄人民广播电台	综合广播	FM106.1/FM96.3	532301
		音乐广播	FM90.6	532302
	红河人民广播电台	新闻综合广播	FM92.9	532501
		交通音乐广播	FM99.7	532502
	文山广播电视台	新闻综合频率	FM103/FM102.2	532601

（续表）

地区	电台名称	频率名称	频率频点 FM/AM	标准编码
云南	文山广播电视台	交通广播	FM100.6	532603
	大理广播电视台	综合广播	FM102.7	532902
		大理苍洱调频	FM99.9	532901
	西双版纳广播电视台	民族语广播	FM90.6	532801
		综合广播	FM101.4	532801
	云南大学教育调频	云南大学教育调频	FM107.6	530106
	德宏人民广播电台	综合广播	FM104.3	533101
		交通旅游广播	FM91.0	533131
		民族综合广播	AM900	533141
	怒江广播电视台	广播综合频率	FM107.4	533301
西藏	西藏人民广播电台	藏语广播	FM101.6	540001
		汉语广播	FM93.3	540002
		都市生活广播	FM98.0	540003
		藏语康巴话广播	AM594	540041
	拉萨人民广播电台	拉萨人民广播电台	FM91.4	540101
陕西	陕西广播电视台	896 汽车调频广播	FM89.6	610009
		新闻广播	FM106.6	610001
			AM693	610041
		都市广播－陕广新闻	FM101.8	610002
		故事广播	FM87.8	610011
			AM603	610045
		交通广播	AM1323	610042
			FM91.6	610003
		农村广播	AM900	610043
		青春广播	FM105.5	610007
		戏曲广播	AM747	610044
			FM107.8	610010
		音乐广播	FM98.8	610006
		秦腔广播	FM101.1	610005
	西安广播电视台	交通旅游广播	FM104.3	610102
		新闻广播	AM810	610141

（续表）

地区	电台名称	频率名称	频率频点 FM/AM	标准编码
陕西	西安广播电视台	新闻广播	FM95.0	610101
		音乐广播	FM93.1	610103
		资讯广播	FM106.1	610104
		综艺广播	FM102.4	610105
	安康人民广播电台	综合广播	FM89.7	610901
		交通广播	FM95.9	610902
	榆林广播电视台	新闻综合广播	FM99.4	610801
		生活资讯广播	FM101	610803
		交通文艺广播	FM95.9	610802
	汉中人民广播电台	新闻广播	FM95.6	610701
		音乐广播	FM97.1	610702
		交通旅游广播	FM101.8	610703
	渭南人民广播电台	新闻广播	FM102.6/FM101.3	610501
		交通广播	FM90.9	610502
		音乐广播	FM101.3	610504
	宝鸡人民广播电台	综合广播	FM93.4	610303
			AM1071	610341
		交通旅游广播	FM99.7	610304
		经济广播	FM102.8	610301
			AM900	610342
		音乐广播	FM105.3	610302
	咸阳市广播电视台	西咸之声	FM100.7	610401
		都市音乐广播	FM99.9	610402
	铜川人民广播电台	铜川人民广播电台	AM1134	610241
		音乐交通广播	FM101.5	610201
	商洛人民广播电台	商洛人民广播电台	FM107.0	611001
	延安广播电视台	交通音乐广播	FM98.7	610602
		新闻综合广播	FM100.1/FM104.6	610601
甘肃	甘肃广播电影电视总台（集团）	都市调频广播	FM106.6/ FM102.2	620002
		交通广播	FM103.5	620003
		经济广播黄河之声	FM93.4	620004

（续表）

地区	电台名称	频率名称	频率频点 FM/AM	标准编码
甘肃	甘肃广播电影电视总台（集团）	经济广播黄河之声	AM801	620042
		农村广播乡村之音	FM92.2	620006
			AM1170	620043
		青春调频	FM104.8	620005
		新闻综合广播	FM96	620001
			AM684/AM873	620041
	兰州市广播电视总台	生活文艺广播	FM100.8	620103
		新闻综合广播	AM954	620141
			FM97.3	620101
		交通音乐广播	FM99.5	620102
	嘉峪关人民广播电台	综合广播	FM100	620201
		交通广播	FM92	620202
	金昌人民广播电台	飞扬音乐	FM101.4	620302
		新闻综合广播	FM107.7	620301
	武威人民广播电台	人民广播	FM93.5	620601
	张掖人民广播电台	新闻综合广播	FM101.4	620701
	平凉人民广播电台	交通广播	FM89.8	620801
	酒泉人民广播电台	交通之声	FM106.6	620901
	庆阳人民广播电台	人民广播	FM95.2	621001
	定西人民广播电台	新闻综合广播	FM92.4	621101
	陇南人民广播电台	新闻广播	FM98.2	621201
	甘南广播电视台	综合广播	FM101.7	623002
	临夏广播电视台	北方调频广播	FM97.3	622901
青海	青海广播电视台	新闻综合广播	FM98.9	630001
		经济广播	FM107.5	630003
			AM1143	630042
		交通音乐广播	FM97.2	630004
		花儿调频广播	FM90.3	630005
		藏语广播	FM99.7	630002
			AM1251	630041
	西宁人民广播电台	新闻综合广播	FM95.6	630101

（续表）

地区	电台名称	频率名称	频率频点 FM/AM	标准编码
青海	西宁人民广播电台	新闻综合广播	AM1476	630141
		交通文艺广播	FM104.3	630103
		旅游广播	FM102.7	630104
		都市生活广播	FM101.3	630102
宁夏	宁夏广播电视台	新闻广播	FM106.1	640001
			AM891	640041
		经济广播	FM92.8	640002
			AM747	640042
		交通广播	FM98.4	640003
		宁夏旅游广播	FM103.7	640004
		音乐广播	FM104.7	640005
	银川市新闻传媒集团	新闻综合广播	FM90.5	640101
			AM801	640141
		都市经济广播	FM95.0	640103
		交通音乐广播	FM100.6	640102
新疆	新疆人民广播电台	私家车广播	FM92.9	650006
		1028 故事广播	FM102.8	650008
		哈萨克语广播	FM98.2	650005
		949 交通广播	FM94.9	650007
		蒙语广播	AM1233	650043
		维语文艺广播	FM107.4	650004
		维语综合广播	AM855	650042
			FM101.7	650003
		961 新闻广播	FM96.1	650001
		柯语广播	AM1233	650044
		绿色广播	FM89.5	650002
			AM738	650041
		音乐广播	FM103.9	650009
		924 民生广播	FM92.4	650010
	新疆生产建设兵团文广传媒集团有限公司	新疆兵团之声	FM88.2	650011

（续表）

<table>
<tr><th>地区</th><th>电台名称</th><th>频率名称</th><th>频率频点 FM/AM</th><th>标准编码</th></tr>
<tr><td rowspan="17">新疆</td><td rowspan="7">乌鲁木齐广播电视台</td><td>乌鲁木齐广播电视台97.4 交通广播</td><td>FM97.4</td><td>650102</td></tr>
<tr><td>乌鲁木齐广播电视台927 经济广播</td><td>AM927</td><td>650141</td></tr>
<tr><td>乌鲁木齐广播电视台106.5 旅游音乐广播</td><td>FM106.5</td><td>650103</td></tr>
<tr><td>乌鲁木齐广播电视台104.6 维语交通文艺广播</td><td>FM104.6</td><td>650104</td></tr>
<tr><td>乌鲁木齐广播电视台1071 维语综合广播</td><td>AM1071</td><td>650143</td></tr>
<tr><td>乌鲁木齐广播电视台100.7 新闻广播</td><td>FM100.7</td><td>650101</td></tr>
<tr><td>乌鲁木齐广播电视台792 综合广播</td><td>AM792</td><td>650142</td></tr>
<tr><td rowspan="3">哈密人民广播电台</td><td>维语广播</td><td>FM107.9</td><td>652203</td></tr>
<tr><td>哈密之声</td><td>FM103.5</td><td>652201</td></tr>
<tr><td>甜蜜之声</td><td>FM98.1</td><td>652202</td></tr>
<tr><td rowspan="3">克拉玛依人民广播电台</td><td>都市广播</td><td>FM92.6</td><td>650201</td></tr>
<tr><td>维语广播</td><td>AM882</td><td>650242</td></tr>
<tr><td>新闻交通广播</td><td>AM1179</td><td>650241</td></tr>
<tr><td rowspan="4">昌吉人民广播电台</td><td rowspan="2">新闻综合频率</td><td>FM96.9</td><td>652301</td></tr>
<tr><td>AM873</td><td>652341</td></tr>
<tr><td>电台 FM103.3</td><td>FM103.3</td><td>652302</td></tr>
<tr><td>音乐电台</td><td>FM105.3</td><td>652303</td></tr>
<tr><td>米东人民广播电台</td><td>新闻音乐广播</td><td>FM99.0</td><td>650105</td></tr>
</table>